先秦歷史故事大全

本書由和平公司公眾號"青禾田講古"整理而成

先秦歷史故事大全

作　　者：李永田

責任編輯：徐昕宇

裝幀設計：涂　慧

排　　版：高向明

校　　對：趙會明

出　　版：商務印書館（香港）有限公司
　　　　　香港筲箕灣耀興道 3 號東滙廣場 8 樓
　　　　　http://www.commercialpress.com.hk

發　　行：香港聯合書刊物流有限公司
　　　　　香港新界大埔汀麗路 36 號中華商務印刷大廈 3 字樓

印　　刷：美雅印刷製本有限公司
　　　　　九龍觀塘榮業街 6 號海濱工業大廈 4 樓 A

版　　次：2020 年 3 月第 1 版第 1 次印刷
　　　　　© 2020 商務印書館（香港）有限公司
　　　　　ISBN 978 962 07 5849 2
　　　　　Printed in Hong Kong

目錄

前言：背着歷史前行

01　從四大古文明說起 / 1

02　中國人對自己的稱謂 / 2

03　三皇五帝都是誰？/ 4

04　夏朝的建立、夏曆及干支紀日法 / 6

05　朝代更迭的怪圈開始了 / 8

06　天下第一勵志人物：由奴隸到聖人的伊尹 / 11

07　傳奇搭檔之武丁王與傅說 / 13

08　命途多舛的甲骨文 / 15

09　鎮國之寶─后母戊鼎的故事 / 17

10　昏君代表人物之商紂王 / 19

11　箕子、象牙筷子與朝鮮 / 22

12　文王、八卦與易經 / 24

13　活成神仙的姜子牙 / 26

14　那個叫做姬旦的古聖人：周公 / 28

15　沒聽過故事的周幽王 / 30

16　顏面盡失的東周天子 / 33
　　來自鄭國的挑戰
　　楚國僭號稱王

17　齊襄公：吃瓜引起的血案 / 39

18　齊桓公的故事 / 41
　　即位之謎
　　齊桓公之臂膀
　　管鮑之交
　　一鼓作氣的故事
　　信守承諾，因禍得福
　　齊桓公之死

周公

19　備受爭議的宋襄公 / 55
以"讓國之美"開始
以"襄公之仁"結尾
宋襄公之是非對錯

20　晉國的來歷：桐葉封弟的故事 / 61

21　晉獻公的故事 / 63
假途滅虢
晉獻公的繼承人

22　將壞蛋的品質集於一身的晉惠公 / 68

23　晉文公的故事 / 70
流亡的晉國公子
登上歷史舞台的晉文公
晉楚爭霸
退避三舍

24　秦穆公的故事 / 80
九方皋相馬
五張羊皮換來的大賢
商人弦高救國
崤之戰
登頂西戎霸主

25　楚莊王的故事 / 93
一鳴驚人
子文的邏輯
滅國危機帶來的機遇
問鼎中原
養由基一箭平叛亂
絕纓之宴
人有一念之善，天必佑之 —— 孫叔敖的故事
決定兩國命運的大會戰：邲之戰

26　老子之謎 / 112

27　孔子的故事 / 116
孔子其實不姓孔
孔子的理想
孔子周遊列國
孔子和他的弟子們

顏
回

28　晏子的故事 / 127
社鼠和狗惡酒酸
晏子使楚
二桃殺三士
晏子與孔子
晏子愛妻
晏子之死

29　伍子胥與申包胥 / 139
30　伍子胥過昭關 / 142
31　專諸刺王僚 / 145
32　三令五申，孫武訓練女兵 / 148
33　孫武滅楚，伍子胥復仇 / 151

34　吳越爭霸的故事 / 154
吳王夫差版臥薪嘗膽
賣身為奴的越王勾踐
越王勾踐版臥薪嘗膽
西施的故事
吳國的滅亡
西施生死之謎

35　商聖陶朱公 / 169
36　贏在人生起跑線上的智伯 / 172
37　韓趙魏三家分晉 / 175
38　士為知己者死的豫讓 / 177

39　墨子的故事 / 180
墨家的主張
墨子和公輸盤的較量

40　西門豹治鄴 / 186
41　俠義剛烈，聶政刺韓傀 / 189

42　戰神吳起的故事 / 191
殺妻求將
在魏國崛起
無敵勁旅之魏武卒
文武雙全
功高震主
變法強楚
吳起之死

43　神醫扁鵲，醫祖之尊 / 205

44　商鞅變法 / 208
　　商鞅在魏國
　　商鞅四諫秦孝公
　　秦國朝廷中的辯論
　　商鞅立木，取信百姓
　　商鞅的兩次變法
　　守舊派的仇恨
　　商鞅，終於被稱為商鞅了
　　商鞅之死

45　一代奇人鬼谷子 / 222

46　孫龐鬥智 / 224
　　兄弟反目
　　田忌賽馬
　　圍魏救趙
　　馬陵之戰

47　醜娘娘和濫竽充數的故事 / 233

48　蘇秦和張儀的故事 / 235
　　以錐刺股的蘇秦
　　成功的開始：說服燕文侯
　　進一步的成功：燕趙合縱
　　張儀：舌頭就是一切
　　張儀入秦
　　蘇秦衣錦還鄉
　　蘇秦之死
　　張儀一戲楚懷王
　　張儀二戲楚懷王

49　被稱為"三蘇"的蘇氏三兄弟 / 253

50　孟子的故事 / 255
　　孟子之謎
　　孟子周遊列國
　　孟子理論之不能做和不去做的區別
　　燕國之亂
　　孟子與《孟子》

孟
子

51　莊子的智慧 / 265
　　幸福的標準
　　對待財富的態度
　　知心朋友
　　看透生命與死亡

52　趙武靈王胡服騎射 / 272
　　滅國的危機
　　胡服騎射，趙國崛起
　　趙武靈王入秦探查
　　趙武靈王的禪讓
　　一代雄主，餓死沙丘

53　光耀日月的屈原 / 283
　　動盪的局勢，昏庸的楚王
　　秦楚之盟
　　屈原之死
　　屈原與漁父的對話，理想和現實的碰撞
　　屈原是真實存在的歷史人物嗎？

54　孟嘗君的故事 / 293
　　雞鳴狗盜
　　狡兔三窟
　　被滅族的孟嘗君

55　燕昭王千金買馬骨 / 301
56　樂毅滅齊 / 303
57　樂毅為甚麼沒有徹底滅亡齊國？ / 306
58　連環計，田單大破燕軍 / 309
59　如果樂毅不離開，燕能滅齊嗎？ / 312

60　楚國的和氏璧是如何到趙王手裏的？ / 315
61　完璧歸趙 / 317
62　澠池會 / 319
63　負荊請罪 / 322
64　狹路相逢勇者勝 / 324

65　無端受辱，范雎詐死瞞名 / 326

66　遠交近攻 / 329

67　一飯之德必償，睚眥之怨必報 / 332

68　上黨之地，餡餅還是陷阱？ / 335

69　長平之戰，國運之爭 / 337

70　趙國為何派趙括替換廉頗？ / 339

71　長平之戰，趙軍敗亡，誰之過？ / 341

72　秦國為甚麼沒有一鼓作氣滅趙？ / 344

73　百勝殺神白起之死 / 346

74　毛遂自薦 / 349

75　信陵君禮賢下士 / 351

76　竊符救趙 / 353

77　信陵君的回歸 / 357

78　范雎之死 / 360

79　周王朝的徹底滅亡 / 362

80　廉頗老矣，尚能飯否？ / 363

81　儒家弟子，法家名師 / 366

82　傳奇呂不韋 / 368
　　奇貨可居
　　謀國之第一步，先買個公子
　　謀國之第二步，立公子為繼承人
　　秦始皇嬴政是誰的孩子？
　　謀國之第三步，將公子推上太子的寶座
　　謀國成功，呂不韋一步登天
　　一字千金之《呂氏春秋》

83　少年天才甘羅，十二歲的上卿 / 384

84　秦王嬴政之弟，成蟜之謎 / 387

85　血與火的洗禮：秦王嬴政親政 / 389

86　傳奇呂不韋之是非功過 / 393

87　先秦的經濟戰，鄭國渠的修建 / 395

88　李斯崛起之諫逐客書 / 397

89 春申君黃歇的故事 / 400
　　秦楚之間，黃歇的舞台
　　從一介白丁到位極人臣
　　從燦爛輝煌到走向滅亡
　　楚幽王是春申君的兒子嗎？
　　一步走錯，身死家滅

90 秦王嬴政：能認識韓非，死不恨矣 / 410
91 誰害死了韓非？ / 412
92 絕世名將，巧計破匈奴 / 415
93 長平之戰，趙國為甚麼不啟用李牧？ / 417
94 最後的輝煌：李牧兩敗秦軍 / 418
95 李牧死，趙國亡 / 421
96 秦王嬴政和太子丹 / 423

97 荊軻刺秦王 / 426
　　刺客的人選
　　荊軻是武林高手嗎？
　　刺秦的三項準備
　　刺秦行動，開始
　　刺秦失敗，荊軻身死
　　荊軻刺秦為甚麼會失敗？
　　太子丹的悲哀

98 滅國功臣王翦 / 442
　　王翦的崛起
　　王翦的政治智慧

99 楚國的滅亡 / 446
　　李信滅楚失敗
　　王翦滅楚

100 齊國滅亡，秦統一六國 / 453

背着歷史前行

歷史是甚麼？或者說，學習中國歷史，對我們中國人來說意味着甚麼？

如果我們的人生是一場早已注定好結局的旅行的話，那麼歷史就是我們在這個旅程中背在背上的包裹。

一帆風順時，比起那些甚麼都不需要負載的人來說，背着包裹前行的人當然走得慢，而且累。但是，當遇到狂風暴雨時，我們的包裹裏有傘；遇到懸崖絕壁時，包裹裏有繩子；累了時，包裹裏有激勵；迷茫時，包裹裏有指引……

我們應該怎麼走過人生之路？歷史告訴我們：天行健，君子以自強不息；地勢坤，君子以厚德載物。

別人曾以德，或以怨對我們，我們該怎麼辦？歷史告訴我們：以德報德，以直報怨。

面臨選擇時，歷史告訴我們：魚與熊掌不可兼得。

面對競爭對手時，歷史告訴我們：見賢而思齊，見不賢而內自省也。

修身時，歷史告訴我們：仁義禮智信。

為人時，歷史告訴我們：忠信孝悌禮義廉恥……

歷史如此重要、不可或缺，應該如何學習？中國歷史漫長、複雜，又該從何入手呢？

其實，歷史就是故事；講歷史就是講故事；學歷史，就是聽故事、讀故事。

中華上下五千年之歷史，請聽我一個故事、一個故事地，慢慢道來……

從四大**古文明**說起 | 01

　　中華民族歷史悠久，文明燦爛。

　　當然，中華文明並不是唯一歷史悠久的文明。現在，國際上認可度比較高的說法是"四大文明古國"：古巴比倫、古埃及、古印度、中國。這四大文明古國對應的是世界上文明的四大發源地：古巴比倫文明（或稱兩河文明，兩河指的是幼發拉底河和底格里斯河）、古埃及文明（尼羅河流域）、古印度文明（印度河流域、恆河流域）、中國文明（黃河流域）。上述四個地區也是人類文明最早誕生的地區。這四個文明之間，彼此沒有關聯，各自獨立，都具有原創性。

　　另一個對歐美影響巨大的古希臘文明，是古巴比倫文明和古埃及文明在地中海上相遇、相互碰撞後產生的，儘管後來有所創造，但因為不具有完全的原創性，所以不能算四大古文明之一。

　　那麼，甚麼是文明呢？符合甚麼條件才能稱為文明？標準是甚麼？

　　簡單點說，文明就是人類在脫離動物界後，進一步進化到脫離了原始野蠻狀態的階段。現在世界上公認的文明的標準，是在1958年，美國芝加哥大學東方研究所召開的一次研討會上，由克拉克洪歸納提出，經過丹尼爾推廣的考古學上的文明標準，共有三條：其一，要有城市，能容納五千人以上的城市；其二，要有文字；其三，要有複雜的禮儀建築。這個觀點傳到東方，中國和日本的學者又給加上了一條，就是冶金術的發明和使用。

　　說到這裏，不知大家注意到沒有，其他三個文明古國，前面

都有一個 "古" 字,而中國就是中國。這是因為,這四個古文明,不中斷的發展到今天,沒有滅亡的只有中華文明。其他三個古文明,都在歷史的演進中,因為外來民族、文明的入侵而消亡了。雖然現在埃及、印度國家還存在,但是已經與古埃及文明、古印度文明沒有直接的關聯了。

所以說,中華文明是迄今為止,不間斷流傳下來的最古老的文明。其從進入文明以來,雖歷經艱難困苦、挫折磨難,幾度幾近斷絕,但終究薪火相傳,並且不斷融合、發展,直至如今。

中國人對自己的**稱謂** ｜ 02

與中華民族歷史悠久常常並稱的,就是人口眾多。現今世界,毫不誇張地說,凡是有人類聚居的地方,幾乎都能看到華人的身影。

全世界所有的華人,不論出生何處,國籍如何,都有着共同的祖先,共同的血脈,共同的文化。那麼,世界範圍內,我們如何稱呼我們這個大群體呢?

最常見的稱呼就是:華夏兒女、中國人、中華民族、炎黃子孫、華人、龍的傳人等。其他國家的人則習慣稱呼我們為漢人、唐人。

那麼,這些稱呼都是甚麼意思?有甚麼來歷呢?

華夏:華夏也稱 "夏",又稱為 "華",是古代居住於中原地區的民族的自稱,華夏族也即是後世漢族的先聲。

華、夏兩字上古同音,本一字,相互通用,後慢慢有所區別。"華夏" 一詞,最早見於《尚書》,距今已有三千餘年。從字義來講,"華",美麗的意思;"夏",盛大的意思,"華夏" 合在一起是說:中國有禮儀之大,也有服章之美。華、夏都是對中國的稱呼。

中國："中國者，聰明睿知（智）之所居也，萬物財用之所聚也，賢聖之所教也，仁義之所施也，詩書禮樂之所用也。"（《戰國策》）"中國"一詞，最早見於《尚書》，《詩經》中也曾提到。"中國"最初是指住在城中之人，城中之地稱為"國"，住在城中的人即為"中國人"。自漢代開始，以"中國"為我國的通稱。

中華民族：中華，是在"中國"與"華夏"兩詞中各取一字而組成。

我國古時多就黃河流域建國、建都，因此稱其曰中華。中者，居四方之中也；華者，具有文化之民族，服裝華美者也。其後，疆域日廣，凡其所屬，皆稱中華，亦稱中國。後來，中華逐漸成為我國的稱號。現代概念上的中華民族，也是廣義上的中國的一個代稱。

炎黃子孫：華夏民族的自稱。這裏的"炎"指炎帝，"黃"指黃帝。炎黃二帝為中華始祖。他們本是聯盟部落，後來為了爭奪部落聯盟首領，兩個部落展開阪泉之戰，炎帝部落戰敗，併入黃帝部落，兩個部落漸漸融合成華夏族。炎帝和黃帝也是中國文化、技術的始祖。後人也稱黃帝為華夏族的始祖。

漢人、唐人：華夏族在漢朝以後稱為漢人，唐朝以後又稱為唐人。漢族於先秦時期自稱華夏，從漢朝開始又逐漸出現"漢"的自稱，並與"華夏"一詞共同使用至今。"唐人"一詞，源自唐代國力的強大、經濟文化的繁盛。唐太宗李世民曾被尊為"天可汗"。從此出現了用"唐人"指稱漢民族的新稱謂，並延續至今。

華人：古代中國人往海外移民時自稱華夏人，慢慢演進成"華人"一詞。"華人"一詞最初僅僅指漢族，後來慢慢擴展成為全體中華民族的代稱。現在，更是成了所有中國人及海外華僑、華裔的代稱。

龍的傳人：中國人稱自己為"龍的傳人"，這種說法來源於古代的圖騰和傳說。

　　龍，不是真實存在於世間的物種。相傳，黃帝組成部落聯盟在慢慢演進成華夏族的過程中，為了團結所有的部落，放棄了自己部落原來的圖騰，而是把各部落的圖騰集合起來，組成了一種新圖騰：龍。

　　“龍”有着蛇的身，魚的鱗，馬的頭，獅的鼻，虎的眼，牛的舌，鹿的角，象的牙，羊的鬚，鷹的爪，狗的尾。《三國演義》中形容：龍能大能小，能升能隱；大則興雲吐霧，小則隱介藏形；升則飛騰於宇宙之間，隱則潛伏於波濤之內。

　　從此，龍成為中華民族吉祥權威的象徵物。龍這一奇特形象的形成，反映着中華民族發展的歷史和各民族融合的過程。

註：不同的經典，對上述各詞的的理解不盡相同，本文選取較為主流的觀點，不當之處，
　　歡迎雅正。

三皇五帝都是誰？　｜　03

　　中華民族從文明的萌芽到成熟，經歷了漫長的時間。因為那時還沒有發明文字，所以現在我們要考證那段歷史，只能憑藉少許的考古學發現來推測。與之對應的是大量的神話故事和傳說，像盤古開天闢地、女媧造人、女媧補天等等。

　　遠古時代，生產力低下，人們只有依靠集體的力量才能生存下來，所以遠古先民聚族而居，形成一個個的部落。在部落族群中，人們各盡所能、共同勞動、平均分配食物。為了生存與發展，他們必須選舉公正、賢能的人當首領，以帶領大家進行生產，抵禦外來的侵擾。再後來，一些部落結成部落聯盟，選舉出部落聯盟首領，共同發展。此時，就進入了“三皇五帝”時期。

　　通常說古代歷史，必言“三皇五帝”。但三皇五帝的說法眾說紛紜，年代也大相徑庭。據考證，大體的年代為距今 5000 年左

右。司馬遷寫的《史記》，是我國第一部紀傳體通史，開篇就是從五帝寫起的《五帝本紀》。不過，《史記》中雖沒有給三皇立傳，但在《秦始皇本紀》裏提到，天皇、地皇、泰皇為三皇（泰皇即人皇）。到了唐代，號稱"小司馬"的司馬貞，為了補全《史記》，寫了《三皇本紀》，記載了伏羲氏、女媧氏、神農氏等諸位上古帝王的歷史，稱之為"三皇"。而在《尚書大傳》中，則以燧人氏、伏羲氏、神農氏為"三皇"。不僅"三皇"，"五帝"的說法也不盡相同，按照《史記》的說法，"五帝"分別為黃帝、帝顓頊、帝嚳、帝堯、帝舜。

黃帝：姓公孫，名軒轅。黃帝做部落聯盟首領時，各部落互相攻戰，於是黃帝就習兵練武，打敗所有不來朝貢的部落，包括炎帝和蚩尤，萬國安定。他做首領時有土這種屬性的祥瑞徵兆，土色黃，所以號稱黃帝。黃帝的正妃是嫘祖，生有兩個兒子，一個叫玄囂，一個叫昌意。

顓頊：黃帝死後，高陽即位，這就是帝顓頊。帝顓頊名叫高陽，是黃帝的孫子，昌意的兒子。

帝嚳：帝顓頊死後，高辛即位，這就是帝嚳。帝嚳名叫高辛，是黃帝的曾孫，玄囂的孫子，帝顓頊的姪子。

帝堯：帝嚳的兒子名叫摯。帝嚳死後，摯接替帝位。帝摯登位後，沒有幹出甚麼政績，死後由弟弟放勳登位。這就是帝堯。也就是說，帝堯也是帝嚳的兒子，名叫放勳。

帝舜：帝堯年老以後，因為自己的兒子丹朱沒有才能，就沒有把位置傳給他。大家推舉舜，於是堯把兩個女兒嫁給他，並不斷考察舜。三年後，將首領的位置禪讓給舜。帝舜名叫重華。除了帝堯女婿這個身份外，帝舜還是軒轅黃帝的九世孫，帝顓頊的後人，只不過帝顓頊至帝舜之間的幾代都是平民罷了。

從黃帝到堯、舜，都是同姓，但立了不同的國號，黃帝號為有熊，帝顓頊號為高陽，帝嚳號為高辛，帝堯號為陶唐，帝舜號為有虞。

也有學者認為，"三皇五帝"是對中國上古時期所有部落聯盟首領的概括性簡稱。"三皇五帝時代"即"上古時代"、"遠古時代"或"神話時代"，簡稱為"三皇五帝"，並非確指。

不管"三皇五帝"是具體的幾個首領的名稱，還是一個時代的代稱，其作為中華民族的先祖，率領民眾開創了中華上古文明是毋庸置疑的。期待將來能有更多的考古發現，好讓我們能更詳細地還原我們的先祖，了解他們帶領族群披荊斬棘，努力前行，創造中華文明的歷史風貌。

夏朝的建立、夏曆及干支紀日法 ｜ 04

大禹治水的故事在中國可以說家喻戶曉。那是在帝堯時代，發生了大洪水，大水肆虐大地，人民流離失所。帝堯派鯀去治水。鯀用"堵"的方法，花了 9 年時間也沒有治好大水。

這時，帝舜開始管理部落，他派禹去治理洪水。按照《史記‧夏本紀》記載，禹用了 13 年的時間，改"堵"為"疏"，終於治理好了洪水，人民又能返回家園，過上了幸福安寧的生活。按照這個時間計算，這場大洪水至少持續了 22 年。

如果我們把眼光放到全世界，就會發現一個很有趣的現象：幾乎是在同一個時間段，古巴比倫、古代墨西哥、瑪雅地區、亞特蘭蒂斯和《聖經》中，幾乎世界上任何一個有足夠時間跨度的民族歷史和傳說中，都有着驚人相似的"大洪水"的傳說。而且在傳說中，時間、地點、內容等，也都有着驚人的相似之處！ 那麼，我們是不是可以得出這樣一個結論：這場幾乎席捲全球的大洪水確實發生過，甚至大致的時間都能確定在公元前 2370 年左右。當然，這只是一個推論，事實真相如何，需要更多的資料和考古學證據才能確定。

禹因為治水有功，被人們尊稱為"大禹"。帝舜在年老之後，把部落聯盟首領的位置禪讓給了大禹。

大禹也是一位優秀的首領。但他年老之後，卻沒有按照禪讓制的標準選擇繼承人，而是給自己的兒子造勢。大禹死後，這個位子被他的的兒子啟得到。至此，我國歷史上的第一個朝代——夏朝——正式建立，並開創了父傳子、家天下的世襲制度。

對我們現代人來說，夏朝是個神秘的朝代。因為直到今天，雖然種種考古學跡象表明夏朝是確實存在的，但是人們一直沒有找到明確的證據來證明，也就是沒有直接找到夏朝的文字資料。所以今天我們對它所知的一切，部分是根據夏朝之後其它朝代的史書記載，部分是根據考古證據的推論，也有一部分是猜測和傳說。

不過，可以確定的一點是，夏朝已經有曆法的存在，而且夏曆並非最古老的曆法，只是其中之一。早在黃帝時代，就已經有曆法的存在。黃帝曆、顓頊曆、夏曆、殷曆、周曆、魯曆，合稱古六曆。不過時至今日，古六曆的原曆法規則都已佚失，我們只從古籍上了解一些內容。

目前我國人民習慣採用的農曆，其又稱就是夏曆。夏曆採用冬至之月為子月，作曆算一歲開始，曆法年則以建寅月開始，即寅正，後來叫做夏正（就是歲首，一年的第一個月，即今農曆正月），大致是採用 366 天為一歲，用減差法和正閏餘來調整歲差。夏曆屬於陰陽曆，其以朔望月的時間作為曆月的平均時間，屬於陰曆的成分；但又設置二十四節氣以反映季節的變化特徵，又有陽曆的成分。至今幾乎全世界所有華人仍使用夏曆（農曆）來推算傳統節日，如春節、中秋節、端午節等。

說起來，這裏還有一個誤解，我們現在慣用的農曆雖然又稱夏曆，但實際上其基本規則沿用的是漢代制定的漢曆。夏曆以寅月為正月（與今農曆正月相同），後來商朝、周朝、秦朝採用方式都不一樣。從漢武帝開始又改用夏正，並沿用至今。這樣後人誤以為現在曆法是夏曆，其實只是漢曆用了"夏正"這個規則而已。

另外，我國歷代的數學家、天文學家，也不斷修正曆法，像漢代的張衡、南北朝時期的祖沖之、元代的郭守敬等，都曾經對曆法的不斷完善做出過重大的貢獻。所以我們現在使用的農曆，實際上是歷代先賢集體智慧的結晶。

另外，從夏朝開始，中國人已經採用"干支紀日法"了，就是十天干和十二地支搭配紀日的表現方式。

甲、乙、丙、丁、戊、己、庚、辛、壬、癸等十個符號叫"天干"，子、丑、寅、卯、辰、巳、午、未、申、酉、戌、亥等十二個符號叫"地支"。把干支順序相配，從甲子開始，而後乙丑、丙寅……到癸亥，正好六十為一周，這就是俗稱的"干支表"。一周之後，重新開始，週而復始，循環使用。人們常說的"六十一甲子"，也就是這麼來的。

這一方法，在漢代發展成干支紀年，並於東漢章帝時在全國推行。從此，干支紀年固定下來，一直延續至辛亥革命的次年（公元 1912 年），才改為現在的公元紀年，但干支紀年方式仍然保留，被同時使用。

朝代更迭的**怪圈**開始了　│　05

在中國歷史上，從第一個朝代夏朝開始，到最後一個朝代清朝，一直存在着一個怪圈：每個朝代的開國君主都比較英明勇武、勵精圖治，隨着時間的推移，或從開國君主本人開始，或從其子孫後代開始，逐漸轉為平庸，再轉為昏庸，一般到了末代君主，都會有這樣那樣的致命缺點：或糊塗昏庸；或多疑殘暴；或年幼無知；或大權旁落；或驕奢淫逸；或好大喜功……其結果就是搞得國家亂七八糟，百姓民不聊生，最終或者被皇親國戚、手下重臣大將篡權；或者被外族入侵覆滅；或者官逼民反被推翻。然後下一個新建立的朝代，再次步入這個怪圈……歷朝歷代，盡皆如此，週而復始，正如干支紀年。壽命短暫的，開國君主甚至就"兼任"了末代君主，或者只傳一、兩代。如王莽篡漢，就是自己一代而亡，秦朝二世而亡，隋朝三世而亡。長一些的，有的十幾或者幾十代，但終究會步入這個怪圈。

是甚麼原因導致的這個怪圈？權力太集中？缺乏監督機制？法律、制度存在重大缺陷？用人不當？天災人禍？也許兼而有之吧。眾說紛紜，莫衷一是。

延續了四百多年的夏朝，當國君的位置傳到桀的時候，這個縱貫中國歷史的怪圈閃亮登場，桀也因成為第一個覆滅王朝的末代君主而永遠被歷史銘記。

按照現在能查到的資料來看，夏桀本人文武雙全、高大英俊、孔武有力，據說赤手空拳可以格殺虎豹。按說這樣一個文韜武略超群的君主，應該能成為一個英明的統治者，但夏桀卻把所有的聰明才智都用在驕奢淫逸、殘酷暴虐上。他大興土木，肆意用兵，搞得民不聊生。

夏桀在胡鬧上頗有天賦，其最著名的例子就是酒池肉林。所謂酒池肉林，據說是在宮殿裏挖一個大池子，裏面灌滿了美酒，池子邊堆滿美食，架子上掛滿肉類（像樹林一樣），自己在裏面整天吃喝玩樂。更誇張的是，自己和寵妃在酒池裏划船，命令三千人同時趴在酒池邊喝酒，以欣賞酒醉者掉入池中淹死的場景為樂。

夏桀如此作為，以至於全天下的百姓都對他恨之入骨。恨到甚麼程度呢？按照《尚書》記載，老百姓們詛咒他說："你這太陽啊，甚麼時候毀滅呢？我寧肯與你一起毀滅（時日曷喪，予及女皆亡）。"就是說百姓恨他恨到了只要能讓夏桀死掉，寧可與他同歸於盡的程度。

　　與之配合共同締造這個歷史循環怪圈的，是他手下的諸侯之一——商湯。與夏桀形成鮮明對比的是，作為商部落的首領，湯勵精圖治、鼓勵生產、任用賢人、富國強兵，使地域不過七十里的商地，逐漸強大富足起來。

　　按照記載，湯是個有德之君，《史記》中記載了一則“網開三面”的故事：湯有一次外出，看見野外有人正在張網捕捉飛鳥，東南西北四面掛的都有網，並祈求上天讓四面八方來的飛鳥都進到自己網裏來。湯聽見了以後，認為太過分了，就叫人把網撤掉三面，只留下一面。商湯也禱告説：“想往左的就往左，想往右的就往右，不聽命令又無主張的，就到網裏來吧。”湯是通過此舉告誡人們，對待禽獸也要有仁德之心，不能捕盡捉絕。大家都深受感動。

　　最終，湯在伊尹的輔佐下，經過多年的準備，起兵伐夏。湯先攻滅支持夏的幾個小諸侯國，然後直逼夏朝重鎮鳴條。在此一場大戰，夏兵大敗，桀率領殘部逃跑，後被湯率軍追上俘獲，放逐於南巢，夏朝至此覆亡。桀數年後死於南巢。

　　中國歷史上第二個朝代——商朝，正式登場。湯以武力滅夏，打破了“國王永定”的説法，從此中國歷代王朝的更迭莫不如是。

天下第一勵志人物：由奴隸到聖人的伊尹 | 06

　　夏朝末年，伊水河邊的有莘部落出了一位了不起的大賢人。此人出身極低，父母皆為奴隸，卻有經天緯地之才，定國安邦之術。此人是中國歷史上第一個見之於甲骨文記載的教師；又是中國第一個帝王之師；在道德上是天下楷模；在朝堂上位高權重，甚至可以放逐帝王；是已知最早的道家人物之一；又被廚師界尊為中華廚師之祖；是商代第一大巫師；還是高明的醫生，創製出湯液；壽活百歲，一個臣子被用天子之禮安葬……此人就是伊尹。

　　伊尹其實不是他真正的名字，他真正的名字叫伊摯，小名阿衡。"尹"是官職名。商朝建立後，商湯封伊摯為尹。《史記・殷本紀》皇甫謐註云："尹，正也，謂湯使之正天下。""正天下"就是要以身作則，作天下楷模，師範天下。

　　伊尹出身低微，據傳父親為奴隸廚師，母親為女奴。那麼他是如何成為商湯的左膀右臂的呢？這裏有幾種說法：

　　一是說，由於伊尹深通治國之道而遠近聞名，商湯幾次三番派人帶着重禮去有莘部落聘請，但是有莘首領不答應。於是商湯只好娶有莘部落首領的女兒為妃，伊尹便以陪嫁奴隸的身份來到商湯身邊。

　　另一說法是伊尹主動想輔佐商湯，但是他不認識商湯，於是想出個怪主意，當有莘氏的女兒嫁給商湯的時候，自己主動跟着陪嫁過去，替他們燒飯，藉此機會接近商湯，由如何烹調而談到治國，向商湯推銷自己的治國理念，從而受到商湯重視。

　　還有一種說法，伊尹是個著名的隱士，商湯派人帶着重禮請了五次，才出來輔佐他。

　　伊尹在有莘部落的時候，就既是廚師又是貴族子弟的"師僕"。遇到商湯之後，按照《孟子》記載，商湯先是把伊尹當作老師對待，然後才是臣子。

那麼伊尹教給商湯的是甚麼知識呢？"以堯舜之道要湯"，
"而說之以伐夏救民"，就是教商湯效法堯舜，以德治天下，為救
民而伐夏的方略。可見伊尹又是中國第一個帝王之師。輔佐湯滅
夏建商後，伊尹又幫助湯制定了典章制度，穩定了商朝的統治。

伊尹歷仕湯、外丙、仲壬、太甲、沃丁五代君主五十餘年，
為商朝強盛立下汗馬功勞。據說太甲當政之初，昏暗不明，胡作
非為。伊尹遂將太甲放逐到成湯墓葬之地——桐宮，並寫了多篇
訓詞教訓他。太甲守桐宮三年，深刻反省，悔過反善，伊尹又親
自到桐宮迎接他，並將王權交還給他，自己仍繼續輔佐他。由此
可見伊尹地位之高、權力之重。

伊尹的本領和貢獻還遠不止如此。據學者考證，伊尹在商代
還有一個重要的的身份——巫師。商代是一個非常崇信鬼神的
朝代，國家大事小情都要通過占卜決斷，因此巫師具有崇高的地
位，而伊尹就是商代第一大巫師。

上古巫、史、醫合一，巫師本身多兼有醫生的功能，《說文》
釋"尹"作"治也"。因此，伊尹還是一個本領高超的醫生。歷代
醫家都認為中醫藥中常用的湯液就是伊尹創製。《漢書·藝文誌》
中記載有《湯液經法》，醫家都認為此書為伊尹所撰。

伊尹還是歷史上第一個以烹飪理論輔佐天子治理國家的廚
師。他"教民五味調和，創中華割烹之術，開後世飲食之河"，被
尊為"烹調之聖"、"烹飪始祖"和"廚聖"。他提出"以鼎調羹"、
"調和五味"的理論來治理天下，後世道家學派的代表人物老子的
治國理念"治大國若烹小鮮"，應該就是藉鑒了這個理論。

伊尹的著作《伊尹》一書，被《漢書》的作者班固，與《太公》、
《管子》、《鶡冠子》、《淮南王》等書同列為兵家，所以伊尹似乎又
可以稱之為兵家之祖，或者兵書之祖。

沃丁八年，伊尹逝世，終年 100 歲。直到兩三千年後的明、
清時代，還有"人生七十古來稀"的說法，這位 100 歲的伊尹，在

當時人的眼中，絕對是陸地神仙似的人物了。

伊尹死後，沃丁以天子之禮將其安葬。伊尹也被後人奉祀為"商元聖"。

傳奇搭檔之**武丁王**與傅說 | 07

當商朝國君之位傳到武丁的時候，國勢已經比較衰弱。武丁即位後，一心要令國家中興，但是身邊缺乏賢臣輔助。

武丁做商王的前三年，沒有發表任何言論，所有政事全部由大臣安排。也有說是武丁得了不會說話的病，因此一句話不說。

三年後的一天，武丁突然說話了。說他昨夜夢見天神向自己推薦了一個大賢人，名字叫"說"。武丁命人將這個賢人的形象刻畫在一塊木板上，命令群臣立刻去尋訪。這是三年多以來，武丁第一次開口說話。

大家經過多方查找，最後終於在北海（今山西平陸）的傅險（又作傅岩）這個地方，找到了"說"。此人的名字、相貌等，都和武丁說的一樣，但是這個人並不是甚麼賢人，而是個奴隸。

傅險是位於虞國、虢國之間的交通要道，因為澗水經常泛濫衝壞道路，所以需要發動奴隸、囚犯修築。當時"說"正和其他奴隸、囚犯一起，在用版築修路。還有一種說法是，"說"是當地的隱士，因為生計問題，只得和奴隸、囚犯一起築路。總之，其出身非常低微，以至於空有滿腹才幹，卻無從施展。

所謂版築，就是用兩塊木板（版）相夾，外面用木柱支撐或用麥草捆纏，然後在兩板之間填滿泥土，或夾以石灰、草泥，以杵搗實，然後拆去木板、木柱，即成一堵土牆。用這種方法修路，能加固路基，有效防止洪水的衝刷。有記載認為這種版築法就是"說"發明的。

　　大家將信將疑地將"說"推薦給武丁。沒想到武丁一見大喜，馬上認定這就是自己要找的人。再和他一交談，更加高興，真的是大賢人啊。於是武丁任命"說"為宰相，輔佐自己治理國家。因為"說"是在傅險這個地方被發現的，於是就將"傅"賜給他為姓，稱他為"傅說"。

　　傅說由奴隸一躍而成為宰相，充滿了神奇的色彩。

　　傅說真的是因為武丁夢到天神推薦才有如此際遇的嗎？名字、長相與夢中人一模一樣，而且還真是懷才不遇的大賢人，這也太過巧合了吧？實際上，我們或許可以這樣理解：傅說是武丁還沒當國君時的一個好友，應該教過武丁一些治國的本領，所以武丁對其非常欽佩。因為據記載，武丁在做國君之前，曾經在鄉下住過多年，結交了許多平民百姓，甚至與一些奴隸也成了朋友。但是因為傅說出身過於低微，以至於作為商王的武丁也沒辦法破格重用他。所以，武丁就用了這麼一個巧妙的辦法，藉助當時人們信奉鬼神的習慣，假托夢中天神推薦，從而順利地將傅說請到自己身邊，委以重任。

　　傅說果然沒有辜負武丁的一片苦心，他輔佐武丁，沒用幾年時間，就將國家治理得井井有條，國勢復興，使武丁實現了振興商朝的夢想，成為歷史上著名的"武丁中興"，武丁也因此被譽為殷商"中興明主"。

　　傅說除了身為宰相，輔佐武丁治理好國家外，還留下了千古不朽的《說命》三篇；他創造的"版築"技術，是人類建築史上的巨大進步；他還用鹽和梅調和鼎鼐，製作出鮮美的飲食，以致後人留下了"傅說和羹"的傳說。

　　傅說被時人尊為"聖人"。

命途多舛的**甲骨文** | 08

到目前為止，我們可以見到的中國最古老的文字，就是商朝的甲骨文。雖然我們知道，在甲骨文之前一定就有了文字，但因為缺乏考古學證據，所以只能推測。

甲骨文，是漢字的早期形式，是現存中國最古老的一種成熟文字。它是商朝中後期王室貴族使用的占卜文字，因鐫刻在龜甲或獸骨（主要是牛肩胛骨）上，所以得名為甲骨文。其內容大部分是王室貴族占卜的記錄。

商朝的人大都崇信鬼神，大到祭祀、出征、耕種、漁獵，小到天氣、生病、生兒育女等等，都要問卜。占卜的時候，由被稱作"卜人"的巫師，把經過處理的龜甲或者獸骨，放在火上烘烤，然後根據其裂紋，做出"吉"或者"凶"的判斷。占卜完畢之後，還要把占卜結果記錄下來，好驗證是否靈驗。這些記錄下來的文字，就是甲骨文。可惜，甲骨文不會給自己卜算一下命運，否則一定傷心不已，因為其命運之艱難曲折，殊為少見。

不知從何時起，甲骨文消失在了歷史長河中。在很長時間內，無人可窺其真顏。這種情況一直持續到清末，由於一個偶然的、極富戲劇色彩的事件的發生，甲骨文才又重現於人們眼前。但是，這並不表示甲骨文的命運已經否極泰來，從其被重新發現開始，艱難曲折的命運，一直伴其左右。

1899 年秋，擔任國子祭酒（國立最高學府的校長）的王懿榮得了瘧疾，於是派人到藥店買了一劑中藥。王懿榮無意中發現其中一味叫龍骨的中藥上面刻畫着一些符號。王懿榮為清末翰林，進士出身，具有深厚的金石學造詣。經過長時間的研究，他確信這是一種比較完善的文字，應該是殷商時期的。然而，尚未對這種文字進行深入研究，王懿榮就在 1900 年 7 月八國聯軍攻佔北京時自殺殉國。人們尊稱這位最先發現甲骨文的學者為"甲骨文之父"。

後來，人們找到了龍骨出土的地方——河南安陽小屯村，又出土了大批龍骨。開始，這些龍骨還沒被外界注意，被當地人挖掘出來後，都當作藥材賣給了藥店。因為藥店不收上面有刻畫痕跡的龍骨，村民就用小刀將痕跡刮掉再賣。於是，許許多多的商代史料就這樣被磨成粉，當作藥吃進了肚子裏，這就是所謂的"人吞商史"。

在被外界發現價值之後，甲骨文的發現和研究又經歷了更多的坎坷和磨難。世界各國的入侵，沒落腐朽的朝廷，處於生死存亡關頭的民族，動盪不安的局勢，使得這些國寶沒能得到應有的保護。村民的私挖濫掘，導致大量甲骨被破壞，"所得者一，所損失千矣"；而且挖出的甲骨，相當大的一部分被商人和外國人以極其低廉的價格收購走，大量遺落或流失海外。據學者胡厚宣統計，從 1899 年甲骨文首次被發現到現在，共計出土甲骨 154600 多片，其中中國大陸收藏 97600 餘片，中國台灣收藏 30200 餘片；日本、加拿大、英、美等國家共收藏了 26700 餘片。

到目前為止，學者們發現的這些甲骨上刻有的單字約 5000 個，其中已解讀出的字不超過 2000 個。還有相當數量的甲骨文尚未被解讀出，或者雖然有人解讀，但是沒有得到眾多學者的認可。

甲骨文的發現，與敦煌石窟、周口店猿人遺跡，並稱為中國考古的三大發現。甲骨文則與敦煌遺書、漢簡和故宮明清檔案一並被譽為近代中國四大學術發現。如今，甲骨學已成為一門世界性學科，它對歷史學、文字學、考古學等方面都具有極其重要的意義。

鎮國之寶 —— **后母戊鼎**的故事 | 09

進入商代以後，無論是文明還是科技，都有了長足的進步。

這時的青銅冶煉和鑄造技術，已經達到極高的程度。青銅是銅、錫、鉛的合金。商代與其後的周代，被稱為中國歷史上的青銅時代。

這個時代的青銅器具，可以分為食器、酒器、水器、樂器四大類。其主要用途之一是盛物用的容器，同時也是宗廟中的禮器。當時，青銅器的數量多少，可以表示出擁有者身份、地位的高低，青銅器形制的大小也可以顯示出權力的等級。這些都是有規定的，不可以隨意亂用。

青銅器中最重要的種類就是鼎。鼎可以說是中華文化的一種象徵，具有極其崇高的意義，它既是食器，又是一種標明身份等級的重要禮器。鼎最常見的形狀為圓腹、兩耳、三足，呈盆、盂狀，也有少量呈斗狀的四足方鼎。最早多用於祭祀或典禮時盛煮豬、牛、羊等食物，後來發展成祭祀天帝和祖先的禮器，再後來又發展成國家政權的象徵。我們現在常用的成語一言九鼎、問鼎中原、三足鼎立等都源於此。1939 年 3 月，在河南安陽出土的后母戊鼎，就是這一時期青銅文化的代表作品。

后母戊鼎（原稱司母戊鼎），因鼎腹內壁上鑄有"后母戊"三字而得名。鼎呈長方形，口長 112 釐米、口寬 79.2 釐米，壁厚 6 釐米，連耳高 133 釐米，重達 832.84 公斤。是迄今世界上出土的最大、最重的青銅禮器，享有"鎮國之寶"的美譽。

研究考證，鼎腹內壁銘文"后母戊"指的是商王武丁的王后婦妌，婦妌是井方之女，死後廟號為"戊"，祖庚、祖甲時期稱之為"母戊"。由此可見，此鼎是商王祖庚或祖甲為祭祀其母戊所製。

最初給該鼎命名的郭沫若先生稱之為"司母戊鼎"，意思是"祭祀母親戊"。這一命名一直沿用，但爭議不斷。有多位學者提出，"司"字應作"后"字解，因為在古文字中，司、后是同一個字。大部分專家認為"后母戊"的命名要優於"司母戊"，其意義相當於"偉大、了不起、受人尊敬"，與"皇天后土"中的"后"同義。現改名"后母戊鼎"，意思相當於將此鼎獻給"敬愛的母親戊"。

關於大鼎的名字，還曾經有過一件尷尬的事：在大鼎剛剛改名不久的 2011 年，中國國家博物館、殷墟博物院（大鼎出土地）、中國文字博物館（國內唯一以文字為主題的國家級博物館）這三家博物館，在展示這件大鼎（殷墟、文字博物館為複製品）時，出現了不同的稱謂，中國國家博物館展覽時稱為"后母戊鼎"，而殷墟博物院、中國文字博物館展覽時的名字為"司母戊鼎"。

后母戊鼎的出土，還有一段曲折驚心的故事。

1939 年 3 月，河南安陽武官村的吳培文等人在野地裏探寶（盜掘），發現神秘硬物，後歷經三天三夜，挖出一個銅銹斑斑的龐然大物。當時，他們還不知道，這就是震驚後世的青銅器國寶后母戊鼎。

當時的安陽已被日寇佔領。后母戊鼎被秘密運回村，埋到了吳培文的院子裏。吳培文等人四處聯繫古董商人，準備賣掉大鼎，有古董商出價 20 萬大洋收購，卻要求將大鼎分割成幾大塊裝箱。據資料記載，村民們連夜用鋼鋸、大鐵錘等工具，分割大鼎。雖然是受了 20 萬大洋的誘惑，但越砸越不忍心，越砸越覺得作孽，而且他們也擔心古董商人變卦，錢物兩空。於是吳培文阻止大家再砸下去，但此時一隻鼎耳已被砸下。大家經過商量，還是決定先將大鼎埋藏起來，便於保護，並且把砸掉的鼎耳另外埋藏。

大鼎出土的消息很快走漏，引起了侵華日軍的注意。不久後，日本人連續派兵進村搜寶。為了隱藏此寶，吳培文等人幾次轉移埋藏地點，還特意買來一個無銘文的青銅器贋品，讓日本人發現、搶走。真正的大鼎始終沒被日本人發現。後來，吳培文將大鼎秘密托付給自家兄弟，遠離家鄉避難，直到抗戰勝利才回到安陽。

此後，大鼎一直被秘密埋藏於地下。1946 年 6 月，大鼎及鼎耳被重新挖出上交政府。1949 年，國民黨撤離大陸時，本打算將大鼎運往台灣，但因過於沉重而將其丟棄在南京機場，後被發現，轉移到南京博物院。1959 年大鼎從南京調往北京，存於新建成的中國歷史博物館（今中國國家博物館）至今。

2005 年，大鼎回歸安陽"省親"，已經是 83 歲的吳培文老人，時隔 59 年終於再次與大鼎見面。老人一直覺得，保護了大鼎沒有落在日本人手中，是他一生之中做的最有價值的一件事。

昏君代表人物之商紂王 ｜ 10

夏、商之後的朝代，如果要稱讚一個帝王賢明，一般都會稱讚他"德比堯舜"，那麼要說他昏庸呢？大家看古代電影、電視劇的時候，如果一個帝王做了錯事，或者大臣勸諫他卻不聽，就會有大臣指着他，怒斥他是"桀紂之主"。這裏的"桀"，指的是夏朝的亡國君主"夏桀"；"紂"呢，就是商朝的末代君主"商紂"。因為這二位是最早的兩個亡國之君，所以在後世就成了昏君的代名詞。

實際上，"桀"也好，"紂"也好，都不是他們本來的名字，也不是他們自己作為帝王的稱號，而是"謚號"，是帝王死了之後，後人給起的稱號。如果是自己的後代，那麼一般都會給自己的先祖一個好聽的稱號，像武丁死後，他的兒子尊稱他為"高宗"。但是因為這兩個是亡國之君，由他們的敵人給他們起的名稱，當然不可能好聽了。

夏桀，姓姒，名癸，或履癸，做君主後稱為帝履癸。"桀"在古文裏是"兇暴，好殺人或者殺了很多人"的意思；商紂，姓子，名受，或受德，做君主後稱為帝辛。"紂"在古文裏是"殘義損善"，就是殘忍、無義的意思。

　　當商朝經歷了五百多年的統治，到了紂王即位的時候，歷史
的怪圈再次發揮其強大的威力。這時的商朝，國勢已經非常衰
弱。史料記載，紂王天資聰明、反應靈敏，而且博聞廣見、思維
敏捷，接受能力也強，同時身材高大、膂力過人，能赤手空拳與
猛獸搏鬥。他在即位之初，也曾大有一番作為，重視農桑，選賢
任能，善待奴隸，打敗強敵，使國勢一度蒸蒸日上。當我們眼看
着一個似乎可以媲美武丁的君主冉冉升起的時候，畫風突變，紂
王由勵精圖治翻轉為胡作非為。

　　後期的商紂王，居功自傲，過起了窮奢極慾的生活。他耗費
巨資修建鹿台，供自己享受，為此加捐加稅，橫徵暴斂。他建造
酒池，懸肉為林，寵信妲己，通宵達旦地吃喝玩樂。他口才特別
好，再加上又聰明，基本上就是你一開口要說甚麼，他早就知道，
三言兩語，就說得你啞口無言，即使自己錯了，也能用語言掩飾
得天衣無縫，所謂"智足以拒諫，言足以飾非"。他剛愎自用，
不聽勸諫，剖開大臣比干的肚子觀其心，囚禁已經裝瘋的叔父箕
子，嚇得自己的親哥哥微子逃回封地，太師疵、少師彊逃到周地，
以致大失人心。

　　人民對他怨聲載道，諸侯背叛了他，他就加重刑罰，用"炮
烙"這種酷刑來恐嚇人民。他將位列"三公"的九侯剁成肉醬；鄂
侯做成肉乾；"三公"的最後一位，西伯姬昌，只因為暗自歎息，
被舉報後，就被關在羑里七年。他連年對外用兵，搞得國力衰竭，
民不聊生。他任用奸臣費仲、惡來為政，使朝政一天天惡化下去。

　　與之對應的，他的對手——西伯姬昌和其子姬發，則在自己
的屬地——周，勵精圖治、發展生產、舉賢任能、訓練士兵。他
們先是討好、麻痹商紂王，從商紂王手裏取得合法的征討不臣的
權力，接下來大肆擴大自己地盤，聯盟其他諸侯，並在合適的時
機，聯合自己的盟友，在牧野與商紂王大戰一場。

關於牧野之戰的時間，説法不一。按照"夏商周斷代工程"的觀點，應該是在公元前 1046 年。

周武王（姬發）親率戰車三百乘，精鋭武士三千，步兵數萬人，又聯合眾多聯盟部落，組成總兵力約四萬五千人的聯軍，在牧野與商朝軍隊展開大會戰。而此時，商軍主力部隊遠在東南地區與東夷人作戰無法及時調回。商紂王只好倉促武裝大批奴隸、戰俘，連同守衛國都的軍隊，開赴牧野與敵決戰。商紂王出動的兵力數量有兩種説法，一為十七萬，一為七十萬，總之是遠超過以周為首的盟軍。但是盟軍士氣如虹、將士用命，姜子牙率精兵為先鋒，周武王親率主力跟進衝殺，勢不可擋。反觀商軍，奴隸和戰俘全無鬥志，臨陣時紛紛倒戈，主動配合盟軍進攻，商軍迅速崩潰。

商紂王見大勢已去，逃入城中，登上鹿台，穿上綴有珍珠寶玉的衣服，然後一把火燒死了自己。周武王砍下紂王的頭顱並懸旗示眾。這位昏君的代表人物正式落下帷幕。至此，商朝雖然沒有被完全消滅，但也只剩下一些殘餘勢力，最終被周公旦和周成王平定。

説起來，將"夏桀"和"商紂"並稱，除了按照時間算，二位是排名第一、第二的亡國之君外，兩人還有很多共同點，例如兩人都是文武全才、聰敏過人、力大超群，都有能力成為中興之主，但是兩人卻都將才能放在驕奢淫逸上，最終國破家亡，自己也死於非命。至於説二位，包括後來的眾多亡國之君，身敗名裂、國破家亡的主要原因是因為女色，則純粹是推卸責任、避重就輕，甚至是胡説八道了。

箕子、象牙筷子與**朝鮮** | 11

　　商紂王即位之初，也曾勵精圖治。他最重要的助手有三人：微子啟、箕子、比干，歷史上稱為"殷末三賢"（商朝又稱殷，或殷商）。其中，微子啟是紂王的親哥哥。紂王的父親是帝乙，爺爺是太丁。帝乙的大兒子，名字叫"啟"，因為封地在"微"，爵位是子爵，所以歷史上稱之為微子，或者微子啟。但是因為他的生母地位低下，因此他雖然是長子，卻沒有繼承權。而紂王的生母是帝乙的王后，所以帝乙死後，紂王得以即位。比干，名干，太丁的兒子，帝乙的弟弟，紂王的叔叔，官拜少師。箕子，名胥餘，因為他的封地在"箕"，爵位是子爵，所以歷史上稱之為箕子。他也是太丁的兒子，帝乙的弟弟，紂王的叔叔，官拜太師。

　　開始的時候，箕子、比干等人用祖先的赫赫功業，前輩先賢的諄諄教誨勸諫紂王，紂王還是認真聽從的，也曾大有作為了一番。但隨着紂王的日益驕橫跋扈，越來越聽不進別人的勸諫了。

　　箕子佐政時，看到紂王吃飯的時候改用象牙筷子了，便感慨道："用了象牙筷子，就一定要用配套的玉杯，然後就會追求其他的珍奇物品，再然後就是豪華的車馬和宮殿，這就是享樂的開始啊，這樣做怎麼能治理好國家呢？"後來，紂王果然越來越追求奢華享樂，整天酗酒淫樂而不理朝政，誰勸説也不聽，反而殘酷的誅殺大臣。

　　微子啟嚇得跑到自己的封地微去了。比干被紂王剖腹挖心而死後，有人勸箕子離開，箕子不忍心眼看着大好的江山就這樣斷送在紂王手中，而自己甚麼也不做。但是看到比干的下場，又知道勸諫也沒用。而且這時，紂王又把眼光落到了箕子的身上。為了自保，箕子索性假裝瘋狂，把自己扮成奴隸模樣，彈唱"箕子操"以發洩心中悲憤。但即便這樣，紂王也沒有放過他，還是將他囚禁起來，貶為奴隸。

孔子在《論語‧微子》中説："微子去之，箕子為之奴，比干諫而死，殷有三仁焉。"稱讚他們三人為"殷末三仁"。

武王滅商後，命召公釋放了箕子。箕子趁亂逃往箕山，在箕山過了一段短暫的隱居生活。因為箕子賢名遠播，周武王特意來此地尋訪他，並請教治國之道。箕子將夏禹傳下的《洪範九疇》陳述給武王聽，武王聽後，十分欽佩，就想請箕子出山輔佐自己。但箕子不願到周朝做官，武王無奈離開。擔心武王還會再來，在武王走後，箕子帶領着族人、弟子與一批商朝的遺老故舊約五千人，離開箕山向東而去。

據説，箕子一行到了黃海邊，乘木筏一直向東，幾天後到達一座大島，見這裏景色優美，便取名為朝鮮，並定居下來。周武王知道後，便索性將朝鮮封給箕子。箕子在接受分封後，也曾覲見過周武王。《漢書‧地理誌》則認為，箕子到朝鮮是在商朝滅亡之前。見商朝已經完全沒有希望，箕子就率領自己的族人遷居朝鮮。儘管時間有出入，但都認可箕子率眾進入朝鮮這一事實。朝鮮的早期歷史文獻，如《三國史記》、《三國遺事》等，也都贊同這種説法，並基於儒家正統文化觀，認為箕子王朝是朝鮮半島歷史上的第一個王朝。

箕子率眾進入朝鮮，不僅帶去了先進的文化及先進的農耕、養蠶、織作等技術，還帶過去了大量的青銅器，並且制定了簡單可行的法律條文，以至於箕子朝鮮被中原譽為"君子之國"。

箕子朝鮮一直延續了近千年。秦統一六國之後，衛國宗室後裔中有一個名叫衛滿的人，率領 1000 多名部屬來到了朝鮮半島，被箕子朝鮮的君主收留。衛滿在朝鮮半島逐漸站穩腳跟，並慢慢壯大。後來，衛滿滅亡了箕氏王朝，建立了"衛氏朝鮮"。衛氏朝鮮存在近 90 年，傳了三代，於公元前 107 年被漢武帝所滅。

文王、八卦與易經 ｜ 12

當商朝在紂王的統治下風雨飄搖之時，它下屬的一個諸侯國——周，卻處於蓬勃發展之中。此時周的首領，就是歷史上著名的文王姬昌。

周在文王的父親季歷做首領時，就逐漸強大起來，結果引起商朝國君太丁（紂王的爺爺）的猜忌，找藉口把季歷殺了。

季歷死後，姬昌繼承了西伯侯的爵位，做了周的首領。姬昌勤政愛民、發展農業、廣羅人才，對內奉行德治，對外招賢納士。周在他的治理下，國力日漸強大，對商朝的統治構成了嚴重的威脅。

此時的紂王，卻還在肆意享受人生。他見各地屢有諸侯反叛，一方面加大懲罰力度；一方面任命姬昌、九侯、鄂侯為三公，加強管理。不過後來又陸續殺了九侯和鄂侯，姬昌也被視為眼中釘、肉中刺。

姬昌當然不滿紂王的所作所為，但是又不敢勸諫，只能暗自歎息。誰知卻被紂王的心腹崇侯虎聽到了，密告紂王。紂王正發愁找不到姬昌的把柄呢，這下正好，於是派人把姬昌抓了起來，囚禁在羑里。為了切斷姬昌與外界的聯繫，紂王派重兵看押、監視，外面的路上也層層設防，禁止任何人探望。

按照《左傳》載，文王被囚於羑里七年。在這段孤獨、絕望、暗無天日的日子裏，姬昌潛心鑽研"易"。沒有其他工具，就用牢房中的蓍草作為工具，根據伏羲的"先天八卦"推演出"後天八卦"，又稱"文王八卦"。這就是司馬遷所說的"西伯（文王）拘而演周易"。

為了救出被抓的首領，姬昌手下的大臣想盡辦法討好紂王。後來，紂王終於赦免了姬昌，還封他為西方諸侯的首領，給了他討伐叛逆諸侯的權力。按照《史記》記載的時間推算，姬昌應該在這一年稱王。

姬昌回到周後，繼續暗地裏積蓄力量。可惜沒等到滅商時機成熟，姬昌就死了，享壽 97 歲，在位 50 年。姬昌死後，他的兒子姬發即位，這就是周武王。在武王滅商建立周朝後，追尊自己的父親姬昌為文王，歷史上習慣稱之為"周文王"。孔子更是稱文王為"三代之英"。

那麼，文王推演出的《周易》是不是就是《易經》的別稱呢？其實，《周易》並不等於《易經》，而只是《易經》的一部分，也就是說《易經》包含了《周易》，但不僅限於《周易》。《易經》有"三易"之說，包括夏代的《連山易》、商代的《歸藏易》及周代的《周易》。《連山易》相傳為伏羲氏或神農氏所創，成書於夏朝。《歸藏易》相傳為軒轅黃帝所創。這三部書統稱為《易經》。其中《連山易》、《歸藏易》已失傳，傳世的只有《周易》一本。

關於《易經》的起源，傳統上認為其起源於"河圖、洛書"。傳說在上古時代，黃河裏出現了背上畫有圖形的龍馬，洛水裏出現了背上有文字的靈龜，聖人伏羲據此創造了"先天八卦"。

文王在獄中，總結前人"易"之精華，根據伏羲的"先天八卦"推演出"後天八卦"，也就是"文王八卦"，並進一步推演出了六十四卦，三百八十四爻，並作卦辭和爻辭，使每卦有卦辭，每爻有爻辭。

《周易》包括《經》和《傳》兩個部分。《經》主要是六十四卦和三百八十四爻，以及卦和爻的說明（卦辭、爻辭）。《傳》包含解釋卦辭和爻辭的七種文辭共十篇，統稱《十翼》，相傳是春秋時期孔子所作。所以《易經》又有"人更三聖，世歷三古"的說法。就是說：《易經》的成書，是由伏羲、文王、孔子三個聖人完成，時間上經歷了上古、中古、下古三個時代。

經過歷代文人學者的傳承，文王《周易》已成為中國各《經》之首，諸子百家之源。

活成神仙的**姜子牙**｜13

經過文王、武王兩代人的努力，終於消滅了商紂王，建立了周朝。在這一過程中，姜子牙起了相當大的作用。

説起姜子牙，可謂家喻戶曉，婦孺皆知。當然，大家知道的不是歷史上的姜子牙，而是《封神演義》中的姜太公。

歷史上的姜子牙，姓姜，名子牙，又叫姜尚，是東海邊之人。因為他的先祖有功，被封在呂地，所以又稱呂尚。

姜子牙年輕時窮困潦倒，但是很有學問，自己也總希望有一天能得遇明主，施展自己的才華，可一直到 70 歲，還是無所事事。眼看一生就要一無所成、白白度過之時，轉機來了。

姜子牙 72 歲那年，在渭水河邊的磻溪垂釣。傳説他用直鈎釣魚，當然，他的目的不是為了魚，而是用此怪癖來吸引人的注意，從而接近西伯侯姬昌。一次，姬昌外出狩獵，臨行前照例卜算一卦，卦辭説：“此行所獲非龍非螭，非虎非羆，所得乃是成就霸王之業的輔臣。”姬昌出獵，在渭河北岸遇到了姜子牙。兩人一番暢談後，姬昌大喜，認定姜子牙是個蓋世奇才，説：“我先君太公説過：‘當有聖人來周，周能因此而興旺。’説的就是您吧？我的太公盼望您已經很久了。”因此稱姜子牙為“太公望”，二人一同乘車而歸，並封姜子牙為國師。所以姜子牙又被稱為太公望，或者姜太公。這就是“姜太公釣魚，願者上鈎”這個典故的來歷。

姜子牙的來歷還有其他兩種説法，但是不太為人所知。一種是説，姜子牙博學多聞，曾為商紂王做事，但是因為紂王暴虐無道，姜子牙就離開了。四處遊説列國諸侯，最終到達周，歸順了姬昌。還有一種説法，姜子牙是一個隱士，隱居在海濱。西伯侯姬昌被囚禁在羑里時，姬昌的臣子散宜生、閎夭久聞姜子牙的大名而來招請他。姜子牙也聽説過姬昌的賢德之名，就同意了。三人一起想辦法救出了姬昌。姬昌回到周後，姜子牙積極幫助姬昌謀劃，採用對外軍事和對內發展共用的方針，很快使周變得越來越強大，以至於天下三分，其二歸周。而能有如此成績，大半是姜子牙謀劃的結果。

姬昌死後，姬發即位，尊稱姜子牙為"師尚父"。姜子牙同樣盡心盡力輔佐武王。過了大約 11 年，時機成熟，姜子牙向姬發提出伐紂建議。牧野之戰中，姜子牙更是親率精銳部隊，作為先鋒向敵挑戰，並打亂敵人的陣形，隨即武王姬發率領大隊人馬殺上前來，打得商軍大敗，紂王自焚而死，商朝滅亡，周朝建立。

周朝建立後，武王分封諸侯，由於姜子牙功勳卓著，被首封於齊地營丘，建立齊國。

《封神演義》的故事到姜子牙興周滅商，斬將封神後就結束了。姜子牙也回到自己的封地安度晚年去了。但是歷史上的姜子牙，還有重要的使命等着他呢。

姜子牙來到封地，打敗入侵的萊國，修治政務，發展生產，沒用多長時間，就將齊國建設成一個強大的諸侯國。而且，他留下的治國方略還為後世齊國稱霸諸侯，打下了堅實的基礎。

姜子牙封齊建國後，大部分時間還是在國都鎬京輔佐國君。此時武王已死，其子成王即位。因為成王年幼，武王的三個兄弟管叔、蔡叔、霍叔便和紂王的兒子武庚聯合，發動叛亂，史稱"三監之亂"，殷商舊地的一些貴族、諸侯也趁機起兵反周。周朝的統治面臨生死存亡的考驗。值此危機關頭，姜子牙輔助周公旦，用了三年的時間，徹底平定了叛亂，使得周朝轉危為安。

再後來，成王去世，姜子牙又接受了成王托孤的遺命，擔負起輔佐太子的重任，與眾臣一起扶立太子釗即位，這就是周康王。周康王六年，姜子牙在周國都鎬京去世，壽享 139 歲。

歷史上的姜子牙，可稱為兵法大家，其所著兵書《六韜》又稱《太公六韜》、《太公兵法》、《素書》，被譽為兵家權謀類的始祖。後世著名的軍事家，像孫武、鬼谷子、黃石公、諸葛亮等，都曾經學習過《六韜》，並對其交口稱讚，奉為圭臬。

那個叫做姬旦的古聖人：周公 ｜ 14

　　周公，是周文王姬昌的第四子，武王姬發的弟弟，姓姬，名旦。因其采邑在周，爵位為上公，故歷史上習慣稱為周公、周公旦。

　　在興周滅商的過程中，周公起了很大作用，是父親和哥哥的得力助手。周朝建立後，武王分封諸侯，將周公封在山東曲阜，建立了魯國。這時候，連尊為“師尚父”的姜子牙都去了封地，但是周公沒去。因為此時周朝雖然建立，但是天下遠沒有安定，國家大事千頭萬緒，武王急需輔助之人。所以周公一直留在都城輔佐武王，而是讓兒子伯禽去了封地，代替自己治理魯國。

　　武王在周朝建立後三年多就死了，其子成王即位。成王剛即位時，年紀幼小，由周公輔政。結果卻引起了武王另外兩個弟弟，管叔、蔡叔的不滿，先是散佈流言蜚語，中傷周公，後來又與霍叔勾結，並聯合紂王之子武庚發動叛亂，史稱“三監之亂”。這時，殷商舊地的一些諸侯也趁機起兵反周。周公和姜子牙配合平叛。周公先是自己坐鎮都城，給了姜子牙征討之權，接下來他又親自率軍出征。最終，周公順利平定了三監之亂，誅殺了帶頭叛亂的管叔和武庚，流放了蔡叔，將霍叔革職為民。隨後，周公乘勝向東方進軍，滅掉了五十多個小國家，歷時三年，將周的勢力延伸到海邊。至此，周朝所轄領土東到大海，南到淮河流域，北到遼東，成了真正的泱泱大國。

　　為了進一步穩定統治，周公又代替天子分封諸侯，並在東方殷商故地大規模營造東都洛邑。在文化上，周公的貢獻也很大。他提出了“明德慎罰”和“敬德保民”的道德規範，制定了完整的禮儀儀式，並制禮作樂，建立典章制度。這些禮樂制度，在孔子及後世儒家學者的傳承、發展下，幾乎貫穿了接下來的整個中國歷史，影響了後世幾千年。

輔政七年之後，成王已經成年，周公就將國政交還給了成王。周公死後，成王將其葬在畢邑，陪葬在文王墓的旁邊，以示尊重。為褒揚周公恩德，還特別批准魯國國君能用周天子的禮樂祭祀，以示殊榮。

周公可說是中國歷史上最偉大的一位聖哲。孔子極為推崇周公，孟子更是稱周公為"古聖人"，將周公與孔子並稱。漢代賈誼評價周公是孔子之前，黃帝之後，於中國有大關係者，周公一人而已。可見其歷史地位之高。

周公雖然沒有像姜子牙那樣被神話，但是他留下來的典故也很多，且廣為流傳。大家所熟知的"一沐三捉（握）髮，一飯三吐哺"的典故就出自周公。那是武王死後，成王新即位，周公輔政，正是漫天流言蜚語，說周公要篡位自己當天子之時。此時的周公，不顧流言，繼續留在都城輔佐成王，讓兒子伯禽代替自己到魯國就封地。兒子臨行前，向父親辭行並請教。周公語重心長地告誡他，我是文王的兒子，武王的弟弟，成王的叔叔，地位足夠高了。"然我一沐三捉髮，一飯三吐哺，起以待士，猶恐失天下賢人。"就是說正在洗頭髮的時候，聽到有賢士來了，急忙抓着濕淋淋的頭髮去見賢士，剛送走，又有別的賢士來了，再次抓着濕淋淋的頭髮去見賢士；或者正吃飯呢，賢士來了，來不及咽下嘴裏正咀嚼着的飯菜，急忙吐到盤子裏，先去接見賢士，再吃飯時又來人了，又吐出來。每次吃飯、洗髮，都要折騰好幾回。即使這樣，還覺得自己做的不夠，唯恐怠慢了天下的賢士。周公以此來告誡自己的兒子要尊重賢人，不能驕慢待人。三國時期，曹操在其詩作《短歌行》裏寫的"周公吐哺，天下歸心"即典出於此。

與周公相關的典故，還有"周公之禮"。所謂"周公之禮"，是指夫妻間的房事。相傳西周初年，民間婚俗混亂，男女私交亂淫。周公親自制定禮儀，要徹底改變這種風俗。周公規定：男女婚前不能隨便發生性關係，必須等到結婚當天。而且詳細規定了從說親到結婚的步驟共分七個環節：納采、問名、納吉、納徵、請期、親迎、敦倫，並且對每個環節作了具體的規定，綜合在一起，稱為"婚義七禮"。其中，敦倫，即敦睦夫婦之倫，是專指夫妻間的房事。人們把這個規定，稱為"周公之禮"，後來慢慢演變成了夫妻間行房事或者男女間發生性關係的委婉說法，所謂"行周公之禮，敦睦夫婦之倫"。

孔子可以說是周公的"粉絲"。他曾經在《論語‧述而》裏說過："甚矣吾衰也！久矣吾不復夢見周公。"意思就是說自己衰老得太厲害了，好久沒有夢見周公了。這裏是表達對周公的崇敬之情。好笑的是，後來人們把這句話曲解為"上課睡覺"的代名詞了。有個古代笑話說：一先生上課時睡覺，醒來後怕學生嘲笑，就告訴學生說："我這是效法孔子，夢中見周公去了。"次日，學生亦睡，先生用戒尺打醒學生。學生不解，問先生："我也是去見周公了，為甚麼打我？"先生問："那周公和你說了甚麼？"學生回答："周公說昨日未見先生。"

沒聽過故事的**周幽王** | 15

歷史的車輪滾滾向前，當周天子的寶座上坐着周幽王的時候，歷史的怪圈似乎又要大展神威。作為一個歷史上著名的昏君，周幽王當然好不到那裏去，史書記載他"性暴戾，少思維，耽聲色。"不過，如果不是那段著名的"烽火戲諸侯"的故事，和其他昏君相比，周幽王似乎也沒差到哪去。至少，他比夏桀和商紂的精神追求要高一些。因為，如果說夏桀、商紂是純粹的追求肉慾享樂的話,那麼周幽王追求的,至少還包括精神層面的享受,他朝思暮想的,是如何博美人一笑。

周幽王最寵愛的妃子(後來升為王后了),名叫褒姒,長得極其漂亮,但就是從來不笑。周幽王用盡了辦法逗她發笑,都沒有成功。這時,他手下的大臣虢石父,給周幽王出了一個主意。虢石父讓周幽王點起烽火,附近的諸侯見了一定會趕來,來了又沒有敵人,上個大當。王后見了這許多兵馬撲了個空,一定會笑起來。

周幽王同意了。

原來,周王室為了防備犬戎等敵人的入侵,在都城鎬京(今天陝西西安一帶)外的高處設置了很多烽火台和大鼓,如果有敵人來入侵,就點燃烽火,敲起大鼓,王畿附近的諸侯見到、聽到,就會帶兵前來勤王。

於是,周幽王真的點燃烽火,附近的諸侯果然紛紛率兵趕來。諸侯率兵趕到後,卻沒有發現敵人,非常奇怪。褒姒看到諸侯率領大隊人馬在城下輾轉奔走、驚慌失措、狼狽不堪的樣子,覺得有趣,果然笑了起來。周幽王非常高興,重賞虢石父。虢石父當然也非常高興了。他們是都滿意了,那些帶兵前來的諸侯可氣憤之極。但是氣憤歸氣憤,人家是天下共主,是天子,惹不起啊。不料,周幽王從此還玩上癮來了,時不時的就點起烽火,召諸侯前來。但諸侯們不再相信,漸漸不肯應召前來了。這就是周幽王烽火戲諸侯的故事。

其實,周幽王如果只是"烽火戲諸侯",雖然讓諸侯們很氣憤,也不一定就有多大問題。因為這畢竟還沒到逼諸侯造反的程度,敵人也不一定真的來入侵。但是周幽王在"烽火戲諸侯"之前,先是廢了原來的申后和她所生的太子宜臼,立了褒姒為后,立褒姒所生的伯服為太子。現在再加上"烽火戲諸侯"一事,申后的父親申侯非常憤怒,上表痛斥幽王無道,棄王后、廢太子、寵褒姒、戲諸侯。

幽王大怒，派大軍討伐申侯。申侯於是約同了繒國、西夷和犬戎，一起攻打幽王。

這下幽王徹底亂了方寸，急忙又一次點燃了烽火，召集救兵。可是諸侯的救兵卻沒一個肯來的。攔誰也不來啊，誰知道你是不是又在開玩笑啊。不久，犬戎大軍攻破鎬京，在驪山下殺死周幽王。褒姒也被犬戎兵擄去，不知下落。犬戎人馬又在城中放起大火，搶光了鎬京城中周王室幾百年庫存的財物。

至此，西周滅亡。

這時，諸侯才發現敵人真的來了，於是紛紛發兵勤王，趕走了犬戎兵馬。接下來，在申侯的帶領下，諸侯擁立前太子宜臼即位，這就是周平王。至於申侯召來犬戎，殺死周幽王這事，似乎沒人提了。

平王即位，但是鎬京殘破，於是向東遷都於洛邑。歷史上稱之為東周。看來西周和東周稱呼的來歷，是根據都城的位置來的。因為相對來說，鎬京在西邊，洛邑在東邊，所以歷史上把以鎬京為國都的時期，稱為西周；遷都洛邑以後，稱為東周。

看完“烽火戲諸侯”的故事，我們可以得出一個推論，那就是周幽王小時候一定沒怎麼聽過故事，至少沒聽過“狼來了”的故事，不然不會犯這種低級錯誤。由此可見，家長和老師們，沒事應該多給孩子們講講故事，從小的方面說，可以哄孩子們高興；從大的方面說，將來萬一這個孩子當了國君，可以防止國家滅亡啊。

顏面盡失的**東周天子** | 16

周幽王身死國滅後，好在還是自己的兒子繼承了王位，使得周王朝的統治延續了下去。但是，周王的權威性大大降低了。平王東遷洛邑之後，本來就衰微的王室則更加不振。諸侯對王室的態度也由畢恭畢敬、言聽計從慢慢變為怠慢、不屑、不予理睬，甚至有厲害的諸侯，開始和王室分庭抗禮了。

來自鄭國的挑戰

第一個強悍的對手來自於也是王室出身的鄭國。

鄭國建國較晚，第一任國君鄭桓公是周宣王的弟弟，周幽王的叔叔。到平王東遷的時候，才是第二任國君鄭武公。不過鄭國的前幾任國君都比較能幹，尤其是第三任國君鄭莊公，雄才大略，是個梟雄人物。鄭國在他的帶領下，蒸蒸日上，國力日強，領地也逐漸擴大。

說起來，鄭莊公也是個有故事的人，《左傳》中記載了其"黃泉見母"的故事：鄭莊公的母親在生他的時候，差一點難產而死，所以非常不喜歡他，而是特別喜歡小兒子段。因而不斷要求他父親鄭武公將國君的位子傳給小兒子，好在他父親沒聽。其父死後，鄭莊公即位。

因為小兒子沒得到國君的位子，所以他母親非常生氣，不斷的找茬。鄭莊公無奈只得將鄭國的京城封給自己的弟弟，又加封弟弟為太叔段。但是他母親還是不滿意，時時刻刻與自己的小兒子密謀，準備裏應外合，殺死鄭莊公。

鄭莊公也是個狠人，一方面儘量滿足母親的無理要求，故意滋長太叔段的野心，一方面暗自準備。在太叔段起兵作亂之際，給予迎頭痛擊，迅速打敗亂兵。太叔段兵敗逃跑，後來走投無路自殺。

氣憤之下，鄭莊公將母親軟禁在潁地，並發誓：不到黃泉，絕不再見。意思是活着再不見母親了。可是沒過多久，鄭莊公又後悔了，畢竟是自己的親生母親啊。但是身為國君，一言九鼎，礙於面子，又沒法改口。有聰明的臣子給出了個主意，所謂黃泉，不就是地下嗎？國君你挖一條地道，一直到挖出泉水，在那裏蓋上一座地宮，在地宮裏與母親相見，不就是"黃泉相見"了嘛。這樣既盡了孝，又沒違背誓言。

鄭莊公聽了當然大喜，急忙安排，終於在"黃泉"與母親見面，母子二人抱頭痛哭，言歸於好。

鄭國的強大，引起了周平王的不安，於是想要壓制鄭國的勢力。沒想到這裏剛剛動手，準備分掉鄭莊公在朝廷中的權力，鄭莊公就直接找周平王來質問了，而且問的周平王啞口無言。為了安撫鄭莊公，最後周平王和鄭莊公商議決定，互相送一個兒子到對方身邊做人質。史稱"周鄭互質"。按說"送子互質"這事，在春秋戰國時期非常常見，是兩國之間互相取信的一種常用手段。可關鍵是，周平王是天子，是天下共主，如此示弱的做法，難免為天下諸侯恥笑，丟人至極。更加糟糕的是，這只是丟人的開始，其後尤甚。

周平王做了五十一年國君，死了。因為他的太子比他死的還早，所以大臣們就擁立其孫（太子的兒子）姬林即位，這就是周桓王。

年輕人上位，難免想有一番作為，先是小打小鬧幾年試手，然後慢慢將目標瞄向了強大的鄭國。周桓王先是在鄭莊公來觀見的時候，故意輕慢他，以此來摸摸鄭莊公的底。鄭莊公當然不吃他這一套，君臣不歡而散。因為當時鄭莊公在朝廷內任卿士之位，權柄極大，所以周桓王接下來開始削弱鄭莊公的權力，後來索性免了鄭莊公卿士的職務，並極力打壓鄭國。

鄭莊公也不含糊，你去我的職，我就不再前來觀見，又搶先收割了屬於周王室的土地上的麥子。你來我往，最後雙方直到兵戎相見。

周桓王十三年，桓王率領周軍及陳國、蔡國、虢國、衛國的部隊，前來討伐鄭國。鄭莊公率部迎敵，雙方在繻葛一場大戰。周桓王的聯軍大敗，自己也被鄭莊公手下大將祝聃一箭射中肩膀。要不是鄭莊公看在都是同宗的情分上，還算給周桓王留了點面子，沒有乘勝追擊，周桓王說不定有被活捉的危險。這就是"繻葛之戰"。

此戰之後，鄭莊公禮貌性地派大臣去慰問了周桓王，這件事也就算不了了之了。經此一戰，周王室的威嚴盪然無存，"禮樂征伐自天子出"的制度自此徹底崩潰。

楚國僭號稱王

如果說"繻葛之戰"只是將周天子拉下神壇的話，那麼接下來楚國的熊通稱王，則是將周天子的尊嚴徹底踩進了泥坑，還是最深的那種。

楚國立國於西周成王時期，立國屬於較早的。但是開始受封的時候，爵位很低，屬於倒數第二等的子爵，領地也只有五十里。

楚國國君姓芈，祖上曾經做過周文王的老師。經過數代君主的努力，到熊通當國君的時候，楚國已經頗為強大了。熊通其人，強橫暴虐。在上一任楚國國君，也就是他的哥哥死後，熊通殺了國君的兒子（自己的姪子），自立為楚國國君。即位後，熊通奉行鐵腕政策，一方面治理好現有土地，一方面頻頻對外用兵，楚國領地迅速擴大。到了熊通即位的第三十五年，楚國派兵討伐隨國。

隨侯（隨國國君）感到莫名其妙，我沒犯錯，也沒得罪你啊，為甚麼打我？原來楚國是要隨國替自己去給周天子傳個話，替自己討要新的封號，就是要提高自己的爵位。隨侯不敢不聽，急忙派人通報周天子。

這時的周桓王剛剛被鄭莊公打敗不久，正煩着呢，一聽楚國又來提出這樣無理的要求，是又氣又恨又怕。氣的是楚國也來跟着添亂，恨的是自己剛剛戰敗無力討伐，怕的是萬一楚國派兵進犯可怎麼辦？答應吧，不行。爵位哪能自己強行來要呀，大家都這樣，天下不就亂了嗎？不答應，去征討吧，又沒那個能力，害怕再次兵敗受辱。思來想去，索性不理不睬，看你怎麼辦。這事一直拖了一年多，看天子一直不答應，隨侯只好將消息通報給楚國。

熊通等的正着急呢，一聽這個答覆勃然大怒，你不同意又能怎麼着，你不加封，我還不要你封的爵位了，我自己給自己加封，而且是一步到位，直接稱王（王不加位，我自尊耳）。於是，熊通自立為“武王”，歷史上稱其為“楚武王”。

就這樣，楚武王還嫌隨侯沒給自己辦好這件事，趁隨國內部不穩之際，召集自己的幾個小屬國，組成盟軍，親自率軍討伐。隨侯冤啊，但是沒辦法，只好率軍抵抗，在速杞與楚軍交戰，被楚軍殺得大敗，隨侯逃走。過了一段時間，隨國前來求和。在隨侯賠禮道歉並表示願意悔改之後，楚國和隨國再次訂立盟約。

接下來的幾年，楚武王更是東征西討，肆意擴大楚國的領地。

那麼周天子是甚麼反應呢？周桓王到死，也沒敢拿楚武王怎麼樣，一直是裝聾作啞。直到他的兒子周莊王即位七年之後，才開始過問這件事，還沒敢直接找楚國，而是找替楚國來討要封號的那位隨侯，責備隨侯擅自奉立楚國為王。周天子的軟弱之態，至此表現得無以復加。

被周天子責備之後，隨侯開始有意疏遠楚國。這下又惹得楚武王很生氣，認為隨侯背叛了自己，再次率軍親征隨國。可惜，此時的楚武王年事已高，死於行軍路上。死前命令手下大臣密不發喪，繼續直逼隨國。隨國害怕，派人向楚軍求和。楚武王手下大將屈重以楚王的名義進入隨國，和隨國結盟，然後退兵。

　　楚武王死後，其子熊貲即位，稱"楚文王"。從"武王"、"文王"這兩個稱號就可以看出，楚國稱霸代周之心暴露無遺。這個楚文王也不是善茬，繼承其父之志，率兵東征西討，滅國無數。為了奠定楚國的根基，即位第一年，他就把國都從丹陽遷到郢，進一步懾服漢水東邊諸國，將楚國的勢力牢牢伸入了江漢腹地。

　　楚國這麼肆意妄為，天子不敢管，其他諸侯也沒人管嗎？說起來倒也不是完全沒人管，不過要到幾十年後的公元前656年，那時楚國的國君已經是楚成王了，管這事的則是齊國的齊桓公。

　　當時，齊桓公已經成為天下諸侯的霸主，打出"尊王攘夷"的旗號，率領齊、魯、宋、陳、衛、鄭、許、曹等國聯軍，先對楚國的盟國蔡國實行軍事打擊；接下來，齊桓公率大軍進攻楚國。不過，齊桓公攻打楚國的理由並不是楚國擅自稱王，而是責備楚國不給周天子納貢交稅。成語"風馬牛不相及"說的就是這件事。

　　看到齊桓公帶領盟軍入侵，楚成王派使者去質問齊桓公。《左傳》記載："君處北海，寡人處南海，唯是風馬牛不相及也，不虞君涉吾地，何故？"意思就是說，你們住在北方，我們住在南方，哪怕兩國走失的牛馬使勁奔跑，也到不了對方的國家，為甚麼你們這麼遠跑來進攻我們？齊桓公當然也不示弱，必須得站在道德的制高點啊。於是，其手下的大臣管仲，用楚國不給天子進貢的原因來責備楚國。兩國相持不下，誰也沒能力佔據絕對上風，最後通過談判，各讓一步。楚國答應恢復向周天子納貢交賦，齊桓公則在帶領各個小諸侯國和楚國訂立盟約之後退兵。歷史上稱之為"召陵之盟"。

　　為甚麼齊桓公不勒令楚國去掉"王"的尊號呢？估計一是沒那個力量，即使有也不願意冒着亡國的危險和楚國決戰；二是齊桓公未嘗沒有將來自己，或者自己的後代也稱王的想法。總之，楚國擅自稱王這事，上至天子，下到各諸侯，似乎也就都默認了。就這樣，楚武王稱王，開了諸侯僭號稱王之先河，到戰國時期，各諸侯國已經紛紛稱王了。

說起來，楚武王、楚文王也不是沒有故事的人。"和氏璧"的故事，就發生在這段時間。據《韓非子》記載，楚國人卞和在荊山得到一塊璞玉（未經雕琢的玉原石），認定其中有寶貝。其它故事裏更是繪聲繪色地描寫，說卞和在荊山中看到一隻鳳凰落在石頭上，因為民間有"鳳凰不落無寶之地"的說法，因此，卞和認定這塊石頭裏面一定有寶貝。

卞和捧着這塊璞玉，進獻給國君。當時楚國國君還是楚武王的哥哥楚厲王（當時楚國國君還沒稱王，這個厲王是死後的諡號），楚厲王讓宮廷裏的玉匠鑒定，認定這只是一塊石頭。楚厲王認為卞和欺騙自己，就下令砍掉他的左腳。

楚厲王死後，楚武王即位，卞和又捧着那塊璞玉，來進獻給楚武王。楚武王又讓玉匠鑒定，玉匠仍然認定這就是普通的石頭。楚武王也認為卞和欺騙自己，就又砍掉了他的右腳。

等到楚武王去世，楚文王即位後，卞和就抱着那塊石頭在荊山下哭泣，整整哭了三天三夜，眼淚哭乾了，眼裏甚至流出血來。當時的卞和已經是耄耋老人了，楚文王受其感動，直接命人切開這塊璞玉，發現裏面真有一塊稀世寶玉。為了紀念卞和，楚文王就把它命名為"和氏璧"。後來，這塊和"和氏璧"被秦王嬴政得到，並將它製成了皇帝專用的璽印。

齊襄公：吃瓜引起的血案 | 17

齊國自姜子牙開基立業後，雖有起有伏，但一直是一個較為強大的諸侯國。到姜子牙十二世孫齊襄公當國君時，國政卻是十分混亂。按史書記載，齊襄公隨意誅殺臣民，喜好女色，又經常欺騙大臣。更荒唐的是，為了方便與自己的妹妹文姜私通，他用酒灌醉了妹夫魯桓公，然後讓手下的大夫公子彭生抱魯桓公上車，趁機在車上殺了魯桓公。事發後，為了向魯國交代，又殺了受命動手的公子彭生。一系列亂七八糟的舉措，弄得國內烏煙瘴氣，臣民無不憤恨襄公。

這位齊襄公是誰呢？他就是春秋時期"五霸"之首的齊桓公的哥哥。而此時的齊桓公（當然，這時候他還不是齊桓公，只是公子小白），整日生活在膽戰心驚之中。

襄公有兩個弟弟，他們一是擔心被兄長所害，二是恐怕將來會被哥哥的惡行連累，於是都逃到其他國家去了。二弟公子糾的母親是魯國公主，所以他在管仲的保護下逃到了魯國；三弟公子小白在鮑叔牙的保護下逃到了莒國。

襄公還有一個堂弟，叫公孫無知，他是齊襄公叔叔的孩子，從小就和襄公不和。公孫無知小時候，很受齊僖公（齊襄公的爸爸）的寵愛，就把他的各種待遇提高到與當時做太子的齊襄公一樣。齊襄公當然不願意了，於是兩人經常爭鬥。等到齊襄公當了國君，就把公孫無知的這些尊貴的待遇統統免除了。這下，公孫無知可是恨透了齊襄公，恨不得除之而後快，但苦於沒機會下手。

齊襄公因為經常對外用兵，所以很害怕周天子派人來討伐他，於是在齊襄公十一年，派大夫連稱為大將，管至父為副將，帶兵去葵丘戍守。二將臨行之時，向襄公請示，甚麼時間算是完成任務，國君能派人去接替自己？當時正是瓜熟時節，齊襄公正在吃瓜，順口就說："現在正是瓜熟時節，等明年瓜熟時節，我就派人去接替你們。"二將領命而去。

　　轉眼間一年過去了，又到了瓜熟時節。二將想起瓜熟之約，盼着國君派人來接替自己。可是等啊等啊，怎麼也不來。他們怕國君忘記了這個約定，就派人給襄公送了點瓜去，順便問問甚麼時候能派人來接替他們。

　　齊襄公一見瓜就火了，這不是明擺着諷刺我嗎，大怒道："我是國君，讓你們怎麼着，你們就得服從命令。等明年瓜熟再派人去替換你們。"連稱和管至父聽到襄公這麼說，憤恨不已。於是他們找到公孫無知，雙方一拍即合，相約伺機動手，並約定事成後立公孫無知為國君。連稱有個堂妹是襄公的妃子，但是很不得寵愛，也對襄公懷恨在心。於是連稱就讓她作為內應，隨時偵查齊襄公的動向，向三人彙報。公孫無知承諾，事成後冊封她為自己的夫人。

　　這年冬天，襄公到姑棼遊玩，就近到貝丘打獵。狩獵時，襄公一箭射傷了一隻野豬，野豬卻直立起來，衝他大叫。襄公被嚇了一跳，不小心從車上掉下來摔傷了腳，當晚只好住在行宮。公孫無知、連稱、管至父等人得到消息，連夜帶兵突襲行宮。行宮裏衛兵少，很快被攻破，襄公的衛士及親信大臣都被殺了。公孫無知帶人四處搜尋，終於在門後面發現了襄公，就把他也殺了。隨後，公孫無知自立為國君。

　　那麼這位公孫無知的結局又是如何呢？這位歷史上被稱為齊前廢公的公孫無知的結局也不怎麼樣。他剛做了國君不到半年時間，也就是轉過年來的春天，在去雍林玩的時候，被與他有宿怨的大夫雍廩襲殺。當年公孫無知曾經虐待過雍廩，也算是善惡有報吧。

　　雍廩殺了公孫無知以後，對其他齊國大臣說，因為公孫無知殺害了齊襄公，所以我將他誅殺，希望大家改立新君，我惟命是聽。這樣，終於輪到那位大名鼎鼎的齊桓公，也就是現在的公子小白登場了。

齊桓公的故事 | 18

　　齊國在不到半年的時間裏，連續兩個國君死於非命。公孫無知死後，更是處於群龍無首的狀態。此時，齊國亂了嗎？沒有，至少短時間內還沒有。因為，齊國除了國君，還有兩個重量級人物的存在，那就是高氏和國氏。

　　高氏和國氏都是姜子牙的後代，是齊國的公族，他們直接由周天子冊封，為世襲的齊國上卿（相當於丞相、宰相的位置），輪流執政，號稱天子二守（又稱齊國二守）。他們的職責就是輔助國君，守護好齊國。所有齊國的政務都由國君和高氏、國氏一起裁決。因此，這兩家一直是僅次於國君一脈的實權人物。

　　齊襄公時期，這兩家的掌權人是高傒和國懿仲。所以，雖然國君死了，但是因為這兩家的存在，齊國暫時沒亂起來。

即位之謎

　　國家總得需要君主，應該由誰來當這個齊國國君呢？此時，有繼承權的人有兩個，就是跑到其他國家的那兩個公子：糾和小白。齊襄公是長子，公子糾是次子，小白是三子。按照長幼順序，齊襄公死後，接下來應該由排行第二的公子糾即位。但是因為公子小白"自少好善大夫高傒"，就是從小和高傒關係就非常好，所以高傒聯合國氏的國懿仲，趁這個消息還沒傳出去之前，先悄悄的告訴了公子小白，讓他趕快回來即位，並且做好了迎接準備。

　　當初公子糾和小白離開齊國時，都有人從旁輔助，公子糾身邊的是管仲，小白身邊的是鮑叔牙。公子小白接到消息後，和鮑叔牙從莒國借得少量兵車保護，立刻驅車日夜兼程向齊國趕來。當然，這麼大的事，想要瞞住是不可能的，魯國國君魯莊公聽到這個消息後，也急忙派軍隊護送公子糾回齊國即位。

　　因為公子小白已經搶先出發，為了防患於未然，魯莊公派管仲率領少量精銳，快馬加鞭趕到小白的前面，攔住小白。管仲抄近路趕到公子小白一行的前面埋伏好，趁小白的車輛經過時，一箭向小白射去，正中小白。小白應聲倒在車內。管仲大喜，又見公子小白的隊伍圍攏上來，便迅速撤退，回去向公子糾報喜去了。

然而，小白並沒有死，連受傷都沒有。因為管仲這一箭正射在小白的衣帶鈎上。衣帶鈎非常硬，小白除了嚇一跳之外，基本沒甚麼損失。但是他反應神速，將計就計，裝作被射死的樣子，躺倒在車內騙過了管仲。接下來，小白更是毫不耽擱，用最快的速度趕到齊國都城臨淄，在高氏、國氏的幫助下，順利登上國君之位，這就是歷史上著名的齊桓公。

齊桓公即位後，立刻派兵去阻擋魯國護送公子糾的軍隊，並做好戰鬥準備。公子糾呢？聽到管仲的報告，認為小白已死，無人可以和自己爭奪君主之位，也就不急於趕路，六天後才到齊國。到了才知道，公子小白早已是國君了。公子糾和魯莊公聽後，都非常憤怒。就這樣退回去又不甘心，於是準備武裝奪權。

這年秋天，齊魯兩國在齊國境內的乾時打了一仗，史稱“乾時之戰”。戰鬥結果是魯軍大敗，魯莊公和公子糾率領殘部敗退，後路卻又被齊國軍隊切斷了。為了杜絕後患，齊桓公派人給魯莊公送去一封信，信上說：公子糾是我的兄弟，我不忍心殺他，請魯國派人殺了他吧。但是管仲是我的仇人，請把管仲送回齊國，我要把他碎屍萬段，方消胸中之恨。如若不然的話，我可要派軍隊進攻魯國了。當時齊強魯弱，魯國害怕齊國報復，就把公子糾殺了，把管仲抓了起來，跟隨齊國使者，押送回國。

至此，齊桓公掃清所有障礙，開始大展宏圖。

雖說歷史沒有如果，但是我們不妨假設一下。假設公子糾跑得快，先到齊國，是不是公子小白就沒機會當上齊國國君了呢？還真不一定。公子糾即使擁有第一繼承權，畢竟也還只是公子，沒有任何實權，在高氏、國氏兩位實權人物都不擁護的情況下，

很難順利即位。至少拖幾天，拖到小白回來，兩個人再面對面競
爭，還是很有可能的。估計魯莊公和管仲也是了解了情況，考慮
到這個可能，才會提前暗下毒手，只是功敗垂成而已。所以說，
即使公子糾跑得快，鹿死誰手也尚未可知。

看來公子小白能當上國君，不單單是因為運氣好、跑得快，
更重要的是人緣好。當然，也可以說，高傒之所以支持公子小白
即位，是看中了他的能力。因為從齊桓公的作為來看，能力確實
出眾。但是誰又知道公子糾能力行還是不行呢？

齊桓公之臂膀

重要的臣子，對君主而言意義非常，甚至不亞於自己身體的
一部分。歷史故事中就經常形容，有些臣子是"股肱之臣"，意思
是說他們象大腿和胳膊一樣重要；每有重要臣子死了，國君都會
傷心地說，如同斷掉了自己的臂膀。

確實，要把國家治理好，靠國君一個人是鐵定不成的，必須
有幾個能力出眾的臣子輔助。齊桓公當然也有很多臂膀，像那兩
個上卿，就是幫助齊桓公即位的高傒和國懿仲，像一直輔佐齊桓
公的鮑叔牙等都是，而其中最重要的，就是管仲。

管仲本來一直輔佐的是公子糾，在兩位公子爭奪國君之位的
時候，更是一箭差點射死齊桓公。後來，齊國打敗魯國，齊桓公
要求魯國將管仲押送回齊國，表示要將管仲碎屍萬段來解恨。管
仲則表示願意回齊國受死，甚至在回齊國的路上，為了能早點趕
回齊國，還特意編了首曲調激昂的歌曲，教給同行的人唱，好讓
大家忘記疲勞，儘快趕路。

管仲這麼急着趕回去送死嗎？當然不是。因為管仲心中明
白，自己回去是要被重用，是要施展自己的理想和抱負去的。管
仲之所以這麼有把握，是因為鮑叔牙。鮑叔牙和管仲是非常要好
的朋友，堪稱生死之交。管仲堅信，鮑叔牙一定會說服齊桓公重

用自己。因為鮑叔牙了解自己，知道自己的本領。

　　事實果然如此。在齊軍和魯軍交戰之時，齊桓公想的還是一定要殺死管仲以洩恨。這時，鮑叔牙來找齊桓公，建議齊桓公想辦法將管仲弄回來，委以重任。齊桓公一聽就急了，我正想着怎麼弄死他呢，還委以重任？鮑叔牙勸齊桓公說，前面那叫各為其主，並不是私人恩怨，又說："以國君之尊，我已經沒能力再給您增加榮耀了。如果您只要治理好齊國就行，那麼有高傒和我就夠了，如果您要成就王霸之業，非管仲不可。管仲輔佐哪個國家，哪個國家就一定會強盛起來。"

　　齊桓公不愧為雄才偉略的人物，很快就接受了鮑叔牙的建議。因為擔心魯國也知道管仲的大才而扣留或者殺死管仲，齊桓公才特意在給魯國的信中表示，要親自殺死管仲以解心頭之恨。

　　聰敏無比的管仲早就看穿了這點，所以才急急忙忙趕回齊國。果然如其所料，剛進入齊國不久，鮑叔牙就趕到了，幫他除掉戴在身上的刑具，齋戒沐浴後，拜見齊桓公。齊桓公親自到郊外，用非常隆重的禮節接待管仲。一番促膝長談後，齊桓公發現管仲果然有曠世奇才，於是拜管仲為相。管仲又向齊桓公推薦了號稱"齊國五傑"的五位傑出的人才，分別是：隰朋、寧戚、王子成父、賓須無、東郭牙。齊桓公也全都委以重任。從此，齊國展開了騰飛的翅膀。

　　那麼，管仲既沒有為自己的死去的君主（公子糾）自殺，也沒有替他報仇，甚至連離開齊國去別的國家做官或者隱入山林都沒有，還特別痛快地輔佐了公子糾的對手齊桓公，是不是表示管仲對公子糾不忠心呢？

　　這麼說有一定道理，但是也不盡然。因為管仲有更高的目標，那就是"定國家，霸諸侯"。況且，在春秋戰國時期，賢士們的思想還沒那麼多束縛，很多賢士都是抱着成則留不成則去，或者誰能給我提供施展才華的場地，我就輔佐誰的觀點。像我們所熟知的孔子、孟子，都曾經周遊列國。為甚麼周遊列國？到處推銷自己的治國理念唄。哪個國君接受，就在哪個國家留下來，不接受，就繼續下一站。像孫武、商鞅、孫臏、李斯、韓非等等，都曾經在不同的國家當過官或者成名，其中，甚至有很多是自己出生國家的敵對國家。當然，他們一般都會優先考慮自己出生的國家，如果不行，也就毫不留戀地轉身而去。這些人真正在意的，是有沒有給自己施展才華的舞台，能不能實現自己的理想。顯然，管仲就是這類人。所以，這裏管仲只是從齊國的一個公子投靠到另一個公子手下，確實算不上甚麼大事。

在齊桓公的帶領，在眾多臂膀的輔佐之下，齊國一飛衝天，很快就成為天下霸主。齊桓公也成為了中原第一個霸主，並受到周天子賞賜。

管鮑之交

管仲為甚麼如此信任鮑叔牙？要知道，如果管仲猜錯了，可是性命之憂。當然相信。因為兩個人是過命的交情。

按照《史記》記載，管仲曾說過："當初我貧困的時候，曾經和鮑叔牙合夥做生意，分錢的時候，我總是多分一些，鮑叔牙並不認為我貪財，因為他知道我家裏窮。我曾經替鮑叔牙謀劃事情，結果反而使他更加陷入窘境，鮑叔牙不認為我愚笨，因為他知道每個人的時運有時順利，有時不順利。我曾經三次做官，卻三次都被罷免，鮑叔牙不認為我沒有才能，因為他知道我沒有遇上賞識我的人。我曾經三次打仗三次逃跑，鮑叔牙不認為我膽小怕死，因為他知道我家中有老母需要贍養。公子糾與小白爭奪君主之位失敗，召忽自殺（召忽是公子糾身邊另一位臣子，公子糾死後，自殺殉主），我忍辱被囚，鮑叔牙不認為我無恥，因為他知道我不因小的過失而感到羞愧，卻以功名不顯揚於天下而感到恥辱。"

管仲自己説的這幾件事，在普通人眼裏，件件都是無恥之事，貪財、愚蠢、貪生怕死、拋棄舊主，但管仲自己卻不這樣認為，鮑叔牙也不這樣認為。因為標準不同。

管仲的標準是：不羞小節，而恥功名不顯於天下也。

鮑叔牙的標準是：管仲有大才，自己遠遠不如，所以我要幫助他，替他爭取機會。齊國要想強大，必須有管仲。大丈夫不必過於拘泥小節。

所以管仲感慨："生我者父母，知我者鮑子也。"從此留下"管鮑之交"這個成語，形容好朋友之間彼此信任，可以交心。

鮑叔牙確實對得起管仲，未發達時一直照顧他，生死之際救了他，並且推舉他做了宰相，自己一生甘心居於其下。那麼管仲對鮑叔牙呢？管仲輔佐齊桓公四十一年，臨死的時候，齊桓公和管仲討論誰能接替他的問題。《史記》、《呂氏春秋》等都記載了這個故事。齊桓公先是問管仲，自己最信任的三個人：易牙、開方、豎刁能不能接替管仲為相？結果都被管仲否定了。管仲認為這三個人都是小人，不但不能重用，還勸齊桓公趕走這三個人。其實，齊桓公是一直在等管仲推薦鮑叔牙的。因為一是鮑叔牙一直跟隨齊桓公，忠心耿耿，辦事也很有能力，自己也信任；二是齊桓公知道管鮑交情好，管仲的相位就是鮑叔牙推薦而來的，所以認為管仲一定會推薦鮑叔牙。可是等了半天，也沒見管仲推薦鮑叔牙，就直接問："你覺得用鮑叔牙為相怎麼樣？"管仲回答說："不行。我最了解鮑叔牙。鮑叔牙這個人，過於清白廉正，對待不如自己的人，不屑與之為伍，別人犯了一些小的過錯，長時間不能忘記。這樣的人，不適合做宰相這個職務。"最後見實在沒有合適的人，管仲就推薦了隰朋。齊桓公對管仲是言聽計從，就任命隰朋接替管仲。可惜，管仲死後一個多月，隰朋也死去了。最終，齊桓公還是任命了鮑叔牙為相。

鮑叔牙為相後，同樣堅持要齊桓公趕走易牙、開方、豎刁。

在新舊兩個宰相的堅持下，齊桓公同意了，趕走了這三個人。但是沒過多久，齊桓公又後悔了，又把三人召了回來，結果釀成大禍。鮑叔牙見勸阻無效，也是鬱鬱而終。

這麼看來，似乎是鮑叔牙對得起管仲，管仲對不起鮑叔牙了？非也。因為鮑叔牙了解管仲，管仲同樣了解鮑叔牙。他知道，自己不推薦鮑叔牙，鮑叔牙一定能理解。因為作為一個宰相，鮑叔牙才識不夠、能力不足，所以推薦鮑叔牙不是幫他，而是害他。同樣的，也會傷害這個國家。對此，鮑叔牙深以為然。

這才是真正的知心朋友。

鮑叔牙還有一個小典故：因為鮑叔牙特別愛吃一種叫"盾魚"的魚，後來人們為了紀念鮑叔牙，就把這種魚稱為鮑魚。據傳鮑魚之名就是這樣來的。當然，成語"鮑魚之肆"（比喻小人集聚的地方）就和鮑叔牙無關了。

後人對鮑叔牙的評價很高。孔子稱："齊有鮑叔……知賢，智也；推賢，仁也；引賢，義也。有此三者，又何加焉？"《史記》稱讚他："天下不多管仲之賢，而多鮑叔能知人也。"（天下人不讚美管仲的才幹，卻讚美鮑叔牙能夠知人善任）

鮑叔牙雖然鬱鬱而終，但是他的子孫在齊國世世代代享受俸祿，有封地的子孫就有十幾代，他們在齊國多是有名的大夫。

一鼓作氣的故事

齊國和魯國的關係可說是錯綜複雜、愛恨交加。就拿魯莊公來說吧，他的父親就是被齊襄公害死的魯桓公，母親則是齊國公主文姜，齊僖公之女，齊襄公異母妹，所以按照輩分，齊襄公、齊桓公是魯莊公的舅舅，但是齊襄公又是魯莊公的殺父仇人。

和齊桓公競爭國君之位的公子糾，其母是魯國公主。因為魯國支持公子糾，所以在齊桓公剛即位的時候，齊魯之間就發生了一場"乾時之戰"，以齊國大勝而告終。至此，齊魯之間關係陷入冰點。

　　齊桓公即位後，舉賢任能，發展內政，齊國的發展很快走入正軌。對於支持公子糾的魯國，齊桓公一直耿耿於懷。更主要的是齊魯相鄰，魯國是齊國爭霸路上繞不過去的一道坎。所以在即位第二年春天，齊桓公就以高傒、鮑叔牙、公子雍為將，率大軍侵入魯國。

　　這次戰役，管仲是反對的。管仲認為齊國的國力還沒有完全恢復，應該以發展為上。但是齊桓公過高估計了自己，沒有聽從管仲的勸告，執意發兵。最終，齊魯兩國在長勺進行了一場大會戰，這就是史稱的“長勺之戰”。如果說“長勺之戰”這個名詞感覺有點陌生的話，那麼“曹劌論戰”，再或者成語“一鼓作氣”，是不是很熟悉？其實，這都是說的同一件事。

　　魯莊公在乾時被齊國軍隊打得落荒而逃，回國後，知恥而後勇，加緊練兵，勤修內政，隨時做好抵抗齊國進攻的準備。聽到齊國大舉來攻，魯莊公雖然緊張害怕，但還是決定動員全國的力量，同齊軍一決勝負。就在這關鍵時刻，一個叫曹劌的人求見。《左傳》上那篇著名的文章“曹劌論戰”說的就是這件事。

　　曹劌，周文王的後人，魯國人，當時隱居於魯國郊外。聽聞齊國入侵，認為“肉食者鄙”（就是認為當官的都沒甚麼本領），為了自己的國家，主動來求見魯莊公，要求參與此戰。魯莊公正在發愁的時候，聽到有人自告奮勇，雖然名不見經傳，但還是召見了他，並與之交談。由此可見，魯莊公還是頗為親民的。

　　魯莊公問曹劌，魯國能不能取勝。曹劌沒有直接回答，而是反問魯莊公：“國君您覺得自己為百姓辦了哪些好事，能讓百姓和您同心同德，去戰勝敵人呢？”魯莊公說了幾點，曹劌都認為不夠，最後魯莊公說：“我對待全國大大小小的訴訟案件，即使不能一一明察，但一定會根據實情，儘量合理裁決。”曹劌認為可以了，因為這表示魯莊公盡到了一個君主的責任，為百姓辦了好事，這就具備了和齊國一決勝負的基本條件了。

接下來，魯莊公又問如何才能取得勝利。曹劌表示，戰場情況瞬息萬變，不能憑空想象，而應該根據實際情況判斷，並請求和魯莊公一起去戰場，便於隨時給出建議。魯莊公同意了，讓曹劌和自己同乘一輛車前往戰場。

魯軍先是避開齊軍鋒芒，撤退到有利於自己反攻的地方：長勺。齊軍則長驅直入，再加乾時之戰的勝利，齊軍上下都很輕視魯軍。雙方在長勺擺開陣勢之後，齊軍率先發起進攻。曹劌則要求魯莊公傳令全軍嚴守陣地，只是命令弓箭手用弓箭射擊，不讓齊軍衝進魯軍軍陣就行。齊軍見魯軍沒進攻，又衝不進魯軍陣地，只好退回自己的陣地。稍事休整後，齊軍再次發起進攻，曹劌仍然讓魯莊公按照上一次的辦法執行。齊軍無奈，只得再次退回到原陣地。

兩次進攻，魯軍都沒有應戰，齊軍更加認為魯軍膽怯，於是再次發起聲勢浩大的第三次進攻。而經過兩次進攻，齊軍雖然聲勢仍然浩大，但是氣勢已經遠不如前，曹劌見時機已到，果斷向魯莊公提出反擊的建議。魯軍早就憋足了勁，終於可以出擊了，於是奮勇向前，銳不可當，一陣就把齊軍殺得七零八落，潰不成軍。

齊軍敗退時，曹劌制止了魯莊公馬上追擊的命令，先下車查看，見齊軍敗退的車轍印十分混亂，又登上車子的扶手，看見齊軍的旗幟東倒西歪，判定齊軍不是計策，而是真的敗退，才讓魯莊公下令追擊。魯軍窮追猛打，大獲全勝。齊軍完敗，不得不退回齊國。

此戰之後，魯莊公拜曹劌為大夫，並把女兒曹姬嫁給他。

好在齊國家大業大，再加上長勺之戰規模不算太大，所以齊國雖敗，但沒有傷筋動骨。而且經此一役，齊桓公稍有點狂熱的頭腦，也被這一盆冷水澆醒，開始調整完善自己的爭霸方針。

信守承諾，因禍得福

在管仲的建議下，齊桓公打出"尊王攘夷"的旗號。所謂"尊王"，就是尊崇周天子作為"天下共主"的地位，"攘夷"則是聯合中原各路諸侯，共同抵禦外族的侵襲。這就使得齊國不管做甚麼，都能夠站在道德的制高點上。

齊桓公即位後的第五年，藉助周天子的命令，在齊國的北杏這個地方，與宋、陳、蔡、邾等四個小國的國君會盟，齊桓公成為盟主，史稱"北杏會盟"。齊桓公開創了以諸侯身份主持天下會盟的先河。

同一年，齊桓公挾盟主之威，再次攻打魯國。這次，兵強馬壯外加小心翼翼的齊軍，以碾壓的態勢，節節勝利。魯莊公派出以勇力著稱的魯國大將曹沫為主將，抵擋齊軍，卻三戰三敗，丟失了大片國土。

魯莊公害怕了，派人向齊桓公求和，願意獻出遂邑給齊國。同時，魯莊公並沒有處罰喪師辱國的曹沫，還是任命他為將軍，令曹沫恨不得以死報答魯莊公。齊桓公也明白見好就收的道理，畢竟當時的魯國不是一個小國，以現在齊國的胃口，還是吃不下它的，所以也就答應了。雙方約定在柯地會盟。

會盟當天，齊桓公和魯莊公剛剛在會盟的台子上坐好，曹沫突然衝上台，拔出匕首搭在齊桓公的脖子上，劫持了他。齊國大臣和護衛一片大亂，但是因為擔心曹沫傷害齊桓公，所以誰也不敢亂動。管仲也只能靜觀事態的發展。

齊桓公還算鎮定，並沒有失態，問曹沫想要幹甚麼。曹沫應該是抱着決死的心態衝上來的，所以毫不緊張地説："雖然齊國強大，魯國弱小，但是你們齊國欺負我們魯國也欺負得太過分了。現在魯國眼看都要到生死存亡的關頭了，你們是不是也要替我們想一想啊？請歸還你們掠去的魯國土地。"其意思就是説反正我們的國家也快要滅亡了，你要是不讓步，咱們就同歸於盡好了。

　　齊桓公當然不想和曹沫同歸於盡，只好答應了他的要求，同意歸還侵佔的魯國領土。曹沫見齊桓公答應了，就丟掉匕首，面不改色地退回到台下自己的位置上。因為這番精彩的表演，曹沫被司馬遷錄入《史記·刺客列傳》中。

　　齊桓公見安全了，怒火上涌，準備反悔，要殺掉曹沫以雪恨，同時並不打算兌現剛剛被匕首威脅時的承諾。這時管仲上前，勸説齊桓公履行承諾。管仲認為，雖然是在被脅迫的情況下做出的承諾，但是畢竟是承諾。履行了，不過是退還幾塊土地，如果不履行，那麼就相當於説話不算話，就是失信於諸侯，天下人也將不信任我們了。齊桓公於是退還了侵佔的魯國領土。

　　天下的諸侯知道了這件事情後，都認為齊桓公有信譽，連被脅迫的情況下做出的承諾都不改悔，是個非常值得信任的人。於是紛紛前來歸附齊國。

　　"烽火戲諸侯"的周幽王，因為欺騙諸侯，身死國滅；而信守承諾的齊桓公，雖被迫讓步，卻令諸侯主動來歸附，可謂因禍得福。由此可見信譽的重要性。管仲之高瞻遠矚，令人欽服。

　　這裏還有一個有趣的話題，有學者經過考證認為，"曹劌論戰"的曹劌和這裏的曹沫是同一個人。當然也有學者持否定意見。

　　接下來，齊國的騰飛之姿，更是勢不可擋。數十年內，齊桓公共計九次會盟諸侯。所以歷史上把齊桓公稱霸的過程也稱作"九合諸侯"。因為打着"尊王攘夷"旗號的齊桓公曾幫助周襄王平定了內亂、保住王位，所以到了葵丘會盟時，周襄王特地派出使臣，將太廟的祭肉作為禮物送給齊桓公。這在當時可是個了不得的榮譽。葵丘會盟也標誌着齊桓公的霸業達到頂峰。

　　成語"老馬識途"就是發生在這一時期的事情。故事出自《韓非子》。那是齊桓公二十三年，燕國受到山戎的入侵，向齊國求救，齊桓公救燕，率兵一直打到孤竹才回師。齊軍是在春天出征的，到回軍的時候，已經是冬天了，因為地理不熟，在回軍的路上，在群山裏迷了路。管仲認為，可以利用老馬的智慧試試。於是放開幾匹老馬的韁繩，大軍跟在後面，終於找到了正確的道路。這時又出現了另外一個問題，沒有足夠的水了，而且在大山裏，也沒有找到水源。隰朋又根據螞蟻的特點，找到了地下水源，於是大軍得以順利返回。

齊桓公之死

　　隨着齊桓公步入晚年，其昏聵指數也是與日俱增。早年的齊桓公，寵信的是管仲、鮑叔牙、高傒、隰朋等能臣，而到了晚年，寵信的卻是易牙、開方、豎刁這樣的小人。當然，齊桓公寵信這些人，也有他的道理，因為這幾個人都做出了令齊桓公感動不已的事。

　　易牙，著名廚師，做的飯菜很合齊桓公口味。一次，齊桓公開玩笑說自己甚麼都吃過，就是沒吃過人肉。於是易牙殺了自己4歲的小兒子，用兒子的肉給齊桓公做了菜。齊桓公非常感動，認為易牙愛自己這個國君勝過愛他的孩子。

　　開方，衛國公子，衛懿公的兒子，見齊國強大，自願放棄衛國公子的身份，來齊國當官，服侍齊桓公，在自己父親死的時候，都沒有回去奔喪。齊桓公也很感動，認為開方愛自己這個國君勝過愛他的父親。

　　豎刁（或作豎刀），家裏也是貴族，從小在齊桓公身邊服侍。慢慢長大了，為了能繼續呆在齊桓公左右，就把自己閹割成了太監。齊桓公更加感動，認為豎刁愛自己這個國君勝過愛他自身。

　　齊桓公對他們三人非常寵信，管仲即將病死的時候，齊桓公甚至想用這幾個人來替代管仲為相。但是在管仲的眼裏，這幾個卻都是不能信任的。管仲對齊桓公說：

　　“愛自己的孩子，這是人之常情。易牙為了滿足國君的不合理要求，不惜殺死自己的兒子以討好國君，這樣的人怎麼會做對國家、對君王有利的事情呢？像這樣沒有人性的人絕不能為相。」「生身父母是自己最親近的人，開方連對自己的父母都冷酷無情，又怎麼會對別人有真情？他捨棄了一個小國公子的身份，那麼他所期望的回報，必定遠大於這個身份所能帶來的利益。」「人都把自己的身體看得很重要，豎刁連自己的身體都能隨意殘害，他恐怕連一個正常的人都不算，這樣的人又怎麼會在意別人呢？」「國君你必須遠離這些人，近必亂國。」

管仲的建議，加上鮑叔牙的堅持，齊桓公終於趕走了這三個人。但是趕走三人之後，齊桓公吃飯也不香了，睡覺也不安穩了，臉上連一絲笑容也沒了，甚至連國家大事也懶得處理了。後來堅持不住，又將三人召了回來，並官復原職。鮑叔牙勸阻，齊桓公卻認為，這三個人，對自己有益，對國家無害，管仲這次是言過其實了。所以就沒有聽鮑叔牙的勸阻，導致鮑叔牙鬱悶發病而死。從此，三人更加肆無忌憚，再加上齊桓公越來越老，精力不濟，於是三人越加專權用事。

這裏就有個問題了，既然管仲早已經看透了這三個小人，而這三個人又在齊桓公身邊多年，管仲為甚麼不早點建議齊桓公把這三人趕走呢？按照齊桓公對管仲的信任程度，如果管仲提出並且堅持，齊桓公應該是能做到的。

這裏恐怕就是管仲的自信和對齊桓公的照顧了。因為三人的存在，能令齊桓公感到舒適，在生活中桓公確實是離不開這三人。而朝中有管仲在，這三人也掀不起甚麼風浪來。如果齊桓公死在管仲之前，管仲把這三人殺死或者打發走，估計不是甚麼難事。那就確如齊桓公所說：對自己有益，對國家無害。但是偏偏管仲死在了齊桓公前面，管仲知道自己一死，朝中其他人都控制不住這三個小人，所以才不得不在臨死前勸齊桓公趕走這三個人。可惜的是，管仲的臨終之言並沒有受到齊桓公的重視，以致三人在朝中大權獨攬，為所欲為。

　　後來發生的事，再次證明管仲的深謀遠慮。管仲生前，齊桓公曾與其商量，立自己的三子昭（後來的齊孝公）為太子，並在葵丘之會上，委托宋襄公照顧他。宋襄公表示同意。但是在齊桓公病危的時候，他的幾個兒子並沒有遵守齊桓公的命令，而是為了爭奪太子的位置明爭暗鬥。三寵的加入，令爭奪更加劇烈。其中易牙、豎刁與大公子無虧關係好，開方與四公子潘關係密切，他們都希望自己看好的主子能夠即位。後來，易牙與豎刁索性假傳桓公之命令，宣稱桓公不見任何人。實際上是封鎖了宮門，斷絕了齊桓公和外界的所有聯繫，只讓大公子無虧留在宮中，好等桓公一死就即位。

　　為了讓桓公早點死，他們乾脆斷絕了桓公的飲食。堂堂一代霸主的齊桓公，最終被生生餓死。死時，桓公以衣袖蒙臉，表示死後無顏見管仲。

　　更加悲慘的是，齊桓公死後，他的幾個兒子各自帶領人馬大打出手，爭奪國君之位。太子昭被易牙、豎刁、開方聯合趕走，不得已跑到宋國避難。易牙與豎刁大開殺戒，殺了大量反對派，扶立公子無虧即位。直到這時，才有人想起齊桓公來。而這時的齊桓公已經死了六十七天了，屍體停在牀上已經皮腐肉爛，屍蟲從窗戶爬出。

　　經此之亂，齊國霸業也就付諸東流了。

備受爭議的宋襄公 | 19

　　春秋五霸，以齊桓公威勢最盛。葵丘會盟時，則是他霸主生涯的巔峰。在這次盟會上，周天子派人送來禮物，表示承認了齊桓公的霸主地位。會上，齊桓公更是以天子代表的身份號令諸侯。然而，光環籠罩下的齊桓公，卻在此盛會上，將自己指定的繼承人太子昭，委托給宋襄公照顧。宋襄公慨然應允。宋國是個比較弱小的國家，為甚麼齊桓公會如此信任宋襄公呢？說起來，宋襄公也是個有故事的人。

以"讓國之美"開始

　　先說說宋國。宋國和其他諸侯國不太一樣，因為他們是商朝的後裔，其開國君主是紂王的哥哥，號稱"殷末三仁"之一的微子啟。本來，商人的後裔是以紂王的兒子武庚為首的，但武庚作亂後被周公殺死，才任命微子啟為商人後裔的首領，立國於宋，並世世代代傳承下來。由於這一特殊的身份，宋人的風俗、談吐、服飾等，難免與周圍的國家格格不入。再加上有叛亂前科，所以周圍的國家與宋國的關係估計親密不到哪裏去，甚至於這些國家本身就肩負着監視宋國的任務。

　　既然如此，齊桓公為甚麼還這麼信任宋襄公呢？那是因為宋襄公有"讓國之美"。

　　宋襄公名叫滋甫，他還有一個庶兄（生母地位低微），叫目夷（又叫子魚，或司馬子魚）。因為滋甫是嫡長子，所以被他的父親宋桓公立為太子。但是在宋桓公病重之時，滋甫卻在父親面前再三肯求，希望把自己的繼承人身份讓給自己的這位庶兄。理由是："目夷年齡比我大，而且忠厚仁義，理當接任下一任國君之位。"那位目夷呢？同樣的高風亮節，堅決不接受嗣君之位，認為弟弟能夠讓國於人，就是天下最大的仁義，自己無論如何比不上，而且廢嫡立庶，於理不合。宋桓公非常讚賞滋甫的兄弟之義，但是最終並沒有同意他讓位。於是在宋桓公去世後，滋甫即位，這就是宋襄公。

宋襄公也對得起自己的哥哥，即位之後，封其為"左師"（《史記》記載為"相"），協助自己處理朝中大事。又封自己的另一個堂兄弟，素有賢名的公孫固為司馬，一起治理宋國。"兄弟齊心，其利斷金"，宋國的國力上升很快。

宋襄公即位沒幾天，連他的父親宋桓公的葬禮都沒來得及辦，就得到齊桓公以天下霸主的身份召開"葵丘會盟"的消息，宋襄公趕來參加盟會。

就衝宋襄公這態度，就讓齊桓公對其大為讚賞。這位宋襄公對齊桓公的尊敬、重視的態度，幾乎快趕上齊桓公的"三寵"了。再加上其"讓國"的賢名，年輕的宋襄公被齊桓公另眼相看，也就不足為奇了。

在這一點上，齊桓公並沒有看錯人。宋襄公八年，齊桓公病死，齊國內亂，諸子爭位，太子昭逃到宋國求援。儘管和齊國相比，宋國要弱小的多，但是宋襄公不負前言，率領宋國軍隊，並號召諸侯共同出兵，協助齊太子昭回國即位。雖然宋襄公號召力不太強，不過還是有三個小國：衛國、曹國、邾國響應了號召。於是宋襄公率領四國人馬，護送齊太子昭回齊國。

齊國的高氏、國氏、管氏、鮑氏等大族，本來就同情太子昭，不支持公子無詭，於是裏應外合，殺死了公子無詭和豎刁，趕走易牙，迎接太子昭即位。但是在以宋為首的盟軍撤走後，齊國又發生四公子不服太子昭，起兵作亂之事。太子昭再次跑到宋國求援，宋襄公又率軍打敗四公子的亂軍，這樣，太子昭終於得以即位，這就是齊孝公。至此，宋襄公的名聲再上一層樓，達到新的高峰。

那麼，宋襄公真的是這麼品德高尚、扶危濟困，沒有一點自己的私人目的？或者只是感激當年的齊桓公對自己的重視之恩、信任之情，為了完成當年的承諾，而無私的幫助齊國嗎？

宋襄公當然有這麼做的目的和原因。那就是希望接手齊桓公死後留下的霸主之位，甚至以此為契機，重新建立商朝。然而，接下來宋襄公的表現，卻盡顯其志大才疏的本質。

以"襄公之仁"結尾

關於宋國要爭當霸主一事，宋襄公的最主要助手公子目夷是持反對意見的。目夷認為："小國爭盟，禍也。"就是認為宋國現在還是個小國，想去爭當盟主，是會帶來禍患的。但是豪情萬丈的宋襄公，此時哪裏還會聽得進這種逆耳的忠言？

宋襄公十二年春，在宋國的鹿上之地，宋襄公會盟諸侯。當時，齊國、楚國的國君都來了，宋襄公毫不客氣地以盟主自居，引起齊、楚國君的不滿。也有說法是齊國國君根本就沒來參加盟會。要知道，當時齊國的國君可還是被宋襄公扶上位的齊孝公啊，宋、齊的關係不應該是親如手足嗎？怎麼會在短短三四年間，就變的如此疏遠，甚至有些敵對了呢？這就應該和宋襄公的政治主張有關了。

齊桓公成功之處，就在於打出了"尊王攘夷"的口號，使自己站在道德的制高點上，並且可以最大限度使自己獲得多方面的支持，連周天子都包括在內。但是宋襄公不成，他的短期目標是霸主，長遠目標是興商滅周啊，當然不能用"尊王攘夷"了。於是，宋襄公利用自己"讓國"的美名，提出"仁義"的口號。

宋襄公用"仁義"對待自己國內的百姓，還是起到了很不錯的效果，使得宋國的國力不斷上升。但是在諸侯國間，包括齊國在內，估計是看出了宋國的政治野心，或者對其根本不予理睬，或者對其敬而遠之，有的甚至頗為敵視了。

鹿上之盟結束的時候，宋襄公又要求楚國出面邀請諸侯，參加秋天在宋國盂地的會盟，並且希望楚國主動讓出其附屬的幾個小的諸侯國給自己當手下。

楚王痛快地答應了。

這一下令宋襄公更加志得意滿，充分享受了一下當盟主的感覺。然而，公子目夷卻感覺不對。在參加盂地會盟前，公子目夷勸宋襄公帶上足夠的保衛部隊，以防有變，卻被宋襄公以“仁義”的理由否定了。

在盂地盟會上，宋襄公還沒找到盟主的寶座呢，就被楚國的軍隊一擁而上，抓住做了俘虜。楚成王趁機率軍攻打宋國。好在公子目夷逃了出來，並和公孫固一起，拼死守衛國土，宋國才避免了滅國之禍。後來，在多國的斡旋之下，宋襄公在被關押數月之後，才被放回。

盟主之夢慘遭打擊，卻沒有令宋襄公悔悟，安心發展宋國，而是選擇了報復。當然，宋襄公知道自己打不過楚國，因此將報復的目標對準了楚國的盟國鄭國。

此時的鄭國當然也已經不是鄭莊公時代的鄭國，遠不如宋國強大，聽聞宋國率盟軍來伐，急忙派人向楚國求援。楚國則採用了類似後世孫臏“圍魏救趙”的策略，沒有直接救援鄭國，而是派大軍進攻宋國。

宋襄公急忙回軍，準備與楚軍交戰。同年十一月，宋襄公的軍隊與楚成王的軍隊於宋國泓水邊舉行了一場大戰，這就是著名的“泓水之戰”。

在這場戰爭發生之前，目夷和公孫固都表示反對。《史記》記載：“子魚（就是公子目夷）諫曰：‘天之棄商久矣，不可。’”《左傳》記載：“大司馬固諫曰：‘天之棄商久矣，君將興之，弗可赦也已。’”意思都是說，現在不是復興商朝的機會，不能強行和楚國打這一仗，應該採用和談的辦法讓楚國退兵。但是宋襄公並沒有聽取這些正確的建議，而是一意孤行，堅持要和楚國一戰。

戰爭開始後，目夷（或公孫固）建議趁楚軍渡河將半的時候進攻，宋襄公不同意，認為那樣太不講仁義了；楚軍剛剛渡過河，隊伍還混亂的時候，目夷（或公孫固）又建議進攻，宋襄公還是沒聽。一直等楚軍整軍完畢，宋軍才堂堂正正和楚軍大戰一場。結果宋軍大敗，宋襄公自己也大腿受傷，狼狽而逃。敗退回去之後，"國人皆怨公"，國內的人都埋怨他。這就是歷史上最被人詬病的"襄公之仁"。

宋襄公之是非對錯

宋襄公這麼做到底是對是錯？他為甚麼要這麼做呢？

宋襄公之所以在戰場上還在堅持"仁義"，一是出於政治需要，因為此時的宋國，"仁義"是其最大的一塊招牌，如果丟掉了這塊招牌，那麼宋襄公所有的努力、復國的希望，就真的破滅了。所以宋襄公寧可冒着失敗的危險，也要堅守這線希望。當然，也不排除宋襄公高估自己軍隊的戰鬥力，或者抱着僥倖心理之類。二是當時的交戰規則，還是崇尚堂堂正正。不講規則，或者用詭詐之術，即使戰勝，也會遭到別人的批評。宋襄公這樣以仁義立身持國的人，當然更忌諱犯這種錯誤。甚至我們可以反過來問一句，如果宋襄公真的聽了目夷或者公孫固的建議，對楚軍半渡而擊或者趁其混亂而擊之，就真的能戰勝楚軍嗎？也不一定啊。而且，即使這次戰勝了，下次呢？如果實施偷襲再失敗了，宋襄公就真的一敗塗地了。不但軍事上，連政治上都一敗塗地了。所以，宋襄公也許抱着破罐子破摔的態度，即使打不贏，至少還留下個仁義的美名呢。

當然，最大的可能，還是宋襄公的"仁義"用錯了地方。因為當時，"仁義治國"本就是一種比較普及的治國理念。後世的"亞聖"孟子更是提出"仁者無敵"的說法。不過這種理念，用在治國，用在國內，用在自己人身上，確實是正確的舉措，但是用在兩軍陣前，就不恰當了。就像目夷所說，戰爭的目的，就是為了多殺敵人，就是為了取得勝利，沒有甚麼應該不應該的。用句現代的話來說，對敵人的同情，就是對自己人的犯罪。你這個君主倒是講究仁義了，可你手下的那些士兵，難道就該白白送死嗎？如果真的講仁義，就不應該用戰爭的方式解決爭端，直接去談判不就行了嗎？要是談判不成，就直接投降好了。這樣不但對敵人保持了仁義，對自己人同樣保持了仁義。

這裏，就能見到與齊國關係緊張的不良後果了。不然，如果齊國能出兵救宋，哪怕只是嚇唬嚇唬楚國，宋國的結局也不至於如此悲慘。

還有更加糟糕的消息在等着宋襄公。宋襄公十四年春，就是"泓水之戰"後的一年多一點時間，那位被宋襄公扶上位的齊孝公，因為宋國不與齊國結盟，悍然率兵伐宋。當年夏天，宋襄公因為腿傷一直沒好，再加上窩火憋氣，病死了。

不過，在宋襄公臨死前一年，倒是做了一件惠及後代的好事。當時，晉國流亡公子重耳路過宋國，宋襄公對其進行了非常隆重的接待。重耳臨走時，宋襄公又送給他很貴重的禮物，包括二十乘車和八十匹拉車的馬。雖然宋國沒有能力幫助重耳回國奪得國君的位子，但是畢竟留下了一段善緣。

宋襄公在臨死前還告誡自己的兒子，重耳如果回國當了國君的話，一定是個霸主，要好好和他搞好關係。宋襄公死後，其子宋成公即位。四年後，楚成王伐宋，生死存亡關頭，宋國向晉國求援，晉文公（就是當初的公子重耳）派兵救宋，楚兵退走。由此可見，作為一個君主，宋襄公還是具有相當的政治智慧的。

晉國的來歷：桐葉封弟的故事 | 20

齊桓公一生算得上雄才大略，但是如果齊桓公死後有靈的話，他會後悔留下了一個不該留的人，放走了一個不該放走的人。

前者是陳國的公子陳完（即田完）。齊桓公十四年，陳完為避禍，舉家從陳遷到齊。大約在三百年後，田完的後人取代姜子牙的後人成為齊國國君，史稱"田氏代齊"。當然，子孫不爭氣，即使沒有田氏，也可能有魏氏、趙氏來代之。

後者是晉國流亡公子重耳。齊桓公四十二年，重耳逃亡到齊國。當時的齊國政局，正處於潛流洶湧之際。齊桓公年邁，管仲、隰朋、鮑叔牙皆已死，"三寵"專權，桓公的幾個兒子明爭暗鬥。此時，齊國如果能用重耳為相，未嘗沒有重振旗鼓的可能。而顛沛流離之際的重耳，如果齊桓公邀請他留下來為相，很可能應允。因為重耳就是聽說管仲已死，才特意趕來的。果真如此的話，以重耳的能力，保證齊桓公善終，讓他指定的繼承人公子昭順利即位，都是很有可能的。可惜，齊桓公雖然對重耳非常友好，給他很多錢、物、車馬，甚至把宗室之女（也有說是齊桓公自己的女兒）齊姜嫁給重耳為妻，但是就是沒有重用他。

沒多久，桓公病死，齊國內亂，也就更加沒人理睬重耳了。即使在這種情況下，好不容易安頓下來的重耳，還是沒有離開齊國的打算，而是想繼續留在齊國享受安逸的生活，直到妻子齊姜和手下人合謀把重耳灌醉，帶離齊國。

那麼，是不是因為重耳是別的國家的公子，齊桓公才沒有重用他呢？應該不是這個原因。因為在當時，任用其他國家的公子之類的事情，屢見不鮮。像齊桓公手下的，號稱"齊國五傑"之一的王子成父，就是周桓王的次子；他最寵信的開方，則是衛國公子。所以，重耳的身份並不是個問題。可惜，年老昏聵的齊桓公，錯失了這個人才。當然，正因如此，數年之後，晉國才有了大名鼎鼎的君主晉文公。他在城濮之戰中大敗楚國，又得到周天子的認可，成為繼齊桓公之後，又一位強勢霸主。後人常將二人並稱為"齊桓晉文"。

那麼，重耳到底為何許人也？身為國君之子的他又為何四處逃亡？

我們還是先從晉國說起吧。說起來，晉國本來不應該出現在歷史上，因為他的出現，源自周天子的一句戲言。周朝建立沒幾年，周武王就死了，他的兒子周成王即位，成王年少，由周公輔政。

當時唐國發生內亂，周公誅滅了唐國。

有一天，周成王和弟弟叔虞（又名虞，也是周武王之子）玩遊戲，成王把一片桐葉削成玉珪的樣子，遞給叔虞，開玩笑說："我把這個封給你。"當時，玉珪可不是隨便能給人的。因為在周朝，每分封一個諸侯，周天子都會賜給他們一件玉珪。並用不同規格的玉珪，來代表他們身份地位的高低。諸侯在覲見周天子時，必須將此玉珪持於手中。也就是說，這件天子所賜的玉珪就是他們身份的象徵。所以周成王現在將桐葉弄成玉珪的樣子封給叔虞，就代表要封叔虞為諸侯了。

當時的太史（周朝時地位很高的大臣，負責替天子起草文書、策命諸侯、記載史事等）名叫史佚，提醒成王準備挑一個吉利的日子，封叔虞為諸侯。周成王愣住了，解釋說："我沒有要分封他的意思，我只是和他開玩笑呢。"史佚說："天子無戲言。只要是天子說出去的話，就會被史官記錄下來，就要實行。"於是，周成王就把"唐"地封給叔虞。所以後人又稱其為"唐叔虞"。也有記載，這些話是周公旦對成王說的。這就是史稱的"桐葉封弟（或稱桐葉封唐）"的故事。

唐叔虞死後，他的兒子燮即位。因為晉水在其境內，所以改國號為晉。這就是晉國的來歷。

晉獻公的故事 | 21

　　最初，晉國只是一個位於黃河、汾河東邊，方圓只有百里的很小的諸侯國。在接下來幾百年之中，一直處於弱小諸侯國之列，這種情況一直持續到晉獻公時期。

　　晉獻公，姓姬，名詭諸，晉武公之子，在位二十六年。在位期間，他屢次用兵，伐驪戎，滅霍、魏、耿等國，擊敗狄戎，後來又消滅虞國、虢國等國家，史稱其"並國十七，服國三十八"。

　　這段時間，正是齊桓公做霸主的時期。那麼，晉獻公這麼肆無忌憚地攻打別的國家，齊桓公不管嗎？好像還真沒管。一個原因是，對於不服從自己命令的諸侯，齊桓公同樣在攻打；另一個原因是，他們之間有親戚關係。

　　齊桓公的女兒齊姜（齊國君主的女兒很多都叫齊姜），開始的時候，嫁給了晉武公（晉獻公的父親）。因為當時晉武公年紀已經很大了，所以慢慢的，晉獻公（當時還沒當國君）就與自己這位庶母齊姜私通，並且生下了兒子申生。晉獻公即位後，把齊姜立為夫人，申生立為太子。後來，齊姜又給晉獻公生下一個女兒，長大後嫁給了秦穆公，做了秦穆公的夫人，史稱穆姬。也就是說，晉獻公是齊桓公的女婿，晉國太子申生是齊桓公的外孫。而秦穆公則是晉獻公的女婿。

　　當然，很多時候，在國家利益面前，這些親戚關係並不是那麼可靠。

假途滅虢

　　晉獻公即位後，起用了大批有本領的賢臣。一方面大力發展國內經濟，一方面展開軍事擴張。在先後吞滅了幾個較為弱小的諸侯國後，晉國的國土面積和軍事力量都得到了快速發展。這時，晉獻公的目光盯住了虞國和虢國。成語"假途滅虢"和"唇亡齒寒"説的都是這件事。

晉獻公準備進攻虢國，但是晉國和虢國之間隔着虞國，要攻打虢國，必須經過虞國。因為虞國和虢國互為屏障，所以算是盟友關係。如果同時進攻虞國和虢國，則風險太大。

大臣荀息給晉獻公出了個主意，讓他用好馬和美玉賄賂虞國國君，向他借道伐虢。晉獻公覺得主意是個好主意，就是對好馬、美玉這些珍寶有點捨不得。荀息又勸他："滅了虢國，再消滅虞國就很簡單了。這些東西不過暫時放在虞國國君的手裏，到時候連虞國一起都收回來就是了。"

晉獻公還擔心虞國的大夫宮之奇精明能幹，會識破這個計策。荀息又説道："宮之奇這個人雖然聰明，但是不固執，所以並不會在其國君面前過於堅持己見。再説了，就算宮之奇堅持也沒用。像虞國國君這樣目光短淺的人，只看到了眼前的好馬、美玉，哪看得到由此帶來的禍事啊。"

晉獻公於是按計而行，事情的發展果然如同荀息所説。虞國國君見到好馬、美玉這些珍寶，心花怒放，一口答應借路之事。至於盟友虢國，有這些珍寶重要嗎？宮之奇果然勸阻，但沒有過於堅持，虞國國君也果然沒有聽從。於是晉國大軍順利借道虞國，攻打虢國，佔領了虢國的下陽。

三年後，晉國再次提出借道伐虢，虞國國君再次同意。這次，宮之奇真的有點急了，極力勸阻國君不能借道，他用"唇亡齒寒"的道理來比喻虞國和虢國的關係，並得出結論，虢國一旦滅亡，虞國也一定跟着就會滅亡。可惜，虞國國君還是聽不進去。宮之奇見滅國之禍就在眼前，帶着自己的家族離開了虞國。

這年冬天，晉國再次向虞國借道，徹底消滅了虢國。回來的路上，趁機把虞國也給消滅了，虞國國君也做了俘虜。同時抓住的還有虞國大夫百里奚。此人可是個了不起的能人，可惜晉獻公不識人。當時，秦穆公正向晉國求婚，晉獻公將自己的女兒穆姬嫁給了秦穆公做夫人，把百里奚作為陪嫁的奴隸送到秦國。後來，百里奚不堪羞辱逃跑了。穆姬嫁入秦國後，兩國關係變得非常密切，這就是成語"秦晉之好"的來歷。

晉國滅掉虞國之後，荀息親自牽着當初送給虞國國君的好馬還給晉獻公，獻公大笑："馬還是我那匹馬，只不過變老了一點啊。"目光短淺的虞國國君，就這樣因為貪圖好馬、美玉的小便宜，中了晉國的圈套，既葬送了盟友，也葬送了自己。

晉獻公的繼承人

在對外事務上，晉獻公可謂狡詐多端，不擇手段，使得晉國一躍成為大國之一。但是他在處理自己的繼承人問題上，卻是糊塗透頂、昏聵至極。

晉獻公的兒子中，申生、重耳、夷吾，都頗有賢名，晉獻公也早就立申生為太子。可是後來，他寵愛的夫人驪姬給他生了個兒子奚齊，所謂"母愛者子抱"，晉獻公就想改立奚齊為太子。這就為晉國內亂埋下了隱患。

畢竟是自己的親兒子，不可能一下就翻臉成仇，不過在驪姬的離間之下，晉獻公越來越疏遠起自己的那三個兒子來。後來索性派太子申生出去鎮守曲沃，公子重耳去鎮守蒲城，公子夷吾去鎮守屈城。理由是：曲沃是先祖宗廟所在，蒲城靠近秦國，屈城靠近翟國，這些都是關鍵所在，必須有可靠的人鎮守。自己和驪姬，還有驪姬的兒子奚齊一起住在都城絳。但是晉獻公的這些小把戲，並沒有瞞過天下人，這樣安排後，晉國人都知道，太子申生的地位懸了。

接下來，驪姬繼續陷害申生，按照馮夢龍的《東周列國誌》記載，驪姬先是在晉獻公面前誣陷申生調戲自己，見獻公半信半疑，就在第二天故意請申生和自己一起遊覽花園。驪姬提前在自己頭上涂了一些蜂蜜，引得蝴蝶、蜜蜂圍着自己飛來飛去。驪姬又做出害怕的樣子，請申生替自己趕走這些昆蟲。申生於是就在驪姬的身後，不斷的用衣袖，在驪姬身上揮來揮去。這個情景落入晉獻公的眼裏，也就"坐實"了申生調戲驪姬的事。驪姬這個計策可謂毒辣，正中晉獻公的死穴，不由他不信。為甚麼？你想啊，晉獻公自己就有前科啊。那申生怎麼來的，不就是他和自己的庶母齊姜私通所生嗎？晉獻公大怒，不過還沒動殺心。

沒過多久，驪姬對申生下了毒手，那是晉獻公二十一年，當時驪姬的兒子奚齊才9歲。驪姬先是假做好意，讓申生祭祀自己死去的母親齊姜。申生祭祀完畢，將祭祀的胙肉敬獻給自己的父親。當時恰好晉獻公打獵未歸，驪姬就命人在肉中放置了毒藥。晉獻公回來後，見到兒子敬獻的胙肉，就準備吃一些。驪姬急忙攔阻，説是從外面來的東西，需要查驗一下有沒有問題。一查，當然有問題了，"祭地，地墳；與犬，犬死；與小臣，小臣死。"這下晉獻公可謂怒火中燒，殺意頓生。

太子申生聽説這件事，也嚇壞了，跑到了自己的駐地曲沃。晉獻公當即殺死了申生的老師。有人勸申生向晉獻公申訴一下自己是無辜的，是驪姬搞的鬼，或者逃跑到別的國家去。但是這些建議申生都沒有聽，而是選擇了自殺。

申生死後，驪姬也並沒有放過重耳和夷吾，而是又在晉獻公面前説這兩人的壞話，説申生要毒死自己父親的事，那兩個公子都知道，是同案犯。重耳和夷吾當時正在都城，聽到這個消息，全都嚇得跑到自己駐守的城池去了。

這樣一來，晉獻公更相信驪姬的話了，於是先派人攻打蒲城的重耳。重耳沒有抵抗，選擇了逃跑。在翻牆逃跑的時候，被追兵砍斷了衣袖。不過總算安全逃了出來，後來逃亡到了狄國（也作翟國）。接着，晉獻公又派兵攻打屈城，公子夷吾可沒有申生、重耳那麼乖巧，選擇了堅守，晉獻公派去的兵馬沒有打下屈城來。轉過年來，晉獻公再次派兵攻打屈城，這下屈城守不住了。

公子夷吾跑到了緊鄰秦國的梁國。因為這時，恰好是秦晉兩國剛剛結親不久，就是秦穆公娶了晉獻公的女兒穆姬，秦國的國君也就成了夷吾的姐夫。夷吾打算先住在梁國，等晉獻公死後，藉助秦國的力量殺回國內，奪取君主之位。

就這樣，在逼死申生，逼走重耳、夷吾後，晉獻公立奚齊為太子。

晉獻公二十六年，齊桓公召集天下諸侯赴葵丘會盟。作為齊桓公的女婿（雖然齊姜早已死去），晉獻公也準備赴會。但是因為身體有病，出發的時候就有點晚了。路上，病勢加重，生命垂危，只好半路返回。臨死前，因為奚齊年幼（只有 14 歲），晉獻公不放心，就將奚齊托付給自己的心腹大臣荀息。荀息表示願意用自己的性命來輔助奚齊。可惜，事與願違，晉獻公死後沒過一個月，還沒來得及下葬，奚齊就被太子申生的心腹，將軍里克殺死。可憐晉獻公與驪姬，為了讓奚齊即位費盡心機，可惜的是“機關算盡太聰明，反誤了卿卿性命。”

荀息不負前言，準備自殺陪葬，被人勸住。於是，荀息又立驪姬妹妹（也是晉獻公的妻子）生的兒子，當時只有 2 歲的悼子（《左傳》作卓子）為國君，並埋葬了晉獻公。可是沒過一個月，悼子又被里克殺掉。這一次，連荀息、驪姬，都被殺死了。具體時間是：晉獻公二十六年，九月，獻公卒，奚齊立；十月，里克殺奚齊，荀息立悼子；十一月，里克弒悼子於朝，荀息死之。對晉獻公來說，真可謂一招棋走錯，滿盤俱是空啊。晉國的宏圖霸業，也幾乎付諸東流。

將壞蛋的品質集於一身的**晉惠公**｜22

　　里克等人連續殺了兩個國君之後，晉國暫時處於沒有君主的狀態。找誰來當國君呢？因為重耳的名聲很好，晉國的大臣多希望重耳來即位。於是里克派人去狄國迎接重耳回來即位。

　　在國君之位面前，重耳猶豫了。一面是晉國國君的寶座，一面是三番五次的血腥政變、殘殺。重耳和心腹文武一商量，不清楚國內的具體情況，自己身邊可用之人又太少，覺得現在不是回國的時機，就回絕了。重耳的理由是：我父親活着的時候，我違抗父命逃跑了，父親死的時候，我沒有盡到作為兒子的孝心，我哪裏有臉回國當國君啊？請你們找別人吧。重耳的猶豫使他和晉國國君之位失之交臂。接下來，重耳還要繼續在外漂泊十五年之久。

　　重耳不回來，晉國眾臣的眼光看向了夷吾。里克派人去請夷吾。夷吾和手下親信一商量，這是個好機會，不能浪費。不過直接回去又不太保險，里克已經連續殺掉兩個君主了，誰知道自己會不會成為第三個。於是夷吾採取了兩線同時發動的方法，一方面給權臣里克寫信，許諾如果自己能當晉國國君，給他大片的封地；另一方面，派心腹手下去秦國找自己的姐夫秦穆公，許諾如果秦國能派兵保護自己回國得到君主之位，願意將河西的五座城池送給秦國做報酬。秦穆公正想找機會和晉國聯手，好圖謀中原，現在看到機會自己找上門來，欣然應允，派兵護送夷吾回國。

　　這時，齊桓公聽到晉國內亂，也率領諸侯盟軍到達晉國邊境。和秦國、夷吾碰面後，齊桓公派隰朋和夷吾等人一起進入晉國。夷吾回到晉國，順利即位，這就是晉惠公。

　　說起來，這位晉惠公可是個說話極端不算數、恩將仇報、厚顏無恥的人。即位之後，他不但沒有履行自己的承諾，還很快就逼死了里克，理由是：你殺了兩個國君和一個大夫，當你的君主太危險了啊（子弒二君與一大夫，為子君者不亦難乎）。里克慨歎回答：沒有我弒君，哪有你現在的國君之位啊？你不過就是為了給我安上罪名，隨便找個藉口罷了（不有廢也，君何以興？欲加之罪，其無辭乎）。雖然不滿，但無奈的里克只得拔劍自殺了。

對出兵幫助自己的秦國，晉惠公也毫不猶豫地反悔了。他派使者去秦國，輕飄飄地向秦穆公表示了歉意。晉惠公表示，自己很想履行諾言，將河西的五座城池割讓給秦國，但是大臣們不同意，我也沒有辦法。然後一寸土地也沒給秦國。

這還不算，還有更無恥的。晉惠公即位後，晉國連年大旱。晉惠公四年，災荒更加嚴重，晉國的糧食不夠吃，於是晉惠公向秦國求援，請求購買秦國的糧食。秦穆公正為晉惠公反悔割地的事生氣呢，看到晉惠公又來求自己買糧，氣不打一處來。賣給晉國糧食吧，心裏不舒服；有心不賣吧，又覺得晉惠公雖然對不起自己，但晉國百姓是無罪的。再加上手下大臣勸說，秦穆公最後還是同意了賣糧食給晉國。秦穆公派了大量船隻運載糧食，由秦國都城直到晉國都城，八百里路程，運糧的車、船首尾相接，絡繹不絕，歷史上稱之為“泛舟之役”。

轉過年來，晉惠公五年，秦國發生了饑荒。於是秦國也向晉國請求購買糧食。按照道理來說，晉惠公無論如何應該賣糧食給秦國。可是無恥的晉惠公，卻覺得這正是一個趁火打劫，攻打秦國的好機會。不但沒賣糧食，反而發兵攻打秦國。

秦穆公大怒，也發兵討伐晉國。晉惠公六年九月，秦、晉兩國在韓原一場大戰。晉國大臣和軍隊都恥於自己君主的所作所為，所以君臣不和、士氣不振。秦國呢，上上下下都憋着一股火，所以在戰鬥中奮勇廝殺。最後，晉國軍隊大敗，連晉惠公也做了俘虜。好在晉惠公的姐姐（就是秦穆公的夫人），在秦穆公面前替自己的弟弟苦苦哀求，甚至以死相逼，秦穆公終於答應放晉惠公回國，但是要晉國將太子圉送到秦國做人質。晉惠公為了活命，答應了。

　　經過這番劫難的晉惠公，回國後還是繼續折騰。不敢和秦國較勁了，卻突然想起自己還有個哥哥重耳流亡在外，這也是個威脅啊，於是派人到狄國暗殺重耳。重耳本來在狄國呆得好好的，聽到這個消息，又正好聽到齊國宰相管仲病死的消息，就想去齊國碰碰運氣，看能不能被重用，於是離開狄國，逃往齊國。

晉文公的故事 | 23

　　　　重耳和夷吾的母親是親姐妹，他們的姥爺叫狐突。史書記載，重耳從小就喜交賢士，十七歲的時候，身邊就聚集了五位賢士：趙衰、狐偃（重耳的舅舅）、賈佗、先軫、魏武子。

流亡的晉國公子

　　晉獻公二十二年（公元前 655 年），因為受到父親的追殺，重耳開始逃亡，那一年，他已經四十三歲了（這裏是按照《史記》記載計算，《左傳》記載的重耳要小二十六歲）。當時隨同重耳一起流亡的，除了上述的五位賢士之外，還有顛頡、胥臣（重耳早年的老師）、介子推等一批文臣武將。

　　重耳先是逃亡到了狄國。狄國是重耳母親的祖國，狐偃等人的故鄉。狄國國君對待重耳非常不錯，重耳等人一直在狄國生活了十二年，並娶妻生子。聽到弟弟派人追殺自己的消息，重耳在狄國待不住了，找來手下眾人商量：“咱們當初來狄國，就是因為這裏距離晉國近。現在這裏不安全了，也呆了太長時間了，咱們還是去齊國吧，在那裏也許還能有點作為呢。”於是，重耳等人趕赴齊國。

　　如果說晉惠公的這次追殺重耳的行動，有甚麼意義和價值的話，就是經過他這麼一折騰，驚醒了重耳這隻打盹已久的猛虎。重耳開始了顛沛流離的流亡之旅。經過周遊列國，重耳感受了世態炎涼，結交了齊、楚、秦等大國，同時了解了百姓生活的艱辛，為他後來入主晉國、稱霸諸侯，打下了堅實的基礎。

重耳一行人先來到衛國，衛國國君沒有理睬這位落難公子，他們繼續前行。當走到五鹿這個地方的時候，重耳餓的實在不行了，就向路邊村子裏的村民要點東西吃。村民們自己的食物都不充足，再加上看這群落難之時還穿華服、坐高車的傢夥也不順眼，沒人給他們東西吃。有的村民從地上撿起土塊給他們吃。重耳大怒，趙衰安慰他説："這可是個好兆頭啊。土，象徵着土地，是國家的象徵。您應該行禮之後接受它。"於是，重耳藉着這個台階，拜謝了那個開玩笑的村民，鄭重接過土塊，裝在車上，餓着肚子繼續前進了。這就是重耳流亡受土的故事。

到了齊國後，齊桓公沒有重用重耳，但是對他很好，並將宗室之女齊姜嫁給他。齊桓公死後，重耳還是沒有離開齊國的打算。這時，他的手下呆不住了，商量着怎麼讓重耳離開齊國。這事被齊姜知道後，非常支持這些人的想法，認為重耳不應該繼續貪圖這裏的安逸生活，應該做一番大事業。於是，她和趙衰等人合謀，將重耳灌醉，放在車上，駕車直接離開了齊國國都。等重耳醒來時，車馬已經離開齊國國都很遠了。重耳大怒，拿着長矛要殺人。但是已經離開了，也不好意思再回去，只得繼續流亡。

當他們路過曹國的時候，遇到了偷窺狂曹共公。曹共公聽説重耳的肋骨是連在一起的（駢脅），在重耳洗澡的時候，非要偷看他的裸體。曹國的大夫僖負羈勸自己的國君不能這樣做，看重耳和他手下人的樣子，都不是等閒之人，應該待之以禮，不然會引來大的禍患。但是曹共公不聽。僖負羈就私下裏給重耳送來了很多食物，還放了一塊玉璧。重耳收下了食物，退回玉璧，帶着被羞辱了的心情繼續上路。

　　話說，重耳也不是一個心胸多開闊的人。在他當上晉國國君之後的第五年，藉着救宋伐楚的藉口，率兵滅了曹國，報了此次羞辱之仇。同時，恩怨分明的重耳下令所有人等，不許侵擾僖負羈宗族的封邑，以此報答他當年的恩情。

　　重耳經過宋國，宋襄公當時剛剛經過"泓水之戰"大敗不久，雖然對重耳非常友好，但是沒有能力幫助重耳復國。於是，重耳離開宋國，經過鄭國，到達楚國。

　　楚成王非常重視重耳，用對待其他國家國君的禮節來接待他，重耳非常感動。一次，楚成王半開玩笑地對重耳說："我現在對你這麼好，等你回國了，應該怎麼報答我呢？"重耳謙恭地說："奇珍異寶，您這裏甚麼都不缺，我也不知道用甚麼禮物報答。這樣吧，如果萬一我們兩國要兵戎相見，我會退避三舍。"古時行軍計算里程，以三十里為一舍，退避三舍，就是向後避讓九十里。楚成王手下大將成得臣（字子玉），聽聞此言大怒，認為重耳忘恩負義，出言不遜，勸楚成王殺了重耳。楚成王沒有聽從。

　　不知道是因為楚國距離晉國比較遠，還是楚成王根本就沒有出兵助重耳復國的打算，總之，重耳在楚國住了幾個月，楚國絲毫沒有幫助重耳復國的動作。就在重耳即將絕望的時候，機會來了。

登上歷史舞台的晉文公

　　晉惠公六年，秦晉兩國爆發韓原之戰，晉國戰敗，晉惠公被俘。在穆姬的哀求下，秦穆公釋放了晉惠公，但是要求以晉國太子為質。晉惠公八年夏，晉惠公將太子圉送到秦國做人質。圉在秦國做了五年的人質，秦穆公並沒有苛待他，還將宗室之女嫁給他做妻子，歷史上稱此女為懷嬴（後來改嫁給晉文公後，又被稱為文嬴）。

　　晉惠公十三年，晉惠公生病了。圉得到這個消息，感覺自己的太子之位有點懸。因為除了自己之外，晉惠公還有好幾個孩子，自己一直在秦國，在國內沒有內應，生怕父親更換太子。於是和懷嬴商量，要一起逃回晉國，懷嬴沒答應，圉就自己偷偷跑回了晉國。

秦穆公得到太子圉跑回晉國的消息非常生氣，深感晉國在他們父子手裏，對秦國是有百害而無一利。正在這時，秦國聽到流亡公子重耳在楚國的消息，大喜，立刻派人去楚國，表示願意出兵幫助重耳復國。楚成王正不知如何處理晉國和重耳之事，正好順水推舟，為表示友好，在重耳臨走時，送給他很多禮物。重耳呢，終於見到了登上晉國國君寶座的曙光，當然更加高興。

晉惠公十四年（公元前 637 年），重耳到達秦國。秦穆公熱情接待了他，並且一口氣將五個宗室的女子嫁給重耳為妻，其中就包括原來太子圉的妻子懷嬴。重耳開始不肯接受，畢竟是自己的姪媳，後來，他手下的司空季子勸說：「整個國家我們都要搶過來，何必在意一個女子呢？更何況這只是一場政治聯姻罷了。」重耳這才同意了。秦穆公見重耳如此懂事，非常高興。

同年九月，晉惠公死了，太子圉即位，這就是晉懷公。晉懷公的本領還不如他父親。為了穩定自己的地位，他採用了鐵腕政策，逼死了狐突（就是重耳、夷吾的姥爺）。本來晉國眾臣對他父親就不怎麼信服，現在看到晉懷公如此做法，人心更加浮動。於是眾大夫悄悄聯繫在秦國的重耳，表示只要重耳等人前來，這些人都願為內應。

見時機成熟，秦穆公發兵保護重耳回歸晉國。晉懷公雖然也派兵抵擋，但是架不住眾將領多數都心向重耳，所以重耳一行順利回到晉國即位，這就是歷史上與齊桓公並稱的晉文公。

那位當國君不足一年的晉懷公在重耳返回晉國的時候，就嚇得跑到了高梁。沒過多久，被重耳派人殺死了。

從公元前 655 年開始流亡，到公元前 636 年秦穆公護送回晉國，重耳一行人等，整整漂泊了十九年之久。至此，年過花甲（六十二歲）的重耳，終於登上了晉國君主的寶座。

晉文公在位九年就病死了。但是僅僅九年，他就讓晉國發生了天翻地覆的變化，一躍而登臨諸侯霸主之位。即位之初，晉文公舉賢任能、制定規章、依法辦事，既賞賜隨從自己流亡的有功之臣，又大量提拔晉惠公、晉懷公時代受到迫害的賢良之人。晉國的國力飛速提高。

就在晉文公即位的這一年，周王室內部發生叛亂。周襄王的弟弟王子帶勾結狄人攻周，周天子的軍隊大敗，周襄王跑到鄭國，向天下諸侯發出緊急求援令。秦穆公、晉文公都敏銳地察覺出，這是一個壯大自己的好機會，於是都準備發兵勤王。

第二年春天，晉國初定，晉文公就甩開秦穆公，率先出兵至陽樊，然後兵分兩路，一路迎接周襄王復位，一路與叛軍決戰。同年四月，周襄王復位，晉文公殺死王子帶。周襄王非常高興，畢竟周、晉都是姬姓後人，同宗同源。因此周襄王對於晉國的強大非常看重，特意將河內、陽樊之地賞賜給晉國。從此，晉國更加強大，並且搭上了周天子這條線，為日後稱霸諸侯打下了基礎。

當時，擋在晉國稱霸路上的最主要對手，就是曾經對晉文公有大恩的楚國。晉文公要想成就霸業，非過楚國這一關不可。機會很快就送上門來了。晉文公四年，楚攻宋，宋向晉求援。與楚國決戰的機會，就這麼不期而至。

晉楚爭霸

晉文公幫助周襄王平滅王子帶之亂後，在諸侯中的形象大為提高，被人稱為齊桓公再世。當時的大環境是，齊桓公死後，齊國陷入內亂，已經失去霸主國的地位。圖謀霸業的宋襄公大敗於楚國，自己也受傷身死。楚國雖然強橫，但是不講信義，而且"僭號稱王"難以服眾，地理位置上，也不屬於中原地區，所以，其他諸侯國都不怎麼待見它。原來是雖然不待見，但是惹不起，現在終於見到屬於自己人的晉國強大起來，無不歡欣鼓舞。其中反應最大的是宋國。宋襄公死後，宋成公即位。為了保全宋國，宋成公向楚國表示屈服投靠，但是國內反響很大。現在看到晉國崛起，宋國迅速轉身投靠到晉國麾下。楚成王大怒，竟敢叛變，派兵打你。

晉文公四年（公元前 633 年），楚成王親自領軍，以成得臣（子玉）為大將，並糾合自己手下的諸侯國一同伐宋。同時為了提防齊國參與，派兵威脅齊國，告誡齊國少管閒事。宋國則一面堅守，一面向晉國求援。

救宋還是不救？晉文公與手下眾臣商議。救宋吧，必然要與楚國大戰，對不起楚成王，更主要的是楚國兵強將勇，要想勝之極難；不救吧，對不起宋襄公，更何況，晉國要稱霸，必須戰勝楚國。

先軫站出來勸晉文公，報答宋國的恩惠，確立晉國的霸主地位，在此一舉。狐偃獻計說："楚國最近剛剛得到曹國的效忠，第一次和衛國通婚，我們與其直接救宋，不如攻伐曹、衛，楚國必然會來救曹、衛，宋國之圍自然就解了。咱們也可以以逸待勞，迎戰楚軍。"晉文公同意了。

晉文公五年（公元前 632 年）春，晉國派大軍南下，向衛國借道討伐曹國。"唇亡齒寒"的例子就在眼前不遠，衛國哪裏敢借道？於是晉文公同時攻打曹、衛兩國，並和齊國結盟。衛國人害怕，發生內亂。楚國派出少量兵馬救援衛國，沒有成功。晉國輕鬆得到衛國，使之成為自己的附屬。接下來，晉國又滅了曹國，活捉了曹共公，也算報了當年被偷窺之辱。後來，晉文公又釋放了曹共公，曹國當然也成了晉國的附屬。

雖然伐衛滅曹成功，但是晉文公最初的戰略目的並沒有達到。楚成王和成得臣也不是白給的，他們並沒有上當，繼續率軍猛攻宋國。宋國再次向晉國告急。此時的形勢錯綜複雜之極。

　　楚國見晉國插手並且態度堅決，為了防止多面樹敵，撤回了派去齊國的兵馬。齊國、秦國也不願晉國強大，於是紛紛抽身事外，作壁上觀。而楚成王見師老兵疲，也不願意與晉軍死戰，以免其他國家坐收漁翁之利，有了撤軍的打算。但是將軍子玉堅決不同意，堅持要打下去，不惜與晉軍決一死戰。

　　這時先軫又給晉文公出了個好主意，讓宋國向齊國、秦國許諾以土地做報酬，請他們做中間人向楚國調停。那宋國不是虧了嗎？沒關係，事成之後，我們可以把衛國、曹國的土地補償給宋國。齊國、秦國為了得到報酬，一定會出面。然後，咱們再悄悄的把相當於用曹、衛土地做報酬給齊國、秦國的事告訴楚國。楚國不願意放棄衛、曹，一定不會答應。這樣，齊國、秦國得不到報酬，就會怨恨楚國，我們就可以聯合齊國、秦國一起對付楚國了。晉文公聞言大喜，依計而行。

　　事情的進展果然如同先軫的預料，齊、秦出面調停，楚國拒絕，齊、秦怒楚，主動來聯合晉國。三國兵鋒，共指楚國。

　　此時的楚國，圍宋已經超過一年，士卒疲憊，盟友曹、衛已投入敵對陣營，楚成王率領部分軍隊撤回，只剩下大將軍子玉，暴露出君臣不和的內部矛盾。而且因為是入侵者，輿論全部指責楚國，使楚軍士氣更加不振。此時的楚軍，戰鬥力可以說降到了歷史最低點。勝利的天平逐漸向晉國傾斜。

　　然而，子玉也不是無能之輩，輕輕鬆鬆的一招，就幾乎扭轉了這種不利局面。他的辦法很簡單：主動派人向晉文公求和，只要晉國能放過曹、衛兩國，楚國就從宋國撤軍，這樣就可以恢復和平了。

　　這下難題就交到了晉文公的手中。答應求和吧，自己無異於白忙一場，幾乎沒有收穫，更嚴重的是楚軍全身而退，楚國繼續保持強盛，自己的霸業不知要到何年何月才能成功。不答應吧，結果更糟糕，本來自己出兵救宋，是站在道義的高度，現在按照楚國的提議，楚、晉、宋、曹、衛，甚至包括齊、秦，都可以免除戰爭之禍。自己要是不答應，戰爭的罪責就變成了由晉國來承擔。而且本來是以救援宋國的名義出兵的，現在卻因為晉國的原因，使宋國繼續捲入戰爭之中，宋國也會怨恨晉國。

左右為難之際，又是先軫出謀劃策："我們可以雙管齊下。一方面先答應子玉，另一方面同時與曹、衛談判，承諾只要他們與楚國斷交，我們就恢復兩國的獨立自主。並且扣留住楚國使者，藉以激怒楚國，使楚國率先發動戰爭，然後我們再根據情況決定下一步計劃。"

事情的發展再一次證明了先軫的先見之明。曹、衛使者來到楚國大營，告訴子玉，他們兩國與楚國絕交，再加上自己的使者被晉軍扣留，子玉被徹底激怒，率領楚軍傾巢而出，要與晉軍決戰。

退避三舍

晉、楚決戰前夕，晉文公卻下達了一個奇怪的命令：命令晉軍後撤九十里。接到命令的晉國將軍、士兵都糊塗了，兩軍還沒交戰，自己卻主動後撤九十里，這是怎麼了？

晉文公解釋說："當年我落難之時，楚成王對我很好。我曾經承諾，如果將來我當了晉國國君，一旦晉楚兩國交戰，那麼我將命令晉軍後撤九十里，來報答楚成王的恩情。現在就是我遵守承諾的時候了。"晉文公手下眾人有的贊成，有的反對，不過晉文公還是堅持讓晉軍後撤九十里，在城濮安營下寨。實際上，晉軍後撤，應該既有晉文公報恩之意，同時又是其示敵以弱，誘敵深入的驕敵之計。

楚軍在子玉的率領下，一直追到城濮，與晉軍對峙，並派人送來戰書。

　　兩軍決戰前夕，晉文公又有些猶豫了，晉國能勝嗎？萬一戰敗了怎麼辦？這時，狐偃開解文公："怕甚麼？此戰勝了，我們的霸業就成功了。萬一敗了也沒關係，晉國幅員遼闊，地勢險要，足以據守，然後再徐圖後計，以待時機罷了。這可有甚麼擔心的呢？"晉文公精神大振，下定決心：打。

　　第二天，雙方擺開陣勢。晉軍分為上、中、下三軍，先軫為帥，統率中軍（晉文公也在中軍），狐毛統率上軍，欒枝統率下軍。三軍的戰鬥力差距不明顯。楚國的軍隊分為左、中、右三軍，子玉（成得臣）統率中軍，以家族子弟為骨幹，戰鬥力極強；子西（鬥宜申）統率左軍，屬於楚國正規軍，戰鬥力也十分了得；子上（鬥勃）統率右軍，屬於雜牌軍，戰鬥力較差。

　　戰鬥開始後，晉國下軍副將胥臣率先衝擊楚軍的右軍。胥臣沒有單純猛衝，而是讓自己的士兵把虎皮蒙在馬身上，邊衝鋒邊威嚇敵人。楚軍右軍本來就是雜牌軍，現在看到這麼一支奇怪的部隊衝過來，沒多久陣腳就亂了，繼而開始潰敗。

　　子玉見到右軍大亂，非常憤怒，但是並沒有太當回事，因為子玉也知道右軍的底細。他命令左軍加強對晉國上軍的進攻，同時率領中軍緩緩向晉國中軍逼近，做出隨時出擊的姿態，壓制住晉國中軍。

　　晉軍元帥先軫先是命令下軍餘部與上軍合兵一處與楚軍左軍大戰。楚軍左軍的戰鬥力很強，交戰不久，晉軍失敗，全面撤退，看起來更像狼狽逃竄。左軍主將子西大喜，下令全線出擊，追擊逃跑之敵。誰知卻中了晉軍的"誘敵深入，分而擊之"之計。

　　先軫見楚軍左軍已經中計，便留下晉文公及少量防禦性兵力作為誘餌，吸引楚軍中軍的注意力，然後自己率領中軍主力，直衝楚軍左軍殺去。追的正起勁的楚軍左軍，將自己的側翼徹底暴露在晉國中軍面前，被晉軍從側面一衝，頓時亂作一團，人仰馬翻，前面"逃跑"的晉軍，此時也掉頭反攻。兩面夾擊之下，楚軍左軍開始潰敗，子西對軍隊徹底失去控制。

直到此時，楚軍統帥子玉才發覺中了晉軍的圈套，但是為時已晚，左右兩軍都已經潰敗。雖然中軍實力並沒有受到損失，但是孤掌難鳴，已經無法再戰。子玉只得下令中軍停止前進，緩緩後撤。子西、子上殺出重圍，與子玉一起，率領殘兵敗將，退出戰場。晉軍佔領楚軍營地，繳獲大量物資、糧草。休整三日後，班師回國。楚國戰敗後，子玉被楚成王斥責，自己也感覺無顏回去，於歸途中自殺。至此，城濮大戰以晉國的完勝而告終。

就在敗楚之後不久，也就是晉文公五年的夏天，晉文公和齊、魯、宋、蔡、鄭、衛等七國君主會盟於踐土，史稱"踐土之盟"，晉文公為盟主。會盟之前，晉文公先遵照周禮，將楚國戰俘和戰利品獻給周襄王。周襄王大喜，命晉文公為諸侯之長，賜給他討伐不臣之權。晉文公憑藉城濮之戰，一戰而成霸主。

晉文公九年（公元前 628 年），晉文公病死。其子歡即位，史稱晉襄公。晉文公強於齊桓公的地方就在於，其身後之事處理的很好，所以晉國的霸業並沒有隨着晉文公的死亡而成過眼雲煙。晉襄公時期，先後兩次大敗秦國，晉國繼續中原霸主之位。到晉悼公（襄公曾孫）時，晉國的軍力達到萬乘，成為當時絕對的天下霸主。

晉國的強盛一直持續到春秋末期。盛極必衰，在"三家分晉"後，晉國灰飛煙滅，徹底消失在歷史長河之中了。

秦穆公的故事 | 24

　　與齊、晉等國相比，秦國建國比較晚，而且國君的出身也不算高貴，其先祖一直是給周天子養馬、駕車的小官。周孝王時期，秦國先祖秦非子因為養馬有功，被封在秦地，成為周天子的附庸，但是還不算一個正式的諸侯國。一直到西周滅亡、東周建立時，秦襄公率兵救周有功，後來又派兵護送平王東遷，周平王封秦襄公為諸侯，並且將岐山以西之地賜封給他。從這時開始，秦國才算正式成為周朝的諸侯國之一。當時，周平王還和秦襄公約定"西戎不講道義，侵奪我岐山、豐水的土地，秦國如果能趕走西戎，這些土地就歸秦國所有。"為了生存和發展，秦襄公和其後的數代國君，努力發展，在不斷討伐西戎的戰爭中，慢慢擴大秦國的領地。後來，秦國又向關中發展。在南征北戰中，漸漸崛起。

九方皋相馬

　　到了秦穆公時代，秦國已經成為僅次於齊、晉、楚的大國。歷史上對秦穆公的評價很高。他禮賢下士，用人唯賢；英明睿智，剛烈勇武；寬仁大度，體恤百姓；勇於承擔，不推諉過失。但就是這樣的一個秦穆公，即位之初就犯了一個天大的錯誤，那就是在經營西戎地區近百年後，將秦國未來發展的方向，瞄向了繁榮、發達的中原地區。不得不說，這是一個戰略性的錯誤。

　　雖然秦穆公將發展的目光對準了物阜民豐、人煙稠密的中原地區，但是他也清楚地知道，展現在自己眼前的，不是一塊肥嫩多汁的牛排，而是一塊能崩掉牙齒的硬骨頭。次一等的諸侯國不說，單說齊國和晉國，就是自己面臨的兩道難以逾越的障礙。

　　即位之初的秦穆公，首先感到的就是手下人才不夠。而且，秦穆公並不打算只重用本國的貴族。因為一旦本國貴族勢大，尾大不掉，篡權甚至弒君的例子比比皆是。所以秦穆公打算廣納賢士，大膽啟用來自其他國家的客卿。

《列子》裏記載了這樣一個故事：歷史上那位最善於相馬的伯樂，此時就是秦穆公的手下，但是年紀已經很大了。一次，秦穆公向伯樂求賢，伯樂推薦了出身低微的九方皋，說九方皋的相馬本領不在自己之下。於是秦穆公召見了九方皋，派他出去尋找稀世駿馬。過了三個月，九方皋回來彙報說，找到了一匹稀世駿馬，是一匹黃色的母馬。秦穆公按照九方皋的指點，派人去取馬，結果派去取馬的人沒回來，卻緊急派人回來向秦穆公報告，出現了意外，因為他們按照九方皋提供的線索找到的，根本不是甚麼黃色的母馬，而是一匹黑色的公馬。

秦穆公立刻派人將伯樂找來，對他說："你推薦的這是一個甚麼人吶？別說相馬，連馬的毛色、公母都分不出來，這人別是精神不正常吧。"沒想到伯樂一聽，卻大為敬仰地讚歎到："沒想到九方皋已經達到如此地步了啊！看來我比他差的太遠了。九方皋看到的是馬內在的精粹、實質，而不是它的外形、外貌。九方皋只看到了他應該看到的、重要的東西，而忽略了他不在意的、不重要的東西。像九方皋這樣的相馬，有比相馬更重要的意義啊！"（若皋之所觀天機也。得其精而忘其粗，在其內而忘其外。見其所見，不見其所不見；視其所視，而遺其所不視。若皋之相馬，乃有貴乎馬者也。）後來馬送到了，果然是一匹天下無雙的稀世駿馬。

這件事給秦穆公的觸動很大，他將九方皋相馬之法，用在朝廷用人上，"得其精而忘其粗，在其內而忘其外。"取得了巨大的成功，能人異士紛紛來秦，秦國國力迅速增長。其中，最著名的就是"羊皮換賢"的故事。

五張羊皮換來的大賢

　　面對橫亙在自己面前的齊國和晉國這兩大障礙，聰明的秦穆公想到的解決辦法是：化敵為親。於是，在即位後的第四年（公元前 656 年），秦穆公派人向晉獻公提親。對於實力不輸於自己的秦國，晉國也表示出了足夠的敬意。晉獻公慨然允諾，將自己的女兒穆姬嫁給了秦穆公，兩家締結秦晉之好。

　　這椿婚姻，相對於兩國形式上的結盟和得到一個花容月貌的夫人來說，秦穆公最大的收穫卻是一個白髮蒼蒼的老頭，一個快要老死的陪嫁奴隸。毫不誇張地說，相對於這個老頭，前面的兩項收穫，甚至可以忽略不計。

　　這個老頭叫百里奚，那位歷史上著名的“五羖大夫”，用五張羊皮換來的大賢。秦穆公向晉國提親的時間，正是晉國剛剛“假途滅虢”消滅了虢國和虞國的時候。晉獻公俘虜了虞國的國君和他手下的大夫百里奚。晉獻公倒也聽說過百里奚的賢名，就想把他留在自己手下當官。但是百里奚早就看出晉獻公並不是甚麼明主，再加上剛剛覆滅了自己的祖國，於是寧死也不同意。根本沒意識到百里奚有多重要的晉獻公，一怒之下就將其做為自己女兒陪嫁的奴僕，一起送到秦國。半路之上，百里奚不堪受此羞辱，逃跑了。

　　等秦穆公查點穆姬嫁妝的時候，才發現陪嫁奴僕百里奚跑了。開始秦穆公還沒太在意，畢竟一個奴僕而已，還是一個老的快入土的奴僕，跑就跑了吧。但是得知此事的公孫支卻急壞了。公孫支是秦國大夫，年輕時曾經在晉國遊歷，因為才華橫溢並且見識過人，秦穆公對他非常倚重。公孫支早就聽說過百里奚這個人，知道此人有大才，正在為他能入秦而高興，卻聽說他逃跑了，非常着急，急忙把他的情況向秦穆公做了介紹。秦穆公一聽也着急了，不能與這樣的大賢失之交臂，必須找到他。

　　這位百里奚到底是何許人也，能讓秦穆公如此看重？百里奚是虞國人（也有說是楚國人），有大才，但是從小家貧，直到三十多歲還一事無成。在妻子的鼓勵下，百里奚決定離家闖蕩。離家之前，百里奚的妻子殺了家裏唯一的一隻雞給他踐行，做飯的柴都沒了，她就拆下門閂當柴，給百里奚做了一頓飯。

離開家的百里奚，並沒有馬上時來運轉，而是窮困潦倒到了當街乞討的地步。幸虧在齊國遇到另一個奇人蹇叔，被蹇叔收留。當時，齊國的公孫無知弒齊襄公而自立，急招人才，百里奚想去，被蹇叔勸阻。果然，公孫無知自立不到半年就被殺，他身邊的大臣很多死於非命。百里奚會養牛，他聽說周莊王的兒子王子穨特別喜歡牛，就去給他養牛。後來，王子穨要重用百里奚，又是蹇叔勸阻，百里奚聽從勸告，離開了王子穨。不久，王子穨起兵叛亂，驅逐了周惠王，自立為周天子，不到三年，兵敗身死，身邊親信重臣無一逃脫。史稱"王子穨之亂"。

蹇叔的朋友宮之奇在虞國做大夫，就向國君推薦了蹇叔和百里奚。蹇叔認為虞國國君不是個有作為的君主，就沒去，同時再次勸阻百里奚。但是百里奚窮困潦倒太久了，求仕心切，這次沒聽蹇叔的勸阻，在虞國當了官。結果虞國國君不納忠言、貪圖小利，終至國滅被擒，百里奚也做了俘虜，被當做陪嫁的僕人送往秦國。百里奚越想越窩囊，找了個機會逃跑了。但是跑到楚國邊境的時候，被楚國士兵抓住。百里奚從此就留在楚國，放牛、牧馬。

秦穆公經過一番周折，終於打聽到了百里奚的下落，立刻準備厚禮，打算派人到楚國去，請求楚成王將百里奚送到秦國來。公孫支連忙勸阻："不能這麼做。現在楚成王不知道百里奚是個人才，所以才讓他放牛、牧馬。您要是這麼一做，不是明擺着告訴楚成王，這是個大賢，我們秦國準備重用他，那楚成王說甚麼也不會放百里奚走的。這等於是給楚國推薦人才啊。""我們應該就按照普通奴隸的價格，給楚國五張上等羊皮，就說這是個逃奴，要抓回來懲處就行了。"秦穆公照辦，楚成王果然沒有任何懷疑，痛快的將百里奚交給秦國。

當秦穆公和百里奚第一次見面的時候，百里奚已經是一個七十多歲的老人了。秦穆公見狀，脱口而出："可惜是個老頭。"百里奚卻笑着説："假如國君你是要讓我去逐飛鳥，搏猛獸，我當然是太老了。但是，如果是坐下來商量定國安邦之策，比起當年的太公姜子牙來，我還是個年輕人吶。"秦穆公肅然起敬，向百里奚求教國事。連續交談了三天，秦穆公欣喜若狂，慶幸自己撿到了大賢，封百里奚為上大夫，將國家大事委托給他。百里奚謙讓説："比起我的朋友蹇叔來，我的本領差遠了。當初，正是因為我兩次聽從了蹇叔的勸阻，沒去輔佐公孫無知和王子頹，才逃過了兩次劫難。也正是因為最後沒有聽從蹇叔勸阻，去了虞國當官，才落得當了俘虜又當了奴隸的下場。"秦穆公聽聞，馬上派人去請蹇叔。蹇叔的兒子西乞術和白乙丙武藝高強，同時被使者請到秦國。

蹇叔來後，秦穆公將他和百里奚封為左、右庶長，官職都是上大夫，謂之"二相"。當上了秦國宰相的百里奚，終於飛黄騰達了。這時，他的妻子領着兒子孟明視也輾轉來到了秦國。但是，她不確定富貴了的丈夫還會不會認自己這個鄉下老太太。於是，以一名下人的身份，進入百里奚的府邸，並找到一個機會，給百里奚唱歌："……百里奚，五羊皮。昔之日，君行而我啼。今之日，君坐而我離。嗟乎！富貴忘我為？"百里奚聞聽此曲，大驚，急忙將唱歌的老太太叫到近前，果然是自己的結髮妻子，夫妻二人抱頭痛哭。問起自己的兒子，得知就在附近村中打獵為生，也急忙找來，一家人終於團聚。

秦穆公聽説此事，也很高興，賞賜給百里奚很多東西。經過考察，發現孟明視也很有本領，就將他和蹇叔的兒子西乞術、白乙丙一同封為將軍，謂之"三帥"。

商人弦高救國

　　麾下人才濟濟的秦穆公，開始尋找合適的時機，向中原各諸侯國出手。可惜，接下來的二十年，秦穆公一直陷於和晉國的糾纏之中，沒甚麼進展。

　　晉獻公死後，晉國亂成一團，里克連續殺死兩個君主，晉國公子夷吾請求秦國幫助。秦穆公覺得這是個好機會，就派兵護送公子夷吾回國即位，是為晉惠公。結果晉惠公不但翻臉不認賬，單方面撕毀當初的承諾。而且在晉國受災時，向秦國請求並得到了援助，但是在秦國出現災荒時，卻率軍前來攻打。結果，秦晉韓原大戰，晉國大敗，晉惠公被捉，不得不送子為質。可是，晉國太子圉在秦國待了五年後，又悄悄跑回晉國。接下來，秦穆公又把賭注押在了公子重耳身上，派兵護送重耳回晉國即位，是為晉文公。讓人想不到的是，重耳雄才偉略，在城濮之戰中大敗楚軍，從而登臨諸侯霸主之位。秦穆公忙活了二十年，扶植起一個強大的晉國，秦國的霸業卻還是遙遙無期。接下來，情況似乎出現了轉機。

　　秦穆公三十年（晉文公七年，公元前 630 年），晉國約秦國一同討伐鄭國。秦穆公痛快答應了。秦晉聯軍進入鄭國後，勢如破竹，很快兵臨鄭國都城之下。

　　大驚失色的鄭國國君，趁着夜色，派舌辯之士燭之武前來遊說秦穆公，《左傳・燭之武退秦師》說的就是這段故事。燭之武對秦穆公說："鄭國緊鄰着晉國，但是距離秦國卻有千里之遙，滅了鄭國只會讓晉國得到好處，你們秦國卻得不到任何好處。而且，晉國越強大，對你們秦國的威脅也越大。還不如咱們兩國結盟，這樣對我們兩個國家都有好處。秦國如果有甚麼需要，我們鄭國願意做秦國的外府。"

　　秦穆公被說服了，與鄭國代表燭之武歃血為盟後，派自己手下三將杞子、逢孫、楊孫率領兩千秦兵幫助鄭國守城，然後自己也不通知晉文公，悄悄地班師回國了。應該説，秦穆公這整件事辦得都不怎麼樣。出兵前就沒有考慮清楚利弊，屬於盲目出兵；到達鄭國後，又輕易被燭之武説服，屬於沒有主見；對待晉國，不告而別，同時派兵助敵，則屬於背信棄義了。

事情到此並沒有結束。兩年後，鄭文公死了，親近晉國的公子蘭（鄭穆公）即位。不久，晉文公也死了。此時，戍守在鄭國的秦國三將覺得是個好機會，派人給秦穆公送信説：“鄭國人派我們替他們守衛都城的北門，如果君主您派兵悄悄來襲擊鄭國，我們可以作為內應，輕鬆就能滅掉鄭國。況且，晉國現在正是新老國君交替之時，一定沒精力來救援鄭國。這正是個好機會。”

心動的秦穆公找來蹇叔和百里奚商議。沒想到兩人同聲反對，蹇叔更是明確指出：“派大軍千里偷襲，不可能不走漏消息。敵人有了準備，我們一定勞而無功。而來回兩千里路途，出現其他變數的幾率很大，非常危險，不能出兵。”但是早就迫不及待的秦穆公沒有聽從二人的建議，決定出兵偷襲鄭國。

秦穆公派孟明視、西乞術、白乙丙三人率領大軍出發。《左傳》記載的“弦高犒師”的故事，就發生在這個時候。秦國大軍剛剛走到滑國，突然碰到了前來犒賞三軍的鄭國使臣弦高。孟明視等三將一聽大驚失色。按説有人來犒賞三軍這是好事，秦國將領應該高興才對啊？可是別忘了，秦軍是秘密行動，而且來的是鄭國人，正是他們要偷襲的目標啊。

弦高見到秦軍主將後，客氣地説，自己是鄭國的使者，鄭國國君聽説秦國大軍出發，向着鄭國的方向而來，特意派自己前來接待並犒賞三軍。説完，獻上了四張熟牛皮和十二頭牛，同時裝作甚麼都不知道的樣子詢問秦軍出兵的目標。孟明視看到鄭國已經有所準備，偷襲不成了，而且內應也肯定指望不上了，只好説：“我們這次出兵是為了滑國而來的。”然後命令秦軍攻破滑國都城，大肆搶掠一番後，班師回朝。弦高完成犒軍使命後，稱謝離開。

孟明視等人不知道的是，他們上了弦高的當。他根本不是鄭國國君派來的使者，只是一個鄭國商人。當時弦高恰好販牛路過這一帶，無意中從一個朋友那裏聽到了秦軍將攻打鄭國的消息，急中生智，一面派人用最快的速度回國報信，一面裝作鄭國使者前來犒賞三軍，為的就是點破秦軍的秘密行動，好嚇退秦軍。秦軍果然上當。

鄭穆公接到消息，也嚇了一大跳，急忙派人到秦軍駐守的地方查看，果然見到秦國兵將都已經裝束停當，厲兵秣馬，就等自己的軍隊到達後，裏應外合，一舉奪下鄭國都城了。鄭穆公一面調動軍隊防守，同時又不敢徹底和秦國鬧翻，一面派人去委婉地告訴秦國三將，你們在我們這裏很長時間了，我們很感謝你們，但是我們國家現在供養不起你們了，你們是不是應該主動離開呢？杞子、逢孫、楊孫三將一聽，不好，我們的計謀被鄭國識破了。留下，一定是死路一條；直接開打，這點人馬絕不是鄭國的敵手；而且秦國也不敢回，當初是自己給國君出的主意，現在惹下了大禍，回去估計也得受罰，甚至會掉腦袋。於是杞子逃到了齊國，逢孫、楊孫逃到了宋國。剩下的秦國士兵，在領取了鄭國給的一點路費後，也各自回家了。就這樣，秦國偷襲鄭國的行動，以完敗而告終。

崤之戰

秦國偷襲鄭國失敗。如果事情到此結束的話，秦國至少沒吃虧，雖然損失了駐守鄭國的兩千士卒，嚇跑了三員偏將，但是至少還順手滅掉了滑國，搶來了大量戰利品。

然而，事情到此並未結束。

晉國雖然正在辦理晉文公的喪事，但是新即位的晉襄公並沒有對這件事置之不理。在秦軍出兵路過晉國邊界領土時，晉國沒有理睬。現在聽到秦國滅了滑國（滑國是晉國的附屬國），晉襄公大怒，在秦軍歸途的必經之地崤山，埋伏下人馬，準備給秦國一個教訓。

秦國軍隊離家日久，思歸心切，再加上一路來回一千多里，也沒出甚麼大問題，難免懈怠。眼看來到秦晉邊境的崤山，只要過了崤山，就是秦國地界了，所以將士都很興奮。雖然看到崤山地勢險要、崎嶇難行，孟明視等將領也只是稍作安排，就率軍繼續前行了。

因為山路崎嶇，秦軍陣形慢慢就亂了。正行走間，忽見前面路上亂七八糟的堆滿了木頭，擋住了去路，上面還插着一面旗子。孟明視命人放倒旗幟，搬開木頭，好繼續前行。哪知道此時四面八方突然湧出大量晉軍，將秦軍徹底包圍。原來那面旗子，就是晉軍發起進攻的信號。

晉軍居高臨下，用滾木、礌石、火箭等大量殺傷秦軍。晉襄公穿着喪服，親自督戰，所以晉軍越戰越勇。秦軍則一敗塗地，所有人不是被殺，就是被活捉，無一人逃脫。孟明視、西乞術、白乙丙三員主將也被晉軍活捉。歷史上稱此戰為“崤之戰”，發生在公元前 627 年。

晉軍大勝，奏凱班師。晉襄公先是獻俘於太廟，然後就準備處死秦國三將。這時，卻急壞了文嬴。文嬴就是前面提到過的秦國宗室之女（也有說法是秦穆公的女兒），先是被秦穆公嫁給了晉國的公子圉，後來又嫁給了晉文公重耳的那位。所以，說起來，文嬴是晉襄公的庶母。

文嬴不願意見到秦國大將被晉襄公殺死，就前來勸晉襄公說：“現在秦國國君一定恨這三人恨得要死，一定會殺了他們。我們何不把這三人送回秦國，這樣既避免了和秦國徹底鬧翻，讓秦國欠我們一個人情，同時又殺了這三將，我們還避免了隨意誅殺大將的名聲。你看，有這麼多好處，我們何樂而不為呢？”晉襄公被説服了，就釋放了三將。

　　秦穆公聽説三將歸來，身穿喪服，親自到郊外迎接。三將請罪。這時的秦穆公體現出了一代霸主的胸懷，不但沒有怪罪三將，還將所有過錯全部攬到了自己身上。秦穆公哭着向三將道歉説："都是我不聽蹇叔、百里奚的話，才使你們兵敗被擒，你們沒有罪。希望你們不要忘記今日的恥辱，我們一定要奮發圖強、報仇雪恨。"三將感激涕零，發誓願以死報國。

　　過了一年多，在公元前 625 年春天，孟明視、西乞術、白乙丙三將向秦穆公請戰，要報"崤之戰"之辱，秦穆公同意了。可惜事與願違，秦晉"彭衙之戰"，秦兵再次大敗。這次，秦穆公還是沒有懲罰三將，仍然讓他們統帥秦國兵馬。孟明視感激得無以為報，散盡家財撫恤士兵，盡全力操演人馬，等待報仇雪恨的日子。

　　這年冬天，晉國率領盟軍伐秦。沉穩下來的孟明視覺得還不是和晉軍決戰的時機，於是閉門不戰。晉國奪取了秦國的兩座城池後回兵。

　　秦國朝廷上下都不看好孟明視，認為他被晉軍嚇破了膽，只有秦穆公深信不疑。又經過半年多的準備，秦國報仇雪恨的日子終於來了。秦穆公三十六年（公元前 624 年）夏，孟明視再次請戰，他發出誓言："如果這次再不能雪恥，絕不生還。"並邀請秦穆公親自督戰。年近六旬的秦穆公慨然允諾説："我已經看到我的士兵三次敗於晉國了，這次要是再不能取勝，連我都沒有面目活着回來了。"

　　秦穆公和孟明視盡起秦國精鋭，擇日出兵。出兵前，秦穆公厚贈其家，三軍踴躍，皆願效死。大軍渡過黃河後，孟明視下令，燒毀全部渡船。這就是告訴秦軍，我們這次是有進無退，有勝無敗，置之死地而後生，勝利了大家都能凱旋，失敗了就都死在晉國吧。秦軍見國君和將軍與大家一起陷入絕地，士氣更盛。孟明視親自率領先鋒軍，衝殺在前。沒幾天，就收復了被晉國佔去的秦國領土。

秦國大軍挾必死之念而來，晉國君臣見此，全都被嚇住了。連素以勇猛著稱的先且居（晉國大將，先軫之子）都不敢迎戰，反而勸晉襄公暫避秦軍鋒芒。晉襄公也被嚇住了，只得命令各處晉軍死守城池，不得出城與秦軍野戰。這樣一來，秦軍更是在晉國的土地上縱橫馳騁，耀武揚威，所到之處如入無人之境。

秦穆公見失地已經收復，秦國的威風也打出來了，而且他深知，自己不可能滅得了晉國，也就不為已甚，見好就收了。撤兵之時，秦穆公率領大軍來到崤山，命令收斂"崤之戰"中秦軍士兵的屍骨，妥為安葬。然後殺牛宰馬，舉行了一場非常隆重的祭奠活動。秦穆公着素服，瀝酒於地，放聲大哭。孟明視等諸將更是哭拜於地，伏身不起。秦軍上下，無不慟哭失聲。祭奠之後，秦軍奏凱班師。

經此一戰，秦軍揚威於中原。

登頂西戎霸主

與晉國糾纏多年的秦穆公，早已明白自己早年的戰略性錯誤，中原雖然地大物博，但現在卻不是圖謀的好時機。於是，在第二次與晉國戰爭失敗後，就果斷調整國策，將戰略目標重新確定在西戎。

秦穆公在得到百里奚、蹇叔之後，還有一個念念不忘的賢人，此人叫由余。由余原是晉國人，後來流落到西戎地界，因為本領非凡，受到綿諸戎王的重視。當時，在現今陝西、寧夏、甘肅一帶，生活着很多戎狄的國家或者部落。他們之間不相統屬，各自為政，綿諸戎是其中比較強大的一個國家。

戎王聽說秦穆公很賢明，就派由余來秦國訪問。當然，其中也含有查看秦國虛實的意思。如果秦國外強中乾，那麼，戎王也會毫不介意率兵來搶掠。

由余來到秦國後，受到了秦穆公的熱情接待。秦穆公首先向由余展示了秦國豪華的宮殿建築和聚藏的珍寶財物，想炫耀一下。對於秦穆公來說，這可是個難得的機會。因為在平時，其他中原國家總是嘲諷秦國，說秦國是荒涼偏僻的蠻夷之地。現在終於有機會向更加蠻夷的國家展示自己的發達了。

然而由余卻不以為然地說：「如果這些成果是由鬼神完成的，那麼就太勞動鬼神了；如果是百姓完成的，那麼就太勞苦百姓了。」然後由余又向秦穆公介紹了西戎是如何治理自己的國家的，令秦穆公佩服得五體投地，大為感慨。

秦穆公早就聽說過由余的大名，一直想收歸手下而不可得。現在見到本人了，更加着急，和手下人商量：「此人本領非凡，如果讓他回到西戎，一定對秦國不利。但是他又不會輕易輔佐秦國，這該怎麼辦？」在手下的參謀下，秦穆公決定雙管齊下，實施離間計。

一方面，秦穆公熱情招待由余，接席而坐，傳器而食，並強烈挽留由余多住一段時間。由余離開家鄉很長時間了，雖然這裏不是晉國，但是畢竟和家鄉差別不大，所以就痛快地答應，住了下來。這一住，就是一年。另一方面，秦穆公給戎王送去十六名經過精心訓練的女樂。處於極度落後地區的戎王，哪裏見過如此美色和如此美妙的歌舞，欣喜若狂之下欣然接受，並從此墜入溫柔鄉中不可自拔。此後的戎王，再不管部落中的任何事，甚麼天災、人禍、牛羊、水草，一概不聞不問。綿諸戎迅速衰落。

一年之後，由余回歸。回來的由余大吃一驚，簡直不敢相信，這就是當初強大的國家？明白原委之後，由余屢次進諫戎王，但是戎王根本不聽，反而開始懷疑由余，質問由余為甚麼住在秦國一年多不回來？由余也是有口難辯。

隨着時間的推移，由余漸漸對戎王失去了信心，再加上秦穆公不斷派人和他接觸，由余終於下定決心棄戎歸秦。秦穆公大喜，用接待貴賓的禮節接待了他，並向他請教伐戎之事。由余對西戎之事可以説是瞭如指掌，他開始盡心盡力為秦穆公出謀劃策。

秦穆公三十六年（公元前 624 年），秦國大敗晉國後，將注意力全部轉向西戎。秦穆公三十七年，秦國用由余的謀略攻伐西戎，兼併了十二個國家和部落，將秦國的國土拓展了千里之廣。暮年的秦穆公，終於稱霸西戎。

周襄王聽到這個消息後，派人送來金鼓致賀，並封秦穆公為西方諸侯之伯，承認了其西方霸主的地位。兩年之後（公元前 621 年），秦穆公去世。其子罃即位，是為秦康公。

説起來，秦穆公身上的故事可算不少，就拿與婚姻有關的來説吧，除了秦晉之好外，"乘龍快婿"的典故也和秦穆公有關，最早就是稱呼秦穆公的女婿的。

故事説，秦穆公有一個小女兒，名字叫弄玉，非常善於吹笙。秦穆公非常疼愛弄玉，專門命人給弄玉修了一座樓，樓前又修了一座高台，起名為鳳樓、鳳台。弄玉閒暇無事時，就或在鳳樓，或在鳳台之上吹笙。慢慢的，弄玉長大了，秦穆公想把弄玉嫁給鄰國的太子為妻，但是弄玉堅決不同意，一定要找一個和自己情投意合、懂音律、會吹笙的高手才嫁。秦穆公因為特別疼愛這個女兒，也就同意了。

經過一番尋訪，還真在華山找到這麼一個隱士，名字叫蕭史，吹得一手好洞簫。據説，他的簫聲可以遠傳百里之外，讓人迷醉。而且蕭史其人長得英俊瀟灑、風度翩翩、恰似神仙。蕭史來到秦宮，開始演奏。剛吹一曲，清風習習；吹奏二曲，彩雲四合；吹奏三曲，百鳥和鳴，白鶴翔舞。弄玉對蕭史一見鍾情，二人結為夫妻。

從此，夫妻二人整日在鳳樓、鳳台之上品簫、吹笙。蕭史還教弄玉吹簫，吹奏仙樂《來鳳》之曲。半年之後，一天夜裏，夫婦二人於月下在鳳台之上吹簫，忽然間，有赤龍盤旋於台之右，有紫鳳飛翔於台之左。於是蕭史乘赤龍，弄玉乘紫鳳，攜手登仙而去。現在，人們稱呼女婿為"乘龍佳婿"，或者"乘龍快婿"，就是從這裏來的。

楚莊王的故事 | 25

晉、楚城濮之戰，楚國雖然戰敗，但只是實力受損，並沒到傷筋動骨的程度。不過其向中原爭霸的勢頭，卻實實在在被晉國打壓了下來。接下來的二十年裏，晉國基本上保持着中原霸主之位。但是，晉國也有不利之處，那就是，晉國基本上處於齊、秦、楚的包圍之中。三國一直對晉國虎視眈眈。

城濮之戰後六年，楚成王死，其子楚穆王即位。楚穆王將主要發展目標，放到了進一步控制江淮地區。此時的楚國，雖然也經常有對外擴張戰爭，但規模都不大。楚穆王共在位十二年，於公元前 613 年去世，其子熊侶即位，這就是楚莊王。

一鳴驚人

楚莊王即位之後，充分表現出一個昏君的所有特點。《史記》記載："莊王即位三年，不出號令，日夜為樂，令國中曰：'有敢諫者死無赦！'伍舉入諫。莊王左抱鄭姬，右抱越女，坐在鐘鼓之間。"這段話的意思就是：楚莊王即位三年，整天吃喝玩樂，日夜不停，連接見大臣，也是左擁右抱，而且明目張膽地宣稱："誰敢勸諫我，殺無赦。"

但是，這並不是楚莊王的真實面目。典故"一鳴驚人"，説的就是這時的楚莊王。大臣伍舉見莊王連續三年如此胡作非為，實在忍不住了，前來進諫。但是因為莊王有令"敢諫者死"，伍舉就用聊天的方式開始，給莊王出了個謎語來猜，説楚國有一種大鳥，停在地上三年，既不飛也不叫，請莊王猜這是甚麼鳥？楚莊王如何不知道伍舉說的就是自己，但是認為時機還不到的莊王只能暗示伍舉說："此大鳥不飛則已，一飛衝天，不鳴則已，一鳴驚人。"伍舉似乎明白了，告辭離開。

但是接下來的數月，楚莊王依然故我，甚至折騰的更厲害了。這時，另一位大臣蘇從忍不住了，也來進諫。蘇從是哭着來的，莊王嚇了一跳，這是怎麼了？蘇從哭着說："我哭是有兩方面的原因，一個是我快要死了，所以傷心；另一個是我們楚國眼看就要滅亡了，我更加傷心啊。"楚莊王奇怪："你身體好好的怎麼會快要死了呢？我們楚國好好的怎麼會快要滅亡了呢？"蘇從回答："您日夜享樂，不理朝政，這樣下去，楚國怎麼可能不滅亡？"楚莊王聞聽大怒："好啊，看來你是想來勸諫我啊？你難道忘記了我不許勸諫的命令了嗎？"蘇從這回反倒不哭了，坦然對莊王說："我沒忘啊。所以我才說我快要死了。我看到您這樣胡作非為，即使死也要勸諫您。如果因為我的死，能讓您明白，好好治理國家，那麼就請您殺了我吧！"楚莊王忽然站起來，激動地對蘇從說："我知道你說的話都是忠言。現在也是時候了，讓我們一起好好大幹一場吧！"

楚莊王說到做到，馬上遣散樂師、歌女，遠離酒色，親自管理國家大事，任用伍舉、蘇從等能臣，誅殺了數百奸佞小人，提拔了數百賢良忠臣，一舉掃清楚國朝堂。接下來，他勵精圖治、整頓內政、強兵習武，將來侵犯的敵人打退。很快，楚國就呈現出一派富國強兵的局面。

楚莊王確實做到了他對伍舉的承諾："三年不飛，飛必衝天，三年不鳴，鳴必驚人。"那麼，楚莊王為甚麼非要等三年再飛再鳴，為甚麼不一即位就大展身手呢？是為了先享受一下人生？是為了暗中觀察大臣誰忠誰奸？用自己當反面典型，看看其他人的反應，好辨別忠奸？還是本來就是昏君，因為聽了伍舉和蘇從的勸諫幡然悔悟？

應該説，都不是，至少不完全是。之所以如此，楚莊王是迫於無奈，是在隱忍，是在用昏君的外表做掩護，在等待時機。當然，同時也是在暗中觀察、尋找可用之人。

因為，楚莊王即位後的第一個對手，不是來自其他國家的強敵，而是國內的權臣——若敖氏家族。

子文的邏輯

事情要一直上溯到楚武王熊通的爺爺，楚若敖時説起。楚若敖，名字叫熊儀，是一個比較有作為的君主，他當國君時，楚國發展得很是不錯。因其死後葬在若敖這個地方，故被尊為"若敖"，也就是説，"若敖"是諡號。楚若敖也是第一個有諡號的楚國國君。他最小的兒子叫熊伯比，便以若敖為氏，他的這一支家族也就稱為若敖氏。又因封於鬬邑，又被稱為鬬伯比，成為後世鬬氏之祖。

鬬伯比歷經楚國武王、文王、成王三朝，曾官拜令尹（相當於上卿、宰相），德高望重。若敖氏家族在鬬伯比的帶領下，飛速壯大，逐漸成為楚國最顯赫的家族。

楚成王時期，鬬伯比的兒子鬬子文成為楚國令尹，就是楚國歷史上最富賢名的令尹子文。按照《左傳》記載，子文從楚成王八年（公元前664年）開始做令尹，到楚成王三十五年（公元前637年）讓位給子玉（成得臣），共做了二十八年令尹。其中數次被罷免或者自己請辭，然後又被任命。

令尹子文最著名的故事就是"毀家紓難"。説的是子文剛擔任楚國令尹的時候，見到國家貧弱，就貢獻出全部家產，幫助國家渡過難關。據《國語》記載，子文家裏最慘的時候，幾乎是吃了上頓沒有下頓。但是即使這樣，每次楚成王要給子文增加俸祿時，子文全都拒絕，為了表示決心，甚至逃跑，離開朝廷，直到國君取消了給自己增加俸祿的命令，才重新回來。

有人不明白，就問子文："人活着就是為了追求富貴，而你卻拼命逃避，這是為甚麼啊？"子文回答："當政的人應該是庇護百姓的。如果百姓很窮困，我卻得到大量財富，這是使百姓勞苦來增加我自己的財富，那麼我也就離死不遠了。所以說，我是在逃避死亡，不是在逃避富貴。"（夫從政者，以庇民也。民多曠者，而我取富焉，是勤民以自封也，死無日矣。我逃死，非逃富也。）也正是子文這樣一心為國的行為，後來若敖氏家族被滅族時，只有他的後代才有尊嚴地存活了下來。這就是善有善報了。

楚成王三十五年，子文年事已高，便推薦有戰功的子玉接替自己。楚成王同意了，任命子玉為令尹。子玉也是鬬伯比之子，成氏，名得臣，字子玉。因為伯比、子文兩代數十年的積累，若敖氏家族已經儼然是楚國第一家族了。包括楚王在內，都不得不看若敖氏掌權人的臉色行事，整個楚國之內，無人能與若敖氏家族相抗衡。如果子玉也能像子文一樣忠心為國，那麼楚王和若敖氏家族之間的矛盾，還有緩和的餘地。但是偏偏子玉其人，驕奢淫逸，性情跋扈、暴烈，且狂妄自大。以至於楚王與若敖氏家族之間的矛盾迅速惡化。到了晉楚城濮之戰前夕，楚國君臣之間的矛盾，幾乎到了劍拔弩張的地步。

當時楚軍圍困、攻打宋國，已經超過一年。晉國派兵救宋，並通過一系列手段，取得戰場內外的主動權。楚成王認為現在不是和晉國決戰的好機會，主張退兵。但是，子玉堅決不同意。在子玉不同意的情況下，楚成王就命令不了全軍，只能帶着部分楚軍撤回楚國。當然，這裏也未嘗沒有楚成王希望藉晉國之手除掉子玉的打算。城濮之戰，子玉統率的楚軍大敗，歸途中，子玉被楚成王怒斥，最終自殺身亡。但是就像城濮之敗對於楚國來講，只是稍稍損耗了國力一樣，子玉之死，也只是稍稍打擊了若敖氏的勢力。

　　子玉死後，楚成王任命蔿呂臣為令尹，意圖分若敖氏之權。但是蔿呂臣執政過程中，處處受到若敖氏的掣肘，做令尹僅一年，就在鬱悶中死去。蔿呂臣死後，楚成王不得不任命子上（鬭勃，城濮之戰中的右軍主將）為令尹。其後，成大心（子玉之子）、成嘉（子玉之子，成大心之弟，字子孔）相繼擔任令尹。楚莊王即位的時候，令尹正是成嘉。莊王新立，根基不穩；成嘉執政，大權獨攬。

滅國危機帶來的機遇

　　莊王即位不久，楚國發生了一場叛亂，雖然規模和影響都不是很大，但是對楚莊王的刺激卻很大。

　　按照《左傳》記載，楚莊王即位不久，令尹成嘉和潘崇率兵攻打舒姓諸侯國。臨走前，派公子燮和鬭克（子儀）留守國都。沒想到用人不當，這二位趁機叛亂。

　　原來，公子燮早就想做令尹，但是一直沒成功，故此心懷不滿。鬭克呢，更是滿腹牢騷。鬭克早年的時候，曾經駐守邊界。楚成王三十七年，在一次和秦國交戰中做了俘虜。後來秦、晉崤之戰後，秦國為了拉攏楚國，對抗晉國，就把鬭克放回，希望他做中間人，幫忙促進秦楚結盟。在鬭克的聯絡下，秦、楚果然結盟，可是鬭克卻沒得到甚麼獎賞。鬭克認為自己居中聯絡功不可沒，卻沒有得到應有的獎勵和重用，所以一直是怨氣衝天。現在二人見到如此良機，一拍即合，發動叛亂。

　　兩個人先是在國都（郢都）實行戒嚴，然後加築郢都的城牆，又派殺手前去刺殺令尹成嘉，可惜沒有成功。成嘉迅速帶兵回返。八月，二位見風聲漸緊，感覺有點懸，國都快守不住了，就打算逃到商密去，再做打算。走可是走，二位可沒打算空手走，而是挾持着楚莊王一起走。可憐的楚莊王，剛剛即位沒多久，就被亂兵裏挾着，開始逃亡生活。幸虧在路過廬邑的時候，廬戢黎和叔麋設計殺死了鬭克和公子燮。叛亂被平息，楚莊王也得以返回國都。

這次叛亂，讓楚莊王切身體會到了甚麼叫君弱臣強，甚麼叫傀儡。但是此時的楚莊王只能隱忍。因為如果他盲目行動，後果不堪設想。畢竟當時的各諸侯國，弒君之事比比皆是，楚國尤甚。接下來的楚莊王，就成了開始時說的那個樣子，縱情聲色，日夜為樂，長達三年之久。

在這三年裏，在吃喝玩樂行動的掩蓋下，楚莊王到底做了甚麼準備工作，由於史料上沒有具體的記載，我們不得而知，但是我們有理由認為，楚莊王一定在暗地裏積極準備，並一直在等待合適的機會出手。

機會終於來了。楚莊王三年，楚國發生大饑荒。戎人趁機從楚國的西南和東南進攻，楚國的附屬國庸國率領各蠻族部落叛楚，麇國也率領百濮部落準備攻打楚國。一瞬間，楚國陷入內憂外困、四面皆敵的窘境之中。

楚國朝堂一片嘩然。驚慌失措中，有人提議遷都，實際上就是提議大家一起趕緊逃跑。但是蒍賈不贊同，認為不能遷都，因為我們跑到哪裏，敵人就能追到哪裏，我們應該率兵進攻敵人的首腦庸國，只要打敗了庸國，其餘敵人將不戰自退。

此時，正是蘇從哭諫楚莊王的時候。楚莊王也覺得時機已經成熟，於是扯下昏君的外衣，悍然出手。楚莊王堅決支持蒍賈的提議，藉此拉攏了大批主戰派官員，同時發動手中所有力量，鏟奸除惡，舉賢任能。雖然裝作昏君三年，畢竟是正統的楚王，一出手，就收攏了大量支持國君的中小家族的力量。若敖氏呢？估計應該是還沒從國君巨大的轉變中醒悟過來，處於懵懂狀態。

楚莊王確實是不鳴則已，一鳴驚人。瞬間掃清楚國朝堂，"所誅者數百人，所進者數百人，任伍舉、蘇從以政，國人大悅。"當然，楚莊王並沒有一下就對若敖氏下死手，那樣絕對不明智，只是慢慢繼續佈局，一方面打壓若敖氏的勢力，一方面扶植自己的王族和其他中小家族，分化若敖氏之權。

接下來，楚莊王親自率兵攻打庸國，同時聯合秦國、巴國等國家共同對敵。聯軍攻勢兇猛，很順利就滅掉了庸國，嚇得其他反叛的小諸侯國紛紛再次歸順。趁亂想佔點便宜的蠻夷小國，也全都被嚇跑了。

朝堂上，剪除內憂；戰場上，消滅外患，楚莊王以雷霆萬鈞之勢，一舉化解了危局，同時也坐穩了王位。隨後，楚莊王開始大展身手。對內，持續不斷打壓若敖氏的勢力；對外，繼續爭霸之旅。

問鼎中原

楚國爭霸最主要的攔路虎，還是老對手晉國。接下來的幾年，楚、晉之間，圍繞着各自的附屬諸侯國頻繁交戰，互有勝負。

楚莊王六年，伐宋，獲五百乘。

楚莊王八年（公元前 606 年），楚莊王親自率領大軍，打着"勤王"的名義，攻打居住在陸渾的戎族。當楚國大軍渡過洛水，到達周朝國都洛邑附近時，楚莊王命令全軍擺開最強的戰鬥陣容，閱兵示威。

當時的周天子是剛剛即位不久的周定王，見到楚軍勢大，嚇得是膽戰心驚，派大臣王孫滿去慰勞楚軍，更主要的是，查問一下楚軍的真實目的。

楚莊王見到王孫滿，毫不客氣地劈頭就問起了周朝宗廟內九鼎的小大輕重。

在當時，這九鼎可不是隨意能打聽的。相傳，大禹治水後，將天下劃分為九州。後來夏啟令九州貢獻青銅，鑄造九鼎，將九州的地形地貌鑄於鼎身之上，以一鼎象徵一州，九鼎也就象徵着整個國家，象徵着天子的權威。後來夏桀亡國，九鼎落於成湯之手，到商紂亡國，九鼎又落於周武王之手。所以，九鼎在當時是王權的象徵，詢問九鼎的小大輕重，就意味着有覬覦天子之位的野心。嚴重點説，就等於是明目張膽地宣佈，我要奪取天子之位了。

王孫滿不卑不亢地回答：“治理天下最重要的是德，而不是鼎。”意思就是，就衝你這直接問鼎的做法，就説明你德行不好，你就不夠問鼎的資格。

楚莊王當然不服氣，輕蔑地説：“你還別覺你有九鼎就了不起，我楚國有的是銅，我們只要折斷兵器的尖端，就足夠鑄造九鼎了。”這更是赤裸裸的威脅了。意思就是，我楚國兵多將勇，隨隨便便就能將你周朝的天下奪過來。

沒想到王孫滿還是沒被嚇住，依舊不緊不慢地説：“大王你難道忘了嗎？當年虞夏昌盛時，聚集九州之銅鑄成九鼎，後來夏桀道德敗壞，九鼎就被遷移到商，商紂暴虐無道，九鼎就被遷移到周。如果天子有德，那麼鼎雖小卻重得移不動，如果天子道德敗壞，那麼鼎即使再大，也很容易移動。如今我們周王室雖然衰微，但是我們的國運還未完，所以九鼎的輕重不是你隨意能問的。”意思就是，現在我們周朝雖然已經衰微，但是還不是你楚國説滅就滅得了的。

這裏的王孫滿也確實不是在嚇唬楚莊王，此時周天子的威望雖然已經不高，但是對各諸侯國的號召力仍在，以楚國的實力，確實覆滅不了周朝。即使用武力能攻破周朝都城，殺死周天子，以楚國的威望和實力，也做不到取而代之。如果楚國真的造反奪權，估計最大的可能還是其他諸侯國聯合起來，把楚國打得頭破血流，楚國再認錯道歉，繼續偏安一隅，隱忍待發。楚莊王無話可説，心理也知道，現在的自己確實沒能力奪取天下，於是率兵撤回楚國。

這件事，史稱“問鼎中原”。之後，歷史上將類似的圖謀奪取政權的行為稱為"問鼎"。楚莊王"問鼎中原"雖然無功而返，但是也從側面反映出楚國兵鋒之盛，同時也是對中原所有諸侯的一個威懾。

養由基一箭平叛亂

就在楚莊王問鼎中原無功而返的時候，楚國發生了內亂。

本來楚莊王的政策就是對外武力擴張，對內抑制若敖氏家族。為了抑制若敖氏，莊王大力扶植蒍氏、屈氏及自己的親族。隨着時間的推移，楚國朝堂會由一家獨大變成相對平衡的幾家互相牽制。若敖氏雖然慢慢失勢，但終歸會保留下龐大的家族和相當的權勢。這不失為一種相對美好的結局。

但是楚莊王忽略了，現在若敖氏家族的掌權人是鬪椒（字子越，又字伯棼，又稱子越椒、鬪越椒）。按照史料記載，鬪椒是子文的姪子，子文弟弟司馬子良的孩子。據說，在鬪椒出生的時候，子文一見就嚇了一大跳，對弟弟子良說："這個孩子長得像熊虎一樣兇惡，聲音和豺狼一樣刺耳，你最好趕快殺了他，不然將來這個孩子長大了，將給我們若敖氏家族帶來滅族之禍啊。"（諺曰："狼子野心。"是乃狼也，其可畜乎？）子良認為哥哥太誇張了，沒聽。子文臨死前還念念不忘這件事，特意將自己的家族人等聚集起來囑咐說："如果鬪椒當了令尹的話，你們趕快逃走，不然的話都會被他牽連。"這就是成語"狼子野心"的來歷。

楚莊王剛即位時（公元前 613 年），令尹是成嘉。就在平定公子燮和鬪克的叛亂後不久，成嘉病故。接任者是子文的兒子鬪般（此處不同史料記載鬪般和成嘉當令尹的順序不一）。當時，鬪椒是司馬（管理全國軍隊），蒍賈是工正（管理百工）。蒍賈不滿若敖氏專權，用詭計害死了鬪般。沒想到這下倒成全了鬪椒，成了令尹。為了鉗制鬪椒，楚莊王封蒍賈為司馬。

心狠手辣的鬪椒早就不滿楚莊王打壓若敖氏的行為，一直在尋找合適的時機報復。楚莊王八年，莊王領軍在外。沒過多久，留守在國都的令尹和司馬，就是鬬椒和蒍賈，矛盾激化。楚莊王九年，鬬椒派兵攻打蒍氏，抓捕並殺死了蒍賈。蒍賈的兒子蒍敖保護着自己的母親在混亂中逃走。

鬬椒知道蒍賈的幕後支持者就是楚莊王，也知道這回的事無法善了，一不做二不休，索性率領若敖氏族人發動兵變，準備截斷楚莊王的歸路，一舉襲殺莊王。

此時的楚莊王，正在“問鼎中原”後率兵回返的途中。聽到鬬椒兵變的消息，命令軍隊兼程而行，準備避開叛軍的鋒芒，沒想到還是被鬬椒率軍擋住。楚莊王見叛軍勢大，先是派大夫蘇從去找鬬椒談判，希望雙方罷兵和解。背水一戰的鬬椒當然明白這只是莊王的緩兵之計而已，斷然拒絕。

楚莊王率領的王軍和鬬椒率領的若敖氏家族兵馬，在皋滸展開大會戰。鬬椒身經百戰，勇猛無敵；若敖氏之兵，也多是能征慣戰之輩。戰鬥剛剛拉開序幕，鬬椒就率領叛軍向楚國王軍發動猛攻。莊王見狀，也親自站在戰車上，敲起戰鼓，指揮大軍與叛軍廝殺。

鬬椒遠遠望見莊王，飛車直撲而來。堪堪離得不遠，彎弓搭箭，一箭直奔莊王射來。那隻箭直飛過車轅，射在戰鼓的鼓架之上。莊王大吃一驚，手一抖，鼓錘落地。鬬椒急忙又射出第二箭，射穿了莊王車上的車蓋，險些傷到莊王。莊王急忙命令回車，暫避鬬椒的鋒芒。叛軍見此，聲勢大振，攻勢更猛，王軍則士氣低落，開始後退。

莊王一見不好，按照這樣發展下去，非大敗不可，急中生智，派人傳令說：“鬬椒所用的這種箭，是當年先君楚文王時得到的戎蠻的箭，只有兩支，後來被鬬椒偷走。鬬椒所仰仗的，就是這兩支厲害之極的箭。現在，他已經全射出去了，也就沒甚麼可怕的了。”

　　雖然莊王的謊言低劣非常且漏洞百出，但是，戰場上士兵們需要的就是一個藉口，一個希望而已。現在，莊王讓大家看到了敵人並不是不可戰勝的，大家的心理也就沒那麼害怕了。

　　接下來，楚莊王再次敲起戰鼓，鼓舞大家奮勇廝殺。此時，楚軍中號稱"神箭"的養由基出手了。《戰國策》記載："楚有養由基者，善射，去柳葉百步而射之，百發百中。"就是説，養由基能在百步之外，射中指定的柳樹葉，百發百中。據傳，養由基善射，能百步穿楊。就是將楊樹上的一片葉子塗上顏色，養由基在百步之外，能一箭射中葉子的中心。有人不服，認為是湊巧。養由基就分別將三片葉子塗上顏色，並標上號碼一二三，然後取出三支箭，也標上號碼，然後按照號碼，一號箭對應一號葉子，二號箭對應二號葉子，三號箭對應三號葉子，用對應號碼的箭，一一射中對應葉子的中心。還有人不服，認為打仗主要憑藉的是力氣，技巧再高，沒力氣了也沒用，養由基就叫人拿來七件鎧甲，疊在一起，綁在靶子上，然後一箭射透七層鎧甲。這下所有人都無話可説了。楚軍中都稱呼他為神箭手。成語"百發百中"、"百步穿楊"都來源於此。

　　養由基陣前提出與鬬椒比箭。身為一代戰神的鬬椒怎麼能讓一個無名小卒嚇住，當場答應比試。結果卻大大出乎鬬椒的預料，鬬椒連射三箭都沒有傷到養由基，養由基卻一箭就射死了鬬椒。

　　若敖氏之兵見鬬椒身死，軍陣立刻就亂了。莊王趁勢發起總攻，叛軍兵敗如山倒。早就受夠了若敖氏壓制的莊王，趁機展開血腥大清洗，算起了總賬，幾乎將若敖氏滅族。連朝堂內親近若敖氏家族的官員也大量罷免，株連極廣。之所以説若敖氏幾乎被滅族，而不是真的徹底滅族，是因為其重要成員中跑了一個人，楚莊王又放過了一個人。

　　跑的那個人是鬬椒之子苗賁皇，在大清洗到來之前，就跑到

了晉國，並且在晉國得到了重用。被楚莊王放過的那個人是令尹
子文之孫，鬥般之子，當時擔任箴尹（楚國負責諫言的官）的鬥
克黃。當時鬥克黃正作為楚國使者出使齊國，在返回的路上，路
過宋國時，聽到了若敖氏叛亂失敗，慘遭滅族的消息。有人勸鬥
克黃逃到別的國家去避難。鬥克黃沒有聽從，還是選擇了回國覆
命。覆命結束後，鬥克黃就命人把自己關押起來，請罪伏法。楚
莊王感念當初令尹子文毀家紓難的功勞，説："子文無後，何以
勸善？"命人釋放了鬥克黃，將他官復原職，並將他的名字改為
鬥生。

　　可見，令尹子文當初的行為，才是真正的蔭庇子孫。

絕纓之宴

　　楚莊王平定若敖氏之亂，徹底消除了內患，鞏固了王權。此
時的楚莊王，再無掣肘之憂，終於可以放心大膽的一展身手了。

　　楚莊王對若敖氏痛下殺手，那是長時間積累下的怒火了。説
起來，其實楚莊王對自己的手下，還是很不錯的。《戰國策》的作
者劉向，在他的另一部著作《説苑》中，記載了一則"絕纓之宴"
的故事：

　　莊王平定叛亂後非常高興，擺下盛大的酒宴給眾人賀功。
還把自己的寵妃也叫出來，給大家斟酒助興。席間是觥籌交錯、
輕歌曼舞，大家的興致也是極高。酒宴一直喝到晚上還沒盡興，
於是點上蠟燭繼續。眾人酒性正濃，突然一陣大風把蠟燭都吹滅
了。這時，楚莊王的一個寵妃許姬正在給大家斟酒。一個將領酒
喝多了，見許姬美貌，便趁着漆黑，拉住了許姬的衣袖，想要調
戲一下美人。許姬嚇了一跳，使勁一掙，撕斷了衣袖得以掙脱，
還順手扯下了那人頭盔上的簪纓。

　　許姬跑回莊王身邊告狀，讓莊王快點命人點燃蠟燭，查看眾
人頭上簪纓，以便找出無理之人治罪。誰知楚莊王卻傳令侍從，

先不要點燃蠟燭，然後大聲命令大家："今天我們一定要喝個痛快，盡歡而散。現在，大家都摘掉頭上的簪纓，不摘掉的人不許喝酒。"大家雖然莫名其妙，搞不懂簪纓和喝酒有甚麼關係，但還是都摸黑摘掉了簪纓。然後莊王才命人點燃蠟燭，大家繼續暢飲，直到盡歡而散。

宴會結束後，許姬問莊王為甚麼不找出那個無禮之徒，莊王解釋説："今日飲宴，從白天一直喝到晚上，很多人都喝多了，酒後狂態，人之常情。如果因為一時的酒後失態就責罰他，不但這次的酒宴大家不能盡歡，而且會傷了大臣的心，這就違背了舉辦這場宴會的本來目的了。"後世稱此宴為"絕纓會"或"絕纓之宴"。

三年之後，一次楚國和晉國交戰，也有説是七年後楚國與鄭國交戰。楚軍中一員將領奮勇殺敵，五次交鋒，五次殺退敵軍的進攻，最終楚軍取得了大勝。楚莊王要重賞這位勇士。沒想到這位勇士卻説："大王，我是個早就該死的人，怎敢再要賞賜呢？"莊王驚奇，問他緣故，勇士回答："我就是當年酒宴上，調戲您的妃子，被扯掉了簪纓的人。您不但沒治我的罪，還讓大家都去掉簪纓，保全了我的性命和榮譽。我早就想用我的性命，我滿腔的熱血來報答您呢。"

有史料記載此位將領名字叫唐狡。不難想象，那個酒後一時糊塗，調戲了君主愛姬的唐狡，當時該是多麼膽戰心驚，甚至已經陷入絕望。當他聽到楚莊王的命令後，心裏又該是如何的感激涕零。接下來他在戰場上奮不顧身的表現也就是順理成章了。而且，其他將領知道原委後，估計也會感念楚莊王的恩義，願意為其效死吧。

人有一念之善，天必佑之 —— 孫叔敖的故事

沒了後顧之憂的楚莊王，在準備大展身手時，又遇到了一個不大不小的尷尬問題，那就是因為若敖氏之亂，或殺或撤的官員

太多了，自己急需忠心又有能力的人來輔助。這時，楚莊王想到了蒍賈之子蒍敖。

蒍敖，字孫叔，帶着母親逃難時，為了安全，改名孫叔敖。孫叔敖素有賢名，於是楚莊王將他請來輔佐自己。數年後，任命孫叔敖為令尹。楚莊王在孫叔敖的輔助之下，興修水利，減免刑罰，發展生產，同時整軍習武，楚國的國力突飛猛進，隨時準備爭奪諸侯霸主之位。

說起來，孫叔敖也是個有故事的人。劉向的著作《新序》中，記載了孫叔敖青年時候的一件事，《東周列國誌》中也記載了類似的故事：

孫叔敖還是青年時，一次出門在外，遇見了一條雙頭蛇。孫叔敖把這條蛇殺死並掩埋了起來。等回到家裏見到母親，孫叔敖就開始大哭。母親忙問緣故，孫叔敖說："我聽說見到雙頭蛇的人很快就會死，我今天就見到了。我擔心不能贍養母親您了，所以傷心哭泣。"母親問他："那條蛇呢？"孫叔敖回答："我擔心別人見到也會死，就把那條蛇殺死並掩埋了。"他的母親說："人有一念之善，天必佑之。你見到雙頭蛇，首先想到的是唯恐害了別人，殺而埋之，這樣做又何止是一念之善。別擔心，孩子，你不但不會死，將來還會有福報的。"

漢朝的韓嬰在其著作《韓詩外傳》中，也記載有孫叔敖的一個故事：

孫叔敖在狐丘遇到一位老者。老者對孫叔敖說："我聽說，有三利必有三害，你知道嗎？"在孫叔敖追問下，老頭解釋說："爵位高的人，人們就會嫉妒他；官職大的人，君主就會厭惡他；俸祿厚的人，怨恨就會都集中到他身上。這就是有三利必有三害。"孫叔敖搖搖頭說："我不這樣認為。我的爵位越高，我就越把精力放在下層百姓身上；我的官職越大，我就越發小心翼翼地做事，心裏只想着百姓；我的俸祿越高，我施捨給窮苦百姓的錢就越多。這樣可以避免那三害嗎？"引得老者連聲稱讚。

楚莊王時刻沒有忘記爭霸中原，其主要對手是晉國，而與晉國爭奪的關鍵，則是鄭國。此時的大環境與晉楚城濮之戰時已經不同。城濮之戰時，先是宋國倒向晉國一方，引起大戰。整個戰爭過程中，在晉文公的策劃下，晉國伐曹、衛，聯齊、秦，楚國幾乎四面皆敵，大環境極為不利，再加上內部不穩，君臣不和，才導致大敗。現在的楚國，內部是團結一心，一致對外；外交上已經與秦國結盟，並且秦、晉早已徹底鬧翻，宋國也已經被徹底打服，短時間內再不敢叛，齊國更是國力日蹙，早已無力爭霸。剩下唯一的變數就是鄭國。

因此，鄭國就成了晉、楚爭霸的焦點。誰能徹底控制住鄭國，誰就佔據了戰略主動權。從楚莊王六年到十六年的十一年間，晉國四次伐鄭，楚國七次伐鄭。鄭國呢，夾在晉、楚兩個超級大國之間，誰也惹不起，誰也打不過，只能是楚強服楚，晉強服晉，朝三暮四，得過且過。

決定兩國命運的大會戰：邲之戰

三國長時間的紛爭，終於引發了晉、楚之間的又一次大會戰：邲之戰。

楚莊王十七年（公元前 597 年）春，楚莊王親自統帥，盡起楚國最精銳的部隊，以令尹孫叔敖為中軍主將，子重（公子嬰齊，字子重，楚穆王之子，楚莊王之弟）為左軍主將，子反（公子側，字子反，也是楚穆王之子，楚莊王之弟）為右軍主將，再次北上討伐鄭國。從這裏也可以看出，楚莊王開始大規模重用自己的親族了。

鄭國急忙向晉國救援。

《左傳》對這場戰役進行了詳細的描寫：楚國大軍將鄭國都城團團圍住，鄭國軍隊進行了殊死抵抗。戰爭整整進行了三個月，鄭國是裏無糧草外無救兵，最後都城被攻破。迫不得已，鄭襄公"肉袒牽羊"，就是光着膀子，牽着一隻羊，來楚軍大營投降（這是古代的一種投降儀式）。鄭襄公哀求楚莊王不要滅掉自己的國家，表示只要不滅掉鄭國，鄭國願意徹底侍奉楚國，並且願意讓自己最重要的助手，自己的弟弟子良（公子去疾）入楚為質。楚莊王同意了，退兵三十里，雙方締結盟約。

直到六月，在楚國和鄭國已經締結完盟約之後，晉國的救兵才姍姍來遲。晉國這次領軍主將是荀林父。晉軍剛剛走到黃河邊，聽説鄭國已經和楚國結盟，並且送質入楚。這下，在繼續前進還是退兵的問題上，晉國將領內部發生了分歧。

主將荀林父認為，楚國強大，與其和楚國大打出手，不如暫且回兵，等楚國退去後，再領兵來討伐鄭國，這樣不用花費太大力氣，還能得回鄭國。其他將領也紛紛贊同。

中軍佐將先縠（先軫之子。有些史料説其為先軫之孫，先且居之子）卻強烈反對。先縠認為："我們晉國之所以能稱霸諸侯，依靠的就是軍隊的勇武，大臣齊心合力（晉所以霸，師武臣力也）。現在，丟失了附屬的諸侯國，不能説大臣齊心合力；遇到敵人不去進攻，不能説軍隊勇武。這樣我們晉國必然會丟掉霸主的地位，如果因為我們而使晉國丟掉了霸主的地位，我們還不如去死。"説完，不管其他人如何反應，自行帶領麾下軍隊渡過黃河，向楚軍殺去。

先縠的這些話，乍一聽起來似乎很有道理。但是別忘了，軍隊是最講究紀律、講究統一和配合的地方，先縠如此一意孤行，讓中軍統帥荀林父陷入兩難的境地。不去管先縠的軍隊吧，那是眼睜睜看着自己人步入死地，因為光憑先縠的那點兒人馬是絕對戰勝不了楚軍的；率領全軍一起進攻吧，又沒有取勝的把握，而且現在將帥不合，接下來的戰役更加難打。最終，荀林父無奈，還是帶領全部晉軍，渡過黃河，和先縠一起向楚軍方向前進。

此時的楚國，收服鄭國的戰略目標已經達成，楚莊王本來打算飲馬黃河後，就勝利班師回國（將飲馬於河而歸）。聽到晉國軍隊打過來了，在是戰是退的問題上，楚國君臣也發生了爭議。孫叔敖認為，楚國連年征戰，現在又師老兵疲，馬上與晉國打這一場大戰，太過危險，不如暫且回兵。大夫伍參提出不同意見。這位伍參就是那個給楚莊王出謎語的伍舉的父親。伍參認為："荀林父威望不高，他的副手先縠恃功自傲，剛愎自用，一定不肯服從他的命令。另外兩個主將也是累世名將，各行其是。號令不統一，晉國大軍不知道聽從誰的命令。這樣的軍隊，怎麼可能打勝仗？這次楚軍一定能勝，晉軍必敗。"楚莊王被說服了。

這時，鄭國也來火中取栗，暗中鼓動晉國和楚國大打一場，表示自己臣服楚國是出於無奈，只要晉國能夠戰勝楚國，自己馬上就歸降晉國。然後又派人跑到楚國來，同樣表示忠心，鼓動楚國和晉國一戰。

晉國軍隊內部，對於是戰是和，一直爭論不休。而此時的楚國，在確定了戰略方向後開始佈局。

楚國先是派出代表去晉軍營地，表示願意議和。晉軍中正沒有準主意呢，看到楚國主動提出議和，大部分將領都同意了。議和當天，楚軍卻又派出三將駕馭一輛戰車，要和晉軍單挑。楚軍戰車直衝晉軍營地，晉軍中過來十幾個人，楚將一箭射倒一人，活捉一人，調轉車頭往回走。晉軍大怒，分出三路追兵追來。楚將還玩出了花活，對左路追兵，只射馬，馬倒則車不能前進；對右路追兵，只射人，連續射死射傷好幾人；左右兩路追兵都不敢再追，只剩下中路追兵。這時，楚將只剩下一支箭了，射不退中路追兵。緊急時刻，恰好一隻麋鹿從車前竄過，楚將一箭射死麋鹿，跳下車來，將麋鹿獻給晉國追兵做禮物，表示遊戲結束的意思。晉國追兵不知楚將沒有箭支了，正在膽戰心驚之際，看到台階，順勢就下來了，說："楚將有禮，我們也應當禮貌對待啊。"

於是晉國追兵退去。

晉國將領見楚軍猖狂，忿忿不平，魏錡、趙旃兩將請命向楚軍挑戰。荀林父囑咐二人，楚軍是先請和，再單挑，你們也要照此辦理。二將表面答應，卻根本沒聽。二將被派走之後，上軍主將士會趕來，聽說此事，非常不安，認為這兩個人去了，很可能會激怒楚軍，要防備楚軍趁機襲擊。荀林父沒有在意。士會只好安排自己的上軍人馬做好準備。中軍大夫趙嬰齊派遣自己的部下預先在黃河邊準備了一些船隻，算是留了條後路。

再說魏錡和趙旃二將，離開晉軍大營後，一個直接去楚軍大營下戰書，一個在晚間趁楚軍不備，派遣手下士兵偷襲。偷襲士兵被發現，楚莊王親自帶領部分人馬追擊。孫叔敖不放心，率領大隊人馬在後接應，恰好遇到晉軍派來接應二將的人馬。開始楚軍以為是晉軍的主力部隊，仔細觀察發現只是少量人馬。孫叔敖敏銳察覺，現在正是出擊的好時機，馬上提醒莊王。莊王當機立斷，立刻調遣所有人馬，全軍出擊。

晉軍全無防備，楚軍都到了晉軍大營前了，主帥荀林父還沒明白怎麼回事呢。剎那間被楚軍衝進大營，亂殺一通，晉軍被殺得七零八落，四散奔逃。暈頭轉向的荀林父率領人馬逃之夭夭。

楚軍乘勝追擊，晉軍的中軍和下軍早已潰不成軍，紛紛投降或者逃跑，唯獨上軍因為早就做好了防備，所以軍容整齊，絲毫不亂。士會見中、下軍皆敗，自己獨木難支，只得率領上軍徐徐撤退。士會親自斷後。楚軍見這只晉軍軍容整肅，也不敢草率進攻。於是晉軍上軍未損一兵一卒，全身而退。

晉國的殘兵敗將敗退到黃河邊，這時趙嬰齊準備的船隻派上了大用場。但是因為數量不夠，為了爭奪渡船，晉軍自相殘殺、大打出手、死傷無數。徹底亂了方寸的荀林父，不但沒組織人馬邊抵抗邊渡河，反而擊鼓傳令："先渡河者有賞。"這一下晉軍更加混亂。船上人滿了，後來者上不去，就用手攀附在船邊，竟然有將領傳令：「但有攀附船舷者，用亂刀砍其手。」於是各船效仿，斷指紛紛飛起，掉落船中的，就得有專人捧着往河裏扔（舟中之指可掬也）。

楚莊王見大獲全勝，也沒有過分追擊，率軍進駐邲地。至此，邲之戰以楚軍大獲全勝而告終，楚莊王揚威於黃河岸邊。中原小諸侯國紛紛背晉向楚，楚國登頂諸侯霸主之位。

再說晉軍連夜渡過黃河，狼狽敗逃回晉國之後。晉景公在群臣勸解之下，倒也沒有責罰荀林父。而那位挑起這場大戰的先縠呢？卻是敢做不敢當，沒敢回國，逃到翟國去了。逃也就逃了，偏偏這位先縠逃到翟國還不安生，不知是為了顯示真心投降，還是為了顯示自己的本領，到了翟國後，還幫着翟國策劃怎麼攻打晉國。晉國知道這個消息後，將他的整個家族都給滅掉了。史書對先縠的評價是：「剛愎不仁，未肯用命。」成語「剛愎自用」說的就是先縠的故事。

楚莊王雖然稱霸中原，但是此時晉國、秦國、齊國的國力也不容小覷。楚莊王二十三年（公元前 591 年），楚莊王病死，年僅十來歲的太子審即位，稱為楚共王。公子嬰齊（子重）攝政，掌握了楚國的軍政大權，隨即發生了史稱「子重之亂」的動亂。此時的晉國，也連續發生內亂。

雖然晉、楚兩國國力都有所衰退，但是圍繞在兩國間的戰爭還是不斷發生，中原的各個小諸侯國深受其苦。於是宋國的大夫向戌多方奔走，終於在公元前 546 年 7 月，在宋國都城商丘召開了弭兵會盟。所謂「弭兵」，就是停止戰爭的意思。這次會盟與其他會盟最重要的一點不同就是，以往會盟一般都是由國君參加，這次會盟的主要參與者卻是各國掌握實權的大夫。所以雖然看起來規模沒有一般會盟高，但是實際作用卻是更大。

這次會盟由宋國主持，晉、楚、宋、魯、衛、陳、鄭、曹、許、蔡等十四國掌權的大夫參加。盟會約定，各國間停止戰爭，尊奉晉國、楚國這兩國為共同的霸主，除了齊國和秦國外，其他諸侯國都要向晉國、楚國納貢。誰不遵守盟約，大家一起討伐他。史稱此次會盟為"弭兵會盟"。弭兵會盟後，晉、楚平分中原霸權。中原地區進入相對和平的時期。

老子之謎 | 26

老子是個謎，或者說，老子身上，被重重迷霧籠罩着。

老子是道家學派創始人。《史記》記載，老子是楚國苦縣厲鄉曲仁里人，就是現在河南省鹿邑縣。這個似乎爭議不大。當然，很多史書說，老子是陳國相人，這個實際上和說楚國人是一回事，楚國苦縣和陳國相縣是一個地方，原來屬於陳國，後來楚國滅掉了陳國，就成為楚國的地方了。

那麼，老子謎在何處？

先說說老子的名字。《史記》記載，老子姓李，名耳，字聃，做過周朝國家圖書館加檔案館的館長（周守藏室之史）。另有說法為：老子姓李，名耳，字伯陽，"聃"是諡號。這裏的"子"是古代對男子的尊稱，有道德、有學問的人都可以稱為"子"。至於老子為甚麼姓李，有說法是老子的媽媽在李樹旁邊生下的老子，指樹為姓，所以姓李。老子也就是李姓的始祖。這裏就有問題了，既然老子姓李，為甚麼不稱為"李子"，而要稱為"老子"呢？總結起來，主要觀點如下：

1. 古時，至少在周朝時，"老"和"李"同音，"聃"和"耳"同義。此種說法，"老子"實際上就是"李子"。

2. 老子因為精通修身養性，非常長壽，所以被尊稱為"老子"。《史記》記載"修道而養壽也"。漢朝鄭玄註《禮記・曾子問篇》說："老聃，古壽考者之號也。"

3. 老子德高望重，晚輩尊稱為"老子"。

4. 老子曾經在西南少數民族地區待過較長時間，當地稱德高望重者為"耆老"，故"老子"的稱呼來自於"耆老"。

5. 還有一種觀點是：老子出生時耳朵特別大，所以他爸爸媽媽給他起名為"耳"，而且剛出生時頭髮、眉毛就都是白的，還有白鬍鬚，所以叫"老子"。這個，應該是傳說的成分更大一些。

還有其他一些說法，例如思想"密傳說"等等，大家有興趣可以查閱相關資料。

接下來說說老子的生卒年。現在很多資料認為，老子的生卒年約為：公元前 571 年—公元前 471 年，即春秋晚期，大約活了 101 歲。但是，有很多學者不認可這種說法。有人認為，老子應該是西周中晚期人，生卒年大概為公元前 911 年—公元前 781 年，或者為公元前 889 年—公元前 759 年。活了大約 130 歲左右。《史記》上沒寫老子的具體生卒年，卻記載老子活了 160 歲還多點，或者活了 200 歲。還有學者認為老子應該是戰國初期人。

再說說《道德經》一書。老子的主要思想主張，都體現在《道德經》（又稱《老子》，或者《老子道德經》等）一書中。這本書分上、下兩卷，上卷稱為《道經》，下卷稱為《德經》，共八十一章，大約五千字。

那麼，這本書是不是老子親手所著呢？具體成書年代呢？最著名的故事就是老子晚年見周王室內部混亂，於是辭職不幹，騎着青牛西去，路過函谷關時，守關令尹喜忽見紫氣東來，知道有大賢將從此路過，急忙迎接。尹喜早就聽過老子的大名，熱情招待，想拜老子為師，並苦求老子留下些文字來。老子見盛情難卻，就揮筆寫下五千言的《老子》，然後飄然而去。但是，很多學者認為，我們現在看到的《老子》一書，並不是老子親手所著，不過其中的主要思想、觀點來源於老子，或者其中部分章節是老子所著。整體成書應該在春秋末期到戰國中期這段時間，不晚於戰國中期。

　　最後還得説説老子出函谷關之後去了哪裏？史書説法是：西遊不知其蹤。有説老子後來在秦國講學，最後死於扶風。也有説法是函谷關守關令尹喜因為太敬佩老子，就辭職不幹，追隨老子一起離去，在流沙地區生活了很久。還有説法是老子到過西南"蠻夷"地區和蜀中。不管是哪種説法，都是經過考證、引經據典、言之有物的。所以就更加讓人感覺，老子身上迷霧重重。

　　説了半天，關於老子，我們到底知道甚麼呢？其實，我們知道，老子和孔子一樣，他的思想，是中華文化的最重要的組成部分，其思想的光芒，照耀千古。知道這個，就夠了。也許，孔子對老子的描述最具代表性。孔子曾經對自己的弟子説："鳥，吾知其能飛；魚，吾知其能游；獸，吾知其能走。走者可以為網，遊者可以為綸，飛者可以為矰。至於龍，吾不能知，其乘風雲而上天。吾今日見老子，其猶龍邪！"這段話的意思是説：鳥，我知道它能飛；魚，我知道它能游；獸，我知道它能走。走者可以用網縛之，遊者可以用鈎釣之，飛者可以用箭射之。至於龍，我就無能為力了，龍能乘風雲而上九天啊！我今天見到的老子，就是一條龍啊。

　　再説説《道德經》。《道德經》在歷史上評價極高，流傳極廣。從先秦開始，歷朝歷代都有人為《道德經》做註，其中較為著名的就超過百種之多，到了現代，國內外的註本加起來，更是不知凡幾。但是作為歷史上最難讀懂的書之一，恐怕任何人也不敢説自己就徹底讀懂了《道德經》。當然，即使有人這樣認為，估計也只是自己認為。舉個最簡單的小例子，古人的書中，都是沒有標點符號的，所以斷句就成了一個大問題，而斷句的不同，其意思會截然不同，甚至徹底相反。《道德經》開篇為：道可道非常道名可名非常名。現在常見斷句為：道可道，非常道；名可名，非常名。但是還有其他斷句法，同樣很有道理，也符合《道德經》整體邏輯：道可，道非，常道；名可，名非，常名。

我們現在耳熟能詳的很多成語，來自於老子《道德經》，像：法網恢恢疏而不漏（天網恢恢疏而不失）、自知之明、視而不見聽而不聞、天長地久、上善若水、大巧若拙、大音希聲、大象無形等等。

説點輕鬆好懂的吧：據説，老子從小就聰明好學，有很強的好奇心。小時，曾經拜當時的學問大家商容為師。讀書刻苦時，遇暑不知暑，遇寒不知寒。商容在教授老子三年後，感覺自己之學問已盡，而老子求學之心無窮，於是推薦老子去周朝國都求學深造，並説自己的師兄周太學博士可以代為照顧老子。

老子來到周國都後，拜見博士，進入太學，天文、地理、人倫，無所不學，文物、典章、史書無所不習，三年之後，學問又大為長進。在博士的推薦下，老子進入周朝國家守藏室為吏，後提升為史。這下，老子更是如魚得水。在這裏，老子博覽群書，通禮樂之源，明道德之旨，名聲傳於天下。

孔子曾經數次向老子求教學問，探討人生。孔子見黃河之水奔騰而下，大發感慨，感歎"逝者如斯夫，不捨晝夜。"老子開導孔子説："天地有春、夏、秋、冬，人有幼、少、壯、老，這都是自然變化。生於自然，死於自然，任其自然，那麼本性就不亂；不任其自然，整天追逐功名利祿，那麼就會自尋煩惱。"老子又指着大水説："上善若水，水善利萬物而不爭。與世無爭，則天下無人能與之爭。"

那麼，道家學派的創始人，又怎麼會成了道教的道祖，怎麼成了神仙的呢？道教，從周代開始有了雛形，到漢代有了正式教團。道教的創始人，説法不一，廣為人知的是漢朝被稱為張天師的張道陵。此時，老子就已經被道教中人尊為道祖。據傳由西漢劉向所著的《列仙傳》開始，把老子列為神仙。東漢的王阜在其著作《老子聖母碑》中，把老子和道合二為一，將老子視為化生天地的神靈，"老子者，道也。乃生於無形之先，起於太初之前，行於太素之元，浮游六虛，出入幽明，觀混合之未別，窺清濁之未分。"漢桓帝曾經親自祭祀老子，稱老子為仙道之祖。

到了唐朝，因為皇帝姓李，為了給自己找一個了不起的祖先，就找到了老子，尊奉老子為祖先，奉道教為國教，尊奉老子為"大道元闕聖祖太上玄元皇帝"。

到了宋代，老子又被加封為"太上老君混元上德皇帝"，在道教中的尊稱為"太上老君"或"混元皇帝"，也是道教"三清道祖"中的道德天尊。

所謂"三清"是道教最高神和教主，分別是：玉清元始天尊、上清靈寶天尊、太清道德天尊，總稱為"虛無自然大羅三清三境三寶天尊"。"三清"三位一體，都是"道"的化身。其中元始天尊造化天地，象徵"天地未形，萬物未生"的"無極"狀態；靈寶天尊度化萬物，象徵"混沌始判，陰陽初分"的"太極"狀態；道德天尊教化世人，象徵"沖氣為和，萬物化生"的"沖和"狀態。

聖人老子是道德天尊的第十八個化身。也就是說老子是太上老君，但是太上老君卻不僅僅是老子。那麼，老子到底是誰？他到底在哪裏呢？老子，就是"道"，他在古往今來的時間裏，天地四方的萬物中。

孔子的故事 | 27

公元前 551 年 9 月 28 日，被後世尊為至聖先師、萬世師表的聖人孔子，在魯國陬邑（也作鄒邑，今山東曲阜）降生了。孔子的父親，名字叫叔梁紇。

孔子其實不姓孔

孔子生在魯國，但其祖上卻是宋國人，其先祖甚至可以一直追溯到商朝的開國君主湯。周朝滅商之後，遵循"滅國不滅祀"的傳統，將商朝王族後裔封在商丘，建立宋國。孔子就是商朝王族後裔，其祖籍為宋國栗邑（今河南夏邑）。所以說，孔子其實不姓"孔"，而姓"子"，這個"孔"是"氏"。所以對孔子正確的稱呼應該是：子姓，孔氏，名丘，字仲尼。還得提醒一下的是，這個姓"子"的"子"，就是一個姓，和"孔子"的"子"完全不是一回事，"孔子"的"子"，是古代對有道德、有學問的男子的尊稱。

在母系氏族時期，各部落間為了區分，各有自己部落的姓。慢慢的部落變大了，分裂成幾個小部落時，就在姓的基礎上，加上氏以區分，也就是同姓不同氏。"姓"代表了大的來歷，"氏"為姓下面小的分支。再後來又加上了名或者字。

既然姓子，那麼為甚麼稱為孔子？這個"孔"是怎麼來的呢？孔子的六世祖是宋國大夫、司馬孔父嘉。孔父嘉，子姓，名嘉，字孔父。孔父嘉的先輩是宋國公室（也就是國君的後裔），但是傳到孔父嘉這一代，"五世親盡，別為公族"，就是不能再延用先輩的"氏"，需要重新起"氏"了，於是孔父嘉這一族就用他的字作為新的氏，從這時起，才有了"孔"氏。後來，孔父嘉被宋國權臣太宰華督殺死，其家族也不斷受到華氏家族的迫害。到了孔子三世祖孔防叔時，為了躲避華氏的迫害，舉家逃到了魯國陬邑。也有說法是，到了孔子的父親叔梁紇時期，為了躲避宋國戰亂，舉家到了魯國。

那麼，孔子為甚麼和他的父親叔梁紇的名字區別這麼大呢？周朝時，人們的稱呼還比較混亂，姓、氏、名、字，姓＋名、氏＋名、字＋名，或者官職＋名等等，怎麼稱呼的都有。也就是說，即使都是"孔氏"家族的人，但是在稱呼上，並不一定加上"孔"字，屬於可加可不加。孔子的六世祖孔父嘉、父親叔梁紇採用的是“字＋名”的稱呼方式：孔父嘉，孔父是字，嘉是名；叔梁紇，叔梁是字，紇是名。而孔子的稱呼“孔丘”，則是採用“氏＋名”的稱呼方式。所以才讓人感覺區別特別大。而孔子的後代則延用了孔子這種稱呼方式，把“氏”放在名字前面，例如，孔子的兒子叫孔鯉，孫子叫孔伋等等。再後來，隨着時代的變遷，到秦、漢時期，姓、氏逐漸合併，“孔”才被當做了孔子後人的姓。

孔子的父親叔梁紇，為魯國兩立戰功，被封為陬邑大夫。孔子的母親叫顏徵在。按照《孔子家語》記載，孔子的父母年齡差距高達 51 歲。叔梁紇娶顏徵在的時候已經 66 歲，顏徵在只有 15 歲。孔子降生的時候，叔梁紇已經快 70 歲了。孔子 3 歲的時候，父親就去世了。失去了父親庇護的孔子，完全由母親撫養成人。所以雖然孔子家世顯貴，但是他的成長環境卻比較艱苦，按照《史記》記載就是，“孔子貧且賤”。

孔子的母親是個偉大的母親，為了培養孔子，可謂含辛茹苦，不但把孔子養大，還讓他受到了當時最好的教育。要知道，在孔子提出“有教無類”之前，受教育可是只有極少數人能享受到的特權。在孔子 17 歲那年，母親顏徵在因為操勞過度去世。

孔子的父親雖然生前僅僅是個陬邑大夫，但是父以子貴，因為有了孔子這個身為“至聖先師”的兒子，在其死後的兩千多年，被歷代帝王累次追封，直到元朝、清朝時，被封為“啟聖王”，孔子的母親也被封為“啟聖王夫人”。

孔子的理想

少年和青年時期的孔子，聰敏好學、讀書用功，尤其崇拜周公，對古禮也非常熱衷。對當時讀書人應該掌握的“六藝”也比較精通。所謂“六藝”，就是周朝時要求學生掌握的六種基本才能：禮、樂、射、御、書、數。典故出自《周禮》：“養國子以道，乃教之六藝：一曰五禮，二曰六樂，三曰五射，四曰五御，五曰六書，六曰九數。"這就是後世所說的"通五經貫六藝"的"六藝"。

五禮，中國古代禮儀總稱，祭祀之事為吉禮，喪葬之事為凶禮，軍旅之事為軍禮，賓客之事為賓禮，冠婚之事為嘉禮，合稱五禮。

六樂，指《雲門大卷》《大咸》《大韶》《大夏》《大濩》《大武》六套樂舞。

五射，指古代的五種射技，分別是：白矢、參連、剡注、襄尺、井儀。

五御，指五種駕車的技巧，包括：鳴和鸞、逐水曲、過君表、舞交衢、逐禽左。

六書，首見於《周禮》，一般指象形、指事、會意、形聲、轉註、假借。漢代學者把漢字的構成和使用方式歸納成六種類型，總稱六書。

九數，是指"數"學這門功課有九個細目。關於"九數"的細目，《周禮》並沒有列出。東漢的鄭玄在他的《周禮註疏》中說："九數：方田、粟米、差分、少廣、商功、均輸、方程、贏不足、旁要；今有重差、夕桀、勾股也。"

看來孔子時代的教育，遠不是後世的"兩耳不聞窗外事，一心只讀聖賢書"的死讀書的方式，而是涵蓋了德、智、體、美的全方位式的教育。

長大成人的孔子開始步入社會，曾經做過管理倉庫的小官，當過管理畜牧業的小吏。因為頗有學問、本領，再加上辦事認真，所有他負責的事情，都做得非常好，於是名聲漸漸大了起來。再加上孔子精通周禮，很多人來登門求教，願意拜孔子為師。27歲左右，孔子開辦起了私人學校。

魯國大夫孟僖子認為孔子是大賢，臨死前特意叮囑自己的兒子孟懿子和南宮敬叔，去向孔子學習，拜孔子為師。孔子34歲那年，孟懿子和南宮敬叔學禮於孔子。經過南宮敬叔的推薦，魯國的國君魯昭公讓孔子到周都洛邑去進修。孔子問禮於老子，就發生在這個時間。

正當孔子的教育事業漸入佳境時，魯國發生內亂，孔子隨魯昭公一起到齊國避難。當時，齊國國君齊景公曾經問政於孔子，孔子闡述了自己的治國理念，齊景公也一度想要重用他，但是遭到宰相晏嬰的反對，也就不了了之了。孔子在齊國待了差不多兩年時間，有齊國大夫要加害他，孔子便離開齊國，回到魯國，繼續教書。

這時，孔子的學生越來越多了。但孔子並不只想當個教師，他有非常遠大的政治抱負，也一直在尋找機會，實現自己的政治理想。到了公元前 501 年，已經 51 歲的孔子，被魯定公任命為中都宰（負責治理中都這個地方）。孔子治理中都一年，政績卓著，四方敬仰。於是魯定公提拔孔子為司空（管理工程的長官），不久又提升為司寇，攝相事。此時的孔子，已經相當於是魯國的副宰相了。

這年夏天，正好趕上齊、魯夾谷會盟。當時的形勢是齊強魯弱，齊國曾經多次侵佔魯國土地。但是齊國在和魯國交鋒中也是損失慘重，並且，齊國也面臨着重重內憂外患。所以，齊景公主動要求與魯定公會盟。當然，齊國也是沒安好心，準備趁機要挾，甚至劫持魯定公，好以之為談判的籌碼。

魯定公接到會盟的信函後，找來孔子商量這件事。孔子認為應該去，但是必須做好準備。首先，雙方將會盟地點約定在齊、魯兩國交界處的夾谷。同時，孔子從文、武兩方面入手，做好了準備工作。武的方面，魯定公召集兩員大將為左右司馬，各自率領兵車五百乘隨從保護，又召集另一員將領領三百乘兵車，距離夾谷十里扎營，以為接應。文的方面，自然由孔子負責應對。

到了會盟地點，齊國果然早就做好了安排，圖謀不軌。但是見到魯國文武齊備、軍容肅整，也不敢輕舉妄動。幾番試探下來，武的，由保駕的左右司馬保護魯定公；文的，孔子更是有理、有利、有節，既合乎禮儀，又寸步不讓。孔子先是識破了齊國要劫持魯定公的詭計，並義正言辭地提出抗議。齊景公無奈，只得命人離開。接下來，齊人又以獻樂助興為由，安排樂工戲耍魯定公。孔子再一次運用禮儀的規範，進行反擊，並命人刀斬了戲耍魯定公的樂工。面對毫無破綻的魯國君臣，最終，齊景公只得在盟約書上簽字，並按照約定，歸還了侵佔魯國的土地。可以說，齊國這次是偷雞不成蝕把米，魯國則取得了一次外交上的勝利。史稱此次會盟為"夾谷會盟"。

不過，夾谷會盟後，齊國君臣深刻意識到，有孔子的魯國是個大威脅，必須將孔子從魯國趕走。他們想出一個很簡單，但是很有效的計策，那就是運用美人計，離間魯國國君和孔子。

齊國派人給魯定公送來八十名經過嚴格挑選和訓練的女樂。魯定公非常高興地接受了。從此，陷入享樂之中不可自拔，將國家大事全都拋到九霄雲外。

孔子怎麼可能容忍國君如此胡作非為，於是不停地勸諫。開始的時候，魯定公還勉強應付一下，不外乎太累了，休息休息，過幾天就會繼續治理國家之類。後來實在是嫌孔子囉嗦，索性就不再見他了。

孔子見魯定公不但不知悔改，還慢慢疏遠了自己，也就徹底失望了。公元前497年，孔子帶領着自己的弟子，離開魯國，開始周遊列國。這一年，孔子55歲；這一走，就是14年。在此期間，孔子一行雖曾短暫回到魯國，但是不久就又離開了。

孔子之所以周遊列國，就是希望在別的國家能找到接受自己的治國理念，賞識自己的君主。因為孔子的最高理想，就是建立一個大同世界。在這個世界裏，少有所養，壯有所用，老有所終，孤獨、殘疾的人有所依靠；在這個世界裏，沒有欺詐，沒有偷盜，人人講信用，大家過着和睦安寧的生活，"大道之行也，天下為公"。

孔子周遊列國

然而，孔子的周遊列國之旅並不順利。孔子並非沒有治國之才，從他治理魯國，短時間內讓強大的齊國都懼怕就能證明。只是可惜生不逢時，身處亂世的孔子，其以"仁"治國的理念必然難於被各國君主所接受。

當時的各大諸侯國，都忙於爭霸；小的諸侯國，隨時面臨着被吞併的危險，大家想的都是如何用最快的速度增強國力、強大武力，對於孔子的治國理念，很多君主都表示有興趣，但是沒有一個願意去實行。為甚麼？都嫌太慢了啊。孔子帶着弟子，先後到過衛、曹、宋、鄭、陳、蔡、葉、楚等國，但是在這些國家，都沒有得到實現自己政治理念的機會。

在周遊列國中，孔子多次遇險，遭遇的艱難困苦更是數不勝數。最悲慘的一次是公元前 489 年，孔子 63 歲那年，在陳、蔡之間被困絕糧。當時的情況是，楚國的楚昭王聽說孔子正在陳國、蔡國一帶，就派人去請孔子，孔子欣然接受。但是，陳國和蔡國雖然不願意用孔子，卻又擔心孔子到了楚國，楚國會變得更加強大，會滅掉陳國、蔡國。派人殺死孔子，剪除後患吧，兩國又不敢，於是雙方共同派人將孔子一行困在野外。沒辦法繼續前進，隨身所帶的糧食都吃光了，孔子師徒陷入絕糧的困境。接連七天，眾人沒有吃上一頓正式的飯，只能靠挖一些野菜勉強為生。

大家都餓得渾身無力，無精打采。然而孔子仍然每天堅持講習誦讀、傳授詩書禮樂，一天也不間斷。弟子子路不解，問道："老師，君子也有窮困的時候嗎？"孔子說："君子當然也有窮困的時候，但是在窮困的時候，君子能固守自己的本心不動搖，小人就開始胡作非為了。"接着，孔子繼續說："生在這樣的亂世，遭遇磨難，是很正常的事情，外面環境的得失，不過如寒暑風雨之交替，在這樣的情況下，保持自己的本心，才是更重要的。歲寒然後知松柏之後凋也。"

不管孔子如何堅持，沒有飯吃都是個大問題。這時，弟子子貢回來了，並且帶回來一些米。原來，子貢善於經商理財，平日生活比較富裕，因而身上帶着一些值錢的配飾之類。子貢找機會悄悄從包圍圈中溜出去，將身上的配飾賣掉，從村子裏的人那裏買回來一些米，然後背着米，又溜進包圍圈，來見老師。

另一個弟子顏回見狀，主動提出，子貢已經很辛苦了，我去做飯。飯快要熟了的時候，子貢看見顏回從鍋裏抓起一把飯，猶豫了一下，放進自己嘴裏吃掉了。子貢很不高興，老師沒吃呢，自己這個冒着生命危險出去弄糧食回來的人也沒吃呢，你顏回怎麼就先吃了，太不像話了。於是子貢就告訴了孔子。孔子不相信顏回會做出這種事，於是安撫住子貢，讓他在旁邊看着，自己來問問顏回。

這時，飯也做好了。孔子將顏回叫進來，説："昨夜我夢到了我的祖先，祖先説會保佑我們度過這次劫難。果然，今天就得到了一些糧食。你趕快把做好的飯端進來，我要先祭祀祖先，然後我們就可以吃飯了。"

顏回一聽，嚇了一跳，急忙説："老師，不能祭祀祖先了。因為剛才做飯的時候，有一塊黑灰掉進了鍋裏，我想把它抓起來扔掉，但是發現上面沾着好幾粒米呢，扔掉太可惜了。但是放在鍋裏繼續煮吧，又會把一鍋飯都弄髒，我就把那塊沾着米粒的黑灰吃了。所以，不能用它來祭祀祖先了。"古人對祭祀這件事十分看重，所有祭祀的食物，必須是先敬獻祖先、神靈，然後人才能吃，而不能把人們吃剩下的東西拿來祭祀，所以顏回才這樣説。

孔子歎息一聲，説："人可信的是眼睛，然而眼睛看到的事情，也不一定就是真實的；人所依靠的是心，但是心也有不足以依靠的時候啊。"

　　孔子很高興，自己果然沒有信任錯顏回，子貢等人很慚愧，知道自己錯怪了顏回，從此更加佩服顏回。看到問題得到圓滿解決，孔子連忙吩咐，趕快吃飯啊，都餓了好幾天了。

　　最後，還是楚國得到消息，派兵前來迎接孔子，才算真正解了圍。不過孔子到達楚國後，楚昭王也沒有接受孔子的治國理念。孔子只能繼續周遊列國之旅。

　　魯哀公十一年（公元前 484 年），齊國再次派兵討伐魯國，孔子的弟子冉有率領魯軍大敗齊軍，並聲言自己的本領都是從老師孔子處學來的。在冉有的斡旋下，孔子終於被魯國迎接回來。

　　孔子周遊列國 14 年，到此終於結束。這一年，孔子已經 68 歲了。不過歸來的孔子，還是沒有受到重用。於是他將精力全都放在教書育人及文獻整理工作上。公元前 479 年 4 月 11 日，孔子病逝，終年 73 歲，葬於魯城北泗水岸邊。

　　孔子的學術思想在後世影響很大，被公認為我國古代第一位大思想家、大教育家。

孔子和他的弟子們

　　孔子被尊稱為“至聖先師”、“萬世師表”，這可不是白叫的，因為孔子確實是一位非常優秀的老師。孔子打破了教育壟斷，提倡“有教無類”，其弟子多達三千人，按照《史記》記載，“受業身通者七十有七人”，還有說法為，“其中賢者七十二人”。這些人中，很多都是各國的高官、棟樑。

　　孔子最欣賞的弟子，應該就是顏回了。顏回，字子淵，或稱顏淵，魯國人。孔子稱讚顏回：“一簞食，一瓢飲，在陋巷，人不堪其憂，回也不改其樂。”顏回為人謙遜好學，有擔當，“不遷怒，不貳過”。可惜顏回四十歲時，先於孔子而去世。自漢代起，顏回被列為七十二賢之首，三國時期，祭孔以顏回為配享從祀之例。此後歷代皆有加封，唐朝時尊為“兗公”，宋時加封“兗國公”，元時尊為"兗國復聖公",明時稱為"復聖"。

仲由,字子路,又字季路,魯國人,孔子得意門生。子路出身寒微,但生性豪爽,勇力過人,事親至孝。子路為人耿直,哪怕是老師孔子做事,他覺得不對的也要提出來。子路非常虛心,聞過則喜。子路一生忠於孔子,積極捍衛或努力實踐孔子的思想學說,對儒家的貢獻很大,對後代的影響也很大。63歲時,在與敵戰鬥中死亡。當時的孔子已經是72歲的老人了,子路的死對孔子的打擊極大,第二年,孔子就去世了。

子貢,姓端木,名賜,字子貢,衛國人。子貢口才極好,善於雄辯,辦事幹練,而且很有經濟頭腦,是孔子弟子中的首富。孔子對他的看重,僅次於顏回。在孔子周遊列國時,子貢出力甚多。與子路一文一武,是孔子的左膀右臂。一次,齊國要攻打魯國,子貢利用自己的頭腦和口才,周旋於齊、吳、越、晉之間,令吳國和齊國互相攻伐,魯國卻成功從這場劫難中逃脫。孔子死後,大多數弟子都是給孔子守墓三年,唯獨子貢給孔子守墓六年,可見師生感情之深。

曾參,字子輿,魯國人,後人尊稱為"曾子"。曾參小孔子四十六歲,是孔子晚期弟子之一,其父曾皙也是孔子的弟子。孔子生前並沒有太注意到曾參之才能,但是真正繼承孔子衣缽的,卻是這位大器晚成的曾子。曾參為人至誠至孝,學習上也是謙虛謹慎、踏踏實實。孔子去世後,曾參聚徒講學,傳播孔子的儒家學說,相傳為儒家子思、孟子一派的創始人,被後世尊奉為"宗聖",是配享孔廟的四配之一(四配包括:復聖顏回、宗聖曾參、述聖子思、亞聖孟軻)。與孔子一起,這五個人也被稱之為"儒家五聖",即孔子、顏子、曾子、子思子、孟子。

還有幫助孔子結束周遊列國,被魯國迎回的再有;因為白天睡覺,被孔子批評為"朽木不可雕也,糞土之牆不可圬也",但被後人尊為先賢宰子的宰子;傳說精通鳥語的公冶長……

　　孔子死後，其門生弟子繼續傳授他的學說，形成了儒家學派，孔子也就成了儒家學派的創始人。孔子的弟子和再傳弟子把孔子及其弟子的言行語錄和思想記錄下來，整理編纂成儒家經典《論語》。

　　孔子在歷史上的地位極高，達到了前無古人後無來者的地步。到了漢代，儒家學派由諸子百家之一，上升到百家之首，居於統治地位，孔子也開始受到國家的祭祀及分封。唐宋以來，孔子更是被推崇備至，建立孔廟（文廟），封號也不斷增加，直到將孔子推上神壇。到了清代，祭祀孔子一度成為和國家祭祖同等級別的"大祀"。而且，明清時期，在孔子牌位面前，大小官員全部都要避讓，有時候包括皇帝都要讓孔子的牌位走在前面。歷史故事裏不乏趕考的舉子舉着孔子的牌位遊行，大小官員不得不跪倒行禮的場面。不過也碰到過非要較這個勁不可的人，但是在孔子牌位面前，包括皇帝、菩薩之類的都不好使啊，怎麼辦？也真有高人，給寫了三個大字，這位舉着這三個大字的牌子迎向舉着孔子牌位的人走去，那些舉孔子牌位的還真就退讓了。哪三個字這麼厲害，超過了孔子？原來是"叔梁紇"三個字 —— 孔子父親的名諱。孔子再厲害，在父親面前，也得退讓啊。

　　除了教書育人外，孔子晚年還整理了幾種重要的文化典籍，包括《詩經》、《尚書》、《春秋》等。《詩經》是我國最早的一部詩歌總集，經過孔子修訂增刪後，共收集西周、春秋時期的詩歌三百零五篇，在我國文學史上佔有很重要的地位。《尚書》為儒家核心經典之一，"尚"即"上"，《尚書》就是"上古的書"，它是中國上古歷史文獻和部分追述古代事跡著作的彙編。《春秋》是魯國史官把當時各國的重大事件，以魯國的視角按年份記錄下來，一年中又按照春、夏、秋、冬四季記錄，簡括起來就把這部編年史命名為《春秋》。孔子依據魯國史官所編的《春秋》加以整理修訂，成為儒家經典之一。《春秋》記錄了從魯隱公元年（公元前 722 年）到魯襄公十四年（公元前 481 年）共 242 年的大事。由於它所記錄歷史事件的起止年代，大體上和當時那個時代相當，後世的史學家便把《春秋》這個書名作為這個歷史時期的名稱，所以東周的前半部分被稱為"春秋時期"。為了敘事方便，"春秋時期"沒有完全按照《春秋》這本書的起止時間，而是從公元前 770 年，平王東遷開始的一年算起，止於公元前 476 年（周敬王四十四年），總共 295 年的時間。

晏子的故事 ｜ 28

　　和孔子同一時代，齊國出了一個很有作為的賢相 —— 晏嬰。晏嬰的生卒年略早於孔子。《史記》中將晏嬰和管仲相提並論，稱管仲死後，"後百餘年而有晏子焉"。

　　晏嬰，字仲，諡號為"平"，歷史上習慣稱之為"晏平仲"，尊稱為晏子。據說晏子身材矮小，其貌不揚，但是生活簡樸、謙躬下士，並且頭腦敏銳、能言善辯。

　　齊靈公二十六年（公元前 556 年），晏嬰的父親晏弱病死，晏嬰接替父親做了齊國上大夫，從此開始輔政。晏嬰歷仕靈公、莊公、景公三朝，輔政長達 50 餘年，直到公元前 500 年病逝。

　　晏子輔政時的齊國和管仲時期的齊國，有着截然不同的政治環境。此時的齊國，國力江河日下，而且，晏子輔助的三位國君，"靈公污"、"莊公壯"、"景公奢"，就是說三位都有非常大的、致命的缺點。

　　晏子輔政時的齊靈公已步入晚年，為政昏聵不明，又有很多怪癖。齊莊公（因為齊國在很久以前還有一個齊莊公，所以這裏的齊莊公，歷史上習慣稱為齊後莊公），則崇尚武力、不講道義、窮兵黷武，搞得國內烏煙瘴氣，對於晏子的勸諫，也很少聽從。

齊景公雖然比前兩位好一些，但他最大的問題是非常喜歡奢華的生活，鋪張浪費、勞民傷財。

給這樣的幾位國君輔政，可不是一個一心為國、直言進諫就能行的，而晏子就很巧妙地運用自己的聰明才智，儘量用國君能接受的方法去勸諫他，取得了相當好的效果。也正是在晏子的苦心經營之下，姜氏齊國才能夠以大國的姿態，繼續維持了幾十年。

社鼠和狗惡酒酸

晏子的故事不勝枚舉，說幾件好玩的吧。

齊景公非常喜歡養鳥，燭皺是專門給他養鳥的臣子。有一次，燭皺不小心，放飛了齊景公非常心愛的一隻鳥。齊景公非常憤怒，要殺掉燭皺。這時晏子來了，他表示非常贊成齊景公的決定，認為燭皺確實該殺，並說應該先歷數他的罪狀，然後再殺他，讓他死得心服口服。齊景公同意了。

晏子對燭皺說：“你的罪狀有三條。第一條，你是負責養鳥的，卻讓鳥飛了，屬於失職；第二條，你讓我們的國君因為一隻鳥而殺人，敗壞了國君仁愛的品德；第三條，其他國家的國君知道這個消息後，一定會認為齊國的國君看重鳥，卻不看重自己的臣子，這樣我們齊國的聲譽就會受到影響，而所有的這些都是因為你弄飛了一隻鳥引起的，所以你犯下了嚴重的罪行。”說完，轉身對齊景公說：“國君，我說完了，請您將他治罪吧。”

此時的齊景公，當然知道這是晏子在委婉勸諫，滿面羞慚地說：“好了好了，我明白你的意思了，不用處罰他了。”

另有一次，齊景公和晏子探討治國之道。問晏子：“治理國家最大的憂患是甚麼？”晏子回答：“最大的憂患就是社鼠。”看齊景公不明白，就繼續解釋說：“神社是很重要的建築，用木材建造，然後粉刷。但是老鼠發現這裏有隙可乘，就生活在裏面。我們要消滅老鼠，但是如果用火燒，又怕燒壞神社的木材；用水灌注，又怕損壞神社的牆壁。這樣我們就不敢放開手腳抓老鼠，所以說神社裏的老鼠不能被消滅是因為神社的關係。""國家之內，也有這樣的社鼠，就是國君身邊的佞臣。他們對您阿諛奉承，蒙蔽您的視聽，對外則是違法亂紀，為非作歹。要想消滅他們，卻又得到國君您的庇護。這些人就是那些社鼠啊。"

接下來，晏子又給齊景公講了一個故事："宋國有個賣酒的人，他的酒釀的非常好，酒器擦拭的也非常潔淨，但是沒有一個人來買，酒都放酸了也沒賣出去。於是他去問鄉里人。鄉里人告訴他，你家的狗太凶了，有人要去你家買酒，那條狗就衝着來人狂叫、亂咬，所以即使你家的酒再好，也沒有人敢去你家買酒。""您身邊的那些佞臣，就是國家中的那些惡狗啊。有道德、有才能的人要來覲見國君之時，那些貪戀自己權位，擔心權位受到威脅的佞臣，就像惡狗一樣狂叫，甚至陷害那些賢人，這樣一來，誰還敢來覲見您呢？如此下去，我們的國家怎麼能治理好呢？"

齊景公聽了，深以為然。

晏子使楚

關於晏子，流傳最廣的就是"晏子使楚"的故事。

齊景公十七年（公元前 531 年），齊景公派晏子出使楚國。當時楚國的國君是楚靈王。

齊國和楚國，是當時的兩大強國，既是盟友，又是對頭。所以聽到晏子要來訪問，楚靈王就準備羞辱一下他，好藉機打壓一下齊國的威風，長長楚國的銳氣。

聽說晏子身材矮小，於是就準備先從身材上嘲弄一下他。其他國家的使者來國事訪問時，一般都需要大開城門，鼓樂齊奏，並派官員迎接，有時還要國君親自迎接。但是當晏子來到楚國國都時，迎接晏子的，不是大開城門，而是城門緊閉，只是在城門旁邊的城牆上，臨時挖了一個大洞。守護城門的人指着那個洞，讓晏子從這個洞鑽進楚國都城去。

面對楚國赤裸裸的羞辱，晏子非常平靜地說：“我知道各國的通用規則是，到人類的國家去訪問，就會走人類走的大門，如果到狗的國家去訪問呢，那就只好入鄉隨俗，鑽狗洞了。你趕快回去問一下你家君主，你們這是人類的國家呢，還是狗的國家呢？如果是狗的國家，我就只好從這個狗洞鑽進去見你們君主了。”楚靈王只好大開城門，迎接晏子入城。

在楚國王宮前，一眾楚國官員對晏子是唇槍舌劍，極盡諷刺挖苦之能事，晏子是你有來言我有去語，舌戰群臣。楚靈王接見晏子，劈頭就問：“你們齊國沒人了嗎？”晏子奇怪：“您為甚麼這麼說？我們齊國人很多啊。可以說是呵氣成雲，揮汗成雨，大街上的人摩肩接踵。怎麼說齊國無人呢？”楚靈王做出奇怪的樣子接着問：“既然齊國這麼多人，為甚麼派你來出使我們楚國呢？”說完忍不住得意地笑了起來。晏子做出一副欲言又止的樣子，對楚靈王說：“我不知道應該不應該實話實說。說實話吧，怕您生氣，不說實話吧，又覺得欺騙您，對您不恭敬。”楚靈王奇怪，吩咐道：“你實話實說，我不生氣。”晏子不慌不忙地說：“我們齊國的規則是，賢者出使賢國，不肖者出使不肖國；大人出使大國，小人出使小國。我呢，在齊國是小人，又最不肖，所以就派我出使楚國了。”楚靈王被氣得哭笑不得，只好暗氣暗憋。

見晏子如此有理有據，不卑不亢，楚靈王不得不以隆重的禮節接待了晏子，並設宴款待。酒席間，突然有幾個武士押着一個罪犯從殿下經過。楚靈王叫住了武士，詢問這是甚麼人？犯了甚麼罪？武士回答：“這是齊國人，犯了偷盜罪。”楚靈王轉身望着晏子取笑說：“怎麼，你們齊國人習慣偷東西嗎？”晏子知道這是楚靈王故意安排好的，站起來鎮定地回答：“我聽說淮南的柑橘是又大又甜，但是移植到淮北，就只能結又小又苦的枳，這不是樹的問題，而是水土不同導致的。同理，齊國人在齊國安居樂業，但是到了楚國就成了小偷，這只能説是楚國的土地盛產小偷啊。"楚靈王被晏子説的一時語塞。過了好一會兒，才長歎一聲説："我本來是想羞辱一下你的，結果卻接二連三的被你羞辱了。"出使事畢，楚靈王贈送給晏子很多禮物，恭恭敬敬地送他回國。

還有一個"掛羊頭賣狗肉"的典故也與晏子有關。那是在齊靈公時期，齊靈公非常喜歡看女扮男裝，覺得女子穿着男子的衣服特別好看，於是齊國王宮中的女子都穿着男裝。這股風潮很快流行到整個齊國，滿大街的女子都穿着男子的衣服。

很多人反對，認為這種風氣不好，也有很多大臣勸諫齊靈公。齊靈公下令，國中所有女子不得穿着男子衣服上街。但命令基本沒人執行。於是齊靈公派出官吏，並再次下令，凡是穿着男子衣服上街的女子，這些官吏有權撕裂她的衣服，割斷她的衣帶。很多人被撕裂衣服或者割斷衣帶，但是這股風氣還是不能禁止。齊靈公向晏子詢問緣由。晏子説："您讓宮內的女子穿着男裝，但是禁止宮外的人穿，這就像店舖門前掛着牛頭，可是店內賣的卻是馬肉一樣。這樣人們怎麼能接受並執行呢？您只要先讓宮內的女子恢復女裝，用不了多久，宮外的人自然就改正過來了。"齊靈公答應了。果然，沒多久，這股女扮男裝的風潮就過去了。後來，在流傳過程中，"掛牛頭賣馬肉"慢慢演變成了"掛羊頭賣狗肉"。

二桃殺三士

齊景公時期，齊國有三位勇士：田開疆、古冶子、公孫捷。這三人各個勇力絕倫、武藝高強，都曾經立下過赫赫戰功。田開疆曾經數次率軍出征，斬將奪旗，為齊國開疆拓土；古冶子曾經入水斬殺大黿，救過景公；公孫捷曾經赤手空拳打死過猛虎，救過景公。景公非常欣賞這三人，都給予了重賞，並封了高官。這三人又結為兄弟，自號“齊邦三傑”。

但是隨着時間的流逝，三人挾功恃勇，越來越驕橫無禮，在景公面前也變得肆無忌憚。而且，這三人和朝內其他大臣勾結，結黨營私，逐漸成為國家的隱患。

晏子看在眼裏，急在心頭。終於找到一個機會，向齊景公建議除掉三人。齊景公有些不捨，但是對三人也有很大的不滿。晏子向景公陳明利害，景公也同意了晏子的建議，但是又顧慮重重，畢竟三人太勇猛了，派人抓捕擔心抓不住，讓人刺殺又擔心殺不死。晏子勸齊景公不用擔心，表示只要景公同意，殺死三人易如反掌。

沒過兩天，晏子派人向三人傳話，説國君要賞賜三人。三人興高采烈地來了。只見國君的桌子上擺着一個非常漂亮的大盤子，盤子裏面放着兩枚嬌豔欲滴的大桃子。三人離得還很遠，桃子的香味就撲鼻而來。晏子做出一副很為難的樣子説：“這是國君新得到的桃子，因為三位將軍功勞很大，所以國君決定將桃子賞賜給三位將軍，可是現在熟透的桃子只有兩枚。這樣吧，請三位將軍分別説一下自己的功勞。功勞大的兩個人先吃這兩枚桃子，功勞小的那個，只能等過些天，再有桃子成熟再吃了。”

公孫捷性子急，説話快，晏子話音剛落，就開口了：“當年我跟從國君在桐山打獵，我曾經赤手空拳打死過猛虎，救過國君的性命，這個功勞夠不夠吃一枚桃子？”晏子稱讚：“擎天保駕，功勞非常大，當然夠得上吃一枚桃子。”公孫捷拿起一枚桃子吃了起來。

田開疆也不示弱，接着上前説：“我曾經率領軍隊血戰沙場，斬將奪旗，為齊國開疆拓土，這個功勞難道不夠吃一枚桃子嗎？”説着，沒等晏子回答，就上前拿起一枚桃子吃了起來。

古冶子一見大怒，説：“難道我的功勞就小嗎？想當年，我護送國君過黃河時，突然竄出一隻大黿（應該是大鱷魚之類），一口咬住國君車駕的馬匹，拖入河中。所有人都嚇傻了，只有我躍入水中，與大黿搏鬥，經過一番大戰，打敗了它，又順流而下追了九里，才追上並殺了它。最後我左手拉着國君坐騎的尾巴，右手拿着大黿的頭，躍出水面。當時看到這個情景的人都以為是河伯顯聖。像我這樣的勇武，像我這樣的功勞，哪裏不如你們兩個，你們有甚麼臉面吃這兩個桃子，卻沒有我的份？"說着拔出寶劍，向着那二人怒目而視。

公孫捷和田開疆都羞愧得無地自容，紛紛說到："我們勇武比不上你，功勞也強不過你，可是我們卻搶先把桃子搶奪下來，讓真正有大功勞的人得不到獎賞，這說明我們貪婪無恥啊。如果這樣我們還苟活於世的話，那麼我們連最後一點勇氣也沒有了，只能是受到千古恥笑啊。"說完，二人放回吃了一半的桃子，拔劍自刎。

古冶子一見，也是大吃一驚，痛悔不已："我們本是兄弟，現在為了兩個桃子，他們兩個人都死了，如果我還活下去，這就是不仁；我用語言誇耀自己，羞辱朋友，這就是不義；做錯了事，自己也感到悔恨，卻不敢去死，是無勇。像我這樣不仁不義無勇的人，還活在世上幹甚麼啊？"說完，也橫劍自刎而死。

齊景公見三人就這樣死了，也感到很惋惜，下令將三人好好安葬了。

就這樣，僅僅用了兩個桃子，晏子就為齊國剷除了禍患。這裏的晏子，不僅是謀略過人，簡直可以稱為心理學大師了。不過利用勇士對榮譽的看重下手，顯得有些陰狠毒辣了。

聽到齊國勇士死於非命的消息，晉國、楚國趁亂來襲。這可怎麼辦？何人能領兵上陣？齊景公有點慌了手腳。這時，胸有成竹的晏子，推薦了田穰苴（又稱司馬穰苴），說他有大才。齊景公召見了田穰苴，與之談論一番，發現果然是個人才，於是任命他做了將軍，領軍退敵。田穰苴不負眾望，率軍出征，輕鬆打敗了入侵的敵人，凱旋班師。由此可見，晏子確實有遠見卓識，在剷除權臣之時，就已經預計到有可能產生的不利影響，從而做好了準備。

晏子與孔子

孔子和晏子雖然是同一時代的人，二人之間也多有交集，但是兩人的治國理念並不相同，關係也並不融洽，晏子還曾經算計過孔子。

孔子 35 歲時曾經到過齊國，並且向齊景公推銷自己的治國理念。齊景公有點接受，就詢問晏子，但是晏子不太認可孔子的治國觀點，表示反對。於是齊景公也就拒絕了孔子。

後來，孔子受到魯定公的重視，做了魯國的司寇，並在齊、魯“夾谷會盟”中為魯國取得外交上的一次大的勝利，齊國又開始擔心，害怕魯國在孔子的治理下強盛起來，於是齊景公找來晏子商量。

晏子卻沒太當回事，對齊景公説：“您不用擔心。魯國的君主是個軟弱的君主，雖然孔子是聖人，但是也沒有太大用處。您不如暗中拉攏孔子，暗示他，齊國希望他來當宰相。這樣，孔子見到魯國國君有甚麼做的不對的地方，一定會強力勸諫，而魯國國君一定不會聽從。時間長了，孔子就會對魯君失望，而對齊國有好感。等到孔子離開魯國投奔齊國時，您不要接納他。孔子已經斷絕和魯國的聯繫，而在齊國又沒有被接納，就會陷入困境。這樣，他對齊國也就沒有任何威脅了。”

那麼，既然感覺孔子是個威脅，齊國為甚麼不接納孔子，化對手為自己的助力呢？估計還是因為晏子。晏子並不認可孔子的治國理念，雖然感覺孔子是個威脅，寧可用陰謀詭計廢掉他，也不願意接納。

事情的發展果然如同晏子預料，齊國送給魯定公八十名經過嚴格訓練的女樂，從此魯定公陷入享樂不能自拔，孔子反復勸諫，魯定公不但不聽，還逐漸對孔子產生了反感，索性不見他了。孔子對國君也慢慢失望了。

過了一年，孔子帶領眾弟子離開了魯國。因為齊國一直在悄悄示好，所以孔子準備去齊國，但是沒想到此時齊國卻翻臉了，表示不能接納他。接下來，孔子不得不奔波於各諸侯國之間達十四年之久，直到晚年才重返魯國。

晏子愛妻

晏子對外雖然屢用智謀，其中甚至不乏毒辣之計，但是晏子自己，卻是堅守道德良知，雖然貴為一國宰相，但是並不忘本。

因為晏子在齊國德高望重，為了拉近和晏子的關係，齊景公想把自己的女兒嫁給他。一次，齊景公到晏子家飲宴。興致正高的時候，齊景公看到了晏子的妻子，就問晏子："這就是你的妻子嗎？"晏子點頭。齊景公接着說："年紀這麼大了，而且相貌也這麼醜陋，怎麼能配得上你呢。這麼着吧，我有一個女兒，年輕又漂亮，乾脆我把她嫁給你，做你的妻子吧。"

晏子離開坐席，鄭重其事地向齊景公行了個禮，說："非常感謝您對我的欣賞，但是我不能同意。如今我的妻子確實是又老又醜，但那是因為她與我已經生活了很多年了，當年的她也曾經年輕漂亮。當年年輕漂亮的她，將自己的一生托付給了我，直到現在變得又老又醜。而我也接受了她的托付，那麼現在，我怎麼能背棄當年的托付呢？所以雖然國君您有所恩賜，我也只能辜負您的好意了。"晏子再拜謝絕。景公見晏子如此，也就不再提及此事。

還有一次，同為齊國大臣的田無宇諷刺晏子的妻子老而且醜，開玩笑說，為甚麼不休妻另娶。晏子正色說："我聽說，休掉年老的妻子稱為亂，納娶年輕的姬妾稱為淫，見色忘義、背棄人倫稱為逆道。我怎麼能做這種淫亂、逆道的人呢？那樣的人還算人嗎？"一席話說得田無宇啞口無言，滿面慚色。

　　《史記》上還記載了一則晏子的御者和他妻子的故事。晏子身材矮小、其貌不揚，並且為人低調。但是負責給晏子駕車的御者，卻身高體壯，長的也很英俊。因為覺得給晏子駕車很光榮，所以每次駕着車走在街上，御者都是趾高氣揚、不可一世的樣子。一天，御者駕車正好從自家門前經過，這副得意洋洋的樣子被他的妻子看到了。晚上回到家，妻子便和他提出離婚。御者當時就暈了，為甚麼呀？我的收入不低，家裏生活也不錯，我也沒做甚麼對不起你的事，怎麼莫名其妙就要離婚呢？沒想到妻子的理由是："你太淺薄了。你看人家晏子，身為一國之相，還如此低調，可是看看你，只不過是給晏子駕車的，就如此不可一世的樣子，就像你比晏子還了不起一樣。像你這樣淺薄的人，也只配一輩子給人駕車，我和你過日子有甚麼前途，不如趁早離婚。"御者感覺非常慚愧，急忙道歉，並保證以後學會謙虛謹慎。

　　沒過幾天，晏子發現自己的御者像換了個人一樣，再不是那麼趾高氣揚，而是變得謙恭有禮起來。晏子很奇怪，就問御者為甚麼，御者如實回答。晏子很感慨，認為御者屬於可教之才，就向國君推薦，讓御者做了齊國的大夫。

　　這真是，家有賢妻，丈夫不做橫事。御者之妻，有真知灼見啊。

晏子之死

　　晏子在齊國，可說是"擎天白玉柱，架海紫金樑"式的人物，而且因為一心為國為民，所以在民間威望非常高。

　　齊莊公時期，有一次，莊公突然一時興起實行戒嚴。國都臨淄城裏的百姓不知道發生了甚麼事，以為有戰亂或者叛亂發生，於是紛紛拿着武器，站在大街上，並且有越來越亂的趨勢。齊莊公也嚇了一大跳，沒想到事情演化到了這種地步。急中生智，派人向大家解釋，甚麼事也沒發生，大家不要誤會，不信你們看晏子就在家裏啊（孰謂國有亂者，晏子在焉）。百姓一聽晏子在，就都放心了，於是紛紛散去。可見晏子在百姓心中地位之高。

晏子在具有大智的同時，同樣具有大勇。齊莊公肆意妄為，晏子多次勸諫，齊莊公基本當做耳邊風。弄得是天怒人怨，群臣離心。結果，齊莊公六年（公元前 548 年）五月，齊莊公被權臣崔杼所殺。晏子聽聞，不顧個人安危，獨自一人闖入崔家，撲在齊莊公的屍體上，撫屍痛哭。崔杼早就恨晏子入骨，但是因為晏子的威望太高，崔杼雖然敢於殺死齊莊公，卻不敢對晏子動手，只能眼睜睜看着晏子哭完揚長而去。

接下來，崔杼立齊莊公的異母弟杵臼為國君，是為齊景公。為了獨攬大權，崔杼將文武大臣都關押起來，讓大家宣誓效忠自己，否則殺無赦。有正直的臣子不從，連續被殺，更多的貪生怕死之輩，屈服於崔杼的淫威之下。輪到晏子了，晏子怒目以對，鏗鏘有力地說："我晏嬰生死是齊國之臣。你崔杼無道弒君，一定不得好死。所有為虎作倀、助紂為虐的人，也一定沒有好下場。"崔杼大怒，抽出寶劍，用劍指着晏子胸膛，要晏子重新立誓。晏子蔑視着崔杼說："不就是一死嗎，不管你是用刀，還是用劍，想讓我晏嬰屈服，做夢去吧。"崔杼是又氣又怕，幾次挺劍要殺死晏子，終究不敢，最終只得看着晏子離開。

對於權臣來說，晏子就是一塊繞不過、躲不開、打不碎的堅硬的岩石。那麼對於國君呢？對於齊國國君來說，晏子是既讓人尊敬、離不開，又招人煩、不想見。離不開是因為國家需要，招人煩是因為有事沒事總勸諫自己，而且還總是理論正確，方法合適，不聽都不行。但是人總有一死，晏子死的時候，齊景公才真正意識到自己失去了甚麼。當時齊景公正在外面遊玩，聽到晏子死的消息，急忙命令趕車的人用最快的速度駕車往回趕。過了一會兒，齊景公嫌車走的太慢，下車自己跑步往回趕。跑了一會兒，發現還不如坐車快，於是又只得上車。等見到晏子的屍體時，齊景公是撫屍大哭，邊哭邊訴："晏子啊，你在的時候，日夜勸諫我，我還改不了我的毛病，現在你就這麼走了，誰還來管着我啊，我該怎麼辦啊？這下齊國的社稷都要有危險了啊。"這裏的齊景公倒是挺明白，既知道自己的毛病，也知道晏子的重要性。可惜，晏子已去，再也回不來了。

《史記》的作者司馬遷非常讚佩晏子，在《管晏列傳》的最後，感慨道："假如晏子現在還活着，哪怕是讓我給他拿着鞭子趕車，我也願意（假令晏子而在，余雖為之執鞭，所忻慕焉）。"

對於齊國的將來，晏嬰以自己敏銳的政治遠見，預見到了田氏將取代姜氏入主齊國的結局，並為之憂心忡忡。公元前 539 年，齊景公派晏嬰出使晉國。此時的晉國，同樣面臨"三家分晉"前的憂患。晏嬰見到了晉國的大夫叔嚮。二人很有共同語言，但是二人也都是"進退維谷"。晏嬰曾經私下對叔嚮說過："齊國政權最終將歸田氏（齊政卒歸田氏）。"

晏子曾經向齊景公勸諫，並提出了阻止田氏代齊的策略。齊景公也非常同意，但是此時的齊國，早就不是姜氏能完全主宰的了。而且，國內從大臣到百姓，也早就對國君姜氏沒甚麼好感了。所以雖然齊景公採取了一些措施，但也沒甚麼太大的效果，並沒有從根本上解決問題。

晏子和齊景公活着的時候，田氏雖然小動作頻頻，但還有所收斂。隨着晏子、齊景公相繼去世，田氏開始肆無忌憚了。公元前 490 年，齊景公死後，遵其遺囑，齊國二守的國氏、高氏立公子荼為國君。沒想到不到一年，田氏的田乞驅逐國氏、高氏，廢了公子荼，另立公子陽生為國君，是為齊悼公。田乞自立為相。從此，田氏掌握了齊國國政。

公元前 386 年，田和放逐齊康公於海上，自立為國君。同年，周安王正式冊命他為齊侯。公元前 379 年，齊康公死，姜姓齊國到此徹底滅絕。田氏仍以"齊"作為國號，史稱"田齊"。

伍子胥與申包胥 | 29

楚國、晉國爭霸中原的過程中，雙方是無所不用其極，使盡渾身解數想致對方於死地。後來，晉國想出"扶吳制楚"的計策，就是通過扶持楚國東部的吳國，來牽制、對抗楚國。

吳國的歷史可以追溯到周朝建立之前，其祖先是周太王（周文王的爺爺）的後人。但是吳國一直比較弱小，屬於荒涼蠻夷之地，直到晉國派人來和吳國接觸。

晉國派人來到吳國，教導其中原地區先進的軍隊制度和軍陣之術，使吳國迅速強大起來。強大起來的吳國，果然開始不斷和楚國交兵，雖然互有勝負，但是大大牽制了楚國的力量，並和晉國一起對楚國形成了夾攻之勢。

楚國呢？楚莊王死後，楚國連續出了幾個昏君，像"晏子使楚"時的楚靈王，就是一個著名的昏君。好不容易等到楚靈王死了，他的弟弟楚平王即位，可是沒想到，這個楚平王的昏庸荒淫程度，比之楚靈王是有過之而無不及。

楚平王即位後，立自己的兒子建為太子，任命伍奢（當年給楚莊王講故事的伍舉的兒子）為太傅，自己最寵愛的臣子費無極為少傅，一起輔佐、教導太子。太子建15歲的時候，楚平王以給太子娶妻的名義，求娶秦國秦景公的女兒孟嬴。但是在將孟嬴接來楚國後，因見孟嬴貌美，在費無極的蠱惑之下，楚平王居然自己娶了孟嬴為夫人，然後將一個陪嫁的女子冒充孟嬴，嫁給太子建為妻。

這件事做得實在太過分。楚平王和費無極都擔心太子建知道事情真相後會懷恨在心，費無極更是擔心太子建將來當國君後會治罪，於是就不斷在楚平王耳邊說太子建的壞話，最後甚至誣陷太子建謀反。此時，孟嬴已經給楚平王生下一個兒子珍。楚平王正琢磨着找個理由換太子呢，現在聽到這個誣告自然是喜上眉梢，就要派人抓捕太子建。

　　早就嫉恨伍奢的費無極趁機說伍奢的壞話，說伍奢是太子的謀主，應該先抓捕伍奢。楚平王派人抓捕伍奢的同時，也派人去抓捕太子建。太子建得到消息，帶着自己的妻子（就是那個冒名的孟嬴）和剛出生不久的兒子勝逃往宋國。

　　伍奢被抓住後，費無極又進讒言說，伍奢還有兩個兒子，也很有本領，應該斬草除根。於是，楚平王命令伍奢給自己的兩個兒子寫信，謊稱只要他的兩個兒子能來，就饒了這一家三口。伍奢知道，楚平王一定放不過自己一家。同時，知子莫若父。伍奢也知道，長子伍尚一定會來，次子伍員（字子胥）一定不會來。但是，愚忠的伍奢還是給兒子寫了信。

　　接到父親的信後，伍氏兄弟二人果然發生了爭執，最終，兄弟二人決定，尚以殉父為孝，員以復仇為孝。就是哥哥伍尚決定陪着父親一起去死，弟弟伍員決定替父兄報仇雪恨。果然，沒過幾天，楚平王就將伍奢和自投羅網的伍尚一起殺死了。伍氏一門，只留下了矢志報仇的伍員一人。

　　伍員發誓要殺死楚平王和費無極。他想到吳國去借兵報仇，但是路途遙遠，又聽到太子建在宋國，於是就到宋國去找太子建。

　　為了捉住他，楚平王發出高額懸賞，聲稱只要捉住伍子胥，或者彙報伍子胥的動向，就官封上大夫，賜粟五萬石。並且命人畫了伍子胥的畫像，張掛在楚國各個城池的門口，派人嚴格盤查。

　　在逃亡路上，伍子胥碰到了自己的好友申包胥。他哭着向申包胥訴說了楚平王殺害自己父兄的經過，並對天發誓，一定要滅掉楚國，殺死楚平王和費無極，報仇雪恨。申包胥為難了。他既替自己的朋友蒙受的不白之冤而傷心、難過、憤慨，同時又不太贊成伍子胥發誓滅楚的做法，畢竟是自己的祖國，申包胥沒有忘記對自己國家的忠誠。

　　最後，申包胥選擇了自己心中的正確做法。因為是國君對不起伍子胥，作為朋友，申包胥理解伍子胥心中的苦和恨，所以他沒有助紂為虐，出賣伍子胥；同時，作為一個楚國人，作為一個楚國臣子，他也沒有因為朋友的復仇行動有道理，而忘記自己對國家的責任和大義。申包胥坦然地對伍子胥說："勉之。子能覆之，我必能興之。"這裏的申包胥先是鼓勵伍子胥，讓他努力；同時明確告訴他，我是楚國人，你能覆滅了楚國，我就能再重新振興楚國。

後來事情的發展果然如同二人所言，伍子胥藉助吳國覆滅了楚國，而申包胥借來秦兵，打退吳國，重振楚國。

伍子胥來到宋國，見到太子建，君臣二人抱頭痛哭。可惜，當時宋國正發生內亂，為了平定內亂，還需向楚國借兵。聽到這個消息，太子建和伍子胥不得不迅速離開宋國，來到了鄭國。鄭國並沒有力量幫助太子建討伐楚國，於是太子建去晉國求援。沒想到晉國給太子建出了一個餿主意，讓他先趁鄭國不備，殺死鄭國國君，晉國派兵幫助太子建，裏應外合之下，先謀奪鄭國，然後以此為基礎，討伐楚國。

太子建欣然同意。伍子胥聽到此事，極力反對。但是，報仇心切的太子建根本不聽，開始積極行動，大肆收買鄭國國君鄭定公身邊的親信大臣、衛士等。結果事情暴露，鄭定公以設宴款待的名義將太子建請到花園，當面痛斥他狼心狗肺，然後命力士殺了他。

伍子胥沒有和太子建一起赴宴，在住處聽到太子建被殺的消息，就急忙帶着太子建的兒子公子勝逃往吳國。

伍子胥 過昭關 ｜ 30

　　伍子胥帶着公子勝逃出鄭國，踏上前往吳國之旅。他們畫伏夜行，千辛萬苦，終於來到楚國和吳國交界處的昭關。只要通過昭關，再渡過長江，就是吳國的地界，就算安全了。可是戒備森嚴的昭關該怎麼通過呢？

　　伍子胥具體怎麼過的昭關，正史中沒有記載，不過馮夢龍的《東周列國誌》中有着精彩的記述，民間故事、戲劇中也多有描述。伍子胥在昭關前焦急萬分，甚至一夜之間愁白了頭髮。這時遇到一老叟名叫東皋公，願意相助。東皋公有一好友，名字叫皇甫訥，長得和伍子胥有點相似。在東皋公的安排下，先是皇甫訥來到昭關前，守關士兵一見此人，誤以為是伍子胥，衝上前抓人。附近百姓聽説，也紛紛圍上來觀看。趁着混亂，化了妝的伍子胥，加上滿頭白髮，帶着公子勝，神不知鬼不覺的混出昭關，無人發現。那皇甫訥怎麼辦？沒關係，因為這時東皋公出現了，證明這是自己的朋友，就是本地人。東皋公本來就和守關將領認識，再加上皇甫訥身上還有自己的證件，何況畢竟只是和伍子胥有一些相似，仔細看還是區別很大的。發現抓錯人的守將只能放人，東皋公和皇甫訥飄然離去。昭關守將繼續嚴格盤查，可是這時的伍子胥，早就通過昭關了。

　　伍子胥通過昭關，來到江邊，因為擔心後面楚軍發現追來，所以非常着急。看到江上有一條小漁船，就央求打魚的老人將自己渡過江去。老人知道伍子胥的事情，非常同情他，就將伍子胥二人渡過江。到達對岸後，伍子胥發現身上已經沒錢了，為了表示感謝，就將身上價值百金的寶劍解下來，想送給老人做報酬。老人卻拒絕説："真要是想要錢，我就不渡你過江了。因為楚王下令，凡是捉到你的人封大夫，賞賜五萬石糧食。這麼多錢我都不稀罕，又怎麼會要你這價值百金的寶劍呢？"伍子胥感激不盡，拜謝離開。

到了吳國的伍子胥，並沒有立即時來運轉，仍然面臨着重重困難。開始的時候，伍子胥甚至淪落到了沿街乞討的地步。後來好不容易見到了吳國的國君，卻不想捲進了吳國的內鬥之中。

吳國的強大，是從吳王壽夢時期開始的，吳國國君稱王，也是從壽夢開始。壽夢有四個兒子，長子諸樊、次子餘祭、三子夷眜（或稱夷昧、餘眜）、四子季札，其中四子季札最為賢能。壽夢臨死前，就想把國君的位子傳給季札，但是季札無論如何也不接受。不得已，壽夢留下遺言：自己死後，讓長子即位，但是長子死後，不能傳位給自己的兒子，而是要傳給二弟，然後傳給三弟，最後一定要傳位給老四季札。

壽夢死後，老大諸樊即位。諸樊在位十三年，在率軍攻打巢國時中箭身亡。臨死前留下遺命，將國君之位傳給二弟餘祭。餘祭在位十七年，死去時將國君之位傳給三弟夷眜。夷眜在位四年，臨死前要將國君之位傳給季札。但是季札還是無論如何不接受，為了表示決心，甚至逃到外地去了。於是大臣就擁立夷眜的兒子僚即位，稱為吳王僚，或王僚。

王僚即位，氣壞了老大諸樊的兒子公子光。吳王夷眜死後，如果是自己的四叔季札即位，公子光說不出甚麼，但是現在季札放棄王位，那麼按照公子光的邏輯，自己的父親當年是老大，現在就應該將王位交回給自己這一脈，憑甚麼你王僚上位啊？但是木已成舟，加上王僚勢大，公子光只能暗中積蓄力量，等待時機。

伍子胥到吳國的時間，正是吳王僚五年，公子光表面上和吳王僚和睦，卻在暗中準備的時期。吳王僚也早就聽過伍子胥的大名，熱情接待了伍子胥，與之交談一番後，很是欣賞，就準備留他在吳國當官，並且有答應幫助伍子胥報仇的想法。

公子光當然不能眼睜睜看着伍子胥這樣的大才落到王僚手中，於是他暗中下黑手，先在王僚面前說伍子胥的壞話，認為堂堂的吳國，不能為了一個小小的伍子胥而和楚國交兵，尤其是滅國之戰，風險太大。即使勝了，只是替伍子胥報仇，吳國沒甚麼好處；敗了，吳國就要承擔喪師辱國的恥辱了。

吳王僚聽信了公子光的話，停止了討伐楚國的計劃。伍子胥得知王僚不肯替自己報仇，也就沒接受吳國的官職。公子光這下更有理了，繼續在王僚面前説壞話，説伍子胥這是連咱們吳國也怨恨上了。在公子光的挑撥之下，王僚對伍子胥越來越冷淡，伍子胥索性離開了吳國都城。

這時，公子光又主動找到伍子胥，私下送給他很多東西。兩個明白人見面，都知道對方所思所想，目的是甚麼，於是二人開誠佈公，直接談條件。最終的協議為：伍子胥幫助公子光殺死吳王僚，奪得國君之位，並盡力強大吳國。公子光呢，得到君主之位後，在合適的時機，幫助伍子胥滅楚報仇。

其實，即使沒有伍子胥的關係，吳楚之間也是經常發生戰爭。而公子光本來就非常善於領兵打仗，現在有伍子胥做參謀，更是如虎添翼，多次領軍大敗楚國。

説起來，吳楚兩國發生戰爭的原因各種各樣，甚至因為養蠶用的桑葉，都曾經導致過一場大戰。當時，邊境上的兩個採桑女因為採集桑葉發生爭執，繼而家人加入爭執並動用武力，然後是兩個家族發生械鬥，然後邊境的守軍為了自己的國民出手，最終引發兩個國家的大戰。開始的時候，楚國佔了優勢，消滅了吳國的邊境守軍。吳王僚大怒，派公子光領軍打下楚國的兩座城池。這可謂是一片桑葉引發的血案了。當然，兩國之間發生的都是局部的戰爭或小規模衝突，和滅國之戰比起來，規模差得很遠。

專諸刺王僚 | 31

公子光和伍子胥達成協議後，開始積極準備。要想殺死王僚，首先得有一個武藝高強、膽量過人又悍不畏死的人，這時伍子胥向公子光推薦了專諸。

伍子胥剛到吳國的時候，偶然看見一條大漢和另外一個人打架，很多人勸都勸不住，這時一個老太太招呼了一聲那條大漢，他就乖乖停手回家。伍子胥很奇怪，這麼勇猛的大漢怎麼怕一個老太太？一打聽才知道，這條好漢名叫專諸、力敵萬人、見義勇為，並且侍母最孝。剛才招呼他的就是他母親。伍子胥認為專諸是條好漢，就特意登門拜訪，二人結為好友。

公子光聽說專諸其人，也很欣賞，專程登門拜訪，並贈送給專諸很多禮物。但是不明所以的專諸並沒有收下禮物，直到伍子胥出場，解釋原委。公子光也確實是有自己的充分理由，專諸也表示認可，並接下刺殺王僚的重任。公子光對待專諸如上賓。專諸唯一放心不下的，就是老母親還在，自己死後，恐怕無人贍養。公子光表示，我也不願意讓你去送死，但是刺殺王僚，非你不可。只要事成，你的母親、孩子，就是我的母親、孩子，我一定盡心養育。

殺手有了，但是怎麼能靠近王僚呢？必須投其所好。公子光說，王僚最喜歡吃魚。於是專諸特意去到太湖，學習做魚的技術。這樣就可以以廚師的身份靠近王僚，便於刺殺。為了保證刺殺成功，公子光拿出自己珍藏的一把絕世名劍"魚腸劍"，這是當時最著名的鑄劍大師歐冶子所鑄造的，可以削鐵如泥。給專諸刺殺用。這把劍雖然稱為劍，但其實是一把短劍，就是一把匕首，可以藏在大魚的肚子裏。

現在，就等合適的機會了。

正在伍子胥積極為公子光籌劃刺殺王僚之事時，公元前516

年，也就是伍子胥到吳國的第七年，吳王僚十二年，楚平王死了，其子珍即位（就是那位秦女孟嬴給楚平王生的兒子，即位時還不滿十歲），是為楚昭王。

伍子胥聽到這個消息痛哭不已。公子光奇怪，楚平王是你的仇人，他死了你應該高興啊？伍子胥回答：“我是痛恨他死的太早了，使得我沒辦法親手殺了他來報仇雪恨啊。”伍子胥不但沒有因為楚平王的死而停下復仇的腳步，反而加緊了準備。伍子胥發誓，即使楚平王已死，也要滅掉楚國，鞭打楚平王的死屍以雪恨。

雖然殺手和武器都準備好了，靠近王僚的理由也有了，但是還有兩個問題需要解決。

首先，除了面和心不和的公子光以外，王僚還有三個最重要的助手：他的兩個弟弟，公子掩餘和公子燭庸，還有就是王僚的兒子，公子慶忌。這三個人裏，尤其是公子慶忌最為厲害，力大絕倫，勇猛無畏。不將此三人調離王僚身邊，公子光萬難成事。

再有就是公子光的那位四叔，說甚麼也不當吳王的季札了。公子光覺得，刺殺王僚的時候，最好這位也不在吳國，不然萬一季札認為公子光篡位不對，振臂一呼，以季札的威望，公子光可就徹底沒戲了。

伍子胥建議，正好趁着楚國君主新亡，讓王僚派人率軍攻打楚國。在此之前，先讓公子光假裝不留神從車上掉下來，摔傷了腳，這樣就不會派公子光領軍了。

王僚果然中計，派公子掩餘、公子燭庸率軍伐楚，派公子慶忌率軍攻打楚國的附屬國鄭國、衛國，省得這兩個國家派兵支援楚國。又派季札出使晉國，一方面看看晉國的虛實，一方面聯合晉國，共同對付楚國。

所有障礙全部清除，可以實行刺殺行動了。

公子光來到王宮，說自己最近從太湖請來一個非常好的廚師，做的魚非常鮮美，知道大王愛吃魚，所以特意來請王僚赴宴。

王僚痛快地答應了。

王僚對公子光也並不是一點防備沒有。赴宴當天，王僚身披三層鎧甲防身，又帶有衛士數百人，帶着長短兵器，佈滿了宴會大廳裏裏外外，所有進入大廳的人員，都要經過嚴格搜身，並由持劍衛士夾之以進。也算是小心翼翼了。

可誰知公子光更是技高一籌。正在吃喝到興高采烈之時，公子光突然表現出痛苦難忍的樣子，並表示，自己摔傷的腿現在疼痛難忍，需要簡單治療一下。實際上是以此為藉口，離開大廳這個危險之地，到後面指揮去了。

接下來專諸出場了。專諸捧着做好的魚，來敬獻給王僚。進門時，同樣受到了嚴格的搜查。可這些衛士萬萬沒想到，匕首早就藏到魚的肚子裏了。搜查沒有問題，於是兩個持劍衛士夾着專諸，來到王僚近前。

王僚正想嚐嚐這魚的味道呢，就見專諸突然伸手從魚肚子裏拿出魚腸劍，直直的向着王僚胸前刺去。王僚和衛士都沒有反應過來，愣住了。專諸本來就力大絕倫，現在又用上了全身的力氣，雖然手裏是把匕首，但是這一劍，直接刺穿了三層鎧甲，並從前胸直透王僚後背。王僚大叫一聲，當場身死。這時衛士們才反應過來，一擁而上，將專諸亂刃分屍。很快，公子光埋伏下的大隊人馬也殺了出來。王僚已死，忠於他的士兵群龍無首，很快敗退，或死，或逃，或降。

公子光順利即位。他隨即領軍出發，攻打王僚的兒子 —— 公子慶忌，因為公子慶忌的威脅最大。可惜，公子慶忌勇猛無比，雖然兵敗，但是安全離去，公子光追之不得。公子掩餘和公子燭庸得到消息後，扔下和楚國對峙的吳國大軍，半夜裏悄悄逃離大營，一個逃往徐國，一個逃往鐘吾。吳軍軍心大亂，被楚軍殺得大敗。等季札從晉國返回時，木已成舟，除了長歎，也是無可奈何。這時，公子光又裝模作樣地表示，願意將國君之位讓給四叔。

季札當然不接受。

　　至此，公子光正式當上了吳國的國君，改名闔閭，史稱吳王闔閭。這一年，是公元前 515 年。

三令五申，**孫武**訓練女兵 ｜ 32

　　就在吳國發生弒君篡位事件的時候，楚國也再次發生了內亂。權臣囊瓦受費無極挑撥，害死了伯郤宛，並將之滅族，只有其子伯嚭逃跑了。後來鑒於國內壓力，囊瓦將所有罪名全扣在了費無極頭上，殺了費無極。至此，伍子胥的兩個直接仇人都已經死去。

　　伯嚭逃出楚國後，聽說伍子胥在吳國，就來到吳國，並在伍子胥的引薦下，被吳王闔閭封為大夫。伍子胥卻不知道，自己引薦來的，卻是一條要了自己性命的毒蛇，並且，對於後來吳國的滅亡，伯嚭也是難辭其咎。

　　當上國君的闔閭，第一個要解決的心腹大患還是公子慶忌。這時，伍子胥又向他推薦了要離。要離個頭矮小，其貌不揚，但是為人狠辣無比。為了取得公子慶忌的信任，要離主動表示，實施苦肉計，讓闔閭殺死自己的家人，并將自己的右臂砍斷，然後逃到慶忌處。慶忌果然沒有懷疑，留下要離。結果，要離趁慶忌不防備的時候，刺死慶忌。

　　沒有了後顧之憂的闔閭，開始準備實現對伍子胥的承諾，舉兵滅楚。但是別看吳國和楚國經常發生戰爭，並且勝多敗少，但那都是局部戰爭，規模並不太大。真要是想滅楚，以吳國現在的實力，還是非常困難的。

　　這時，伍子胥又向闔閭推薦了一個人才，那就是被後世稱為"兵聖"、"百世兵家之師"的孫武。孫武本來是齊國人，少年時就酷愛兵法。後來因為齊國內亂，孫武離開齊國，到了吳國並隱居下來，並結識了伍子胥。二人都有一身驚人的本領，惺惺相惜，結為好友。

孫武接受伍子胥的推薦，來見吳王闔閭。此時的孫武，已經寫完了他著名的《孫子兵法》一書，共十三篇。孫武將《孫子兵法》獻給吳王闔閭。闔閭大喜，認為孫武有大才。於是問孫武，可以先用少量軍隊試試你練兵的本領嗎？孫武說可以。為了看看孫武到底有多大本領，闔閭又問，那麼用女子可以嗎？孫武說女子也可以。本來闔閭這裏玩笑的性質多一些，但是現在看到孫武答應了，闔閭的興致也高起來了，就從宮中選出 180 名宮女，交給孫武訓練。闔閭的兩個愛姬覺得非常好玩，也非要參與進來，闔閭也同意了。

孫武先是將這些宮女分成兩隊，讓闔閭的兩個愛姬做隊長，然後讓這些人都穿戴好鎧甲，拿好兵器。接下來，孫武命令幾個真正的士兵，給宮女們詳細講解各種號令的意思，大家應該怎麼做，然後問大家：“聽明白了嗎？”大家覺得好玩，亂哄哄地回答：“聽明白了。”於是孫武下令開始。士兵敲響戰鼓，孫武下達訓練的命令，那些宮女呢，互相說着、笑着、鬧着，一個個嘻嘻哈哈，就是沒有幾個執行命令的。那兩個闔閭的愛姬更是開心的不得了。

孫武沉下臉，喝令停止，等大家安靜下來，再次命人申明號令，然後命令士兵擊鼓開始訓練。可是那些宮女笑鬧如前。

孫武面沉似水，親自上前，第三次申明命令，然後親自拿起鼓錘，敲響戰鼓，開始訓練，可是那兩個愛姬和宮女，還是沒在意孫武的命令，笑鬧更甚。

孫武勃然大怒，喝問：“執法官何在？”執法官上前。孫武下達命令：“約束不明，號令不清，是將領的過錯；反復申明號令，而士兵不執行，就是士兵的過錯了，按律當斬。因為士兵不能全部斬殺，那麼就斬殺兩個隊長，作為懲戒。"喝令執法官，將兩個隊長捆起來，推出斬首。

　　闔閭正在附近的高台上看的津津有味，只見畫風突變，自己的兩個愛姬要被斬首，大驚失色，急忙命人傳達自己的命令："我已經知道將軍練兵的本領了，請將軍放了我的這兩個愛姬吧，沒有她們，我吃不下睡不安呐。"沒想到孫武一口就給頂了回來："軍中無戲言。況且我已經受命為將，將在軍中，即使是君主不合理的命令，也不會接受。"喝令執法官，立刻將二人斬首報來。

　　兩顆血淋淋的人頭被扔在眾宮女面前，大家嚇得面色慘白、兩腿顫抖。孫武再次隨意指定了兩個隊長，然後又一次申明命令，敲響戰鼓，開始訓練。這次眾人無不按照命令，左右旋轉，絲毫不差，進退往來，寂然無聲。

　　訓練已畢，孫武派人告訴吳王闔閭説："大王，軍隊已經訓練好了，請大王檢閱。現在即使大王命令她們赴湯蹈火，她們也一定會勇往直前，不敢退避。"

　　闔閭正在心疼愛姬之死，哪裏還有心情檢閱軍隊，心中對孫武是非常不滿，就不準備啟用他。孫武見狀，長歎一聲説："看來大王想要爭霸天下，也只是説説而已啊。"闔閭聽到這話，猛醒過來，畢竟霸業為重，再加上伍子胥在旁邊勸諫，闔閭還是認可了孫武的才能，任命他為上將軍，負責訓練吳國所有軍隊，並伺機伐楚。

　　成語"三令五申"就源自於上面這個故事。

孫武滅楚，伍子胥復仇 | 33

　　吳軍在孫武和伍子胥的統領下，軍力飛速增長。但是楚國畢竟是一個超級大國，不管是國土面積、綜合國力、人口、軍隊數量等，都不是新崛起的吳國所能比的。要想打敗楚國容易，佔領幾塊地方也不難，但是要想徹底消滅楚國，那就是任重而道遠了。

　　伍子胥雖然報仇心切，但是也深深明白這一點。所以在和孫武商議一番後，由孫武向吳王闔閭建議，運用疲敵、擾敵之策，就是將自己的軍隊分成三部分，互相輪換，持續不停地對楚國發動襲擊。楚國軍隊不明虛實，不得不每次都派出大量軍隊前來迎戰。如果哪次楚軍來少了，就可能被吳軍吃掉；楚軍大部隊來了，吳軍就撤退；等楚軍大部隊回去了，吳軍又來了。就這樣持續不斷消耗楚國國力，在鍛煉了吳國軍隊的同時，還沒有讓士兵感覺疲憊。另外時間長了，楚國上下都開始麻痺起來，對吳國的進攻不再敏感。

　　這種騷擾戰，整整持續了六年。楚國被折騰得疲憊不堪，軍心渙散，士卒怨聲載道。同時，楚國君臣也錯誤地認為，吳國也就是敢來搗搗亂，整個楚國對吳國的警惕性也降到了最低點。

　　對楚國的全面戰爭，就差一個契機了。就在這時，機會來了。楚國的附屬國蔡國和唐國的國君，去覲見楚昭王，結果身邊的寶物被楚國令尹囊瓦看中，於是向二位國君索要。二位國君捨不得，沒給，就被囊瓦以私通吳國的罪名扣押在楚國三年。後來沒有辦法，二位國君還被迫將寶物敬獻給囊瓦，才被放回。

　　二位國君不堪此辱，背叛楚國，蔡國國君更是送子為質，與晉國結盟，借兵伐楚。中原各國早就看楚國不順眼，現在得此良機，大規模結盟，晉、齊、魯、宋、蔡、衛、陳、鄭等十八個諸侯國組成盟軍，準備共同討伐楚國。蔡國為表示決心，率先攻打楚國的另一個附屬小國——瀋國。

楚國發現形勢不好，於是先發制人，發兵攻打蔡國。而諸侯聯軍規模雖大，但是人心不齊，辦事拖沓，一直沒有實質性的行動。蔡國感覺形勢危險，便約好唐國，向吳國求援。

吳王闔閭找來孫武、伍子胥商量，君臣都覺得全力進攻楚國的時機到了。於是，吳國以救援蔡國的名義，由吳王闔閭親自領軍，輔助以孫武、伍子胥，率領吳國所有的精銳人馬約三萬人，在蔡國、唐國的掩護下，直插楚國防禦薄弱的東北部。

楚國軍隊急忙回防。此時的孫武又用奇謀，選出 3500 名精銳士兵對楚國實施奇襲，以迅雷不及掩耳之勢迅速穿插，深入楚國腹地，僅用幾天時間，就到達漢水東岸。這一下，楚國君臣慌了手腳，幾乎派出傾國之兵，來到漢水西岸，與吳軍對峙。

接下來，吳軍又在孫武的指揮之下，誘敵深入，以逸待勞，對楚軍三戰三勝，最終楚軍軍心大亂，全軍潰敗，在爭相渡過漢水逃命時，被吳軍大量殺傷、俘虜。獲得大勝的吳軍毫不停留，直撲楚國都城郢都，年幼的楚昭王嚇得棄城而逃。至此楚軍全線潰敗，吳軍順利攻入郢都。

這場戰役發生在吳王闔閭九年，公元前 506 年，史稱“柏舉之戰”。以孫武為主將的吳軍，3 萬人對陣楚軍 20 萬人，以完勝而告終，是中國戰爭史上以少勝多的著名戰役，被史學家稱之為“東周時期第一個大戰爭”。其中，孫武功勞巨大，《史記》稱讚：“西破強楚，入郢；北威齊、晉，顯名諸侯，孫子與有力焉！”

吳軍攻佔郢都之後，以佔領軍的姿態，燒殺搶掠，無所不為。孫武認為不可能一下子徹底佔領楚國，勸闔閭立太子建的兒子勝為楚國國君（就是和伍子胥一起逃亡到吳國的那個），這樣等於變相收服楚國。闔閭卻貪心，想一下就吞併楚國，沒有聽從孫武的建議。而伍子胥呢？他這時甚麼也不管了，直接找到楚平王之墓，掘開墓葬，毀掉棺槨，拉出楚平王的屍首，用銅鞭鞭屍三百下，然後將其屍骸棄於荒野，終於報了父兄之仇。

伍子胥的好友申包胥聽到楚國國都被攻破，伍子胥開棺鞭屍的消息，痛心不已。派人勸阻伍子胥，伍子胥根本不聽。想去求援，遍觀中原各諸侯國，都是楚國的敵對國家，只有秦哀公態度模棱兩可，而且楚昭王的生母孟贏是秦景公的女兒，也就是說，楚昭王是秦哀公的外甥。於是申包胥出發前往秦國求援。然而秦哀公也不是甚麼明君，對楚國更是沒甚麼好感，開始的時候，根本不予理睬。申包胥在秦庭外哭泣七天七夜，水米未進，眼中直至流出血淚。申包胥的忠誠終於打動了秦哀公，認為：「楚雖無道，有臣如此，可無存乎。」於是派大將率領兵車五百乘救楚。

此時楚國國內，因為吳軍殘暴不仁，激起楚國上下同仇敵愾，紛紛反抗吳軍的暴行。楚國君臣在敗逃過程中，也開始聚攏殘兵敗將，實力慢慢有所恢復。恰在此時，秦兵趕到。吳軍反而陷入秦楚包圍之中。

在與吳軍交戰時，申包胥身先士卒，衝殺在前，極大帶動了秦軍士氣。反觀吳軍，從進攻楚國開始，已經超過一年，士兵疲憊，軍心思歸，再加上各個燒殺搶掠，聚斂財富無數，都想着回家過好日子，哪個還肯拼命，於是被秦軍殺得大敗。

由於闔閭長時間留在楚國，吳國的宿敵越國，趁機發動對吳國的進攻，連戰連勝。吳國內部又發生叛亂，闔閭的弟弟夫概趁哥哥不在吳國，自立為吳王。公元前 505 年 9 月，處於內憂外亂中的闔閭，在佔領楚國國都將近一年之後，不得不下令吳軍退出楚國。撤退途中，伍子胥命令拆毀昭關。回國後的闔閭，輕鬆擊敗夫概，夫概逃到楚國去了。越國看到吳國大軍回歸，也停止入侵，雙方恢復對峙局面。

吳國雖然沒有徹底佔領楚國，但畢竟是一場空前絕後的勝利，而且繳獲、劫掠來的財物、人口等不計其數，所以穩定下來後，大肆封賞以孫武為首的功臣。正史中，此後關於孫武的記載就不多了（《史記》中記載有孫武「北威齊晉」，指公元前 484 年，孫武指揮吳軍在齊國的艾陵重創齊軍的一次作戰）。有說滅楚之後不久，孫武就辭官歸隱。也有說孫武為吳國效力約 30 年，直到伍子胥被害後，才飄然隱去。如果是這樣的話，估計孫武應該比較善於韜光養晦，沒有伍子胥那麼直言進諫吧。

楚國經歷幾乎滅國之危，最後在申包胥求來的秦軍幫助下，總算成功復國。申包胥不負前言，實現了當初和伍子胥說的“子能覆之，我必能興之”的承諾。楚國復國，申包胥當為首功，楚昭王要獎賞他，他卻堅辭不受，後來帶領全家隱居山中。

楚國雖然元氣大傷，但是畢竟國力雄厚、基礎牢固，在楚昭王帶領下，很快從滅國之痛中崛起，打敗周圍的敵人，重新進入超級大國之列。

吳越爭霸的故事｜34

吳國佔領楚國國都近一年後全面撤軍。大好的局面，吳國卻不得不由楚國退兵，其中秦兵援楚、吳國內亂各佔一部分原因，而越國趁吳國空虛，派兵攻打，也是主要原因之一。

越國，是一個更加古老的國家，其歷史甚至可以上溯到夏商時期。吳王壽夢時期，吳國在晉國的支持下，開始崛起並給楚國帶來巨大威脅。楚國也開始扶持越國，從背後牽制吳國。吳越爭霸，從此開始。

若再往前看，其實吳越之間的爭端由來已久，戰爭頻繁。主要是因為吳、越兩國，“三江環之，民無所移。有吳則無越，有越則無吳，將不可改於是矣。”所以吳越之間，都將對方視為擴張領土的第一選擇。

吳王夫差版臥薪嘗膽

闔閭做吳國君主時，越國的君主是允常。允常算得上是明君，再加上楚國的扶持，這一時期，越國開疆拓土，發展生產，變得越來越強大。也正是從允常開始，越國國君稱王。可惜的是，允常生不逢時，作為對手的吳國，以比越國更高的速度發展，並且名將輩出。

吳國和越國，因為都處於江南水鄉，所以雙方交戰時，以水上作戰為主，陸地作戰輔之，所謂 "以船為車，以楫為馬"。而水戰的基本作戰方式是弓弩為先，雙方先用弓弩互射，然後再進行接舷戰鬥，最後登船格鬥，有時也用戰船互相衝撞。

楚國出身的伍子胥，也是出身水鄉，水戰自然也非常精通。孫武呢，軍事奇才，幾乎沒有他不會打的仗。在伍子胥和孫武的指揮下，吳國是勝多敗少，佔領了大片越國的土地。

吳國發傾國之兵進攻楚國，佔領楚國國都後，沒有及時回返，越國看到吳國國內空虛，趁機進攻吳國。吳國主力後撤回國，越王允常見好就收，也率兵回撤，吳越恢復對峙局面。

吳王闔閭十八年（公元前 497 年），越王允常去世，其子勾踐即位，史稱越王勾踐。闔閭覺得這是一個征討越國的好機會，不顧伍子胥的勸阻，於闔閭十九年夏天，率軍征討越國。因為伍子胥反對這次出征，所以闔閭沒有讓伍子胥跟隨一起出征，而是派伍子胥協助太子夫差（《史記》中記載，夫差是闔閭的兒子，也有史料記載，夫差為闔閭的孫子，太子波的長子）鎮守國都。

吳軍進犯，越王勾踐親自率軍抵禦。勾踐看吳軍軍容整肅，想先打亂吳軍陣勢，於是派出敢死隊向吳軍發動進攻，接連三次，都損兵折將，敗退而回。最後勾踐用怪招，派遣三百名死刑犯，全都光着膀子，每人手持一口寶劍，但是所有人都將寶劍橫放在自己的脖子上，做出隨時自殺的架勢。這些人來到陣前，高呼自己是前來替國君勾踐以死謝罪來的，然後，一排排接連橫劍自刎而死。

吳軍上下都沒見過如此大規模自殺的場面。大家交頭接耳，議論紛紛，不知所措。此時，越軍真正的進攻部隊，已經悄悄接近吳軍，突然呼嘯向前，衝入吳軍陣營，將吳軍陣勢衝亂。勾踐抓住戰機，全軍壓上，展開決戰。吳軍大亂，闔閭被迫指揮軍隊後撤。吳軍死傷慘重，混亂中，闔閭也被越軍將領砍傷右足，一根腳趾被砍掉。

不久，吳王闔閭重傷而死。臨死前，立夫差為吳王，並叮囑夫差不要忘了自己被勾踐所殺的恥辱。

夫差即位後，勵精圖治、發奮圖強，一心要洗雪闔閭敗死之辱。他命令相國伍子胥和太宰伯嚭在太湖大規模訓練水軍。為了時刻提醒自己，夫差還特意命令十名侍者，輪番站在院子裏，只要夫差從院子裏走過，這些人就大聲問他：“夫差，你有沒有忘記越王勾踐殺死你父親的恥辱？”夫差大聲回答：“我不敢忘記！”這應該屬於夫差版的“臥薪嘗膽”了。

賣身為奴的越王勾踐

夫差即位的第二年（公元前 494 年），越王勾踐準備先發制人，趁着吳國沒準備好，先行征討吳國。勾踐手下大夫范蠡認為現在的吳國君臣合力，上下一心，時機不對，應該以堅守為上，不宜進攻。另一位大臣文種也持反對意見。但是勾踐沒有聽從。

范蠡，本是楚國人，博學多才，因為不滿楚國政治黑暗，和好友文種一起投奔越國，是勾踐手下最重要的兩位輔臣。

聽到勾踐率軍進犯的消息，夫差以傾國之軍，水陸並進，迎戰越軍。雙方在夫椒展開激戰。戰鬥開始時，雙方勢均力敵。夫差見狀，親自擂鼓，給士兵助威。再加上吳軍是順流而下，順風作戰，弓弩的威力無形中大了三分。越軍逆風逆水，戰力打了折扣。吳軍越戰越勇，箭如飛蝗，打得越軍抵擋不住，節節敗退，最終潰敗，被射死的、掉入水中淹死的不計其數。勾踐率領殘部敗逃，吳軍高歌猛進，直撲越國都城會稽而來。

勾踐率領殘軍退守會稽山，吳軍趕到，將會稽山團團圍住。勾踐在會稽山上檢點人馬，只剩下五千殘兵敗將。此時的勾踐後悔不迭，後悔沒有聽從范蠡的勸諫，奈何為時已晚。

窮途末路的勾踐問計於范蠡和文種。范蠡認為現在沒有別的辦法了，只有投降，"屈身以事吳王，徐圖轉機"，卑辭厚禮請降，暫且忍受失敗的恥辱，哪怕是做奴隸，只要留得國家和君主的性命在，就還有東山再起的機會。勾踐同意了，派文種前去請降。

文種見到夫差，態度極其謙卑，好話說盡，請求能允許越國投降，只要能保留越國的宗廟祭祀和越王的性命就行。夫差其人生性好戰，但是又有點耳軟心活，見文種如此謙卑，有點動心，就想答應越國的請降。伍子胥急忙進言勸阻："這是老天將越國賜給吳國，錯過了這次，恐怕就再沒有機會了，不能答應越國的請降。"吳王夫差於是拒絕了越國的請降，派大軍猛攻。

勾踐一看已經是山窮水盡，就準備先殺死自己的妻子和孩子，燒毀國家的珍藏，然後拼死一戰。這時，文種想到了辦法。文種提出，吳國的太宰伯嚭貪婪自私，卻非常會揣摩夫差的心思，所以夫差也特別信任他。並且伯嚭素來與伍子胥不合，可以私下賄賂伯嚭，利用伯嚭勸說吳王夫差。

走投無路的勾踐就像溺水之人抓住了一根稻草，立刻點頭同意，命令文種帶上大量珍寶前去賄賂伯嚭。伯嚭一見這麼多好東西，眼都花了，但還是故作矜持地說："你們越國旦夕之間就要滅國，越國所有的東西都將屬於吳國，我在乎你這點東西幹甚麼？"文種不卑不亢地說："我們現在還有五千精兵，困獸猶鬥，勝負之說還為時過早。並且，即使我們真的戰敗了，在失敗之前，還可以一把大火燒毀一切，這樣誰也得不到好處。再退一步說，即使真的吳國得到了我們越國所有的寶物，輪到太宰的又能有多少？""現在您幫我們説幾句話，只要接受了越國投降，既顯得吳國寬容大度，又能得到越國所有的府庫錢糧、兵戈甲冑，整個越國都將全心全意侍奉吳國，可謂名利雙收，對吳國有大好處而沒有壞處。而對您來説，以後越國的春秋貢獻，先入太宰府後入王宮，您可以獨享整個越國之利啊！"

伯嚭本來就是在裝模作樣，現在聽文種一番話，連連點頭，帶着文種覲見夫差，成功地説服了夫差。伍子胥再次反對，認為勾踐是賢君，范蠡、文種都是能臣，留下他們，將來一定會是吳國的後患，"今不滅越，後必悔之"。但是決心已下的夫差這次卻沒聽伍子胥的勸諫，接受了勾踐的請降。

為甚麼夫差不一鼓作氣滅掉越國，既替自己的父親報了仇，又徹底消除後患呢？因為夫差的志向不止一個越國，他的目標是要繼承父親的志願，稱霸諸侯。而夫差認為，現在越國已經被打服，成了自己助力，也就可以了。如果要徹底消滅越國的話，就如文種對伯嚭所言，還需要很大的投入和不可預計的損失，最終如果魚死網破的話，自己甚麼也得不到。與其那樣，還不如接受越國投降。

不過，夫差畢竟沒有忘記殺父之仇，退兵前要求越王勾踐親自為質，到吳國為奴。為了活命，勾踐同意了。約定好勾踐到吳國的時間後，夫差率領吳軍勝利班師。

越國君臣經過商量後決定，范蠡陪同勾踐夫婦一起去吳國，文種留下，代替勾踐治理越國，積蓄力量，準備復國事宜。

吳王夫差四年（越王勾踐五年，公元前 492 年），勾踐和自己的妻子、范蠡來到吳國為奴。勾踐應該是有史可查的，第一個賣身為奴的國君了。

越王勾踐版臥薪嘗膽

勾踐三人到吳國後，夫差讓他們住在闔閭墳墓旁邊的一間石屋裏。一面給自己做奴隸，一面給自己的父親守墓賠罪。按照《吳越春秋》記載：「越王服犢鼻，着樵頭，夫人衣無緣之裳，施左關之襦。」就是說，勾踐連件正式衣服都沒有，光着膀子，穿着一條大短褲，頭髮也只用草繩綁一下，蓬頭垢面，給夫差當馬夫。勾踐的妻子則穿着很破爛的奴隸穿的衣裳。

勾踐和他的妻子每天給夫差餵馬、洗車、清除馬糞等。勞役之辛苦，比普通的奴隸有過之而無不及。然而，勾踐夫妻表現得心甘情願、毫無怨言。為了顯示自己的忠心，每次夫差坐車的時候，勾踐都主動跪在地上，夫差踩着他的背上車上後，勾踐再站起來，跑到前面，牽着馬前進。吳國老百姓覺得新鮮，難免指指點點，勾踐則面色平靜，似乎一點也不往心裏去。

那麼范蠡呢？范蠡的境遇和勾踐一模一樣，也是每天做着奴僕的工作，有時因為食物不夠，范蠡還得時不時挖一些野菜來勉強糊口。好在那個不斷接受越國賄賂的伯嚭偶爾會良心發現，能接濟一下他們，起碼給點吃的，三人才勉強活了下來。

可能覺得還不夠解氣，也可能是真的覺得范蠡有才華，一次，夫差在召見勾踐和范蠡的時候，當着勾踐的面對范蠡說：「勾踐無道，現在越國基本上已經算滅國了，你還陪着勾踐當奴隸有甚麼前途。這樣吧，我看你很有才華，只要你願意棄越歸吳，我一定重用你，讓你享受榮華富貴，怎麼樣？」

勾踐跪在地上，一句話不敢說，但是估計心裏充滿了絕望。怎麼？現在的他，就靠着范蠡不斷的鼓勵才能勉強咬牙堅持，范蠡要是再拋棄他，勾踐立即就會精神崩潰。

好在范蠡沒有讓勾踐失望，向夫差行禮後，謙卑地回答：「亡國之臣，不敢語政；敗軍之將，不敢言勇。我作為一個亡國之臣，能活下來，已經是大王您天大的恩德了，怎麼敢再奢望高官厚祿呢。」之後，繼續陪着勾踐夫妻在石屋中苦苦等待機會的降臨。

為了堅持下去，勾踐等人用商湯被囚、文王被困，甚至齊桓公逃亡、晉文公落難等前輩先賢的故事互相鼓勵。就這樣，一天天慢慢地熬了下來。

文種等人也沒有對勾踐三人置之不理，而是將越國能找到的各種寶物，源源不斷送到吳國，一部分敬獻給吳王夫差，一部分給以伯嚭為首的吳國大臣送禮，好讓他們在吳王面前替勾踐說好話。

勾踐到吳國，夫差也不是對他一點疑心都沒有，而是不斷派人暗中觀察，有時甚至是自己親自查看。但是，勾踐的演技絕對是世界影帝級別的，所以慢慢的，夫差對勾踐也就放下心來。為了表現忠心，勾踐做過最噁心的一件事是：一次，夫差生病，三個月沒好。一天，勾踐跑過去，當着夫差的面，嚐了嚐夫差拉的大便，然後恭賀夫差病就快好了。沒幾天，夫差真的病癒。當然，這不是勾踐有甚麼魔法治好了夫差的病，而是夫差的病本來就快好了。但是夫差卻被勾踐的行為深深感動了。

一次，夫差和伯嚭登高遠眺，正好看到勾踐夫妻和范蠡破衣爛衫地坐在馬糞旁邊，但是面色平靜，而且不失君臣之禮、夫婦之儀，夫差很受感動，再加上伯嚭在旁說好話，夫差認為勾踐已經真心歸順了，於是不顧伍子胥的反對，決定放勾踐等人回國。按照《國語》記載，勾踐在吳國為奴差不多三年，被放回越國。

勾踐回到越國後，既沒有立刻開始享受生活，也沒有馬上展開對吳國的報復，而是選擇了隱忍。這就是著名的“臥薪嘗膽”的故事。

勾踐立志復仇，採納了文種和范蠡提出的“十年生聚，十年教訓”之策，就是先暗中發展，再展開復仇。勾踐任命文種管理國家政事，范蠡管理軍事，發展生產、鼓勵生育，親自與百姓一起幹活、種地，他的妻子也紡紗織布。越國上下齊心合力，發奮圖強。為了避免自己貪圖舒適的生活，勾踐命人將王宮中所有奢華的擺設全部搬空，包括睡覺用的牀都不要。每晚枕着兵器睡在柴草堆上。他還命人在房子裏掛上一隻苦膽，飲食起居，都要先嚐嚐苦膽，又安排在門口的士兵，在這個時間問他，忘沒忘記三年奴隸的恥辱。

西施的故事

越國君臣在對內大發展的同時，還挖空心思，削弱吳國。文種向勾踐獻"滅吳七策"（有史書記載為九策），包括慫恿夫差建宮室，弄亂吳國的糧食生產，美人計惑亂吳國內政等等。勾踐大喜，馬上着手實施。

此時，恰好有越國百姓在山中發現兩顆大樹，又高又粗大。勾踐派人將其做成最好的木材，以"天降神木"之名，敬獻給夫差。夫差正準備修造姑蘇台，見到這兩顆大樹非常高興，用作主樑。但是這樣一來，原先準備修造的姑蘇台的大小、規模，在這兩顆大樹的襯托下，就顯得不夠了。於是花費了更多的人力、物力，把姑蘇台建造得更加高大、豪華，歷時五年才完工。

有一次，越國派文種去吳國求援，說是越國年景不好，向吳國借糧一萬石，明年一定歸還。夫差同意了。第二年，越國果然如期歸還了糧食，而且歸還的糧食顆顆籽粒飽滿，又大又好。夫差很高興，認為越國的糧食品種好，就命人將其作為種子發給吳國的百姓。結果種下去後，怎麼也不發芽，全都爛在了地裏。而這時再重新播種也已經耽誤了農時，結果當年吳國糧食大面積絕收，百姓食不果腹，怨聲載道。

吳國君臣哪裏知道，那些越國還回來的糧食都是蒸熟後又曬乾的，怎麼可能發芽呢？

文種所獻計策中，最關鍵的要數"美人計"了。為了實施美人計，范蠡走遍越國的山山水水，終於在苧蘿山下的苧蘿村，找到一位絕色佳人，這就是歷史上著名的美女西施。

西施姓施，本名夷光。苧蘿村分為東西兩個村子，西施家住在西村，所以有了"西施"的稱呼，意思是住在西村的姓施的女孩子。

西施家境貧寒，為了生存，從小就幫着家裏人幹活，平時經常在溪邊浣紗（洗衣服）。

西施從小就非常漂亮，美貌之名遠近皆知。但是西施的身體不太好，有心口疼的毛病，每次病發時，西施都捂着心口，皺着眉頭，緩步而行。因為西施太漂亮了，所以即使是生病的樣子，在人們眼裏也是那麼楚楚動人，被譽為"西子捧心"。東村有女孩子，稱為東施，因為相貌醜陋，人們經常嘲笑她。她看到西施生病的樣子很動人，就也學着西施的樣子，皺着眉，捂着心口慢慢走路，結果比平時的樣子還要醜很多，遭到更多的嘲笑。這就是"東施效顰"的故事。

要知道，作為"美人計"中的美人，不光是長得漂亮就行，還必須有膽量，有智謀，並且願意配合自己的國家行動。在西施表示願意擔當此重任後，勾踐請來各種專門人才，教授西施等人歌舞、禮儀、歷史、謀略，甚至如何討好男人等等。經過整整三年的培訓，越國君臣覺得可以了，派人將西施等人送到吳國，獻給夫差。

出發前，勾踐專門交代給西施的任務主要包括：用美人計迷惑夫差，儘量使其沉湎於酒色之中，荒廢國政；鼓動夫差多修亭台樓閣，消耗吳國的人力、物力；慫恿夫差對外用兵（當然不包括越國），耗費其國力、軍力；離間夫差和吳國忠臣（主要是伍子胥）的關係，使其君臣不合等。

吳王夫差一見西施，大喜過望，欣然收下勾踐的這份"大禮"。伍子胥識破這是"美人計"，苦心勸諫，夫差卻充耳不聞，並且差點和伍子胥翻臉。

聰明漂亮又受過嚴格訓練的西施，大展身手，使盡渾身解數，很快就讓夫差對自己寵愛有加，言聽計從。為了討西施的歡心，夫差特意為西施在姑蘇台裏修建了館娃宮，在館娃宮附近修了玩花池、玩月池、吳王井、琴台，還有採香徑、錦帆徑和打獵用的長洲苑等，其中最誇張的要數響屧廊了。

所謂響屧廊，就是將整個一條長廊，地下全部挖空，然後放入一口口大缸，在上面鋪上木板。西施呢，穿着特製的木屧走在上面，就會發出音樂般有節奏的聲音，所以稱為響屧廊。夫差呢，特別愛聽這個聲音。

得到西施之後，夫差就越來越沉湎於酒色之中，一年之中，大部分時間住在姑蘇台享樂遊玩，不理朝政。西施更是挖空心思討夫差的歡心，好讓夫差時時刻刻將心思放在自己身上，荒廢國事。而且，西施還有一個非常得力的助手，就是那位太宰伯嚭。伯嚭為人貪得無厭，越國每年送給伯嚭大量金銀財寶、美女等，所以伯嚭就不斷在夫差面前替越國說好話，配合着西施一起蠱惑夫差，將吳國引向滅國的深淵。

以伍子胥為首的吳國賢臣們，不是不明白，也不是不勸諫，但是架不住心智已經被迷惑的夫差不聽。不但不聽，夫差對伍子胥等人越來越疏遠，越來越不見，伍子胥等人只能是徒呼奈何。

吳國的滅亡

夫差其人，恃勇好戰，一直以爭霸中原為目標。以前還擔心越國在背後牽制，現在好了，越國已經徹底變成自己人了，不但不是後患，還變成了後援，終於可以放心地進兵中原了。《莊子》中"螳螂捕蟬，黃雀在後"的故事，就是諷刺當時的吳王夫差的。

故事說：一次，夫差要攻打楚國，並蠻橫地告訴大臣，有敢勸諫者殺無赦。大家明知道現在不是攻打楚國的好時機，但是誰也不敢說話。侍從中有一個聰明的年輕人，想出來一個好辦法。他拿着打鳥用的彈弓，在吳王即將經過的路上，做出一副聚精會神的樣子。夫差走到他的身邊，看他這麼專注，就問他在幹甚麼。

年輕人裝作才看到夫差的樣子，邊指給夫差看邊説："大王你看，樹上有一隻蟬，正在一邊喝着露水，一邊高興地唱歌，可是它不知道，在它的旁邊，正有一隻螳螂，舉着兩把大刀要抓住它做早餐呢。而螳螂的眼中只有自己的獵物，沒想到它的後面，正藏着一隻黃雀，已經伸出脖子要啄它呢。而黃雀的注意力都在螳螂身上，卻沒看到樹下的我，正拉開彈弓準備將黃雀打下來啊。而我呢，光注意黃雀了，沒看到大王您過來，沒給您行禮，我也犯了罪。大家都是只看到了眼前的利益，卻忘記了身後的禍患啊。"夫差聽明白了侍從的意思，暫時停止了這次行動。當然，目光短淺的夫差，只是暫時聽進去了勸諫而已，轉臉也就丟到腦後去了。但是這個成語，這個故事卻一直流傳了下來，警醒後人。

　　吳王夫差七年，夫差聽説齊景公死了，齊國內亂，於是派大軍討伐齊國。伍子胥認為越國才是吳國的心腹大患，現在縱容越國坐大，卻攻打齊國，是捨本逐末，是很危險的舉動。但是夫差不聽，執意派軍攻齊。現在的吳國，至少在表面上，確實是兵精將勇，這次出兵，也是大勝而歸。

　　吳王夫差九年，吳國攻打魯國。

　　十一年，再次攻打齊國。

　　……

　　夫差胡作非為的時候，越國一面默默發展，一面用盡手段蠱惑他。伍子胥看在眼裏，急在心頭，一次次地勸諫。而夫差在西施和伯嚭的挑撥下，不但不聽，反而和伍子胥的關係越來越緊張。

　　吳王夫差十二年（公元前 484 年），夫差派伍子胥出使齊國。實際上，這已經幾乎是明着告訴伍子胥，準備要他的命了。你想啊，派自己國家的輔政重臣、軍隊統帥出使敵國，不是送死是甚麼？

　　伍子胥呢，此時也已經對夫差徹底失去了信心，不得不開始考慮自己家族的後事了。為了不讓自己整個家族都給吳國陪葬，趁着此次出使的機會，伍子胥將自己的一個兒子托付給齊國的鮑氏家族，有給家族留下一點香火之意。

正苦於找不到伍子胥破綻的伯嚭聽到這個消息後欣喜若狂，立刻跑到夫差面前，添油加醋地誣告伍子胥暗中串通齊國，陰謀造反。早就煩透了伍子胥的夫差，將自己隨身攜帶的寶劍"屬鏤"賜給伍子胥，令其自盡。伍子胥仰天長歎，追悔不已："當年如果沒有我，哪來你父親的吳王之位？又哪有你的今天？當年你父親並不欣賞你，立太子時，是我冒死力爭，你才能戰勝其他幾位公子，立為太子。你剛剛當上太子時，對我感激涕零，表示將來當了吳王後，願意將吳國分一半給我，我拒絕了。你主動給我我都不要，我又怎麼會陰謀造反呢？這是伯嚭讒言陷害，而你卻是非不分啊。還是先王的眼光更準，真不應該將國君之位傳給你啊！"

憤恨之極的伍子胥自盡前留下遺言，讓家人將自己的眼珠挖出，掛在吳國都城的城門上，他要親眼看着越國滅掉吳國。夫差聞聽伍子胥臨終遺言，怒髮衝冠，命人將伍子胥的屍首拋棄在錢塘江中。傳聞這一天正好是農曆五月初五，端午節的傳說之一，就是為了紀念伍子胥的。伍子胥死後，吳國的軍政大權全部落於伯嚭之手。

吳王夫差十四年（公元前 482 年），夫差親率吳國全部精銳北上，與晉國等諸侯國會盟於黃池，想爭奪中原霸主之位。國內只留下少量老弱殘兵，由太子友坐鎮。

聞聽此訊，越王勾踐感覺時機成熟，一把撕下謙恭的面具，親率越軍四萬六千人攻入吳國。越軍兵分兩路，一路截斷吳軍主力回援之路；一路由勾踐親自率領，直撲吳國國都。

太子友一面派人飛報夫差，一面組織人馬迎敵。可吳國的老弱殘兵哪裏是蓄謀已久的越國的對手，吳軍大敗，連太子友都做了俘虜被殺。越軍攻入吳國都城。

夫差接到國內的急報時，正是和晉國爭當盟主最緊急的關頭。此時的夫差一方面是好大喜功，一方面也是頗有幾分急智，為了防止消息洩露受到諸侯夾攻，連斬報信使者七人，暫時隱瞞下國內之亂，從容完成盟約後，引軍徐徐退去。

知道國內大敗的夫差，首先想到的還是自己的面子問題，在回國的路上，還想要攻打宋國，想用一場勝利來掩蓋國內的慘敗，同時也是為了穩定一下軍心。但這一計劃被伯嚭勸阻。軍心大亂加上征戰已久，吳軍毫無鬥志，夫差不得不放低身段，派人向越國厚幣求和。越王勾踐看到吳軍實力仍在，一味強攻勝負難料，同時也知道以現在越國的實力，還滅不掉吳國，於是同意了吳國的求和，勝利凱旋。

大敗之後的夫差，不但沒有幡然悔悟、銳意進取，反而因為經受不起沉重打擊，由狂妄自大變得畏首畏尾、自暴自棄，更加沉迷於酒色，不理朝政。再加上內有西施，外有伯嚭，這幾年吳國又連續發生自然災害，國力持續下滑。

吳王夫差十八年（公元前 478 年），吳國發生大規模災荒。越王勾踐趁機再次伐吳，夫差鼓起餘勇，親自領軍迎擊來犯之敵。雙方在笠澤隔江對峙，然後展開決戰。越軍趁着黑夜，兩翼兵馬佯裝渡河進攻。夫差中計，調動吳軍主力，兵分兩路迎擊敵人。越軍主力部隊趁亂渡河，秘密接近吳軍大營，發動猛烈進攻。吳軍中軍倉促迎戰，很快被打得大敗，四散潰逃。派去迎擊越軍渡河的兩路吳軍急忙回援，又被隨後跟進的兩路越軍掩殺過來，前後夾擊下，也大敗潰逃。不過吳軍畢竟身經百戰，敗不多遠，開始整頓隊伍，準備再戰，結果再次陷入包圍，再次大敗。夫差見無力挽回敗局，只得引敗兵退回吳國都城附近。

笠澤之戰後，吳越之間的軍事力量發生根本性變化，越國不論國力、軍事力量，都佔絕對上風。吳國到此已經無力反攻，吳王夫差坐等死亡而已。

越王勾踐二十二年（吳王夫差二十一年，公元前 475 年），勾踐再次伐吳。吳軍已經無力迎戰，只得退守都城姑蘇。因為姑蘇城城牆又高又厚，再加上城內糧草充足，短時間內很難攻打下來，於是勾踐命令越軍在城外築造簡易城池，做好長期圍困的準備。這場戰爭打了差不多三年。期間，夫差多次派人求和，言辭一次比一次謙卑，但是都被越國拒絕。後來勾踐有點動心了，想要像當年夫差對自己那樣，暫時放過他。范蠡反對，認為："當年天以越賜吳，吳不取，才有今天亡國之禍。現在天以吳賜越，我們怎麼能不取，難道想等着吳國翻過身來再滅掉越國嗎？"勾踐比夫差好就好在，此時還能聽得進忠言，於是繼續進攻。

最後關頭，夫差給范蠡寫信說："我聽說飛鳥盡，良弓藏，狡兔死，走狗烹，敵國覆滅，謀臣必亡。現在吳國已經對越國沒有任何威脅，難道你就不替自己想想，留下苟延殘喘的吳國，好給自己留條後路嗎？"

范蠡知道夫差說的有理，但是並沒有按照夫差的想法去做，而是不斷督促越軍進攻，直到公元前473年，吳國都城被攻破。而這一切，都應驗了當年伍子胥的判斷。夫差見大勢已去，活路已斷，舉劍自刎而死。死前後悔當年不聽伍子胥的忠言，反而逼死伍子胥，遂以袖蒙面，表示死後無顏見伍子胥。

至此，吳國滅亡。

而那位吳國滅亡罪魁禍首之一的伯嚭，到這時還是得意洋洋，認為自己有大功於越國，雖然吳國滅亡了，但自己在越國一樣能吃香的喝辣的。他卻不知道，除了昏聵至極的國君，誰會用這些禍國之人啊。在夫差自刎後，勾踐毫不猶豫地殺了伯嚭。

西施生死之謎

滅吳後的勾踐，挾大勝之威，趁勢北上爭霸。諸侯懼其威勢，奉其為霸主。此時的勾踐，展現出不可一世之態。

范蠡早有去心，見此，遂向勾踐請辭，飄然離去。臨走前給文種寫信說："我聽說鳥盡弓藏，兔死狗烹。越王其人，長頸鳥喙，鷹視狼步，可與共患難而不可共處樂，可與履危不可與安。我要離開了，我勸你也離開吧，不然勾踐一定放不過你。"然而文種沒有聽從范蠡的勸告，認為自己這麼全心輔助勾踐，勾踐怎麼會對不起自己呢？不過心裏也有點不踏實，於是稱病不朝。

疑心重重的勾踐，本來就對雄才偉略的文種很是不放心，現在看文種不來上朝，認為文種有了異心，加上身邊的佞臣一頓讒言，於是招來文種，對他說："當年你給我獻破吳七策，我只用了三策，就滅了吳國。還有四策沒有使用，浪費了太可惜，你說那四策怎麼用好呢？"文種搖頭，表示不知道。勾踐接着說："這樣吧，乾脆你帶着那四策，去地下幫助我的先王戰勝吳國的前人吧（子為我從先王試之）。"說罷，將夫差賜死伍子胥的那把屬鏤劍賜給了文種。文種至此才明白，勾踐是要讓自己自殺。後悔不聽范蠡的勸告，用屬鏤劍自刎而死。

那麼，西施的結局又如何呢？沒有定論，屬於歷史上的一個謎團。有說法認為，西施在迷惑夫差的過程中，真的愛上了夫差。一面是自己的祖國，一面是自己的愛人，西施很苦惱。在幫助越國滅掉吳國後，感覺對不起夫差，於是自殺了。還有說法是，因為西施太漂亮了，勾踐自己，或者勾踐的夫人，或者范蠡，怕勾踐會被西施迷惑，反過來殃及越國，就將西施沉於太湖中溺死。還有一種比較美好的結局是，范蠡當年剛剛見到西施時，二人就互生愛慕，但是為了國家，不得不將感情埋在心底。吳國滅亡的當天，范蠡就找到了西施，二人一起悄然隱遁，駕扁舟消失於煙波浩渺的太湖之中，成了神仙眷屬，從此過上了自由自在的幸福生活。

當然，越國也沒有逃脫衰敗、滅亡的命運，一百多年後的公元前 306 年，越王無疆上了齊國的當，攻打楚國。楚國也早有滅越之心，早有準備。此一戰，越王無疆戰死。因為生前沒有指定繼承人，所以無疆的幾個兒子爭奪國君之位，各自建國，導致越國分裂，大量領土被楚國吞併，越國從此徹底衰敗下來。

商聖陶朱公 | 35

說起來，范蠡也是一個傳奇人物。

范蠡帶着家人離開越國來到齊國，改換姓名，自稱鴟夷子皮（牛皮做的酒器）。在齊國海邊安頓下來後，范蠡帶領着家人開始創業。因為吃苦耐勞，勤於生產，而且聰明、腦子活，范蠡很快就創下了偌大的家業，財產達到幾十萬之多。齊國君臣聽說他的事跡，認為這是一個大賢人，於是讓他做了宰相。

范蠡歎息說："在家則積累千金的財產，做官就達到卿相高位，對於我一個平民出身的普通人來說，已經是人生的最高峰了。但是長久享受這樣的榮華富貴，不是好事啊。"於是，范蠡歸還了相印，將家財全部遣散，送給自己的好友、同鄉，自己和家人只是帶着少量名貴的珍寶，再次悄然隱遁，隱居到齊國的陶地。范蠡認為陶地是整個中原的中心，這裏市場繁榮、交通便利，是做生意的好地方。范蠡改稱自己為"陶朱公"，再次創業。沒多久，再次成為天下首富，家資又累計巨萬。後人尊稱范蠡為"商聖"，陶朱公也成了後世富有商人的代名詞。

陶朱公最著名的就是"救子殺子"的故事。范蠡早前已有兩個兒子，在陶地的時候，又生了個小兒子，後來也慢慢長大了。一次，范蠡的二兒子在楚國殺了人，被抓了起來，有可能被殺死抵命。范蠡準備好千鎰黃金，裝在一輛牛車上，準備派小兒子去楚國上下打點，看能不能救出自己的二兒子。

正準備出發時，范蠡的大兒子回來了，聽說這件事，堅決不同意自己的弟弟去。他認為，三弟年紀不大，閱歷太少，這樣重要的事，萬一辦不好，會害了二弟。而自己常年替父親打理生意，這樣重要的事，應該自己去。沒想到范蠡堅決不同意，執意讓小兒子去。

范蠡的長子認為父親不信任自己，說明自己是不肖之子，與其如此，還不如死了算了。說着就要自殺。這時范蠡的妻子看不下去了，同時不明白范蠡為甚麼非要讓小兒子去？就對范蠡說："你派小兒子去，不一定能救回二兒子，卻先讓大兒子丟了性命，還不如就讓老大去唄。"范蠡無奈，只得同意。他寫了一封信，讓長子交給自己昔日好友莊生，並千叮嚀萬囑咐："到了楚國後，你只需要將千金和這封信送到莊生家，然後一切聽從他的吩咐辦理。千萬記住。"

長子臨走前，為了保險，又特意多帶了幾百金。

到達楚國後，長子去拜訪莊生。在長子的意識裏，名滿天下的隱士莊生的住處即使不是富麗堂皇，至少也應該是清幽雅靜，可沒想到到了莊生家門口，只見荒草遍地，破敗不堪。長子有點懷疑父親的決定是否正確。但是還是拜見了莊生，並呈上了父親的書信和千金。

莊生看完信後，吩咐說："我知道了，你趕快離開楚國吧，不要留在此地，不久你的弟弟就會釋放出來。等你的弟弟釋放後，不要問原因。好了，你走吧。"

長子離開後，不放心弟弟能不能被釋放，雖然沒有再去拜訪莊生，但是也沒有離開楚國，而是私自留下來，又去拜訪了另外的大官，送上厚禮，請求幫助救出自己的弟弟。

莊生雖然窮困，但是在楚國是聞名全國的大賢，連楚王都尊其為師。第二天，莊生進王宮見楚王，說他夜觀天象，對楚國不利，勸楚王應該多多實行仁義道德。楚王點頭認可，然後派使者查封儲存三錢的庫房，準備大施仁政，同時大赦罪犯。

那個收了范蠡長子賄賂的大官聽到這個消息，驚喜地告訴他："太好了，楚王要實行大赦。"長子不明白，高官解釋說："每當楚王要實行大赦時，都會先查封儲存三錢的倉庫。而昨天國君已經下令查封了倉庫，也就是說，用不了幾天，就會實行大赦了。"

范蠡的長子聽到這個消息，覺得既然大赦，那麼弟弟自然就沒事了，在替弟弟高興的同時，又覺得莊生可惡，甚麼也沒幹，白白收受了自己家的千金。

於是，范蠡的長子又一次去拜見莊生。莊生一見，非常奇怪："你怎麼還沒離開楚國？"長子恭恭敬敬地行禮後說："因為弟弟的事情沒有解決，所以不放心離開。現在，聽說楚王要大赦了，弟弟沒事了，我可以離開了，特意向先生來辭行。"

老於世故的莊生，一聽就明白了他的意思，這是嫌自己白拿錢，沒給他辦事啊。於是淡淡地對他說："你送來的千金，原封不動的就在旁邊的屋子裏，你把它拿走吧。"范蠡的長子本來就對莊生有意見，聽莊生這樣一說，也沒客氣，拿着黃金離開了，心裏還暗自高興自己的明智，父親辛苦掙來的千金失而復得。

其實，莊生本來就沒想要范蠡的黃金，之所以收下，只是為了讓范蠡的長子放心，準備事情結束後再如數歸還范蠡的。范蠡的長子也不想一想，如果莊生真的想要錢，別人不說，以楚王對莊生的尊敬程度，還不是莊生想要多少錢，楚王就給多少錢啊。

莊生雖然不在乎錢，可是被小兒輩懷疑、要弄、嘲笑，讓他深感恥辱和憤怒。於是莊生再次進宮見楚王，對楚王說："您要大赦，這是好事，但是現在外面謠傳，您這次大赦並不是為了體恤天下，而是因為陶朱公的兒子殺人後被抓，陶朱公花了很多錢賄賂楚國君臣，所以您這次是為了釋放陶朱公的兒子才大赦的。"楚王一聽勃然大怒，說："我雖然無德，但是怎麼會因為貪圖錢財，為了一個陶朱公的兒子而大赦呢。"於是下令，先殺掉陶朱公的兒子，第二天才下達大赦的詔令。

　　范蠡的長子正得意洋洋，認為自己這件事幹得漂亮呢，沒想到得到的卻是二弟被殺的消息，只得帶着弟弟的屍體和黃金，哭着回家了。

　　回到家後，母親和鄉親都傷心不已，只有范蠡早有所料。他平靜地對長子說："你沒出發時，我就知道你很可能救不回你的弟弟。不是你不愛自己的弟弟，也不是你才能不夠，而是你捨不得。這也是開始時，我為甚麼不同意你去救人的原因。你年幼時就和我一起創業，經過很多艱難困苦，所以對錢財看得很重。而你的小弟則不同，一生下來就十分富有，過着豪富的生活，不知道掙錢的艱難，所以對錢財看得很輕，浪費了也毫不可惜。所以我開始時想讓他去。但是我不讓你去，你又要去死。既然一定得死一個孩子，我只能讓你去試試啊，萬一你要是成功的救出弟弟，不是就圓滿了嗎。可惜啊，還是沒有超出我的預料，不過這也是沒有辦法的事情了。"

　　看來，陶朱公的成功絕不是偶然和僥倖，其對人性的理解，堪稱大師級人物。當然，也有人認為這個故事雖然《史記》中有記載，但應該是憑空捏造的，理由是如果此事是真實的，那麼按照范蠡的才能，一定能完美解決，一個兒子都不會出問題。這就屬於見仁見智了。

贏在人生起跑線上的**智伯**　| 36

　　春秋時期的晉國，其強大是毋庸置疑的，在相當長的時間裏，都處於霸主的地位。然而，隨着時間的流逝，強大的晉國在外表上似乎變化不大，但是其內部卻發生了質的改變。

　　晉國和其他國家一個最大的不同之處在於晉國的公族（國君一脈）勢力非常弱小，取而代之的是六卿家族權力很大。其原因要追溯到晉獻公（晉文公的父親）時期，因為幾次內亂，國君一脈幾乎被殺了個乾乾淨淨。等晉文公做了國君後，開始採用六卿制度。

開始時的六卿制效果很好，其原理有點類似於現今的內閣制，國家具體事務由六卿負責，其中正卿再對國君負責。這一制度有效保證了晉國政務、軍事的發展，使晉國在百餘年的大部分時間裏力壓楚、齊、秦，處於霸主的地位。同時，六卿家族也填補了公族勢力弱小留下的權力空白。但是慢慢的，六卿由原來的能者上，弱者下，十幾個家族競爭其位，變成了幾家世襲，並且六卿家族的權力越來越大。到了晉悼公後，晉國的六卿已經被趙、魏、韓、范、智、中行氏六家所霸佔。當時的晉國，幾乎被六家瓜分，國君漸漸成了傀儡。這還不算，六大家族之間勾心鬥角，爭權奪利，到春秋末期，范氏、中行氏兩家被滅，晉國只剩下智、趙、韓、魏四家卿大夫，其中以智氏最為強大。

此時的晉國，雖然仍然有着廣大的疆域和強大的軍隊，但是因為君權旁落，四家卿士都以自己的家族利益為首，國家已經處於風雨飄搖之中，滅亡只是時間問題罷了。

公元前 456 年，在四卿家族覆滅、瓜分范氏、中行氏的過程中，國君晉出公忍無可忍，約會齊國、魯國，準備借兵討伐四卿。結果四卿怒，反攻晉出公。晉出公大敗，被驅逐，死於逃往齊國的路上。隨後，在智家家主智伯的授意下，擁立晉哀公即位，從此，智伯幾乎獨掌晉國軍政大權。

智伯可以說是非常典型的，贏在人生起跑線上的人物。智伯名瑤，出生在晉國第一大家族的智家，其父為當時智家之主。年輕時的智伯很受父親器重，再加上智伯本人儀態非凡、武藝高超、能言善辯、堅毅果決，表面上看來，可以說幾乎是個完美之人。所以，雖然有人反對，但是還是被順利立為智氏家族的繼承人，並在其父親死後順利掌權。

　　智伯確實是個人物，在接掌智家大權後，展現出其非凡的本領。擁立晉哀公後，智家在晉國可以說是一家獨大，智伯運用手腕，從韓、趙、魏三家口中將范氏、中行氏的領地摳出，幾乎全部歸為智氏所有；與此同時，智伯連連對外用兵，並屢屢取得勝利。在智伯授意或者親自領軍下，晉國一次討伐齊國，兩次攻打鄭國，都取得了大勝，從而威震諸侯，穩定了晉國因內亂造成的不利局面。但是，隨着權力、威望的一步步提升，智伯性格中致命的弱點也暴露無遺，那就是"貪而愎"。所謂貪，就是貪得無厭，好大喜功；所謂愎，就是剛愎自用，驕橫跋扈。

　　大權獨攬的智伯還不知足，他將下一步發展的方向，對準了四卿中的另外三家。此時，正是吳越爭霸之後，越王勾踐北上會盟諸侯，成為中原霸主時期。

　　一次，智伯對趙襄子（趙氏家族負責人）、魏桓子（魏氏家族負責人）、韓康子（韓氏家族負責人）說："我們晉國本來是中原霸主，現在被吳國、越國奪去了霸主之位。我們一定要將霸主之位奪回來。我提議，我們四家，各自拿出一百里的封地和上面的所有戶口，敬獻給國君，以強大國君一脈。這樣才能使國家強大起來。你們覺得怎麼樣？我先做個表率，拿出一個有着萬家戶口的大邑獻給國君。你們呢？"別看智伯說的好聽，他怎麼可能那麼忠心，替國君着想呢？他的目的無非是打着國君的旗號，削弱另外三家，壯大自己而已。

　　另外的三卿也都是老謀深算之輩，哪會看不出智伯的打算。但是實力不足，三家又不齊心，所以雖然滿心的不願意，韓康子和魏桓子還是相繼妥協，把土地和戶口都交了出來。只有趙襄子堅決不同意。智伯大怒，和晉哀公打了招呼後，就準備出兵攻打趙氏。

　　公元前 455 年，智伯率軍攻打趙氏。並嚴令韓氏、魏氏一起派兵。韓康子和魏桓子惹不起智伯，只得率軍和智伯組成聯軍。

韓趙魏 三家分晉 | 37

面對以智伯為首的三家聯軍的進攻，趙襄子知道寡不敵眾，果斷放棄大部分領土，率領兵馬退守晉陽。智伯率領聯軍將晉陽團團圍住。趙襄子採取守勢，堅守晉陽，並不出戰。智伯命人攻城，城上防守非常嚴密，聯軍攻城不下。

這裏，不得不說一下趙氏家族的英明，他們一直對晉陽採取的是比較和緩的統治措施，即所謂的"藏富於民"，所以晉陽百姓對趙氏相當擁護，晉陽也就成了趙氏最穩固的堡壘。城內軍民一心，再加上城高牆厚，智氏聯軍連續猛攻三月之久而不克。智伯見久攻不下且損失過重，不得不改強攻為圍困。這一圍，差不多圍了兩年。晉陽城仍然堅不可破。

智伯見久攻不破，不得不另想他法。一天，智伯出外查看地形，看到晉陽城東北的晉水河，靈機一動，想到一個主意：水淹晉陽。他吩咐士兵在晉水河旁邊另外挖一條河，直通晉陽城下，又在晉水上游築起堤壩，截斷水流。恰好此時正是雨季，大雨連綿，很快晉水上游的水就蓄滿了。智伯命人在水壩上掘開口子，大水直衝進晉陽城去。

水漫晉陽城，城牆只剩下幾尺高露出水面，城中水深達數尺，一片汪洋。以至於"沉灶產蛙"，就是做飯的灶膛成了青蛙的家，人們只能住在樹上或者高地；做飯時只能"懸釜而炊"，就是把鍋吊起來才能做飯；糧食都吃完了，甚至發生"易子而食"的慘劇，但是直到此時，仍"民無叛意"，可見趙氏在晉陽城中的威望之高。

眼見勝利在望的智伯，再次得意洋洋起來，一次在和韓康子、魏桓子一起查看水勢時，指點着大水，對二人說："你們看，晉陽城在大水的攻擊下，眼看就守不住了吧。我以前只知道晉水像城牆一樣能幫助趙氏抵禦敵人，現在才知道，大水也能幫助對手毀家滅國呀。"此時的智伯，頗有幾分勝券在握，指點江山的豪邁之氣。

然而智伯沒看到的是，韓康子和魏桓子並沒有和他一樣，對於即將取得的勝利滿懷興奮，而是面色沉重，互相之間不斷遞着眼色。因為，魏氏家族封邑的主城安邑緊鄰汾河，韓氏家族封邑的主城平陽緊鄰絳河。今天，智伯能用晉河之水淹晉陽，明天就能用汾河之水淹安邑，用絳河之水淹平陽，那麼他們就將是第二個、第三個趙襄子。因此這二人哪還有心思對眼前的勝利高興。並且，即使沒有水淹主城的危機，這次的勝利果實，也必將像前面覆滅范氏、中行氏一樣，全部歸智氏所有，能給他們兩家留口湯喝，就算是智伯給大家好大的面子了。

困於城中的趙襄子並沒有束手就擒，而是積極謀劃自救之策。他手下的門客張孟談有勇有謀，建議趙襄子，韓、魏兩家與智氏面和心不和，可以採用離間計。趁着黑夜，趙襄子派張孟談悄悄出城，遊說韓氏和魏氏。張孟談見到韓康子和魏桓子後，用"唇亡齒寒"的道理勸說二人。早有對付智伯之心的二人和張孟談很快達成協議，韓、趙、魏三家聯手，共滅智家。談好細節後，張孟談回去向趙襄子彙報。

第二天夜裏，趙襄子派人殺掉智伯派去看守堤壩的守軍，用大水反灌智伯的軍營。智伯正在睡覺，突然聽到四面八方喊殺聲不斷，急忙起身觀看。發現軍營中全是水，並且越來越大，最後把兵營全淹了。智伯和智家軍隊正驚慌失措時，韓、趙、魏三家的聯軍，划着趕製出來的小船、木筏衝殺過來。智家士兵已經徹底陷入混亂，根本沒有還手之力，被殺死和淹死的不計其數。智家軍全軍覆沒，智伯也被抓住殺了。

大獲全勝的聯軍趁勢攻入智家封邑，將智家幾乎滅族。韓、魏兩家不但收回了被智伯強佔去的土地，還和趙家一起，徹底瓜分了智家的全部封地。當然，整個過程都沒晉國國君甚麼事。

　　三家瓜分智家之事，發生在晉哀公四年（公元前 453 年）。從此，韓、趙、魏三家鼎立於晉國。後來，三家又把晉國其餘的土地慢慢也瓜分了。到了公元前 438 年，晉國國君晉幽公除了還有絳城和曲沃以外，其餘所有晉國土地都已經被韓、趙、魏三家瓜分。周威烈王二十三年（公元前 403 年），周威烈王封韓虔、趙籍、魏斯為韓侯、趙侯、魏侯，從此，晉國被韓國、趙國、魏國代替，史稱"三家分晉"。公元前 376 年，韓、趙、魏廢黜了晉國的最後一位國君晉靜公，晉國徹底滅亡。晉國，這個曾經風光一時的超級強國，由一個"桐葉封唐"的玩笑而產生，一路走到了霸業的巔峰，最終卻也只是隨風消逝於歷史長河之中了。

　　與"三家分晉"同時，公元前 386 年，齊國的大夫田和（田氏）廢掉國君齊康公（姜姓），並取而代之，史稱"田氏代齊"。"三家分晉"和"田氏代齊"，成為了春秋和戰國劃分的標誌性事件。

　　剛剛進入戰國的時候，還有 20 幾個國家，但是隨着戰爭的不斷進行，經過一輪又一輪的淘汰，形成了以齊、楚、燕、韓、趙、魏、秦這七個國家為主，夾雜着幾個小諸侯國為輔的局面，並且在較長時間內，保持住了這個格局。

士為知己者死的**豫讓** ｜ 38

　　智家被韓、趙、魏三家滅掉後，對於智伯的死，拍手稱快者有之；無動於衷者有之；悲痛異常，立志為其復仇者也有之。那個立志為智伯復仇的人，就是豫讓。《史記‧刺客列傳》、《資治通鑒》上，都較為詳實地記載了豫讓的故事。

　　豫讓，生卒年不詳。原來是范氏、中行氏的家臣，因為不受重視，所以投奔到智氏麾下。智伯對豫讓極其看重和信任，豫讓也對智伯感恩不已，願意為智伯赴死。韓、趙、魏三家聯合滅掉智家後，趙襄子斬殺智伯於晉陽城下，感覺還不解恨，又把智伯的頭顱漆上油漆，做成盛酒的酒器。

智氏家族幾乎全滅，但是豫讓幸運逃過了一劫，隻身藏於深山之中。深山裏，豫讓仰天長歎：“士為知己者死。智伯知我、信我，我即使是死，也一定要給智伯報仇，這樣，死後也就能無愧於天地鬼神了。”就是說，面對着根本無法戰勝的強敵，豫讓沒有苟延殘喘地活下去，更沒有為了自己的幸福生活而屈身事敵，而是選擇了拼死復仇，並且把復仇目標設定為趙襄子。

為了能接近趙襄子，豫讓改名換姓，裝扮成服勞役的奴僕，混進趙襄子府中做苦工。他隨身帶着一把匕首，準備伺機殺死趙襄子。一次，趙襄子入廁方便時，不知是多年征戰獲得的敏銳直覺，還是擁有神奇的第六感，總之趙襄子就是感覺不對，四處查看，發現一個奴僕神色異常，於是命人將這個奴僕抓住搜身，果然搜出隨身攜帶的兇器。

事情敗露的豫讓倒也坦率，坦陳了自己的來歷和準備刺殺趙襄子的前因後果。把趙襄子左右隨從嚇出一頭冷汗，紛紛建議立刻殺掉豫讓，豫讓也坦然等死。估計豫讓在準備復仇的時候，就已經預料到了這個結局，抱着不成功便成仁的想法吧。然而此時的趙襄子卻猶豫了，雖然有點後怕，但很欣賞豫讓的忠義，覺得如此忠義之人，就這樣處死太可惜。仔細思量後，親手釋放了豫讓。希望藉此感動豫讓，投到自己麾下。但豫讓不死心，繼續準備刺殺事宜。

為了讓趙襄子認不出自己，豫讓刮掉眉毛和鬍鬚，用含有毒素的油漆涂在自己身上、臉上，使自己全身長滿膿腫的癩皰，又吞下燒紅的火炭，燒壞了自己喉嚨，來改變自己的聲音。

變得人不人鬼不鬼的豫讓沿街乞討，繼續尋找着刺殺趙襄子的機會。

為了驗證一下自己的改變是不是能瞞過熟人，一次，豫讓乞討時，特意從自己家門前經過。豫讓的變化太大了，以致於他的妻子都沒有認出來。但是還是有一個非常熟悉他的朋友認出了他。朋友驚訝地說："你不是豫讓嗎？你怎麼成了這個樣子？"豫讓向朋友講述了自己所做的一切。朋友聽了，痛心疾首："你呀你呀，你怎麼這麼傻啊？以你的才華和本領，如果假意投靠趙襄子，必定得到他的重用，那時候你再殺他，不說易如反掌，至少機會大了很多。你又何必如此自殘身體，這麼折磨自己，這不是捨易求難嗎？"

沒想到朋友的好心說勸，倒讓豫讓不高興了："你怎麼能給我出這樣的主意？做了人家的臣子，就要忠心對待君主。怎麼能又做人家的臣子，又要圖謀人家的性命，這不是懷着二心去服侍君主嗎？這樣的人和賊寇又有甚麼區別。如果我這麼做，就是敗壞了天下人臣之義。我寧可用現在這種極為艱難、殘酷的做法去復仇，也不能敗壞道德。我這樣做，就是要給現今、後世那些侍奉君主，又懷有二心的人做個榜樣，讓他們感到慚愧。"說完，昂然離去。

經過一段時間偵查，豫讓掌握了趙襄子的行動規律。得知趙襄子即將外出，豫讓就手持寶劍，潛伏在他必經之路的一座橋下。不久，趙襄子騎着馬，帶着衛士從這座橋上經過。然而沒等豫讓出擊，不知是趙襄子直覺還是第六感的神秘現象再次發揮作用，而且這次連趙襄子騎的馬都莫名其妙地受驚嘶鳴起來。趙襄子對左右說："一定又是豫讓想刺殺我。"派出衛士搜索，將豫讓從橋下抓了出來。

趙襄子生氣地問豫讓："你當初也曾經在范氏、中行氏家中做過家臣，為甚麼智伯滅掉范氏、中行氏之後，你不但不報仇，還做了智氏家臣。而現在我滅了智氏，你卻要三番五次地刺殺我呢？"豫讓回答："當初我做范氏、中行氏家臣時，他們把我當做一般臣子對待，所以我也像對待一般人那樣對待他們；而智伯以國士待我，我當然以國士報之。"趙襄子很受感動，希望豫讓能放下仇恨，投靠自己。豫讓拒絕了。趙襄子歎息道："你為智伯竭忠盡義，我也曾赦免了你，也算仁至義盡了。今天我不能再放你走了。"豫讓從容回答："我理解您的苦衷。今天我死在這裏，也算死得其所。不過我有一個不情之請，如果您能將您的衣服給我一件，讓我刺上幾劍，了我復仇的心願，那樣我就是真的死而無憾了。"

趙襄子非常讚賞豫讓的忠義之心，於是脫下自己的外衣，讓從人遞給豫讓。豫讓拔劍三躍而擊衣，高呼："我報答了智伯的知遇之恩，可以無愧於九泉之下了。"說完，從容自刎而死。

說起來，豫讓在歷史上算不上甚麼大人物，其所作所為也並不是為國為民，只是出於個人的報恩心理。但是豫讓的作為，卻是完美詮釋了"忠義"的含義，體現出"士為知己者死"的品格。智伯尊重他，以國士待他，他則以生命回報這份尊重。他不是一個成功的刺客，但卻擁有着完整的人格，是一個有操守、有人生理念的人。尤其是他寧可選擇艱難、殘酷的復仇方式，也不做二心之臣的做法，更體現出堅守自己的道德理念，無論成敗，絕不違背自己做人的原則。也正是因為如此，豫讓名垂千古。

墨子的故事 ｜ 39

春秋戰國交替之際，湧現出很多了不起的人物，墨子就是其中之一。

墨子，生卒不詳，大約為公元前 480 年—公元前 390 年。墨子名翟，宋國人，也有說是滕國人。他是宋國貴族目夷（宋襄公的哥哥）的後代，只是後來家族由貴族降為平民。按照這個說法推論的話，其實孔子和墨子是同一個祖先，他們還有親緣關係。

當然，年代隔得有點久而已。

　　墨子是墨家學派的創始人，鼎盛時期的墨家，是和儒家相對立的最大的一個學派，與儒家並列為"顯學"，有"非儒即墨"之稱。

墨家的主張

　　落魄貴族的後裔，但是平民出身的墨子，少年時既有機會受到教育，又做過很多窮人家孩子做的事情，放過牛，做過木工等。特殊的經歷，使成年後的墨子成了一個了解、同情百姓的士人，被稱為"布衣之士"。

　　青年時期的墨子，穿着草鞋，行走天下，在各地遊學。墨子曾經從師於儒者，學習儒家經典，接受孔子言論的教誨。但是不同的人生經歷，使墨子只能接受部分儒家的理念，如仁、義、慈、孝等。最終，墨子放棄儒學，另立新說，並在各地聚眾講學，猛烈抨擊諸侯國之間的不義戰爭和對內的殘酷統治。大量的下層士人和手工業者開始追隨墨子，墨子也廣收門徒，逐漸形成了聲勢浩大的墨家學派。墨子本人在廣收弟子，壯大墨家學派的同時，一直不遺餘力地反對侵略戰爭。

　　墨家學派宣揚仁政，其十大主張為：兼愛、非攻、尚賢、尚同、尊天、事鬼、非樂、非命、節用、節葬。其核心為兼愛、非攻。同時，墨子認為，要根據不同國家的不同情況，有針對性地選擇十大主張中最適合的方案。如國家昏亂，就選用"尚賢"、"尚同"；國家貧弱，就選用"節用"、"節葬"等等。

　　墨家與其說是一個學派，不如說是一個初具宗教性質的團體。他們有嚴格的組織紀律，其最高首領稱為"矩子"（巨子、鉅子），成員稱為"墨者"。所有墨者必須服從矩子的指揮，"赴湯蹈火，死不旋踵"。所有墨者須穿短衣、草鞋，要參加必要的勞動，以吃苦耐勞為榮耀。如有違背，輕者除名，重者處死。

　　墨家的第一任矩子是墨子，有記載的繼任者有孟勝、田襄子、腹等。因為嚴格的組織性和紀律性，再加上墨家學派在墨子的帶領下多次參與抵禦外敵入侵的戰鬥，所以，墨者的戰鬥力很強。而且墨者崇尚信義，行動果斷，為了解救別人的危難，哪怕付出性命也在所不惜。所以，在墨子晚年的時候，墨家學派已經和儒家學派齊名，並稱百家學派之首，其影響力在戰國時期的百家學派中一時無兩。

墨子死後，墨家弟子仍然"充滿天下"、"不可勝數"。可惜的是，墨家分裂為相里氏之墨、相夫氏之墨、鄧陵氏之墨三個學派，並互相攻擊。內部的鬥爭和分裂，大大削弱了墨家學派。到了漢代，墨家學派就已經消亡於歷史長河之中了。

墨子作為開宗立派的宗師級人物，擁有極高的個人能力和人格魅力，是當時著名的哲學家、思想家、教育家、科學家、軍事家。墨子主張"兼愛、非攻"，所謂"兼愛"，就是平等、博愛；所謂"非攻"，就是反對戰爭，提倡和平。

同時，墨子也知道，光講大道理，那些諸侯、國君是不會聽從的，因而主張"深謀備禦"，就是積極防禦敵人的入侵。為了實現這個主張，墨子提出了非常完備的防禦策略。包括防禦理論、防禦指導思想及具體的防禦作戰原則和方法。墨子的防禦理論在中國兵學史上佔有重要地位，以致於後來稱呼牢固的防禦為"墨守"。這一理論與孫武子以進攻為主的理論互為補充，對我國傳統兵學的發展起到了極為重要的貢獻。

因為墨子強大的人格魅力，吸引了大批的追隨者。相傳其首席大弟子禽滑釐，就曾經是儒家弟子，是子夏的學生，後來轉投墨家，潛心墨學，"事墨子三年，手足胼胝，面目黧黑，役身給使，不敢問慾。"

為了阻止戰爭，墨子到過很多國家，或者勸阻，或者幫助。各國君主也見識了墨子的才能，都想將墨子招攬到自己麾下。墨子早年曾經在宋國做過大夫，後來離開了。楚國、越國都曾經許以高官、封地，邀請墨子來輔佐自己。但是墨子在意的並不是這些，而是自己的理念和政治抱負，所以每次面對招攬，墨子都以國君能否聽從自己的思想主張（兼愛、非攻）為前提條件。當然，都遭到了君主的拒絕。君主們看中的只是墨子在軍事方面的才能。墨子也就都沒有去那些國家做官。可以說，墨子在以一己之身對抗整個時代的戰爭狂潮。

作為哲學家和教育家，墨子見人染絲，發出感慨："白色的絲，用青色染，就變成了青色，用黃色染，就變成了黃色。染料的顏色變了，絲的顏色也就變了。人性也是如此，選擇要慎重啊。"確實，尤其是孩子們，就像白色的絲一樣，其未來的發展，全看如何教導，需萬分慎重。

墨子與公輸盤的較量

公輸盤，就是人們熟知的魯班，建築工匠、木匠的祖師，傳說中最為手巧的人，有大量的發明創造，像能載人的風箏（後來被傳成會飛的木頭鳥）、代替人工作的機器人（木人）、水鴨子（古老的水平儀），以及攻城用的雲梯、研磨穀米的磨、鋸子等等。

一次，楚國（應該是楚惠王時期）想要攻打宋國。因為城池的守護，使得進攻方處於極為不利的局面。那時的攻城戰，經常需要圍城達數年之久，像勾踐攻打吳國都城姑蘇、智伯攻打趙襄子的晉陽城等，都是強攻不下，只能慢慢圍困。為了改變這種不利局面，楚國請來公輸盤。公輸盤替楚國製造了雲梯這種攻城利器，大大方便了進攻。楚國厲兵秣馬，就等大規模配備好雲梯之後，進攻宋國。

反對侵略戰爭的墨子聽到這個消息，從魯國出發，星夜兼程十天十夜，趕到楚國都城郢都，準備阻止這場戰爭。

墨子先去見公輸盤。墨子沒有一上來就指責、勸導公輸盤，而是請求公輸盤幫助自己，殺掉一個欺侮了自己的人，公輸盤當然不會同意。墨子又表示可以給一大筆錢，公輸盤更不高興了，說："我有自己的道義需要遵守，不能無故殺人。"

墨子等的就是這句話，馬上表示贊成、敬佩，然後話鋒一轉說："但是我聽說你在幫助楚國製造雲梯，用來攻打宋國。宋國有甚麼罪呢？你既然崇尚道義，不願意幫我殺死一個人，那麼為甚麼幫助楚國殺死很多的宋國人呢？那些宋國人雖然不是被你直接殺死，但是他們卻因為你製造的雲梯被殺死，這和被你殺死又有甚麼區別？為甚麼這時候你就不遵守你的道義了呢？"

公輸盤啞口無言。但是隨後表示這件事已經不是自己能做主的了，因為自己製造的雲梯已經交給了楚王。墨子於是讓公輸盤引見自己去見楚王。

墨子見了楚王，還是先用比喻的方式入手。墨子問楚王："有這麼一個人，他家裏有華麗的車子不要，卻想去偷鄰居的破車；自己有華美的衣服不穿，卻想去偷鄰居的粗布短衣；自己家裏有精美的飯食不吃，卻想去偷鄰居的粗劣飯食。您說，這是一個甚麼人呢？"楚王回答："這一定是個患了偷竊病的人。"

墨子同意楚王的觀點，接着說："現在，楚國的土地方圓五千里，宋國的土地方圓只有五百里，就像華美的車子和破車的對比；楚國物產豐富，物阜民豐，宋國國土貧瘠，更沒有甚麼出產，就像華美的衣服和粗布短衣，精美的食物和粗劣飯食對比。現在大王您派兵攻打宋國，正是和那個患了偷竊病的病人一樣的行為啊。"

楚王被墨子說的無言以對。但是軍國大事怎麼可能憑墨子幾句話就改變，楚王索性蠻不講理起來，表示公輸盤已經給我製造好了雲梯，這次軍事行動已經展開，不能停止，一定要去攻打宋國。墨子當然也沒有天真地認為憑藉自己的大道理和幾句話，就能消弭這場戰爭。於是墨子提出，既然公輸盤這麼有本領，自己要和其比試一番攻守之戰。

　　墨子解下衣帶，在地上圍成一個圈，當做城牆，用木片當做守城器械，兩個人像下棋一樣在楚王面前演示起來。公輸盤使盡渾身解數，利用自己發明創造的各種攻城器械，多次巧妙攻城，但是都被墨子輕鬆抵禦住。最後公輸盤的攻城器械用盡了，墨子的抵禦器械還有很多剩餘。公輸盤只得認輸。

　　公輸盤服了，不過想了一下又說：“我知道一種能打敗你的方法，可是不能說。”

　　墨子微微一笑說：“我知道你說的這種方法，可是我也不說。”

　　這倆人明白了，可楚王還糊塗着呢，連忙問到底是甚麼辦法。公輸盤還在猶豫要不要說，墨子先開口了：“公輸先生的意思，不過就是現在直接殺了我。殺了我，宋國就沒有這樣高水平的守城之術了，這樣就可以攻取宋國了。”

　　楚王眼睛一亮，好辦法啊！

　　墨子卻接着說道：“不過還是沒用。因為我的學生禽滑釐等三百人，已經拿着我的守城器械，在宋國的城牆上，等着楚國的入侵了。所以你們即使殺了我，也殺不盡宋國的抵禦者啊。”

　　楚王最後只能無奈表示，取消這次入侵宋國的計劃。就這樣，墨子憑藉自己和眾弟子成功阻止了一場戰爭。然而，墨子的整體思想是不可能被當時的各諸侯國國君們認可的。

　　墨子死後，他的弟子們將他的言行整理成《墨子》一書。

西門豹治鄴 | 40

三家分晉後，為了生存和發展，韓、趙、魏三國都雄心勃勃，銳意進取。其中魏國因為地處中央，屬於四戰之地，四面受敵，同時也可以四面發展。魏國的建立者魏文侯，成為戰國時期最早變法圖強的君主。魏國在他的治理下，呈現出勃勃生機。當時的魏文侯手下，能臣名將雲集。翟璜為相，樂羊為將，李悝負責法律。而西門豹，也是其中一員。

西門豹其人，文武全才，頗有智謀，既能領兵作戰，又精通民政管理。他曾經在樂羊手下為將，立下過赫赫戰功。當時魏國鄴郡的郡守出現空缺。而鄴郡與韓國、趙國相鄰，形勢非常複雜，郡守不但有治理地方之職，還有守土之責。相國翟璜認為此地的郡守非西門豹不可，魏文侯同意了。

西門豹到達鄴郡後，發現這裏田地荒蕪、人煙稀少，百姓流離失所，生活非常困苦。便找來當地德高望重的人，詢問他們造成這種慘狀的原因。這些人滿面愁容地訴說了原委。

原來當地毗鄰漳河，經常發大水，每到漳河泛濫時節，大水四溢，衝毀田地，淹沒房屋，逃避不及的百姓也多有淹死的情況發生。當地的三老（掌教化的鄉官）、官吏、富戶等人，打着治理水患的名義，每年都要從百姓手中徵收大量的賦稅。但是這些人將百姓的錢搜刮走之後，不但不用於治理河水，反而和巫祝（負責占卜祭祀的人）勾結，用“給河伯娶媳婦”的方法禍害百姓。

所謂給河伯娶媳婦，就是每年到了固定時間，有專門的女巫到百姓家裏巡查，看到誰家的女孩子漂亮，就會認定“這個女孩子適合給河伯做媳婦”，然後將女孩子帶走，讓她住到專門的地方。等到正式的日子，就會張燈結綵的將那個女孩子帶到河邊，一番禱祝儀式之後，將她放到一張大蓆子上面，推入水中，任其順水漂流，慢慢的蓆子沉沒，女孩子也就被淹死了。這時三老、巫祝等人就會說是將這個女孩子送去給河伯做媳婦了，河伯會保佑我們不受水患了。

這幫人每年搜刮上來的錢財有幾百萬，只需要花費其中的二三十萬用於給河伯娶媳婦，其餘的錢就全都貪污了。當然，漳河水該泛濫還是照常泛濫。百姓們既苦於水患，又屢受盤剝，尤其是有女兒的人家，更是擔心巫祝將家裏的女兒嫁給河伯。如果是有錢人家還好辦，花些錢讓別人家的女兒來替換，就能保住自家女兒的性命，但是窮人家就只能眼睜睜看着女兒去送死了。所以越來越多的人逃離此地。正是因為這些原因，這裏變得越來越荒涼，越來越貧苦了。今年給河伯娶媳婦的日子已經快到了，將要被送進河裏的女子也已經選好了。

西門豹聽了，想了想，沒有表態，只是表示，等到了給河伯娶媳婦那天，自己要親自去參加。

到了河伯娶親這天，西門豹與大家一起來到河邊。主持儀式的女巫也來了，是個老巫婆，帶着十來個女弟子，"河伯的媳婦"就在她們後邊的帳子裏。

這時，西門豹說話了："將河伯的媳婦帶過來，讓我看看長得是不是漂亮？"有人將那個女子帶過來，西門豹一看就皺起了眉頭，轉過頭對三老、巫祝等人說："這個女孩子一點也不漂亮，怎麼能給河伯當媳婦呢？會惹河伯生氣的。這樣吧，麻煩大巫婆辛苦一趟，去和河伯說一聲，就說我們需要重新找一個漂亮的女孩子給他做媳婦，請河伯耐心等幾天。"說完，不等老巫婆反應過來，就命令差役抱起她，扔進了滔滔大水中。

過了一會兒，沒見老巫婆"回來"，西門豹又轉身說："怎麼這麼久，可能是她年紀大了，動作慢，讓她的弟子們去催催她吧。"於是，又接連拋下去三個女弟子。

過了一會兒，西門豹又說："看來巫婆、弟子都是女人，可能和河伯說不清楚，那就再麻煩一下三老吧。"說着，就命人將三老也扔進漳河。

西門豹恭恭敬敬地等在河邊，又過了一會兒，轉身過來說："怎麼巫婆、三老都不回來？看來還得派人去催一下。"西門豹邊說邊將眼光看向河邊的地方長老、官吏等人，這些人嚇得跪在地上，磕頭出血，臉如死灰。

從此以後，再也沒有人敢提給河伯娶媳婦這件事了。

當然，破除了陋習只是開始，解決水患才是根本。於是，西門豹大規模徵發民夫，沿着漳河開挖了十二條河渠，將漳河水引來灌溉農田，變水患為水利。但是因為工程浩大，時間又長，百姓們不理解，有很多怨言。西門豹頂住了壓力，向大家解釋："現在大家可能因為勞苦受累而對我有怨言，但是我相信，將來你們的子孫後代，因為今天的工程而過上好日子的時候，一定會感激今天大家所做的一切。"

果然，引漳十二渠修建成功後，大片田地成了旱澇保收的良田，老百姓因此家給戶足，日子越來越好過。很多原來逃離的人也紛紛回到自己的家園。

在破除陋習、大力興修水利、發展生產的同時，西門豹還實行"寓兵於農、藏糧於民"的策略，使得鄴郡民富兵強，成為魏國最重要的城郡之一。

可惜，西門豹的結局非常悲慘。因為在興建引漳十二渠時徵用了大量民夫，加重了當地百姓的負擔，所以引起了一些怨言。再加上西門豹的所作所為，得罪了當地很多鄉紳富戶，所以有人趁機大造謠言陷害他。魏文侯相信西門豹，沒有治罪。但是到了魏武侯時期，又有人舊事重提，加上佞臣讒言陷害，西門豹慘遭殺害，含冤而死。西門豹雖死，但他的事跡千百年後仍被人們津津樂道。他主持興建的引漳十二渠，當地人們一直使用了超過千年。司馬遷在《史記》中評價西門豹為："名聞天下，澤流後世，無絕已時，幾可謂非賢大夫哉？"

俠義剛烈，**聶政**刺韓傀 | 41

說起來，《史記》的作者司馬遷也是個妙人，他在皇皇巨著中，除了記述帝王將相、公子王孫外，還用頗多的筆墨記述了販夫走卒、市井遊俠、刺客殺手、商賈巨富等底層人物。聶政，就是司馬遷筆下刺客的代表人物。

三家分晉後，韓、趙、魏各自發展。韓國到了韓烈侯做君主時，相國是他的叔父韓傀（字俠累）。韓烈侯算不上明君，政令混亂。韓傀更算不上賢臣，專權跋扈。

當時，朝中大臣嚴遂（字仲子）頗得韓烈侯的信任。嚴仲子性情剛直，經常勸諫韓烈侯，對韓傀也經常直指其非，彼此難免發生摩擦和矛盾。最激烈的一次，韓傀當着韓烈侯的面，蠻不講理，大肆斥責嚴仲子，氣得嚴仲子拔出寶劍要和韓傀拼命，所倖被人勸住。冷靜下來的嚴仲子意識到自己的莽撞，按照韓傀睚眥必報的性格，自己恐怕性命難保，不得不連夜逃亡。

有家不能回，有國不能奔的嚴仲子，恨透了韓傀，於是四處尋覓勇士，準備殺死韓傀，洗雪這份恥辱。後來，嚴仲子到達齊國，聽說有個勇士叫聶政，為人仁孝俠義，且武藝高強，於是登門拜訪。

聶政本是魏國人，因為抱打不平而殺人，後帶着母親和姐姐聶榮躲避到齊國，靠屠狗賣肉來贍養自己的母親和姐姐。

嚴仲子尋找到聶政的家裏，幾次帶着重禮登門拜訪，對聶政謙恭和藹，禮賢下士，對聶政的母親也執禮甚恭。在聶母過生日時，還獻上黃金百鎰，作為壽禮。

嚴仲子的舉動令聶政大為吃驚，堅辭不受，並詢問緣故。聶政說："我只不過是個市井之間屠狗賣肉的屠夫，能得到您這樣的貴胄卿相紆尊降貴結交，已經受寵若驚了。怎麼能再收您的重禮呢？況且，我雖然無能，但是賺錢奉養母親，還是能做到的，不敢接受您的賞賜。"

嚴仲子簡單說明了自己的遭遇，並表示，結交聶政只是因為聶政為人孝母，且俠義無雙，出於敬仰，別無所求。聶政明白了嚴仲子的意思後表示，自己有老母親需要贍養，只要母親健在，自己的性命就不能輕易托付給別人。嚴仲子表示並不在意，堅持讓聶政收下贈金，聶政堅決不收。不過經此一事，二人結為好友。

時隔不久，聶政的母親去世了。嚴仲子花了很多錢幫助聶政葬母，並親自執子姪之禮，守靈問喪。聶政感激在心，不過並沒有說甚麼。

母親去世後，聶政守孝三年。期間，聶政的姐姐也出嫁了。守孝期滿後，聶政脫下孝服，收拾行囊，準備回報嚴仲子的恩情。

士為知己者死。沒有了後顧之憂的聶政來到濮陽，見到嚴仲子詢問詳情。得知前因後果後，為了保密，聶政謝絕了嚴仲子提供死士相助的建議。聶政認為，如果此事洩露，不但難以刺殺韓傀，嚴仲子還會非常危險。於是，他隻身獨劍前往韓國都城。

韓傀身為韓國相國，家中當然是武士林立、護衛森嚴。這一天，韓傀正高坐於府中，身邊幾十名手持長槍大戟的衛士保護。此時，聶政仗劍直入韓府，迅速衝向韓傀，眾多衛士反應不及，只見聶政一劍刺入韓傀胸膛，韓傀當時斃命。

韓府頓時大亂，衛士們一擁而上，圍攻聶政。聶政抖擻精神，揮舞長劍，連殺數十人後，眼見衛士越聚越多，衝殺不出去，為了不給自己的姐姐招來災禍，遂倒轉寶劍，用劍尖劃破自己的面頰，剜出雙眼，再用劍刺入自己肚腹，腸子流出後死去。

官府不知聶政身份，遂將他的屍體擺在大街上，千金懸賞知情者。

聶政的姐姐聶榮聽到這個消息後，哭着對人說："這一定是我的弟弟聶政。當年嚴仲子以國士之禮與我弟相交，我弟這是以死報答他的知遇之恩吶。我要去相認。"有好心人勸阻："這是殺死韓國相國的兇手，如果被韓國知道了他親人的下落，一定免不了重罪，你怎麼能自投羅網呢？"聶榮回答："我們的父母已經不在了，他這樣毀壞自己的臉，讓別人認不出他，就是為了不牽連我。我怎麼能因為害怕受牽連，而讓我弟弟的英名被埋沒呢。"

聶榮到韓國都城後，認出刺客果然是自己的弟弟，撫屍痛哭，大聲道："這是我的弟弟聶政。"說完後，自殺於聶政屍體旁邊。也有說法為聶榮悲傷過度，死於弟弟屍體旁邊。

世人感歎，不但聶政勇猛，他的姐姐也是個剛烈女子啊。有人感其姐弟俠義，收斂了二人的屍首，厚葬之。

戰神**吳起**的故事 | 42

戰國初期，群星薈萃。其中，兵家出了一個幾乎能與"兵聖"孫武比肩的人物，那就是可以被稱為"一代戰神"的吳起。

吳起（公元前 440 年－公元前 381 年），衛國人。縱觀其一生，可以說是文武全才、百戰百勝。但同時，他也是個極富爭議的人物，史書對其評價褒貶不一。

吳起練兵、用兵皆如有神助，而且愛兵如子，"食人炊骨，士無反北（背）之心"；尉繚子讚其為："有提七萬之眾，而天下莫當者誰？曰吳起也。"《吳子》一書中描述吳起："與諸侯大戰七十六，全勝六十四，餘則鈞解（不分勝負）。闢土四面，拓地千里，皆起之功也。"吳起最輝煌的一戰，曾經率領不足七萬魏軍，正面擊敗五十萬秦軍。

此外，吳起還是一名政治家、改革家，曾經幫助魏國、楚國實行改革，富國強兵。但是，吳起極度貪戀功名，並且為了求取功名不擇手段。史載他曾經殺妻求將、為子不孝、貪而好色，且用兵殺伐無度，可以說是殺人盈野、生靈塗炭……

殺妻求將

　　吳起出生在一個"家累千金"的巨富之家。吳起本人也是個少年天才，弱冠"習武"，沖齡可以"談兵"。然而，青年時期的吳起，為了功名四處奔走、多方打點，直弄得傾家蕩產，也沒撈上一官半職。

　　吳起的行為受到很多人嘲笑，甚至惡意誹謗。憤怒中的吳起，殺了侮辱、誹謗他的三十多人，然後逃離家鄉，"殺其謗己者三十餘人，而東出衛郭門"。臨走前，吳起跪在母親面前，咬下自己胳膊上的一塊肉，交給母親，並對天盟誓："不當卿相，絕不回衛。"

　　離家在外的吳起，先拜入儒家門下，師從曾參之子曾申。有很多資料寫成吳起拜曾參為師，其原因是史料記載吳起"遂事曾子"，沒說"曾子"的具體名字。其實按照時間可以很簡單推斷出，吳起不可能拜師於曾參。因為曾參死於公元前 435 年，吳起出生於公元前 440 年，也就是說，曾參死時，吳起只有五歲，和史料中記載的成年後就學於曾子的記載不符。故吳起拜的老師應該為曾參之子曾申。

　　後來，吳起的母親去世，吳起沒有回家奔喪守孝。曾申非常憤怒，認為吳起不孝，不配做儒家弟子，就將他趕出師門，和他斷絕了師生關係。當然，此時的吳起，估計也是心中悲苦又迫於無奈。一是身上背着三十幾條人命呢，怎麼敢回去？回去估計就會被抓起來砍頭；二是誓言沒實現。

　　被老師趕出儒門後，吳起以文改武，棄儒學兵。聽說魯國正在招募賢才，吳起就來到魯國。一番折騰後，經相國公儀休介紹，吳起成功進入魯穆公的眼中，做了魯國的下大夫，從而進入軍界，成了一名低級軍官。

　　不久，齊國派大軍討伐魯國。魯國卻沒有出色的統帥，魯穆公心急如焚。這時，相國公儀休再次推薦吳起，認為吳起是當世奇才。但是魯穆公卻搖頭反對說："我知道吳起有才，但是他的結髮妻子是齊國人，用他為將與齊國交戰，他會給魯國賣命嗎？萬一他要是偏向齊國，那時候，我們魯國就慘了。"

一心出人頭地的吳起，聽到齊國進攻的消息，大喜過望，認為自己飛黃騰達的機會來了，焦急等待着領軍出征的命令。可是，偏偏得到了魯穆公對他不信任的消息。

怒火中燒的吳起，怎能容忍因為一個女子，破壞自己好不容易等來的機會？他怒衝衝持劍回家，手起劍落，殺死自己的妻子，並割下妻子的人頭來見魯穆公，表達自己的忠心。

魯穆公看着滿身鮮血的吳起和地上的人頭，又驚又怕，又有些厭惡，對公儀休說："吳起殺妻求將，心不可測啊。"公儀休勸說魯穆公："吳起此人，功名心極重。如果您不重用他，那麼他必將反過頭來幫助齊國，那對魯國來說，可是更大的災難啊。"魯穆公迫於無奈，只得任命吳起為大將軍，率兵兩萬，抗擊齊軍。

吳起雖然人品不佳，但領軍作戰卻是真正的天才。吳起治軍，軍令森嚴，並處處以身作則，而且吳起愛惜士兵，與最低級的士兵同甘共苦。很快，就獲得了魯軍全軍上下的一致擁戴。

到達前線的吳起，並沒有急於和齊軍交戰，而是採用"示敵以弱"的計策，做出一副不敢和齊軍交戰，希望談判的架勢，然後將精銳士卒隱藏起來，卻將老弱殘兵擺到明面上。本來就有些瞧不起魯軍的齊軍，見此情景，越發驕傲起來。吳起則趁着齊軍麻痹，親率精銳士卒，突然發起猛攻。吳起此舉，打了齊軍一個措手不及，陣腳大亂，繼而潰敗。吳起乘勝追擊，齊軍死傷無數。

魯軍大獲全勝，魯穆公大喜，封吳起為上卿。

吳起，終於開始走向人生的輝煌。然而，吳起極端的為人處世風格，注定了其一生不會是一片坦途。

在魏國崛起

功成名就的吳起，引起很多魯國大臣的嫉妒和不滿，紛紛在魯穆公耳邊說他的壞話。因為"殺妻求將"，魯穆公本來就不怎麼喜歡吳起，現在加上不停有人說他的壞話，魯穆公對吳起越發冷淡起來，後來索性罷免了他的兵權。

在魯穆公看來，吳起是衛國人，並且在衛國犯有殺人罪，長期重用他，會損害魯、衛兩國的感情。尤其重要的是，魯穆公認為魯國不過是個小國，沒有爭霸的野心，如果長期重用吳起這樣的戰爭狂人，對魯國而言弊遠大於利，甚至還會將魯國送入滅國的深淵。從國君的角度來看，魯穆公的想法不能說沒有道理。

剛剛登臨人生一個小高峰的吳起，就這樣莫名其妙的又掉了下來。當然，這些小小的磨難，澆不滅吳起心中熊熊燃燒的"功名"之火。見魯國事不可為，吳起又將目光瞄向了其他國家。恰逢此時，魏國新立，魏文侯雄心勃勃，招兵買馬、招募賢人，準備大幹一番。

公元前 409 年，已過而立之年的吳起，輾轉來到魏國。吳起和魏國的相國李悝，曾經同在曾申門下求學，算是同學關係。因為率領弱小魯軍大敗齊軍，吳起此時已經算是名滿天下，魏文侯也早就聽說過他的大名。現在見吳起來投，就向李悝詢問吳起為人如何。李悝坦率直言："起貪而好色，然用兵司馬穰苴（春秋時期齊國名將）不能過也。"李悝實事求是地說出了吳起的優缺點。當然，李悝所說的吳起的貪，並不是一般意義上的貪圖錢財，而是貪圖功名。吳起本來"家累千金"，為了功名散盡家財，怎麼可能貪財？而且按照史書記載，吳起治軍廉潔，"盡能得士心""為人節廉"。吳起一生追求的只有"功名"二字而已。

了解了吳起之後，魏文侯以非常隆重的禮節，在宗廟裏正式接見了他。在當時，君主在宗廟裏接見臣子，是最高規格的禮遇。魯國的冷淡和魏國的熱情，讓吳起感慨不已，深感知遇之恩的吳起也傾盡平生所學,向魏文侯闡述自己的治國、治軍主張。

魏文侯見吳起果然有真才實學,心中大喜,直接任命他為大將軍。

再次領軍的吳起,仍然保持着與士卒同甘共苦的特色。身為大將軍的他,和最低等的士卒穿一樣的衣服,吃同樣的食物,睡覺時不鋪墊褥,直接睡在地上,行軍時不騎馬乘車,並且親自背着自己的行軍口糧。甚至,有士卒傷口感染化膿(卒有病疽者),吳起用嘴為他們吸吮出膿汁。而且吳起為將公平、廉潔,很快就贏得了所有將士歸心,願意為他效命。

上下一心的魏軍,在吳起的帶領下,先後攻取了秦國五座城池,打得秦軍望風而逃,不得不退守至洛水一線,沿河修建防禦工事以抵擋魏軍的進攻。魏國則全面佔據了原來屬於秦國的河西地區,並設立西河郡。因為西河郡直面秦國、韓國,再加上剛剛從秦國手裏奪得,秦國隨時可能發起報復行動,所以,郡守的職位必須派一得力之人才行。於是,魏文侯任命吳起為西河郡郡守。

此時的吳起,再次登臨人生新的高峰,身為封疆大吏且手握重兵,又為國君倚重,吳起所期盼的人生光明之大幕,徐徐拉開。

雄心勃勃的吳起,當然不會辜負這來之不易的機會。擔任西河郡守期間,他一面發展生產、整頓吏治;一面用儒家思想教育、安撫百姓,同時修築城池,做好抵禦秦國的準備。最重要的,吳起開始改革魏國軍制,按照自己心目中理想軍隊的樣子,創立了武卒制,也就是後世為人所津津樂道的"魏武卒"。

無敵勁旅之魏武卒

為了訓練出自己心目中理想的強軍,吳起開始在魏國實行"武卒制"。"武卒制"的核心就是精兵,以真正意義上的精兵代替原來靠士兵數量來取得戰爭勝利的方法。

吳起變徵兵制、僱傭制為募兵制,開始實現農、兵分離,出現了專業的士兵。為了保證質量，所有士兵都必須接受嚴格的軍事考核，考核通過，才能被選入"武卒"。

當然，"武卒"的待遇也非常優厚，會分得百畝土地，並免除其全家的徭役租稅，而且"武卒"可以通過軍功獲得升遷，甚至能獲得爵位，進入貴族階層。

"武卒"的具體考核標準，按照《荀子·議兵篇》記載："魏之武卒以度取之，衣三屬之甲，操十二石之弩，負矢五十，置戈其上，冠胄帶劍，贏三日之糧，日中而趨百里。"就是說，士兵全身上下穿三層甲（包括上身甲、股甲、脛甲），操十二石弓弩，背着五十支箭，肩扛長矛，頭戴鐵盔，腰挎長劍，再隨身背着三天的乾糧，在半天之內，能急行軍百里者，屬於合格。

這個標準，主要考察的是負重奔跑能力，也就是體力和耐力。戰國時期的"里"比現在的華里略短，按照稍後的秦國商鞅規定，"六尺為步，三百步為一里"，折合成現在的尺寸，一里大約400多米。所以百里，折合成現在也要40多公里，應該略長於標準馬拉松的距離。因為沒有詳細的數據，魏武卒所攜帶的物品的總重量不太好計算，但應該不少於25—30公斤。在這種負重下，半天跑完一個馬拉松，其體力之好可想而知。

光有過人的體力還不夠，吳起在組織起魏武卒後，制定了嚴格的軍紀，要求士兵必須堅決服從指揮，"有令則行，有禁則止"。又聘請了專職教練，對士兵進行嚴格的軍事訓練，包括單兵格鬥技能、陣法訓練、隊列訓練等。

吳起還充分發揮中下級軍官的積極性、主動性和帶頭能力，一人學成，教成十人；十人學成，教成百人……萬人學成，教成三軍，使這支部隊的素質迅速提高，很快形成了強大的戰鬥力。

同時，吳起還根據士兵不同的特長，將他們分成不同的戰術小隊，像擅長近戰的；擅長弓弩的；擅長速度的等等。作戰時，根據戰場需要搭配不同的小隊，協同作戰。

所謂"工欲善其事，必先利其器"，吳起又為魏武卒量身打造了配套的、最為先進的鎧甲和兵器。戰國時，鐵器已經逐漸推廣開來，而當時的冶鐵中心就在韓、魏，魏國的兵器製作技術更是稱雄當世。在這樣有利的條件下，吳起給魏武卒配備了精良的鐵質裝備，史稱魏軍"甲兵犀利"。

裝備精良的魏武卒，以重甲步兵為主要組成部分，這在以車戰為主要戰爭手段的當時，可以說是獨一無二的。其他國家即使有這個能力，也沒有這個膽量訓練這樣一支部隊。

因為選拔條件高，加上日常訓練、戰鬥裝備的成本非常昂貴，維護成本也很高，所以，即使是最巔峰時期，魏武卒的人數應該也只有五萬人左右。其具體編制為：五人為一伍，設伍長；二伍為一什，設什長；五什為一屯，設屯長；二屯為百，設百將；五百人設一五百主。以千人 (兩個五百人隊) 為基本的作戰單位。這種編制簡單、靈活、高效，能達到如臂使指的效果。

在吳起的一手調教下，魏武卒很快成長為"居有禮，動有威，進不可擋，退不可追"的無敵勁旅。其強悍程度，與同時代的各國軍隊對比，堪稱天下第一。即使將時間拉長到整個中國古代史中，巔峰時期的魏武卒，也佔據一席之地。

成軍後的魏武卒，在吳起的率領下，開始其稱霸天下之旅。史書記載，吳起率領魏武卒創下了"大戰七十六，全勝六十四，餘則鈞解"的功績。為魏國開疆拓土，奪得土地超過千里。其中最精彩的一戰，就是和秦國的陰晉之戰。

文武雙全

魏國佔領河西地區，相當於在秦國的心腹之間插入了一把利劍，讓秦國國家安全受到嚴重威脅，難受異常。秦國數次派兵進攻魏國，希望奪回河西之地，但是都折戟於吳起之手，沒有達成戰略目標。

公元前 389 年（魏武侯七年，秦惠公十年，吳起擔任河西郡守的第十九年），秦國幾乎傾全國人馬，集五十萬大軍，以泰山壓頂之勢，直撲魏國重鎮陰晉，準備一舉奪下河西之地，並打通秦國東進擴張之路。

緊急時刻，吳起主動請命，願意率領五萬魏武卒前去與秦軍交戰。魏武侯當即同意，並加派戰車 500 乘，騎兵 3000 人，都交給吳起指揮。

面對龐大的秦軍，吳起敏銳地看出秦軍強大外表下的虛弱。魏軍雖少，都是精銳，裝備精良，訓練有素；秦軍雖多，卻是烏合之眾，是只有簡單裝備的、剛剛放下鋤頭的農民。吳起決定一戰定勝負，準備一鼓而敗秦。

戰鬥開始前，吳起鼓勵三軍將士，要求所有人必須奮勇殺敵，無論車兵、騎兵還是步兵，"若車不得車，騎不得騎，徒不得徒，雖破軍皆無功。"然後吳起身先士卒，率軍向秦軍主動發起進攻。

戰鬥開始，雙方照例先來一波弓弩互射。這個環節，因為魏武卒力氣大、弓箭重、射程遠，所以給秦軍造成很大傷亡。而秦軍的箭支，幾乎沒造成魏軍的傷亡，在離魏軍很遠的地方就掉了下來。接下來，如狼似虎的魏軍，一舉衝入秦軍陣營，四面殺人放火；人多勢眾的秦軍卻毫無抵擋之力，亂成一團，只顧逃命，以致自相踐踏，陣勢大亂。陰晉城內的魏軍見援軍已到，士氣大振，趁勢大開城門殺出。內外夾攻下，秦軍更加混亂，潰不成軍、大敗而逃。不過秦軍畢竟人多勢眾，吳起也是見好就收，沒有窮追猛打。

陰晉之戰，魏軍以不足七萬之兵大破秦軍五十萬，成為歷史上以少勝多的著名戰役。吳起，不愧"戰神"之名。此戰，有利遏制住秦軍向東擴展的勢頭。此後的幾十年間，直到商鞅變法成功之前，秦國再不敢圖謀魏國之地。

其它國家見識了魏武卒強大的戰鬥力，遂紛紛效仿，開始創建各自的常備軍。齊國的"技擊騎士"、秦國的"銳士"、韓國的"材士"、趙國的"百金之士"或"胡刀騎士"、楚國的"選練之士"相繼出現，但基本上都是效法吳起的選兵、練兵手段而已。

可惜的是，吳起離開魏國後，魏武卒也逐漸走向沒落。在龐涓做大將軍時，魏武卒還曾煥發過短暫輝煌，但在隨後"孫龐鬥智"的馬陵之戰中，魏軍大敗，主將龐涓戰死，魏武卒元氣大傷，慢慢退出歷史舞台，被秦國的"銳士"鋒芒所遮蓋。

荀子曾經說："齊之技擊不可以遇魏氏之武卒，魏氏之武卒不可以遇秦之銳士。"說的是這三隻強軍的軍力對比，魏武卒強於齊國的技擊騎士，但是比不上秦國的銳士。當然，這裏的魏武卒指的是已經沒落的魏武卒，而不是吳起統帥下處於巔峰的魏武卒了。

武能安邦的吳起，在治國方面同樣是一名高手。

魏武侯即位後的第二年，來西河郡巡視、閱兵。他乘坐着大船順水而下，看到兩邊山川險要，感慨道："這麼壯美而又險峻的河山，是我國邊防的保障，是魏國的寶貝啊！"有大臣在旁邊湊趣，誇讚魏武侯。吳起卻說："國家的保障，不在山河的險峻，而在於施德於民，所謂在德不在險。昔日三苗建立的國家，左有洞庭湖，右有彭蠡湖，但是因為德義不修，而被夏朝的大禹所消滅。夏桀的國家，左臨黃河、濟水，右靠泰山、華山，伊闕山在它的南邊，羊腸峰在它的北面，但是夏桀不施仁政，所以商湯放逐了他。殷紂的國土，左邊有孟門山，右邊有太行山，常山在它的北邊，黃河流經它的南面，他不施仁德，周武王把他殺了。所以說國家的穩固，在於國家的治理者給百姓施以恩德，而不在於山河地理的險峻。如果您不施行仁德，即使現在和您乘坐同一條船中的人，也可能投靠敵國，變成您的敵人啊！"剛當上國君不久的魏武侯，還是頗能聽得進逆耳忠言的，對吳起的話大聲喝彩，從而更加倚重他。

　　這就是歷史上著名的"西河晤對"。吳起的言論放在今天，仍然為至理名言。當然，其中未嘗沒有吳起的私心，委婉提醒魏武侯，應該對自己更加看重，希望藉此更進一步。其"舟中之人盡為敵國"的言論也許是隨口舉例，也許是有的放矢。不過，歷史卻讓吳起一語成讖。在為魏國效力超過二十年後，吳起離開了魏國，投奔了魏國的敵國楚國。

功高震主

　　吳起一生追求的目標，就如他在自己母親面前的誓言：拜將封相。為魏國效力多年，功勳卓著的吳起，將眼光瞄向了國相的職位。

　　魏武侯即位不久，魏國國相出現空缺。包括吳起本人在內，很多人都認為這個位置非吳起莫屬，結果卻出人意料，魏武侯任命了田文（或稱商文）為相。

　　吳起大為不服，前來找田文理論。吳起問田文："率領三軍，使士卒願意為你效死，使敵國不敢圖謀我國，你比我吳起如何？"田文搖頭："我比不了你。"吳起再問："治理百官，親服萬民，充實國庫，你比我吳起如何？"田文再搖頭："我比不了你。"吳起三問："扼守西河之地，使秦國不敢進犯魏國，令趙國、韓國順服於魏國，你比我吳起如何？"田文第三次搖頭："我還是比不了你。"吳起納悶地說："既然這三項你都比不了我，為甚麼職位卻在我之上呢？"田文回答："主少國疑，大臣不親附，百姓不信服，這個時候，國君是將政事交給您呢？還是交給我呢？"吳起默然。

　　此時吳起才明白，保證權力穩定交接，是當前的首要政務，在這方面，自己確實不如老成持重的田文合適。這裏只能說吳起生不逢時，因為功勞太大，難免有功高震主之嫌，再加上銳意進取的風格，在以穩重為要務的國君交替時期被雪藏，甚至防範，也就是順理成章的了。

可是，田文死後，國相之位還是沒有輪到吳起，而是由公叔痤繼任，公叔痤還娶了魏國公主為妻。公叔痤頗有識人之明，也很有才幹，但是心胸狹隘，無容人之量，而且對權勢看的極重，因此他非常忌憚吳起，從而起了謀害之心。

公叔痤與手下人商量好計策之後，去向魏武侯説："吳起本領非凡又名播於四海，而我們魏國是一個小國，我擔心他將來會投奔別的國家。不如您將一位公主許配給他，藉以試探他的心思。如果吳起真的忠於魏國，那麼他一定會接受；如果他推辭，就意味着其心並不在我魏國。"魏武侯同意了。

魏武侯沒明白一個道理，那就是吳起所追求的目標。以吳起"殺妻求將"的前科，即使答應了娶公主為妻，又當如何？恐怕在吳起的眼裏，妻子比一件衣服也珍貴不到哪裏去。如果真心想留住吳起，一是封其為相，其必忠心於魏；二是給其揚名，其必感恩戴德。可惜，魏武侯沒看透這一點。

得到魏武侯同意，公叔痤繼續其詭計。他將吳起請到自己府上設宴款待，並向吳起轉達魏武侯要將一位公主許配給他的事情。在此之前，公叔痤已與自己的妻子商量好，讓她故意當着吳起的面，對着公叔痤大發雷霆，非常輕慢、沒有禮貌。

此計果然有效，令吳起對魏國公主非常沒有好感，同時想到，如果接受了公主，那公叔痤的今天，不就是我吳起的明天嗎？於是，婉言拒絕了魏武侯的賞賜。在公叔痤的挑撥下，魏武侯開始對吳起產生懷疑，並慢慢收回吳起手中的兵權。

憤怒、傷心、失望、擔心、害怕，種種心情交織於吳起心頭。此時的吳起，最好的辦法是交出軍權，辭去政務，安心做一個富家翁，必然可以安度晚年。然而，吳起不甘心自己的一生如此度過。吳起決定，再次拋棄手中的榮華富貴，離魏入楚。

關於吳起離魏入楚的準確時間，史學界沒有定論，大概為公元前 387 年到公元前 385 年之間，也就是陰晉之戰後兩年到四年之間。可憐的吳起，再次印證了"鳥盡弓藏，兔死狗烹"的理論。

變法強楚

雖然已經年近花甲，但是吳起覺得，憑着自己滿腹才華，天下盡可去得。

楚國的國君楚悼王是一個有理想、有抱負的君主，但是苦於沒有能臣輔助，抱負一直不得施展。聽聞吳起來投，楚悼王大喜過望，這簡直就是天降吳起於自己啊。

楚悼王用隆重的禮節和最高的規格接待了吳起。並馬上任命他為宛地太守，一來考察一下他的才能和真心；二來留出點時間做緩衝，為下一步重用吳起打下鋪墊。

吳起欣然領命，不到一年時間，就將宛地治理得面貌一新。楚悼王萬分滿意，將吳起調回郢都，任命他為令尹。奮鬥了大半輩子的吳起，終於實現了年輕時的夢想和目標。

吳起感激楚悼王的知遇之恩，全力以赴，要使楚國富國強兵。面對楚國的種種問題，吳起提出變法圖強的想法，並取得了楚悼王的大力支持。楚悼王當朝宣佈："令尹（指吳起）的命令就是我的命令，膽敢違抗者，殺無赦。"

躊躇滿志的吳起，在楚國開始了大刀闊斧的改革。首先，削減貴族的特權，並且制定明確的法令，對大臣的權力進行限制。第二，整頓吏治，"明法審令"。第三，開發邊遠地區，緩和階級矛盾。第四，最主要的，改革軍制，"要在強兵"，建立一支強大的軍隊。同時，吳起獎勵耕戰，鼓勵士兵及其家屬耕種，從根本上解決士兵及家屬的生活問題。在楚悼王的全力支持下，吳起的改革順利展開。楚國的國力、軍力迅速增強。

接下來，吳起又幹起了老本行 —— 率領軍隊，馳騁沙場。他首先征服了楚國南部五嶺一帶的百越部落，接着又向西打敗秦國，然後返回頭直面自己效力了二十餘年的魏國。當年的晉國，一直是楚國最大的敵人和威脅。韓、趙、魏三分之後，魏國軍事力量最為強大，也就成了楚國最大的心腹之患。

楚悼王十九年（公元前383年），三晉發生內訌，魏國和齊國聯手，再加上衛國，一起攻打趙國。趙國抵擋不住，面臨滅國之危，不得不向楚國求援。

楚國君臣意見不一，有人主張坐山觀虎鬥，有人主張派兵假做救援。吳起力排眾議，認為魏強趙弱，如果魏齊聯軍吞併趙國，魏國將更加強大，對楚國的威脅也就更大，所以，救趙就是救楚。並且吳起分析，齊、衛兩國與魏國並不一心，只要打敗魏國，其餘兩國自然會退兵，而現在的楚國完全有實力戰勝魏國。

楚悼王二十一年（公元前381年），吳起率領大軍救援趙國。根據戰場情況，吳起採用了與後世孫臏同樣的策略——圍魏救趙。楚軍沒有直接救援趙國，而是直撲內部空虛的魏國。楚軍攻勢兇猛，魏國防線連連被破。按說，以軍力強橫著稱的魏國不至於如此不堪一擊，不過，一是魏國精銳部隊都在與趙國決戰；二是楚軍統帥吳起對魏國所有的防禦是瞭如指掌，甚至很多防禦措施還是當年吳起所建。另外，吳起在魏國軍中二十餘年，威望極高，在吳起面前，很多魏國將領皆屬於小字輩，不免戰戰兢兢，發揮失常。後方吃緊，前線的魏軍不得不回撤救援。吳起則以逸待勞，在州西之地將魏軍殺得大敗。接下來，楚軍所向披靡，一直打到黃河邊。趙國也趁勢發動反攻，魏國連戰連敗，齊國、衛國果如吳起所料，悄悄溜走了。

這一場戰爭，徹底打出了楚國的威風，收復了被三晉佔領的原陳國、蔡國的土地，順便佔領了衛國的部分領土。而且，楚國與趙國修好，化敵為友，三晉分裂。面對着再次強勢崛起的楚國，各諸侯國不免憂心忡忡。

這就是史稱吳起在楚國"南平百越，北併陳蔡，卻三晉，西伐秦。諸侯患楚之強。"

吳起之死

正當吳起壯志凌雲，大展身手之時，楚悼王突然病逝。吳起不得不從前線趕回，料理楚悼王的喪事。

然而，嚴酷的局面正在楚國都城等着吳起。吳起的改革，雖然快速使楚國強大，但同時卻嚴重觸犯了權貴集團的利益，幾乎得罪了整個楚國貴族階層，他們對吳起恨之入骨。但是因為有楚悼王的全力支持，所以大家只能暗地裏咬牙發狠。現在吳起的靠山已倒，這些人準備進行報復，殺死吳起。

回到都城的吳起早有預感，只是沒想到這些人膽大到如此地步，楚悼王屍身還沒入殮，楚國貴族組成的叛軍、叛將，就將吳起與楚悼王屍身一起圍住，亂箭齊發。生死關頭，吳起依然反應敏銳，冷靜沉穩，他知道自己今天在劫難逃，但是就是死，也要拉這些殺害自己的仇人陪葬。於是，吳起伏在楚悼王的屍身上，大呼："群臣亂王。"被仇恨燒紅了眼的叛軍、叛將哪裏管得了許多，一門心思殺死吳起，繼續不停射箭。亂箭在射中吳起的同時，也射中了楚悼王的屍身。將吳起殺死還不解恨，這些人又把吳起亂刃分屍。感覺大仇得報的貴族們彈冠相慶，然而，他們卻不知道，自己已經墜入吳起的計策之中。

楚悼王的兒子楚肅王即位後，很快下了一道命令，將那些殺害吳起的人全部抓了起來，連同他們的家族人等在內，全部處死。因為按照楚國法律，凡是用兵器接觸到國君屍體的，一律處死，並罪及三族。這一下，被夷族的楚國貴族就有七十幾家。吳起藉助國君之手，自己為自己報了仇。

神醫扁鵲，醫祖之尊 ｜ 43

春秋戰國之際，除了湧現出一大批帝王將相、學者名家之外，還有一位在我國醫學史上極為重要的人物，那就是被稱為神醫的扁鵲。

實際上，"扁鵲"並不是這個人真正的名字，他本名秦越人，號盧醫，生卒為公元前 407 年—公元前 310 年，渤海郡人。因為醫術高超，世人就藉用上古傳説中黃帝時期的神醫"扁鵲"的名字來稱呼他。慢慢的，他的真名反而沒多少人知道了。

扁鵲精通內、外、婦、兒、五官等科，創造了望、聞、問、切的診斷方法，奠定了中華醫學臨床診斷和治療方法的基礎，被尊為醫祖，居中國古代五大醫學家（扁鵲、張仲景、華佗、孫思邈、李時珍）之首。據《漢書·藝文誌》載，扁鵲有著作《內經》和《外經》，但均已失傳。

少年時的扁鵲，因緣際會，結識了當時的名醫長桑君並得其真傳，遂遊歷各地，行醫治病。名醫真傳、豐富的臨床經驗，再加上天資聰明，善於汲取前代及民間經驗，他逐步掌握了多種治病方法，醫術逐漸達到了爐火純青的地步，被百姓稱為"神醫扁鵲"。

關於扁鵲的故事很多，其中《韓非子》中記載的扁鵲見蔡桓公（《史記》中記載的故事基本類似，但是人物為齊桓侯）是比較著名的一個。

扁鵲路過蔡國，去覲見蔡桓公。

他在蔡桓公對面站了一會兒，觀察了一下，然後對蔡桓公説："您有點小病，現在處於皮膚上，如果不及時治療的話，恐怕會加重。"蔡桓公不信，認為這是醫生為了顯示自己的本領，故意把沒病的人説成有病，然後好把這個人的健康説成是自己醫術高超。也就沒有在意扁鵲的話。

　　過了十天，扁鵲再次覲見蔡桓公，説："您的病現在發展到肌肉裏了，不治會更加嚴重。"蔡桓公不高興了，認為扁鵲在故弄玄虛，沒有理睬他。

　　又過了十天，扁鵲第三次覲見蔡桓公，非常嚴肅地説："您的病已經到腸胃裏了，不及時治療的話，會很危險了。"蔡桓公還是不信，更加不高興了。

　　又過了十天，扁鵲第四次覲見蔡桓公。蔡桓公以為這次扁鵲還會説他有病之類的話，可是沒想到，扁鵲遠遠看見蔡桓公後，轉身就離開了。蔡桓公不明所以，特意派人去詢問。

　　蔡桓公的使者見到扁鵲後，發現扁鵲正在收拾行李，好像是要準備遠行的樣子。面對使者的疑惑，扁鵲解釋説："我第一次見國君的時候，國君的病在皮膚上，用湯藥洗洗，很容易就能治好；第二次見國君的時候，病發展到肌肉裏了，這時用針灸治療也還不難；第三次見國君的時候，病已經到達腸胃了，用湯劑還可以治療。但是現在，國君的病已經惡化到骨髓裏了。這已經不是人間的醫生能夠治療的了，其生死只能聽天由命了。"

　　過了五天，蔡桓公的病情發作，渾身疼痛難忍，急忙派人去尋找扁鵲，可是扁鵲早已經離開蔡國到秦國去了。沒幾天，蔡桓公在病痛中死去了。

　　相傳為楚國賢人鶡冠子所著的《鶡冠子》一書中，記載了扁鵲與魏文侯之間的一場對話。

　　扁鵲路過魏國，受到魏文侯的接待。魏文侯問扁鵲："聽説你家三兄弟都精通醫術，那麼誰的醫術最高超呢？"扁鵲回答："我大哥醫術最為高超，二哥次之，我醫術最差。"魏文侯接着問："那麼，為甚麼你的名氣最大，你兩個哥哥的名氣反而要差很多呢？"扁鵲解釋説："我大哥醫術最好，在病人的病情還沒有發作之前，就將病治好了，而這時病人甚至還沒感覺到自己有病。所以大家就不知道他的醫術到底有多高超，只有我們自己家裏的人才明白。我二哥治病，是在病人的病情剛剛發作時，這時病人剛覺得自己有病，但是還沒感覺很痛苦，病就被我二哥治好了，所以人們認為他只能治療輕微的小病，他的名氣也就只能傳到我家所在的鄉里。只有我，治病是在病情發作嚴重，病人痛苦萬分之時。大家看到我又是針灸、放血，又是熱敷、湯藥的，最後使病人的病情得到緩解或者治癒，所以都認為我的醫術高明。因此，我的名氣才傳遍全國。"

魏文侯大悟，並將之運用到治國之中。即所謂"事後控制不如事中控制，事中控制不如事前控制"。用於兵法上，就是《孫子兵法》所說的"善戰者，無赫赫之功。"當然，也可以反着理解，就是等事態擴大後，才出手解決，可以收穫更大。

據記載，扁鵲在路過虢國的時候，虢國的太子處於"假死"狀態，人們都認為他已經死了。扁鵲出手，救活了太子。人們盛傳扁鵲能起死回生，扁鵲解釋，自己只是把能夠救活的人治好罷了。

扁鵲憑着一身高超的醫術和一顆醫者的仁心，奔波於列國之間。王公將相、富商巨賈有病，多重金邀請。對於平民百姓，扁鵲也是來者不拒，儘量治療。後來扁鵲到達秦國，受到國君秦武王的看重，引起太醫令李醯的嫉妒，擔心扁鵲搶了自己的職位，派人將扁鵲暗殺了。相傳，當地百姓"葬屍積塚，塚前立祠"，並把此村稱為伏道村，祠堂稱為扁鵲廟。另外，還相傳虢國太子為感念扁鵲救命之恩，特意派人歷經艱險，將扁鵲的頭顱從秦國找回埋葬，並立廟祭祀。

因為扁鵲一生四處行醫，足跡遍佈列國，活人無數，因此，為了紀念扁鵲，很多地方都有扁鵲墓。

商鞅變法 | 44

　　秦國在秦穆公手中，先後兼併十二個西戎所建立的國家和部落，將國土拓展了千里之廣。秦穆公因此登上西方霸主之位，秦國也與齊國、晉國、楚國並稱為春秋時期四大諸侯國。但是接下來的秦國國君，並沒有太大的作為，加上國土處於各諸侯國的最西面，東進、南下擴張之路一直被晉國、楚國堵住，所以國力一直停滯不前。

　　三家分晉之後，國際形勢對秦國比較有利，但是魏國的強勢崛起，又成了秦國的心頭之患。吳起在魏國時，魏國連年向秦國發動進攻，奪取了河西之地，秦國被迫退守洛水以西，構築防線，抵禦魏國的進攻。公元前 389 年發生的秦、魏陰晉之戰，秦國的五十萬大軍被魏國七萬人馬打得大敗，更是極大削弱了秦國的國力和軍力，以致其後數十間，秦國不得不龜縮一隅，默默積蓄力量，等待時機。後來韓、趙、魏三國反目成仇，秦國壓力才有所減弱。

　　這一時期的秦國，不但有外患，內憂也不少。秦國國內，法制不全，貴族專權橫行，士卒、百姓生活困苦，有功不得賞，有罪不得罰，以致百姓對官府缺乏信任感。百姓和貴族之間對立情緒嚴重，矛盾重重。

　　秦孝公即位後，非常希望有一番作為來振興秦國，於是發出求賢令，不管是外來賓客還是各級官吏，只要能使秦國強盛的，都可以給予高官厚祿，賜予大片封地。求賢令發出後，商鞅因為在魏國不得志，便離開魏國，來到秦國。

　　秦國強大的契機，來了。

商鞅在魏國

　　商鞅（約公元前 390 年—公元前 338 年），衛國人。祖上為衛國國君，姬姓，公孫氏，故又稱衛鞅、公孫鞅。到秦國後，因為在河西之戰中立功，獲封商、於之地十五邑，號為商君，故歷史上習慣稱之為商鞅。

商鞅"少好刑名之學"，少年時期的就接受了法家思想，專們研究以法治國之道，受李悝、吳起等人的影響很大。年少才高的商鞅很希望有一番作為，但是衛國實在是太小了，商鞅的抱負無法實現，於是在十七歲那年，來到當時十分強大的魏國，投靠到國相公叔痤的門下，做了一名家臣。

此時的魏國，國君已是魏武侯的兒子魏惠王。國相公叔痤，就是用詭計趕走了吳起的那位。他從公元前 387 年（魏武侯九年）上任，直到公元前 361 年（魏惠王九年）病死，居相位二十餘年。雖說有些嫉賢妒能，但是對魏國盡心盡力，為魏國的發展嘔心瀝血。

公叔痤病危時，魏惠王親自前來探望，並詢問能接替他擔任國相的人選。公叔痤鄭重推薦了自己手下的中庶子（官名，負責國相府中的書信往來）商鞅。認為商鞅雖然年輕，但是有大才，如果能用之為相，一定能輔佐國君，強大魏國。

魏惠王對商鞅有一點模糊的印象，但是絲毫想不起他有甚麼出色的才能，或者做過甚麼出色的大事，有些猶豫不決。公叔痤着急了，強打精神繼續推薦："大王，商鞅有大才，並且有革新弊政之志，為人不但有學問，而且肯實幹，還善於綜合各方面的情況，探求使國家富強的辦法。依我看來，魏國現在所有的人才都算在內，沒有人的才能超過商鞅了。"

雖然公叔痤不遺餘力地舉薦，魏惠王還是不打算將國家大事交到這麼一個感覺不靠譜的人手中。公叔痤看魏惠王的神色，就知道他根本就不打算重用商鞅了，於是最後嚴肅說到："大王，如果您不打算重用商鞅，那麼乾脆把他殺掉。因為，如果魏國不重用，這個人就一定會到別的國家去。如果得到別國的重用，以他的才能，一定會使那個國家強大起來，就會對我們造成很大的威脅。"

公叔痤此番話，既可以看做是真的勸魏惠王殺掉商鞅，也可以看做是激將法，希望藉助強大敵國、威脅魏國為由，最後勸諫魏惠王重用商鞅。不過，最終魏惠王也沒太當回事，敷衍地對公叔痤説："殺掉商鞅，小事一件。明天我就派人抓住他，殺掉。您放心養病吧。"説完，就告辭離開了。

這裏就有個問題了，既然公叔痤那麼看重商鞅，知道他有大才，為甚麼卻讓他在自己手下做了芝麻大小且無關緊要的中庶子呢？為甚麼不重用商鞅，給他創造些機會，讓他一展身手呢？這樣，當公叔痤推薦他的時候，也不至於讓魏惠王一點也想不起商鞅做過甚麼出色的大事啊？

這恐怕就又是公叔痤的嫉賢妒能的心態在作怪了。他害怕給商鞅機會後，商鞅會超過自己，替代自己的地位。所以才會有意無意地壓制商鞅，一直到臨死，才向魏惠王推薦。這樣，既能讓魏國有人才可用，更加強大，又不會威脅自己。只可惜，魏惠王沒有體會到公叔痤的這一番"苦心"，沒在意他的話。

等魏惠王離開後，公叔痤又急忙命令家人馬上出去尋找商鞅，一定要找到他。等商鞅來到公叔痤的牀前，公叔痤拉着他的手説："你趕快離開魏國吧，今天晚上就走，不然有性命之憂。"商鞅大吃一驚。

公叔痤向商鞅全盤托出自己對魏惠王的建議，並解釋説："我是魏國的臣子，必須盡到臣子的責任，向國家舉薦賢人，或者將國家可能受到的威脅向國君説明，所以，我才會建議國君殺死你。但是現在，我是以私人身份在和你説話。在私人感情上，我們是朋友，我不忍心看着你死於非命，所以建議你連夜逃走。"

沒想到商鞅非常鎮靜，聽完公叔痤的解釋後，微微一笑説："相國您安心吧，沒事的。國君不重用我，就説明他不認為我有才能。既然如此，國君會認為即使我投奔到其他國家去，也不會對魏國造成甚麼威脅，又怎麼會殺掉我呢？國君說要殺掉我的話，不過是在敷衍您，您不必放在心上。」

當天夜裏，公叔痤去世。商鞅並沒有逃離魏國。魏惠王也果然沒有派人來抓捕商鞅。商鞅繼續平靜地在魏國生活，並耐心尋找着一展抱負的機會。

商鞅四諫秦孝公

商鞅在魏國的貴族之中也有一些朋友，其中，和公子昂的關係比較好，公子昂也曾經幫助過商鞅。

一次，商鞅在公子昂府中下棋時，恰好公子昂的門客從秦國回來，帶回來了秦孝公的求賢令。其大意為：「我秦國在兩百多年前，穆公提倡道德、振興武力，在東邊平定了晉國的內亂，疆土達到黃河邊上；在西邊稱霸於戎狄，拓展疆土千里。天子賜予霸主稱號，各諸侯國都來祝賀。給後世創基立業，光宗耀祖。可是後來內憂外患，國家不得安寧。魏國奪去了河西之地，中原諸侯國也看不起秦國，這是莫大的恥辱。我父親獻公在位的時候，安定邊境，遷都櫟陽，並且想要東征收復穆公時原有的疆土，重修穆公時的政令。我即位以後，緬懷先君遺志，心中常常感到悲痛。為了強大秦國，不論外來賓客還是各級官吏，有誰能獻出高明的計策，使秦國強大起來，我願給他尊貴的官職，還封給他大片的土地……」

公子昂看了看求賢令，絲毫沒有在意，繼續喝酒下棋，商鞅的心思卻全都放到了這份求賢令上。經過反復思考，商鞅決定離開魏國，到秦國去尋找大展身手的機會。公元前 361 年，商鞅離魏入秦。

來到秦國的商鞅，先是買通秦孝公的寵臣宦官景監，希望通過景監的推薦，能面見秦孝公。此時的秦孝公即位不久，二十幾歲的年紀，正是年富力強、雄心勃勃的時候。

時隔不久，秦孝公還真接見了商鞅。但是二人第一次見面的效果並不好。商鞅侃侃而談，首先認為不能照搬兩百年前秦穆公時期的政令，而應該按照現在秦國的特點實行政令。然後向秦孝公推薦以"王道"治國的理念，並拍着胸膛保證："如果國君能實行我的計劃，一定可以使百姓勤於耕作、勇於作戰，十年就能國富兵強，百年能統一天下。"

商鞅的高談闊論，讓秦孝公覺得他只會說大話，無趣之極，直打瞌睡。最後，秦孝公對商鞅說："別管甚麼統一天下了，那是很久以後的事了。現在我只想着如何能夠使秦國儘快富強起來。"說完，就將商鞅打發了出來。商鞅離開後，秦孝公對景監說："此人狂妄自大，只會說大話，沒甚麼真本領。"

景監見到商鞅後，批評商鞅不會順着國君的心思說話，沒想到商鞅卻毫不在意地說："順着國君的心思，確實能使我得到高官厚祿，但是不能使秦國強大。我剛才說的，只不過是我本領中最末等的部分，真正的本領還沒展現出來呢，國君就不耐煩了。要知道，想讓秦國強大，就必須禮賢下士，打瞌睡可是解決不了問題的。"

景監將商鞅的話轉告給秦孝公。秦孝公心想："看來商鞅還有別的本領，不妨再聽聽。"於是第二次接見了商鞅。

商鞅以"霸道"之術向孝公進言。這次，秦孝公認可了商鞅的才能，約定第三次會面繼續談。這次談話後，秦孝公開始稱讚商鞅的才能了。

直到第四次見面，商鞅終於敞開心扉，暢談富國強兵之策，提出應該制訂法律，獎勵耕織和為國立功的戰士，實行變法。商鞅的話，聽得秦孝公興奮不已。接下來的幾天，秦孝公每天將商鞅請進王宮談話，終日不倦。

然後，秦孝公準備任命商鞅擔任官職，實行變法。但是，商鞅問秦孝公:"要實行變法,阻力一定很大,而且一定會觸犯貴族的利益,遭到他們的反對,您做好準備了嗎?"

秦孝公此時並沒有做好準備。因為即位不久,政權尚不穩固,民心也沒有歸附。所以秦孝公猶豫起來,問商鞅有沒有不觸犯貴族的變法的方法。商鞅搖頭無語。變法本來就是重新分配利益,怎麼可能不觸動既得利益者?

見秦孝公還沒有下定變法的決心,商鞅也就沒有接受秦國的官職。秦國的變法活動就這樣拖延了下來。這一耽擱,就是兩年。

秦國朝廷中的辯論

兩年之後,到了公元前 359 年,秦孝公覺得自己的君位已經穩固,再次和商鞅商量後,準備開始實行變法。

為了試探一下大臣們的反應,秦孝公先是在朝廷上舉辦了一次辯論會。商鞅不是貴族,又沒有做官,本來沒有資格參加這次朝廷大會,但是為了說服群臣,秦孝公特意將商鞅請來參與辯論。

辯論中,守舊派貴族認為,效法古代,不會有過錯;遵循禮制,不會出偏差。秦國自古以禮治國,官吏都很熟悉,百姓也能相安。如果變法,不按祖宗原有的法律辦事,毀壞了自古相沿的禮,有可能會造成大亂,所謂"法古無過,循禮無邪"。實際上,最根本的問題是那些貴族擔心變法會損害自己的既得利益。

商鞅義正辭嚴地反駁:"為了國家的富強,完全不必絲毫不差的按照舊制度辦事。而且,說起古禮,夏、商、周三代,禮制各不相同,春秋時期五個霸主,也各有各的制度。如果說效法古代,那麼到底要效法哪一個(前世不同教,何古之法?帝王不相復,何禮之循)?""時代在不斷變化,古代的人都能按照當時的情況,訂立禮法、制度,我們就更應該根據實際情況,制定符合秦國現狀的,新的禮法、制度(治世不一道,便國不法古。湯、武之王也,不循古而興;殷、夏之滅也,不易禮而亡。然則反古

者未必可非，循禮者未足多是也）。"商鞅的話，説的守舊派貴族
啞口無言，但是他們並沒有心服口服。

當時秦國的現狀為，即使有國君的支持，但是沒有多數貴族
的擁護，是很難做成事的，所以秦孝公和商鞅採取了分步變法的
決定。

首先，秦孝公選拔了一批有才能、有實幹精神，又支持變法
的平民為下級官吏，擴大革新派的力量。同時為了不刺激貴族，
商鞅暫時還是沒有擔任官職，而是隱於幕後，負責推薦和培養人
才，做好變法的準備。

與此同時，推出"墾草令"，就是鼓勵平民百姓開墾荒地。有
些不明所以的貴族，本能地加以阻止。秦孝公沒有理睬，堅決推
行了下去。因為這個政令對百姓好處極大，而對貴族幾乎沒有影
響，有些貴族甚至因此而得利，所以慢慢地，貴族的反對聲也就
小了。三年之後，開墾的土地越來越多，秦國的經濟得到很大的
發展，而貴族們發現變法並沒有對自己造成多大的害處，對變法
的反應也就沒有那麼激烈了。

商鞅立木，取信百姓

公元前 356 年，秦孝公正式任命商鞅為左庶長，開始全面實
行變法。當時，秦國的官爵分為二十級，一級最低，二十級最高。
左庶長是第十級，屬於中層，不算很高。

要想實行變法，首先要取信於民，就是要讓全國百姓信任官
府説的話，改變過去百姓心目中官員説話不算數的印象。商鞅採
取了一個很簡單的方法。

一天早晨，商鞅領着幾個差役，來到國都南門附近的一個繁
華的市場旁邊，在一塊空地上，立起一根三丈來長的木頭柱子，
同時宣佈："左庶長商鞅大人有令：誰能把這根木頭柱子從這裏搬
到北門去，就將給予十兩金子的獎賞。"

要知道，在當時，這筆獎賞對於平民百姓來説可不是一個小數目，而那根柱子也並不是太重，力氣大一些的壯漢幾乎都能搬得動。但是大家都認為，這一定又是哪個官老爺想出來的要弄百姓為樂的遊戲，真搬過去，得不到獎賞不説，説不定還得挨上一頓打，這種事以前可沒少發生。因此，一整個上午，沒有一個人願意嘗試。

見無人嘗試，商鞅又將獎賞提高到五十兩金子。

這時，一個魁梧的年輕人動心了，扛起了這根柱子，向北門走去。很多湊熱鬧的人跟在後面，等着看這個年輕人的笑話。到了北門，商鞅拿出早就準備好的盒子，打開給大家看，裏面果然裝着亮閃閃的五十兩金子。見到商鞅果然將金子給了那個年輕人，人群轟動起來。很多人都後悔，為甚麼自己不去試一下。大家一下子就對商鞅產生了信任。

商鞅接下來宣佈，我們説話是算數的，説到的一定會做到，希望大家也信任官府。凡是官府提倡的，做好了有賞；凡是官府禁止的，做了會罰，嚴重的甚至會殺頭。接下來，開始公佈變法的法令。

秦國的變法，正式展開。

商鞅的兩次變法

為了保證變法的順利實施，秦孝公和商鞅還是將變法分成兩部分，逐步實施。

公元前 356 年，實行第一次變法。

其主要內容為：第一：頒佈以李悝《法經》為主體的法律，並且加入"連坐"制度，加重懲罰力度，輕罪重罰。第二：獎勵軍功，按軍功大小給予官爵，禁止私鬥。廢除原來的世卿世祿制，即使是國君的親族，如果沒有軍功，也不能封為貴族。第三：獎勵耕織，重農抑商。第四：焚燒儒家之典，強調以法治國。

新的法令使秦國的國力、軍力有所上升，逐步實現兵精糧足。

逐漸強大起來的秦國，開始對魏國用兵。公元前 354 年，秦軍越過洛水東岸魏國所築的長城，進入河西，在元里大敗魏軍，斬殺魏軍七千人。公元前 352 年，商鞅親自率領秦軍東渡黃河，圍攻魏國舊都安邑（此時魏國已遷都大梁），迫使安邑守軍投降。最後雖然秦軍都撤退了，但是秦軍軍力的提高，大家心知肚明，各諸侯國也開始擔心秦國的再次崛起。

在此基礎上，為了進一步發展，公元前 350 年，秦孝公將都城遷往關中平原中部的咸陽，並命令商鞅實行第二次變法。此時的商鞅，已經被封為大良造，位列二十等官爵制的第十六位，屬於官職體系中的最高官，掌握了軍政大權。

這次變法的主要內容為：第一：廢除貴族的井田制，實行土地私有制，允許自由買賣。第二：廢除分封制，推行縣制，"集小都鄉邑聚為縣"，以縣為地方行政單位，縣下轄若干都、鄉、邑、聚。第三：統一度、量、衡。第四：重新實行"什伍"制，就是每十戶編成一"什"，每五戶編成一"伍"（秦獻公時期就編過戶籍，實行"什伍"制）。在什伍的組織中實行"連坐法"，就是在同一什伍中如果有人犯罪而其他的人不揭發，那麼其他的人要連帶受罰。第五：推行小家庭制度，改革舊有的社會風俗。

當然，按照現代人的眼光來看，商鞅變法中存在着很多問題，例如嚴刑酷法、輕罪重罰、蔑視儒家、輕視教化、重農抑商、焚燒史書等等。不過，客觀上來說，通過商鞅變法，秦國一改國勢頹弱的現狀，重新進入國力、軍力雙重強國的行列。

守舊派的仇恨

變法、遷都都遭到了以秦孝公的哥哥公子虔為首的守舊貴族的反對、阻撓，甚至破壞。不過在秦孝公的堅持，商鞅的籌劃下，再加上眾多新培養起來的下層官吏、普通士兵、百姓的支持，變法還算是順利進行了下去。

變法雖然使秦國越來越強大，但是商鞅也越來越成為守舊貴族的眼中釘、肉中刺。他們不敢對秦孝公如何，又見反對變法無效，於是就將眼光放在了秦國太子身上。

秦孝公的太子名叫嬴駟，他的兩個老師（左右傅）是右傅公子虔、左傅公孫賈。這兩個人都是保守派中的代表人物。他們經常在太子耳邊說商鞅的壞話，太子對商鞅也是越來越沒有好感。

一次，貴族祝歡無故殺人，按照新的法令應該判處死刑。因為連坐法的實施，祝歡無路可逃，最後躲進太子的東宮藏了起來。在秦孝公的同意下，商鞅命人將祝歡抓了出來，殺頭、抄家。太子犯了窩藏罪，也必須受到懲罰，但因為只有十一歲，尚且年幼，又是王位繼承人，不便施刑，所以，秦孝公和商鞅決定，由太子的兩個老師代替太子受罰。結果，給太子傳授知識的公孫賈被判處黥刑，就是在額角上、面頰上刺上難看的花紋，再塗上墨。監督太子行為的公子虔也被處罰。

第二年，公子虔再次觸犯新法，二罪歸一，被判處劓刑，就是被割掉了鼻子。公子虔自感無顏見人，閉門家中，八年不出。

經此一事，秦國舉國震動，無人再敢挑戰新法，新法得以全面推開。秦國在富國強兵的道路上快步前行。《史記》記載："行之十年，秦民大悅，道不拾遺，山無盜賊，家給人足。民勇於公戰，怯於私鬥，鄉邑大治。"但是因為此事，太子、公子虔、公孫賈等人也對商鞅恨之入骨。因為太子就是法定的下一任國君，商鞅此舉，可以說是為了變法，奮不顧身，同時也可以說，是在自掘墳墓了。

商鞅，終於被稱為商鞅了

面對秦國的強勢崛起，首當其衝的魏惠王後悔不已，後悔當年沒有聽從公叔痤的建議，或者重用商鞅，或者殺掉商鞅。

　　同時，因為孫臏入齊，齊國軍力提高，魏國數面受敵。公元前341年，魏、齊馬陵之戰中，魏軍大敗，損失超過十萬人，精銳的魏武卒所剩無幾，大將龐涓兵敗自殺，太子申也做了齊國俘虜，擔心受辱而自殺。此戰是魏國歷史上前所未有的慘敗，魏國的軍力滑落到歷史的最低點。

　　秦孝公和商鞅都看出，秦國收復河西的機會來了。公元前341年秋，秦孝公派商鞅率軍攻魏。魏國派公子昂領軍迎敵。此時的魏軍青黃不接，士氣不振，而秦軍則是旌旗蔽天，軍容嚴整。公子昂為此憂心忡忡。

　　說起來，商鞅當年在魏國的時候，和公子昂關係很是不錯，公子昂對商鞅也是多有照顧。正在公子昂無計可施時，商鞅派人給他送來一封信，大意是：我們很久以前就是好朋友，現在雖然各為其主，但是我實在不忍心和你刀兵相見。所以我希望你我能見面商談，如果我們能結盟修好，飲酒撤軍，這樣秦、魏兩國就能繼續和好相安，我們也能繼續做好朋友了。

　　公子昂見信大喜，毫不懷疑，按照約定時間，只帶領少數衛士來見商鞅。商鞅熱情接待，二人見面，好不親熱。結盟典禮順利結束後，二人接着喝酒聊天。至此公子昂長出一口氣，徹底踏實了，並且和商鞅談論起兵法來。沒想到商鞅笑着笑着，猛然變了臉色，問公子昂：“你知道兵法上有句話，叫做‘兵不厭詐’嗎？”公子昂大吃一驚，沒等他反應過來，就被商鞅埋伏下的衛士抓住，做了俘虜。公子昂帶來的衛隊，也全部當了俘虜。

　　商鞅迅速命令秦軍出擊。早已整裝待命的秦軍一聲吶喊，衝向魏軍營地。正在等候主將談判歸來的魏軍一點準備也沒有，頓時亂作一團。秦軍漫山遍野殺進魏軍營地，魏軍丟盔棄甲、四散奔逃。最終，秦軍輕鬆取得大勝。

　　此處的商鞅，可以説是將兵法中的“兵不厭詐”、“笑裏藏刀”等計策運用到了極致，堪稱典範，但是在為人上，利用了朋友對自己的信任，顯得過於陰險毒辣，並且屬於恩將仇報了。

聽到這個消息，魏國朝野震駭不已。魏國因為連年和楚、趙、韓、齊、秦交戰，而且多次戰敗，損兵折將，致使國力大減。魏惠王害怕秦國乘勝進擊，立刻派使者到前線求見商鞅，表示願意割讓河西的土地以示誠意，希望和秦國講和。因為各國之間的形勢錯綜複雜，商鞅也是見好就收，命令秦軍停止進攻，並親自陪同魏國使者回到咸陽見秦孝公。

秦孝公非常高興，立刻接見了魏國使者。雙方很快達成協議，魏國將河西之地割讓給了秦國。當然，這次魏國割讓的河西之地，還只是部分，要到十年之後，魏國把河西的其餘部分獻給秦國，秦國才算完全收回了河西之地。

秦孝公給商鞅舉行了盛大的慶祝會，並兌現了當年"求賢令"上的承諾。秦孝公動情地說："當年我在求賢令上說，凡是能獻奇計使秦國富強的，可以給他高官、封地。商鞅到我秦國以來，經過這麼多年的努力，的確使我秦國強大了。這次大敗魏軍，收回河西之地，攻居首位，應該給予封地的賞賜了。"於是，秦孝公把商、於的十五個邑，作為商鞅的封地，並賜予他"商君"的稱號。這裏的"商君"屬於貴族的稱號，其地位相當於秦國二十級官爵中最高一級的"徹侯"。自此，人們稱呼其為"商鞅"。

商鞅，達到自己人生的頂峰。

商鞅之死

功成名就的商鞅，依然將全部心思放在秦國的發展上。但是，秦國守舊派貴族的暗算和反撲，也在不斷進行着。

商鞅也知道因為變法，自己得罪了太多的人。吳起的結局，就在眼前不遠，如果秦孝公死去，自己能躲過殺身之禍嗎？但是思來想去，卻又無計可施，只能寄希望於太子能認識到變法對秦國的好處，等他當國君時，能將變法繼續下去。這樣的話，自己也就轉危為安了。而且，商鞅還抱着一些僥倖心理認為，秦孝公剛剛四十幾歲，比自己還要年輕十來歲，此時就擔心孝公身後之事為時過早。

同時，商鞅也意識到自己和太子關係太差，準備花時間慢慢和太子接近，一方面緩和彼此之間的關係，一方面讓太子接受變法的理念，好在將來讓變法繼續下去。

商鞅打算雖好，沒想到晴空霹靂，秦孝公二十四年（公元前338年），年僅44歲的秦孝公突然得了急病，臥牀不起。病危的秦孝公將商鞅叫到牀前，托付後事。按照《戰國策》記載，秦孝公認為自己的太子不支持變法，不能接任秦國君主的位置，願意將秦國國君之位傳給商鞅，但是商鞅堅辭不受（當然，即使接受，按照當時的情況來看，商鞅也坐不穩這個位子）。早就聯合起來的貴族和太子一起，趁機全面控制了王宮，將話還沒說完的商鞅趕了出去。並規定：所有大臣要想見秦孝公最後一面，都得得到太子的批准。

又過了幾天，秦孝公病逝，年僅19歲的太子駟即位，並於公元前325年改“公”稱“王”，成為秦國第一個稱“王”的國君，史稱其為秦惠王或秦惠文王。

新君即位，守舊貴族紛紛活躍起來，不斷在國君面前說商鞅的壞話，閉門八年不出的公子虔也打開大門，出來四處活動。

秦惠王在當太子時，就非常不喜歡商鞅。如今的商鞅手握軍政大權，威望極重，功高震主，就更加令他擔心。沒多久，公子虔聯合公孫賈，誣告商鞅陰謀造反。秦惠王明知這是誣告，還是下令抓捕商鞅。

自從秦孝公死後，商鞅一直憂心忡忡，既為國家，也為自己。秦惠王下令抓捕商鞅後，有人立刻將消息透露給他。商鞅只得帶着家屬和幾個隨從，駕車逃離咸陽。夜裏，商鞅等人想找一家旅店住宿，沒想到旅店主人卻說，按照商君的法令，住店必須有“官證"（身份證明），否則，旅店主人要受處罰。即使旅店主人讓客人悄悄住下了，被鄰居知道也會舉報，不然都會受到"連坐"。作繭自縛的商鞅仰天長歎，無奈之下，連夜逃離。

商鞅起初想逃到魏國去避難，但是因為商鞅多次率領秦軍大敗魏軍，魏軍上下非常仇視他，根本不讓他進入魏國。商鞅又想從魏國借道逃到別的國家去，魏國邊境守軍也一概不准。走投無路的商鞅只得逃到自己的封地商邑，組織起封地內的少量武裝，公開造反。

秦惠王得到消息後，調集大軍分兩路攻入商邑。商鞅知道不能正面對敵，遂避實就虛，率軍繞小路離開商邑，偷襲渭河邊上的鄭縣，並一舉拿下。秦軍得到當地貴族的告密，連夜追擊。商鞅在鄭縣稍作休整，正在考慮下一步的計劃，不想秦軍追到，將鄭縣團團圍住。商鞅組織人馬一面守城，一面準備突圍。此時城中的貴族故意製造騷亂，偷開城門，秦軍蜂擁而入。商鞅寡不敵眾，被秦軍俘虜。

恨商鞅入骨的貴族們，在黽池將商鞅殺死。如此還不解恨，又在秦惠王同意後，將商鞅的屍首帶回咸陽，實行"車裂"，就是五馬分屍（當時是五車分屍）之刑，並將商鞅抄家，全家殺死，封地也被收回。也有史料記載為，商鞅被活着帶回咸陽，車裂而死。

實際上，秦惠王並不是不知道商鞅變法對秦國的作用。但是因為商鞅位高權重，威脅到了自己的王權，所以才藉助守舊派貴族之手除掉他，鞏固自己的權力。果然，在殺掉商鞅後，秦惠王又以商鞅造反查無實證，公子虔和公孫賈陷害商鞅為由，將這些貴族及其黨羽，或順手除掉，或束之高閣。從此，秦惠王再無掣肘。而且，秦惠王雖然殺了商鞅，但是並沒有一股腦將新法廢除，而是保留了大部分。

商鞅實行的變法，一直影響着秦國，直到秦始皇統一全國後，其很多舉措還是借鑒商鞅之法。秦始皇時期的丞相李斯曾說：“孝公用商鞅之法，移風易俗，民以殷盛，國以富強，百姓樂用，諸侯親服，獲楚、魏之師，舉地千里，至今治強。”

一代奇人鬼谷子 | 45

先秦諸子中，除了老子之外，最神秘的人物就應該是鬼谷子了。

按照記載，鬼谷子姓王名詡，又名王禪。生卒年不詳，有說約為公元前 400 年到公元前 320 年左右。據說是衛國人，亦有說是魏國人。據記載，在東周陽城附近有一座山谷，丘高溝深，林木茂盛，鬼火閃動，幽不可測，不像人住的地方，因此被人稱為“鬼谷嶺”。因為鬼谷子很長時間隱居在鬼谷嶺之中，故自稱鬼谷先生。後人多尊稱鬼谷子為“王禪老祖”。

東晉詩人郭璞在他的《遊仙詩》中描述：

青溪千餘仞，中有一道士。

雲生棟樑間，風出窗戶裏。

藉問此何誰，云是鬼谷子。

……

相傳鬼谷子還有一個師妹，是“奇門遁甲”的創始人九天玄女，二人都師從於道家的創始人老子。

之所以稱鬼谷子為一代奇人，是因為後世的演義、小說中多有描寫，說他有通天徹地之能，包藏宇宙之機，一身本領天下無雙，並且包羅萬象，無所不能。按照《東周列國誌》所描述，鬼谷子的本領為：一曰數學，日星象緯，在其掌中，占往察來，言無不驗；二曰兵學，六韜三略，變化無窮，佈陣行兵，鬼神不測；三曰遊學，廣記多聞，明理審勢，出詞吐辯，萬口莫當；四曰出世學，修真養性，服食導引，卻病延年，沖舉可俟。

　　鬼谷子的傳説，貫穿了整個戰國 200 多年的歷史。我們現在所知的關於鬼谷子的一切，幾乎都籠罩着一層薄霧，似真似幻，似是似非。例如他的姓、名、生卒年、出生地、隱居地……就拿鬼谷子的稱呼來説吧，就有一種説法認為，"鬼谷子"類似於墨家的"矩子"一樣，並不是某一個人的名字，而是一個世代相傳的代號。

　　在宋代李昉等人編著的《太平廣記》中記載："鬼谷先生，晉平公時人，隱居鬼谷，因為其號。先生姓王，名詡，亦居於清溪山中，蘇秦、張儀從之學縱橫之術……在人間數百歲，後不知所之。"

　　道教中，將鬼谷子傳為得道真仙，尊稱其為玄微真人，自號玄微子。説他隱居鬼谷，是為了超度幾個有緣人成仙，所以才暫居於凡世間。相傳他有隱形藏體之法，超脱生死，歷數代而不老。

　　鬼谷子身上雖然迷霧重重，但是絲毫不妨礙人們對他的敬仰。兵家尊稱他為兵聖；縱橫家尊稱他為始祖；算命占卜的尊稱他為祖師爺；謀略家尊稱他為謀聖；名家尊稱他為師祖；法家尊稱他為大師；道家也將他和老子同列，尊稱他為王禪祖師。

　　其著作《鬼谷子》一書，歷來被人們稱為"智慧禁果，曠世奇書"，主要講的是順應時勢，知權善變，所揭示的是智謀權術的各類表現形式，所崇尚的是謀略、權術及言談、辯論之技巧，頗具特色，既受歷朝歷代統治者重視，又經常被視為洪水猛獸，時不時被當做禁書查禁。

　　鬼谷子門下弟子無數，幾乎戰國時期的著名人物都被傳為他的學生，像商鞅、李斯、呂不韋、白起、李牧、王翦、徐福、樂毅、田單、尉繚子等等。當然，大部分正史中都找不到確切的記載。但如果將"鬼谷子"看做一個世代相傳的專門的稱呼來看待的話，這些人物曾經先後師從過"鬼谷子"就説得過去了。

　　在鬼谷子的諸多學生中，見諸於正史記載的也還是有幾位，其中比較著名的就是兵家的孫臏、龐涓，縱橫家的蘇秦、張儀等。

孫龐鬥智 | 46

　　孫臏，是兵聖孫武子的後人。齊國人，出生在齊國阿地、鄄地之間。生卒年不詳，有史書記載其卒年約為公元前 316 年前後。孫臏本來的名字，史書上沒有記載，有資料說，按照山東孫氏族譜可以查到其本名為孫伯靈。因為曾經受過臏刑（又稱刖刑，就是將犯人的腳砍斷或者剔去膝蓋骨的刑罰），所以稱為孫臏。

　　青年時期的孫臏，曾經和龐涓一起拜於鬼谷子門下，共同學習兵法。同學期間，兩人交往深厚，情同兄弟。不過，孫臏學習刻苦、天資聰明，本領明顯高於龐涓。

　　此時的魏國，隨着吳起的離開，以及他率領楚軍大敗魏軍，正處於軍事將領青黃不接，魏武卒素質逐漸降低，軍力不斷下滑的階段。為了重振雄風，魏惠王張榜求賢。

　　龐涓聽到魏國招求天下賢才的消息，大為心動，便辭別老師，到魏國求取榮華富貴。孫臏覺得自己學業未成，繼續留在老師身邊苦學。

　　鬼谷子見孫臏人品好、學習認真、重感情，又是孫武子的後人，就將手中秘藏的，自己親筆註釋的《孫子兵法》十三篇盡數傳授給了孫臏。

兄弟反目

　　龐涓雖然才能不及孫臏，但是也算是有一身的好本領，來到魏國後，很快打動了魏惠王，被封為將軍。

　　龐涓率領魏軍東征西討，接連獲得勝利，特別是擊退了齊國軍隊的進犯，令魏惠王對他大加賞識、極為看重，龐涓也自詡為天下無敵。不過，龐涓知道自己的本領遠不如師兄孫臏，於是裝模作樣地將孫臏請到魏國（也有説法是，魏惠王從其他人那裏聽説了孫臏的大名，命令龐涓將他請來）。

　　孫臏到達魏國後，龐涓又害怕他的本領超過自己，將來會被魏惠王看重，奪走屬於自己的榮華富貴。於是用詭計，在魏惠王面前誣告孫臏私通齊國。開始的時候，魏惠王不太相信，但是一來孫臏本來就是齊國人；二來龐涓心思縝密，假造的證據充足，糊塗的魏惠王信以為真，要將孫臏殺掉。這時龐涓又捨不得了。當然不是捨不得自己這位師兄，而是捨不得師兄胸中的那部《孫子兵法》，於是又在魏惠王面前說情，將死罪改為臏刑加黥面，就是剔去孫臏的兩個膝蓋骨（也有說是斷其兩足），然後在臉上刺字。這樣一來，孫臏再也無法出來當官，對龐涓沒有了威脅。而龐涓又可以兩面買好，使得魏惠王認為龐涓重情重義，而孫臏則認為自己這個師弟為了救自己費盡心力，從而對他感激不盡。

　　殘疾的孫臏只能寄居在龐涓家中。龐涓趁機提出讓師兄將《孫子兵法》寫出來，傳給自己。孫臏同意了。

　　一個偶然的機會，孫臏得知了龐涓的陰謀。身為一代兵法大家的孫臏，只是為人處世寬厚一些，但是絕不缺少智慧。明白自己的處境後，為了活下去，為了復仇，孫臏選擇了隱忍。《東周列國誌》中將之描述成裝瘋。瘋瘋癲癲的孫臏將寫好的兵書竹簡全部燒掉，不住舒適的房間，而是住在豬圈中；不吃精美的食物，而是吃垃圾、土塊；無緣無故，又哭又笑，又罵又唱……孫臏的表演成功騙過了龐涓，暫時沒有生命危險，但終非長久之計。正在這時，齊國派使者出使魏國，孫臏的救星來了。

　　此時的齊國，已經是“田氏代齊”後的齊國了，國君是“田齊”的第四代國君齊威王。孫臏找機會悄悄見到了齊國使者，將自己的出身來歷及所受冤屈告訴齊使，同時向他展露了自己超人的才華。齊使被孫臏的才華所震驚，再加上孫臏是齊國人，願意為齊國效力，於是將孫臏藏在自己的車上帶回齊國。

　　龐涓因為孫臏已瘋，開始還注意一下，慢慢的也就失去耐心，不再十分關注了，所以根本不知道孫臏被救走之事。

田忌賽馬

　　被救回齊國的孫臏，受到了齊國大將田忌的熱情接待。田忌是齊國的王室貴族，因為軍事才能出眾，所以深受齊威王看重，負責統帥齊國軍隊。田忌既欽佩孫臏的才華，又同情他的遭遇，對孫臏以上賓之禮待之，言聽計從。

　　當時齊國的貴族，很流行賽馬的遊戲，並設有重金賭注。田忌因為身份地位很高，所以經常和齊威王比賽、對賭。比賽時，一般將各自的馬分為上、中、下三等，然後分成三場來比賽。因為齊威王每個等級的馬都比田忌的馬要好一些，所以比賽多次，田忌次次失敗。雖然只是遊戲，但總是輸，也很鬱悶。

　　孫臏知道後，跟隨田忌觀看了一次賽馬，然後對田忌說：“我有一個辦法，連一匹馬都不用換，就能讓您贏一次。這樣吧，您去和國君說一下，明天再比賽一場。到時候您可以下重注，我保證您可以輕鬆取勝。”

　　田忌很興奮，於是去找齊威王。齊威王覺得無所謂，也就答應了。

　　比賽快開始了，孫臏告訴田忌：“請用您的下等馬對付齊王的上等馬，然後用您的上等馬對付齊王的中等馬，用您的中等馬對付齊王的下等馬，只需要調換一下順序，您就能輸一場、贏兩場，最後綜合下來，不就取得勝利了嗎？”

　　比賽結果果然如同孫臏所說，田忌以二勝一負的成績戰勝齊王，獲得勝利。齊威王當然非常奇怪，田忌也沒有絲毫隱瞞，當下將孫臏的辦法告訴了齊威王，並鄭重向齊威王推薦孫臏。

　　齊威王大喜，當即接見孫臏並向他請教兵法，發現孫臏確實是不世出的奇才，遂以師禮待之。齊威王想封孫臏為官，但是孫臏以“刑餘之人”的理由拒絕了，不過同意做田忌的助手，這樣田忌在明，孫臏在暗，用這種辦法替齊國效勞。齊威王於是封孫臏為客卿。

　　本來像這樣的一個小故事，在歷史長河中，恐怕連一個小浪花都算不上，但是偏偏在兩千多年後的今天，引起非常多，而且大的爭議。贊成者認為，孫臏運用自己細緻的觀察和統籌安排的能力，跳出慣性思維，揚長避短，巧使手段，犧牲局部利益，最後巧妙的贏取勝利。反對者認為，孫臏耍弄陰謀詭計，肆意篡改規則或者鑽規則的漏洞，沒有契約精神。更有甚者，痛心疾首地說，這個故事體現的就是"為達目的不擇手段"的行為，田忌賽馬故事的流傳，正是現今中國人不講誠信現象的罪惡源頭之一（另一個源頭是否定宋襄公之仁）。

　　其實，這只是孫臏展示自己謀略方面的才能，是一種自薦的方法而已，就像後世的文人以詩、詞、文，向前輩或者權貴展示自己的特長和本領一樣（很多我們耳熟能詳的詩、詞都是出於這個目的被創作出來的）。試問，作為兵家的孫臏不向齊王展示自己謀略方面的才能，難道展現自己忠厚老實、規規矩矩、遵紀守法嗎？

　　這裏的三個當事人，沒有人拿比賽本身當一回事，那只是一個遊戲，反而對結果是皆大歡喜：孫臏展露才能獲得重用，田忌可以得到能人暗中相助，縱橫疆場，齊王得到大賢，能強大齊國。

圍魏救趙

　　公元前 354 年，趙國進攻魏國的附屬國衛國（也有史料記載為中山國），激怒了魏國，魏惠王派龐涓率兵救援。龐涓建議，與其勞師遠征救援，不如直接進攻趙國。魏惠王同意了。龐涓率領八萬魏軍，浩浩蕩蕩殺奔趙國。

　　龐涓統帥下的魏軍，一路上高歌猛進，勢如破竹，打得趙軍節節敗退。很快，魏軍攻到趙國都城邯鄲城下，把邯鄲城圍了個水泄不通。面對氣勢洶洶的魏軍，趙軍拼命防守，奈何實力不如人，形勢越來越危急。公元前 353 年，國君趙成侯派人向齊、楚求救，並表示願意割讓一些土地，作為救援的報酬。

　　齊國君臣接到趙國求援的消息，展開討論。最後，齊威王決定，兵分兩路救援趙國。一路部隊作為輔助，虛張聲勢，向南攻打魏國的襄陵，來吸引魏國留守部隊的注意，同時擾亂進攻趙國的魏軍軍心；另一路是主力部隊，由田忌和孫臏率領，救援趙國。

　　當齊國的救援部隊到達齊、魏邊界的時候，魏國軍隊已經攻破邯鄲城，而楚國根本就沒有出兵。田忌想要繼續向趙國進兵，與魏軍主力交戰，被孫臏攔住了。

　　孫臏認為，要解開一團紛亂的繩子，應該找到他的結頭，不能用蠻力生拉硬拽。要解決魏、趙的戰爭，也應該避實就虛，不能和敵人硬拼。現在魏國進攻趙國，那麼他的精銳士卒一定都在前線，國內留守的必然都是老弱殘兵。如果我們現在長途跋涉去攻打在趙國的魏國精銳，那麼我們的將士們一定很疲勞，而魏軍則是以逸待勞。

　　我們應該用聲東擊西、圍魏救趙的策略，假做攻打魏國的國都大梁，定能迫使魏軍撤退。然後我們選擇好位置，打魏軍一個埋伏。這樣既達到了救趙的目的，又能輕鬆擊敗魏軍。

　　田忌贊同。最後，齊軍將目光瞄準了平陵和桂陵。田忌派出少量部隊，大張旗鼓，造足攻打平陵的聲勢，卻悄悄將大部隊埋伏在桂陵地區，等待着魏軍自投羅網。

　　平陵是魏國東陽地區的戰略重地，大梁的門戶，平陵如果被齊軍佔領，就能直接威脅到大梁。但是，平陵雖小，卻城高防固、易守難攻。此舉，意在示敵以弱，造成齊軍主帥無能的假象，麻痹魏軍。在攻打平陵不下之後，齊軍又派出人馬，直撲魏國都城大梁，做出一副孤注一擲、擒賊擒王的架勢。

　　這一下，魏國君臣有點亂了手腳。而且，這時的秦國，正是商鞅變法後，國力、軍力迅速提升的時期。秦孝公和商鞅也看出魏國國內的虛弱，在公元前 354 年和公元前 352 年，兩次派兵攻入魏國，攻城奪地。再加上另一路齊軍，人馬雖然不多，戰鬥力不強，但是架不住虛張聲勢，也是頗為引人注目，讓魏國君臣坐臥不安。

魏惠王見形勢危急，國都有被攻擊的危險，不得不派人緊急招龐涓回援。此時的龐涓，佔領邯鄲城不久，正處於志得意滿中。但是因為魏軍作戰時間過長，非常疲憊，戰鬥力下滑很多，所以龐涓一邊緩緩行軍，讓士卒休整一下；一邊準備稍事休整後，繼續攻擊，爭取一舉滅掉趙國。

開始的時候，龐涓接到齊軍進攻魏國的消息，並沒有太在意，認為雖然留守的魏軍並非精銳，但是防守住齊軍的進攻還是沒問題的。但是現在接到國內急報，龐涓氣得幾乎吐血。撤軍吧，大好形勢毀於一旦；不撤軍吧，國都危險，自己奉招不回，會被魏國國君當成叛逆的。龐涓無奈，只得以急行軍的速度星夜回返。

此時的魏軍主力雖然還是魏武卒，但和當年吳起統帥的，巔峰時期的魏武卒差距已經很大了。儘管如此，和齊軍相比還是強出很多，還是有心理優勢的。所以龐涓認為，只要自己的主力部隊一到，齊軍的進攻自然冰消瓦解。

當龐涓率領少數精銳部隊匆匆渡過黃河，進入桂陵地區後，不成想一頭撞進了齊軍的埋伏圈。魏軍是連年征戰，又日夜兼程趕路，可謂疲憊不堪，再加上因為急行軍，陣列不整，輜重不齊。最關鍵的是，魏軍上下沒有一點心理準備，突然間發現中了敵人的埋伏，心中慌亂，所以在齊軍的圍攻下，一觸即潰。

反觀齊軍，以逸待勞，並且提前設好了包圍圈，在體力、心理，包括地利上，都佔據着絕對優勢。所以戰鬥開始，齊軍氣勢如虹，鬥志極其旺盛。齊軍強大的攻勢，打得魏軍幾乎沒有還手之力，丟盔棄甲，四散奔逃，最後幾乎全軍覆沒。龐涓只是帶領少數殘兵敗將逃出重圍。也有史料記載為，龐涓兵敗被齊軍活捉，後來，齊、魏達成協議，龐涓才又被放回魏國。

桂陵之戰後，為了緩和矛盾，魏惠王被迫主動講和，最終不得不把邯鄲歸還趙國。

憑藉着孫臏的巧妙安排，齊軍輕鬆完成了戰略目標，挽救了被削弱的趙國，打敗了疲憊的魏軍，而自己的損失幾乎可以忽略不計。

馬陵之戰

桂陵之戰，魏軍雖敗，有些傷筋動骨，但是還沒到一蹶不振的程度。經過幾年的修整，隨着軍力的慢慢恢復，公元前 344 年，魏惠王"去侯稱王"，並在逢澤舉行會盟，但是這個會盟遭到韓國的反對。韓、魏反目成仇。按照《竹書紀年》記載，公元前 342 年，魏國派遣大將穰疵攻韓，韓國派將軍孔夜抵擋，但連戰連敗，無奈之下，韓國國君韓昭侯派人向齊國求救。

齊國君臣接到韓國的求救消息後分析認為：如果不去救援，韓國抵擋不住魏軍的進攻，或者投降，或者被消滅，這樣都會使魏國更加強大，所以必須救援。但是如果過早救援，又成了齊、魏的決戰，齊國需要直面魏國精銳主力，即使最後取勝，損失也一定會非常大。如果讓韓國趁機從中漁利，一個強大的韓國，同樣不是齊國所想看到的。最後，在田忌和孫臏的建議下，齊國君臣決定，救是一定要救，但是要晚一點去救。這樣，韓弱而魏疲，對齊國最為有利。

齊國首先安撫韓國，表示要全力救援。韓國得到這個消息，人心振奮，竭盡全力抵擋魏國的入侵。但實力所限，五戰皆敗，國都被圍，隨時有亡國的危險。韓昭侯急忙派人赴齊，第二次告急。

齊國君臣感覺時機已到，正式派兵。公元前 341 年，齊威王派遣田忌為主將，孫臏為軍師，率領齊國大軍救援韓國。齊國軍隊在孫臏的調度下，再次採用"圍魏救韓"的策略，直撲魏國都城大梁而去。而且這次的態度更加堅決，不是少量部隊的佯攻，而是大隊人馬一起出動，擺出一副決戰滅國的架勢。

魏國君臣氣得幾乎吐血。不予理睬吧，齊國人馬來勢洶洶，自己國內空虛，如果真的發生決戰，危險很大；調兵回援吧，辛辛苦苦營造的局勢，再次毀於一旦，一場辛苦，損兵折將、勞民傷財，卻一無所獲。最終，魏惠王還是咬牙調回進攻韓國的主力部隊，畢竟自身安全為重。但是魏國君臣也達成共識，必須給齊軍一個血的教訓，爭取一戰將齊國打服，省得總是在關鍵時刻來給自己搗亂。

進攻韓國的軍隊被迅速撤回，重新整編。等軍隊集結完畢，魏惠王以太子申為主帥，龐涓為將軍，率領全國的精銳人馬 10 萬之眾，氣勢洶洶向齊軍殺來，準備與齊軍舉行大會戰，誓要將齊國的威脅一次性徹底解決。

此時，齊軍深入魏國境內，面對 10 萬魏軍精銳，可以說天時、地利、人和都不佔據，形勢非常不利。孫臏卻巧妙利用這種種劣勢，採用"減灶"的計策，營造出齊軍怯戰，軍心已散，大量逃兵出現的架勢。

魏軍在面對齊軍的時候，本來就有心理優勢，屬於驕兵，過往齊軍又確實在面對魏軍的時候，經常發生怯戰、逃散的事情，所以魏國主將太子申和龐涓面對齊軍的"減灶"現象，絲毫沒有懷疑，反而認為理所應當。

為了徹底打痛齊國，消滅齊軍的有生力量，而不是單單嚇跑了就算，魏軍主力日夜兼程，在齊軍身後緊緊追趕。為了加快速度，同時也因為覺得齊軍已經失去戰鬥力，對魏軍沒有任何威脅，追到後來，太子申和龐涓丟下大量步兵和輜重，只率領精銳的輕裝車騎兵，飛速追趕。卻不知，再次中了孫臏的誘敵深入之計。

三天三夜後，已經隱約看到齊軍的後軍了，此時，夜幕降臨。

龐涓催促人馬繼續追趕。忽然前方探馬回報，前面被亂木碎石擋住去路。龐涓一笑，認為這是齊軍力竭技窮，拖延追兵的時間而已。數萬大軍面前，幾棵砍倒的大樹、幾堆亂石，搬開就是了，花不了多少時間。

龐涓帶領人馬來到被堵住的路旁，指揮士卒搬開路障，準備繼續追擊。突然看到路旁一棵大樹的樹皮被刮掉了一大塊，上面寫着八個大字"龐涓死於此樹之下"。龐涓見此，大吃一驚，明白中計，但是為時已晚。四面埋伏的齊軍萬箭齊發，魏軍頓時大亂，自相踐踏，死傷無數。龐涓連中數箭，自知智窮兵敗，自身也難以倖免，於是拔劍自殺，臨死前還遺憾地大喊："遂成豎子之名"。看來，龐涓到死都沒有醒悟自己敗亡的原因。

這一切，都是孫臏的計策與安排。齊軍乘勝追擊，連續大破魏軍，前後殲敵近十萬。魏軍的主帥太子申也被抓住做了俘虜，害怕受辱，自殺而死（或說被殺）。

經此一戰，魏國元氣大傷，當初屢受魏國侵略的各諸侯國紛紛報仇，魏國國力、軍力持續下滑。"魏惠王東敗於齊，西喪秦地七百餘里，南辱於楚，至於國之根本，竟成一俘者，皆因龐涓之一死。"

齊國經此一戰，聲威大震，強勢崛起。公元前 334 年，魏惠王為了討好齊國，在徐州尊齊侯為王。齊威王也承認了魏惠王的稱號，史稱"徐州相王"。此為齊國君主稱王的開始。之後，秦、韓、趙、燕等國才相繼稱王。史稱，威王時"齊最強於諸侯，自稱為王，以令天下。"

那麼孫臏後來如何呢？大仇得報後的孫臏，又經過幾番變化後，最終隱居於故鄉，頤養天年，並開始著書立說，教授學生。其所著《孫臏兵法》（為了和孫武子所著的《孫子兵法》相區分，又稱為《齊孫子》）一書，為兵家學派代表作之一。可惜，在流傳過程中逸失，現存版本不全。

醜娘娘和濫竽充數的故事 | 47

齊威王算得上田齊的一代明君，齊國在他手裏強勢崛起，更因為在齊國第一個稱王而被歷史銘記。不過，他的兒子齊宣王的名氣絲毫不弱於其父。

這位齊宣王和其他歷史上君主的最大不同之處，就是娶了一個奇醜無比的女子為王后，這就是歷史上著名的"醜娘娘"鍾離春。這位無鹽女鍾離春，在史書上經常被拿來和西施對比，"貌若西子"對應的就是"貌比無鹽"。前者形容美麗的女子，後者形容醜陋的女子。

鍾離春的故事最早見於漢朝人劉向所著的《列女傳》中。復姓鍾離，名春，字無鹽，齊國無鹽邑之人。按照史書記載，此人外貌極其醜陋。到底有多醜呢？《列女傳》記載："其為人極醜無雙，臼頭深目，長壯大節，昂鼻結喉，肥項少髮，折腰出胸，皮膚若漆。"就是説此人長得額頭像臼（指中間下陷），眼睛下凹，鼻孔朝天，脖子又短又粗，頭髮稀少，而且骨節粗大，像男人那樣壯碩，還有喉結，另外皮膚黑得像黑漆一樣。

不過你別小瞧這位鍾離春，雖然外貌醜陋，可是有內秀，可謂德才兼備、才華橫溢。而且這位醜姑娘心比天高，到了四十歲還沒有出嫁，他將目光瞄向了國君齊宣王。

當時的齊宣王，基本上屬於昏君的代表，每天吃喝玩樂，不理朝政。這時，鍾離春自請見齊宣王，表示願意進入宣王的後宮，做個打掃的宮女。實際的含義就是，齊宣王，我看中你了，願意嫁給你。

齊宣王當時就有點暈了，急忙表示，"昔者先王為寡人娶妃嬪，皆已備有列位矣"，就是説我現在後宮妃嬪的名額已經滿了，沒有空位了。屬於委婉拒絕。不過齊宣王也有點好奇，這位姑娘，年紀又大，長相又醜，居然敢來國君面前自薦，你有甚麼奇特的本領嗎？

鍾離春先是表演了一下"隱身術"（應該屬於古代的魔術之類），但是並沒有引起齊宣王的注意。第二天，鍾離春再次見到齊宣王的時候，先是瞪眼、咬牙，然後舉起雙手，拍着自己的膝蓋說："危險啊，危險。"連着說了四遍。齊宣王更糊塗了，詢問原因。

鍾離春慷慨陳詞："齊國現在面臨着四重危險。其一，齊國西有強秦之患，南有楚國為仇，朝廷內部卻奸佞橫行，百姓人心渙散，大王您又不立太子，國本不安；其二，國君不思勵精圖治，卻勞民傷財，大興土木，百姓生活困苦不堪，民怨沸騰；其三，國君識人不明，賢人隱於山野，朝中佞臣雲集，即使有忠義之士想要向您進諫，也難以上達天聽；其四，國君沉迷酒色，不理朝政，長此以往，國將不國。現在的齊國，已經危在旦夕了啊！"

一番話說得齊宣王面紅耳赤，慚愧不已。當即表示，要振作起來，好好治理國家。由此可見，齊宣王還不是一個徹底的昏君，至少還能聽得進諫言。

齊宣王說到做到，拆漸台，罷女樂，退諂諛，去雕琢，選兵馬，實府庫，四闢公門，招進直言，延及側陋。卜擇吉日，立太子，進慈母，拜無鹽君為后。

齊宣王立鍾離春為后，估計是為了表示自己從此不貪美色，勵精圖治。但是鍾離春憑藉才華、智慧與膽量，說服齊宣王，醜女做王后，也算是逆襲的典範了。時至今日，齊國舊地還流傳着一句民謠："無鹽娘娘生得醜，保着齊王坐江山。"

齊宣王另外一個著名的故事，就是"濫竽充數"了。故事典出《韓非子》。齊宣王非常喜歡聽吹竽且喜歡講排場，每次都要讓三百人一起合奏。有個南郭先生，本來不會吹竽，但是知道了這件事後，覺得是個好機會，就主動跑來向齊宣王推薦自己，自我誇讚自己的吹竽水平高超。齊宣王很高興，未加考察就將他收下了。從此南郭先生就混在吹竽的行列中裝模作樣，卻領着不菲的薪水。後來，齊宣王死了，齊湣王即位。齊湣王喜歡聽獨奏。南郭先生沒辦法混下去了，只好悄悄逃跑了。

蘇秦和張儀的故事 | 48

戰國時期，各諸侯國紛爭不斷，為了強大自己，各國國君求賢若渴。大批武將勇士、兵家謀臣，或以武力；或以智謀；或以兵法；或以口才，在各國君主面前展示自己，縱橫馳騁、光彩奪目。其中，身為縱橫家的蘇秦、張儀，佔據着極為重要的一席之地。二人都是鬼谷子的學生，跟隨老師學習縱橫之術。學成之後，各自下山遊歷，都準備大展身手，施展胸中抱負。可惜，理想是豐滿的，現實是骨感的。二人的成功之路，都充滿坎坷。

以錐刺股的蘇秦

蘇秦是東周洛陽人，離開老師後，下山遊歷數年，花盡了身上錢財，然而處處碰壁、一事無成，窮困潦倒之中，無奈返回家鄉。

回到家的蘇秦，穿着破衣爛衫，渾身上下骯髒不堪，滿面風塵，看着比乞丐都慘。父母看到他這個樣子，不但不心疼，反而張口就罵；妻子正在織布，看見蘇秦，理都沒理，繼續織布，似乎停一下都覺得是浪費時間；兄弟姐妹也紛紛發出嘲諷的笑聲。蘇秦飢餓難忍，見沒人理睬自己，只好滿面賠笑地央求嫂子，希望嫂子給自己做點飯吃，沒想到嫂子陰陽怪氣地說："實在不好意思，家裏恰巧沒有做飯的柴了，你先忍着吧。"

蘇秦大受刺激，他深刻反省後認為，父母不認兒子，妻子不理丈夫，嫂子輕視小叔，都是因為自己不爭氣造成的。自己一定要發奮圖強，做出一番大事業，讓他們另眼相看。

自此，蘇秦發奮苦讀。著名的"頭懸樑，錐刺股"的故事就和蘇秦有關。頭懸梁，説的是漢朝的孫敬，夜晚讀書時，將自己的頭髮用繩子拴在房樑上。當讀書睏了打瞌睡時，只要頭一低，繩子就會猛拽一下頭髮，一疼就會驚醒，就可以繼續讀書了。錐刺股，説的就是蘇秦。蘇秦刻苦讀書到深夜，免不了不知不覺睡着了。為此，他經常非常懊悔，覺得浪費了時間。後來，蘇秦無意中想到，可以用疼痛刺激法來保持清醒。於是，每當讀書瞌睡時，蘇秦就用錐子扎自己的大腿一下，疼醒之後，繼續讀書。為此，蘇秦的大腿經常鮮血淋漓，有時血一直流到腳下。除了苦讀之外，蘇秦還有針對性地重點研讀《陰符經》一書，結合鬼谷子老師傳授的本領，揣摩立身強國之道。一年後，蘇秦覺得這次自己真的學有所成了，於是再次踏上闖蕩天下、尋求成功之路。

成功的開始：說服燕文侯

蘇秦先是將目標放在近在咫尺的周顯王身上。結果周顯王身邊的大臣聽説過蘇秦的名字，知道這家夥沒甚麼本領，只會説空話，都瞧不起他；因此，周顯王也根本不相信他的説辭。

碰了一鼻子灰的蘇秦，另行選擇人生的方向。當時的天下各國，秦國在經過商鞅變法之後，最為強大，其次為齊國。蘇秦經過一番思考後，西行到了秦國，勸説秦王，認為秦國可以吞併天下，稱帝而治。當時的秦國，正是秦孝公死後不久，秦惠王殺死商鞅，政局正處於動盪之中，秦惠王也沒有採納蘇秦的話。

蘇秦不得不離開秦國，來到趙國。結果依然是碰壁而歸。無奈之下，蘇秦又到了北面的燕國。此時的蘇秦，應該沒有甚麼目的，屬於走到哪國算哪國，碰運氣的成分更大一些。這一年，約為公元前 335 年。

到達燕國的蘇秦，也並沒有立刻時來運轉，而是再次受到冷遇。抱着一線希望的他沒有馬上離開，而是默默等待。這一等，就是一年多……一個偶然的機會，蘇秦終於見到了燕國國君燕文侯。他充分利用這個來之不易的機會，向燕文侯推銷自己的主張。

蘇秦認為，燕國東有朝鮮、遼東，北有林胡、樓煩，西有雲中、九原，南有滹沱、易水，國土縱橫二千多里，軍隊有幾十萬，物阜民豐，所謂的天府之國不過如此。而且燕國長時間處於和平狀態，沒有戰爭，百姓安居樂業，不用擔心戰爭帶來的殺戮，也沒有軍隊覆滅，將軍被殺的煩心事。為甚麼燕國能保有這樣的局面呢？是因為趙國在燕國的南面作為屏障。這幾年來，秦、趙兩國發生了五次大規模的戰爭。秦趙之間互相殘殺、削弱，燕國才能在後面牽制他們，而自身不受戰爭的威脅。

現在的情況是，秦、燕兩國遠隔千里，秦國想要攻打燕國非常困難。而趙國與燕國接壤，趙國想要攻打燕國，只要一聲令下，不超過十天半月，數十萬趙軍就能兵臨燕國國都城下。所以秦國雖然強大，但是國君您不需在意秦國對燕國的態度，而必須和趙國保持友好。現在正好可以藉助聯合抗秦的名義和趙國合縱友好，並且聯合其他國家，如果能將天下諸侯聯合在一起，燕國就沒有任何的憂患了。

燕文侯大吃一驚，沒想到自己看不上眼的蘇秦，有如此高妙的眼光和如此大的佈局能力。心悅誠服的燕文侯，給蘇秦準備了車馬、隨從和金銀布帛，派他到趙國，全權代表燕國商談合縱事宜。同時，燕文侯承諾，只要能使合縱之事成功，請以國從，就是將國家都交給蘇秦來治理，等於承諾封蘇秦為燕國國相。

蘇秦，終於走在了通往成功的大路上。

進一步的成功：燕趙合縱

當時的天下，西邊是商鞅變法之後的秦國，為第一軍事強國，國君野心勃勃，目標隨時指向中原地區。東面的齊國，經過齊威王的治理再次強勢崛起，在國力、軍力上隱然有與秦國分庭抗禮之勢。並且，秦、齊兩國，一直有兼併天下的野心。其餘的諸侯國在防備、討好秦、齊兩國的同時，彼此也是明爭暗鬥、戰爭不斷。這其中的趙國，地處秦國、齊國之間，屬於四戰之地，與魏、秦兩國時常有戰爭發生。所以國力衰疲，百姓生活困苦。

　　再次來到趙國的蘇秦，因為燕國使者的身份，所受禮遇和第一次來時截然不同。蘇秦施展自己的三寸不爛之舌，遊說趙肅侯。先是稱讚趙肅侯為賢明之君，天下很多能人都仰慕不已，只是以前被佞臣蒙蔽，大家沒辦法到達國君面前。現在佞臣不在了，像我這樣仰慕國君的人就紛紛過來觀見了。

　　接下來，蘇秦話鋒一轉，開始闡述自己的主張。蘇秦認為，對於一個國家來說，國家和百姓生活的安寧，是最重要的事情。想要發展自己的國家，安寧的環境也是必不可少的。而保證自己國家安寧的根本，在於邦交，就是選擇盟友。和趙國臨近的國家中，秦國、齊國都是非常強大的國家，尤其是秦國，更是第一強國。所以與這兩個國家同時為敵，趙國一定會戰爭不斷，得不到安寧，這樣不可取。

　　如果與這兩個國家中的一個結盟，攻打另一個呢？也不行。

　　如果和秦國結盟，那麼短時間內也許可以獲得和平，但是秦國一定會利用這個機會去削弱韓國、魏國。等韓國和魏國被削弱之後，秦國大軍就可以肆無忌憚地攻打趙國了。趙國縱橫兩千多里，精銳士卒幾十萬、戰車千輛、戰馬無數、糧草充足。而且，西有常山，南有漳水，東有清河，北有燕國。秦國最忌恨的莫過於趙國，但為甚麼秦國不敢發傾國之兵來攻打趙國呢？這是因為秦國害怕韓國和魏國在後面趁機攻打他。由此可見，韓國、魏國可以說是趙國南邊的屏障了。如果秦國削弱並進一步攻打韓、魏，兩國抵擋不住，必然會臣服於秦，秦國就可以發傾國之兵攻打趙國。那時候，恐怕趙國也就離滅國不遠了。所以說，無論如何不能和秦國結盟。

那麼，和齊國結盟呢？也不行。如果趙國和齊國結盟，齊國必然會藉機削弱楚國、魏國。魏國被削弱了，又面臨着秦國和齊趙聯盟的夾擊，必然會割地和秦國講和、臣服，一旦魏國向秦國臣服，韓國必然也堅持不住，也會向秦國臣服，而且楚國也是齊趙聯盟的敵對國家，那個時候，秦國再來攻打，趙國就真的孤立無援了。

那麼怎樣才是正確的做法呢？那就是：合縱。我考察過天下的地圖，各諸侯國的土地五倍於秦，士兵十倍於秦，假如能將六國聯盟在一起，彼此之間不發生戰爭，同心協力攻打秦國，很容易就能將秦國打敗。

那些主張連橫的人，都是為自己考慮，而根本沒有考慮國家利益。他們主張將國家的土地割讓給秦國，等秦國霸業成功，他們一樣可以做高官，享受奢華的生活，至於各諸侯國受到的傷害，就不是他們所需要考慮的了。而像您這樣的國君，當然不會有好結果。所以，連橫之策絕不可取。

我私底下替國君您考慮，最好的辦法就是齊、楚、燕、韓、趙、魏六個國家聯合起來，共同對抗秦國。大家可以殺白馬，歃血為盟，不管秦國進攻哪個國家，其餘五國都或從左右，或從背後，出兵攻打秦國。如果哪個國家不遵守盟約，其餘五國就共同派兵討伐他。這樣，秦國一定不敢侵犯六國。趙國也就獲得了和平，您的霸主的事業也就成功了。

趙肅侯聽了，讚佩異常，對蘇秦禮敬有加，表示願意傾國相從。意思就是，只要聯盟成功，就封蘇秦為趙國國相。然後，趙肅侯也給了蘇秦豪華的車子一百輛、黃金千鎰、白璧百雙、錦繡千匹，委派蘇秦為燕國、趙國的聯合使者，去聯絡其他幾個諸侯國。

所謂的"合縱"、"連橫"，都是當時各諸侯國之間的一種外交結盟策略。"合縱"就是南北縱列的國家聯合起來，共同對付秦國或者齊國，其目的在於聯合多個弱國對抗強國；"連橫"就是秦國或者齊國聯合一些國家，共同進攻另外一些國家，其目的是結盟一個強國為靠山，進攻其他弱國。

開始的時候，合縱、連橫變化無常，合縱的敵人有時是秦國，有時是齊國；連橫也是既可以聯秦，也可以聯楚，就是所謂的"朝秦暮楚"。後來，隨着秦國越來越強大，成了東方六國的共同威脅，合縱固定成聯合六國抗秦，連橫則是六國分別與秦國聯盟，求得苟安。秦國則是利用連橫，拆散各國的合縱盟約，各個擊破。

正當蘇秦大展身手的時候，秦國派兵攻打魏國，並大敗魏軍。

對於蘇秦來說，必須有一個強大的秦國作為對手，才能聯合各諸侯國，實行"合縱"之策。但是秦國現在的進攻，又打亂了蘇秦"合縱"計劃的實行。如果現在秦國強勢進攻，很可能會使剛剛有了一點眉目的"合縱"計劃出現變故，甚至夭折。那樣，自己一番辛苦就白忙了。怎麼能讓秦國既保持強大，對諸侯國有足夠的威脅，又能在一個較長時間內不大舉進攻其他諸侯國，尤其是趙國呢？這時，蘇秦想起了他的好兄弟張儀。於是，蘇秦悄悄派人招攬張儀。

張儀：舌頭就是一切

張儀，魏國人，祖上為貴族，但是到了張儀這一代，已經沒落。張儀在鬼谷子那裏學成後，下山遊歷。

張儀在學習刻苦的程度和本領上，絲毫不弱於蘇秦，蘇秦曾經自認不及張儀。東晉人王嘉寫的《拾遺記》記載，張儀年輕時曾經替別人抄書，每次見到好的句子，就寫在手掌上或者腿上，晚上回到家中，再折竹刻之，時間長了，就集結成冊。張儀就是用這種方法來學習。後人遂以"折竹"或"張儀折竹"，來比喻勤奮學習。

按說蘇秦的運氣就夠糟糕的了，但是張儀的運氣比蘇秦還要糟糕很多。

張儀在魏國窮困潦倒，無人理睬，於是到楚國遊說。但是到了楚國的張儀也沒得到國君的重視，於是投到令尹昭陽門下做了門客。

當時的令尹昭陽，剛剛率領楚軍大敗魏軍，為楚國開疆拓土。為此，楚王將傳國之寶"和氏璧"賜予昭陽。

一天，昭陽和百餘名門客飲酒慶賀。席間，昭陽炫耀"和氏璧"，讓大家欣賞。沒想到宴會現場混亂，和氏璧傳來傳去，竟然丟失不見了。大家都懷疑是家境貧寒的張儀所偷。昭陽大怒，命人將張儀捆綁起來，一頓暴打。張儀被打得死去活來，但是始終不承認。本來就不是張儀所偷，就算張儀想承認，也得找得到和氏璧才行啊？昭陽沒辦法，最後只得不了了之。

遍體鱗傷的張儀被送回家中。妻子看到他被打得這樣慘，忍不住傷心落淚，埋怨張儀說："你看看你，如果不是你執意要讀書、遊說，怎麼會受到這樣的侮辱呢？"張儀沒反駁，而是張開口，伸出舌頭，讓妻子看。然後問："你看我的舌頭還在嗎？"妻子嚇了一跳，別是這下刺激太大，張儀神經不正常了吧？急忙回答："在。舌頭不在，你用甚麼和我說話啊？"張儀放心了，長出一口氣說："只要舌頭還在，就沒有任何問題。你放心，我早晚會出人頭地的。"

張儀入秦

走投無路的張儀，正在發愁下一步何去何從的時候，得到同窗好友蘇秦在趙國已經發達的消息。他大喜過望，連夜收拾行囊，帶着家人，來趙國投奔蘇秦。張儀認為，大家是同窗好友，而且自己的本領蘇秦深知，怎麼也得熱情接待吧。

張儀到達趙國後，迫不及待地去求見蘇秦。沒想到一連好幾天，蘇秦府上的僕人根本不給往裏面回稟。好不容易總算有人進去稟報了，結果蘇秦根本沒理睬張儀。又過了幾天，蘇秦終於想起張儀，命人將他帶進府裏。張儀總算見到了蘇秦。

沒想到的是，見到還不如沒見到。蘇秦對待張儀非常冷淡，頤指氣使，沒有老友重逢的熱情，只有諷刺和嘲弄。多年未見的老同學首次見面，怎麼也得擺上酒席招待一下啊，可是連這點最起碼的禮節，蘇秦都給免了，只是以高高在上的態度，賜給張儀僕人和侍女吃的飯食。就這還不算完，在張儀吃飯時，蘇秦還極盡羞辱之能事，說張儀你不是很有本領嗎？怎麼混到現在還這樣窮困潦倒，想起來投靠我了。像你這種人，就不值得收留。蘇秦好像越說越生氣的樣子，不等張儀吃完飯，就將張儀打發了出來。

開始的時候，張儀還含羞忍辱地聽着，畢竟還是希望蘇秦收留自己。結果沒想到蘇秦一點不念舊交，竟然將自己趕了出來。張儀暗暗咬牙，發誓一定要報今日之辱。如今的蘇秦貴為趙國上賓，而能夠對趙國造成威脅的只有秦國。憤懣的張儀，準備去秦國尋找機會，然後報仇雪恥。但是一個現實的問題就是，遠路跋涉需要路費，而且是很多的路費，而張儀卻幾乎身無分文。

正在張儀一籌莫展時，貴人出現了。離開趙國都城的當天，張儀就遇見了一個富有的商人。這個商人既同情張儀屈辱的經歷，又欽佩他的才華，於是慷慨解囊，全額資助張儀入秦。到達秦國後，這個商人繼續花錢幫助張儀買通秦惠王身邊的寵臣，使張儀有機會見到了秦惠王。

在秦惠王面前，張儀慷慨陳詞，一展胸中才能。秦惠王被張儀的才能所折服，暫時任命張儀為秦國客卿。準備等機會合適就重用張儀，並不時和張儀討論攻打其他各國的計劃。

張儀剛剛獲得秦王的重用，那個資助他的商人卻向他告辭，準備離開了。張儀急忙挽留："沒有您的幫助，哪裏有我今天的富貴？我正準備好好報答您，您怎麼能現在就離開呢？"直到此時，那個商人才說了實話。原來，他是蘇秦的一個門客，是蘇秦派他來幫助張儀的。

這個門客說：「所有這一切都是蘇秦大人安排的。蘇秦大人擔心秦國攻打趙國，破壞了合縱聯盟，希望有人能來秦國掌握權力，然後勸阻秦國不要攻打趙國。蘇秦大人認為此人非張儀大人您不可。但又擔心他對您友好的話，您會為了貪圖安逸的生活而失去鬥志，所以才刻意羞辱您，藉此來激怒您。然後暗地裏命令我全程跟隨您，資助您，幫助您解決金錢上的困難。現在您已經獲得秦王的重用，我的任務也完成了，要回去向蘇秦大人覆命了。」

張儀聽後，愣在原地，半晌無語。最後，長歎一聲說：「蘇秦之能，我不及也。請您回去向蘇秦回覆，只要蘇秦還在趙國掌權，我張儀一定勸阻秦國伐趙。」

果然，得到重用的張儀，在秦國又準備發兵攻打趙國的時候，向秦惠王建議：「如果現在我們出兵攻打趙國，那麼齊、韓、魏、燕等國一定會聯合起來，出兵幫助趙國，那樣的話，對秦國十分不利。與其這樣，不如我們暫時不出兵，而是派出使者，聯合六國中的幾個國家，拉攏多數，再攻打少數，這樣的話，對秦國將更加有利。」秦惠王被說服了，暫時放棄了攻打趙國的計劃。

蘇秦的策略成功了。

蘇秦衣錦還鄉

暫時穩住秦國之後，蘇秦充分運用自己的口才，先後說服了韓、魏、齊、楚四國君主，於是六國正式組成聯盟，合力同心，對抗秦國。

公元前 333 年，六國正式訂立了合縱的盟約。因為蘇秦是合縱聯盟的發起人，同時受到六國君主的信任，所以，蘇秦被任命為縱約長，並同時被六國任命為國相，讓蘇秦負責管理、協調聯盟之事。

蘇秦，前無古人的成了六國國相，成功攀上人生的巔峰。

蘇秦在返回趙國時，路過洛陽，因為各國君主送給他很多車馬、隨從，所以蘇秦的氣派、場面非常大。周顯王聽到這個消息非常緊張，為了討好蘇秦，派人清掃道路，並派使者到郊外遠接高迎。

衣錦還鄉的蘇秦回到家中。他的兄弟、妻子、嫂子，都恭敬地俯伏在地，不敢抬頭觀看。蘇秦笑着問嫂子：「何前倨而後恭也？」意思就是你為甚麼以前對我那麼傲慢，現在這麼恭敬呢？他的嫂子匍匐而前，臉貼在地面上請罪說：「因為你以前很窮，現在地位高貴、錢財眾多啊！」

蘇秦感慨：「同樣都是我這個人，富貴了，親戚朋友就敬畏我；貧賤時，就輕視我，何況是其他人呢？不過當初的貧賤，也成全了我。假如當初我有二頃良田，能過上不錯的生活，那麼現在的我，可能還在家裏種田，哪裏能夠身披六國相印呢？」蘇秦並沒有責怪家人，而是原諒了大家，並且拿出千金，賞賜給親戚朋友。大家當然對蘇秦感恩戴德。

當年蘇秦到燕國去的時候，曾經向一個人借了一百錢做路費，現在蘇秦拿出一百金（一百萬錢）償還給那個人。手下追隨蘇秦的侍從，也都得到了很多賞賜，包括一個在蘇秦最困難的時候，多次要離開的侍從都得到了賞賜。可見，蘇秦的心胸還是很開闊的，至少不是睚眥必報之人。

蘇秦回到趙國後，趙肅侯封他為武安君。蘇秦命人將合縱的盟約書送給秦惠王。秦惠王震驚了。天下大勢，對秦國極為不利。

蘇秦之死

六國合縱，像一柄利劍，高懸於秦國頭頂。秦國當然不會坐以待斃，於是，明的、暗的，陰謀、陽謀，一起發動，盡全力破壞六國盟約。

秦國派出同樣是縱橫家的公孫衍，前去齊國、魏國，準備聯合齊、魏，攻打趙國。公孫衍同樣擁有一張利口，成功說服了齊國、魏國，組成秦、齊、魏三國聯軍，攻打趙國。

六國的合縱盟約怎麼會如此容易的就被秦國破壞呢？因為六國合縱，各國本來就是私心重重，再加上各國之間因為歷史上的、地理上的、政治上的等等矛盾，聯盟的根基本來就不深，屬於沙灘上建立起來的樓閣，當然是一個大浪就打翻了。

趙肅侯非常憤怒，責備蘇秦。蘇秦又驚又怒，請罪的同時，表示馬上出使燕國，要約會燕國，一起討伐背約的齊國。實際上，蘇秦應該是準備去燕國避避風頭了。蘇秦離開趙國的時候，六國合縱實際上也就算破裂了。

沒想到秦國的計策不僅如此，在聯合齊、魏的同時，秦惠王又將自己的女兒嫁給了燕國的太子。而就在這一年，燕國的國君燕文侯去世，太子即位，並在公元前 323 年稱王，史稱燕易王。也就是說，這位燕易王是秦惠王的女婿。而齊國的齊宣王則趁着燕國國喪之機，發兵攻打燕國，一連攻克了十座城池。

這一下，六國合縱土崩瓦解，根本無從談起了。

燕易王大怒，讓蘇秦去齊國，替燕國要回這十座城池。

蘇秦見到齊宣王，拜見完畢，先是向齊宣王祝賀，接下來又表示哀悼，齊宣王糊塗了。蘇秦說：「我聽說再飢餓的人，寧願飢餓也不吃烏頭這種有毒的植物，因為吃它雖然能吃飽肚子，但是會被毒死。現在您攻打燕國，和飢餓的人吃有毒的食物，是同樣的道理啊。」「因為燕國雖然弱小，但是燕王是秦國的女婿。您攻打燕國在前，隨後就會招致秦國的精銳部隊來進攻齊國啊。」

齊宣王有點害怕了，詢問蘇秦解決的辦法。

蘇秦表示，歸還燕國的十座城池，並讓秦王知道，齊國這樣做是因為秦國的原因，這是解決問題的最好辦法。這樣做，表面看來，齊國失去了已經得到的土地，還有點丟面子，但是實際上，燕國白白得回十城，一定非常高興；而秦國知道是因為自己的緣故，齊國才歸還燕國十城，也一定很高興。這樣，秦國、燕國，就會都來侍奉齊國。那樣一來，雖然表面上是齊國依附秦國，但是實際上，是秦國、燕國聽從齊國的指揮啊。到那時候，大王您對天下發出的號令，還有誰敢不聽從呢？這是以十城的代價，取得天下，是稱霸天下的功業啊。齊宣王徹底被蘇秦說暈了，迷迷糊糊地同意了蘇秦的建議，歸還了燕國的十座城池。

蘇秦返回燕國後，受到很優厚的待遇。接下來的蘇秦，似乎失去了鋒芒，安心在燕國混起日子來。估計也可能是各國君主不再相信他的那套說辭了。後來，蘇秦和燕易王暗中商量好，派蘇秦去齊國，表面為齊國做事，暗中幫助燕國。

蘇秦裝作得罪了燕易王，逃跑到齊國。齊宣王任命蘇秦為客卿。蘇秦繼續在齊國混日子，暗中悄悄做點有利於燕國的舉動。後來，齊宣王去世，齊湣王即位。蘇秦勸說齊湣王，應該把齊宣王的喪事辦得非常隆重，這樣才能表明自己的孝道。又勸說齊湣王，應該修建豪華的宮殿，開闢大規模的園林，以此來彰顯自己得志。實際上，蘇秦的這些建議都包藏着禍心，他是希望通過這些行動來消耗齊國的國力，達到慢慢削弱齊國的目的。

齊湣王非常信任蘇秦，幾乎是言聽計從。這就引起一些大臣的嫉妒，同時也有明眼人看出蘇秦這樣做是在禍害齊國。於是，有人暗中對蘇秦實施了刺殺。

蘇秦身受重傷，不過總算沒有身死當場。齊湣王大怒，派人捉拿兇手卻沒有捉到。蘇秦對齊湣王說：“大王，我反正也活不了了，請您在熱鬧的的集市上，把我車裂吧。就說我是燕國的奸細，為了燕國在齊國作亂。並表示，可以給刺殺我的兇手以高額獎勵。這樣，兇手就一定會主動出現，您就可以殺了他，替我報仇了。”

　　齊湣王按照蘇秦的話做了，車裂了蘇秦。刺殺蘇秦的兇手果然跳出來領賞，被齊湣王也給抓住殺掉了。這一年，是公元前284年。此時，燕國已經在燕昭王和樂毅的組織下，聯合其他五國，做好攻打齊國的準備了。只是齊湣王還不知道而已。

　　蘇秦算是自己給自己報了仇，不過代價也確實不低。因為蘇秦這算是死無全屍，按照那個時代人們對死亡的概念來說，可算是慘痛之極了。連燕昭王聽到這個消息，都直搖頭感慨"甚矣"，就是說覺得蘇秦這樣做太過分了。

　　後來，隨着蘇秦幫助燕國破壞齊國的事情逐漸洩露，齊湣王明白自己受了蘇秦的騙，在痛恨蘇秦的同時，也越來越痛恨燕國起來。

張儀一戲楚懷王

　　在蘇秦慢慢淡出人們視線的時候，張儀卻越來越活躍於政壇之上。

　　張儀入秦沒幾年，就因為才華橫溢、謀略過人，為秦國贏得很多利益而被秦惠王任命為國相。張儀在當上秦國國相第四年的時候（公元前325年），擁立秦惠王改"公"稱"王"。在張儀的策劃下，秦國對魏國奉行"胡蘿蔔加大棒"的政策，使得魏國基本上處於臣服的狀態。關於張儀最著名的故事，莫過於戲弄楚懷王了。

　　張儀對楚國可謂恨之入骨。當年被誣陷偷竊和氏璧一事，張儀一直是耿耿於懷。剛當上秦國國相時，他就曾經威脅過楚國令尹昭陽，因為就是這個昭陽當年污衊並差點打死他。

　　秦國想要攻打齊國或者楚國，但是齊楚兩國締結了合縱相親的盟約。於是張儀受命要破壞掉楚、齊的盟約，使兩國翻臉成仇，這樣就方便秦國各個擊破了。

　　公元前313年，張儀出使楚國。張儀這次在楚國受到了隆重的接待。楚懷王客氣地詢問張儀，有甚麼可以指教自己的。張儀開門見山，表示自己這次來就是勸說楚國和齊國解除盟約的。
只要楚國和齊國絕交，秦國願意將商、於六百里的土地割讓給楚
國，並且願意和楚國永遠結為兄弟國家。這樣，向北可以削弱齊
國，而秦國和楚國都能得到好處。

　　商、於之地原來是楚國的領土，幾十年前被秦國奪去。後來
商鞅有功，被秦孝公封給商鞅。商鞅及全家被殺後，他的封地又
被秦國收回。目光短淺的楚懷王，聽到自己可以不費吹灰之力就
能得回這片土地，當即特別高興地答應了。

　　這時，楚懷王手下的陳軫出面反對。這個陳軫，也是縱橫家
的代表人物，當年曾經和張儀一起侍奉過秦惠王，也被秦惠王所
重視。二人為了在秦惠王面前爭寵，互相攻擊。最後張儀成功脫
穎而出，當上了秦國國相，陳軫只得黯然離開，投奔了楚國，但
是也沒有受到重用。

　　陳軫對楚懷王說：“國君，不能答應。否則楚國不但得不到
商、於六百里的土地，還將有大禍臨頭。”面對楚懷王的疑惑，
陳軫侃侃而談：“秦國之所以不敢輕易進犯楚國，是因為齊、楚之
間互為盟國。如果楚國和齊國廢除盟約，斷絕往來，那麼楚國就
孤立無援了。這樣的話，秦國怎麼可能還那麼在意楚國呢？又怎
麼可能割讓給楚國大片土地呢？我相信，等張儀回到秦國，一定
會背棄承諾。那樣的話，楚國失去了齊國這個盟友，又沒有得到
土地，甚至會招致齊國、秦國同時進攻，對楚國來說，難道不是
塌天大禍嗎？”“國君您如果不相信我的話，您可以先表面上和齊
國絕交，然後派人跟隨張儀去秦國，看秦國是不是真的割讓商、
於的六百里土地。如果秦國真的給楚國土地，那時候再和齊國真
的絕交也不晚。”

　　陳軫這番話，可算是逆耳的忠言了，可是利令智昏的楚懷
王，一門心思想的都是商、於六百里的土地，根本沒聽進去，反
而令陳軫閉嘴。

　　楚懷王為了討好張儀，封他為楚國令尹（應該只是名義上的，沒實權），又送給張儀大量財物，希望他在秦國割讓土地這件事上多多替楚國美言。張儀當然是全盤收下，痛快答應。

　　不過楚懷王還沒有糊塗到極致，也覺得就這樣徹底和齊國絕交有點不踏實，於是又想起了陳軫最後的建議。楚懷王先是宣佈和齊國斷絕關係，廢除盟約，但是事情並沒有徹底做絕，這件事只是限於少部分人知道，並且也沒有將絕交書正式送到齊國。然後楚懷王派遣將軍逄侯丑隨張儀返秦，準備先將商、於的土地拿到手再說。

　　楚國君臣的這點小伎倆，張儀焉能看不出來？他胸有成竹，毫不介意地帶着楚國的使者返回了。路上，張儀還一再表示，只要回到秦國，自己就會第一時間勸說秦惠王將土地割讓給楚國。說得是很好，結果卻在剛剛到達秦國都城的時候，張儀就裝作不留神從車上摔了下來，身受重傷，一連三個月沒有上朝，當然更是不見楚國的使者。

　　逄侯丑左等右等都沒有割讓土地的消息，多次求見張儀，也都被張儀手下人以張儀身受重傷，不能見客的藉口攔住了。無奈之下，逄侯丑求見秦惠王。

　　秦惠王接見了逄侯丑。不過見是見到了，秦惠王卻將一切事情都推到了張儀身上，必須有張儀在場認可才能實現承諾。同時秦惠王面帶不滿地表示，楚國和齊國絕交的事情根本不徹底。如果這樣的話，即使張儀來了，也不會割讓給楚國土地。

　　楚懷王得到消息，着急了，急忙派勇士前去齊國，當着齊國所有大臣的面，痛罵齊宣王。氣得齊宣王拍案大怒，齊、楚正式絕交。

　　此時，張儀的“傷”也徹底好了，開始上朝了。逄侯丑急忙來找張儀，商量割讓土地的事。張儀輕鬆地說：“不就是六里土地嗎？這麼小的事，不用找國君，我就能做主。”逄侯丑傻眼了：

"甚麼六里土地，不是說好的六百里土地嗎？"沒想到張儀卻翻臉了："怎麼可能？秦國的土地都是祖先傳下來的，怎麼可能輕易割讓給別的國家呢？你們聽錯了，我說的是將國君封賞給我的六里土地，以私人的名義贈送給楚國。"

楚懷王聽到使者的回覆，氣得一口氣沒上來，差點死過去。暴怒之下，楚懷王一邊大罵張儀是個反復無常、出爾反爾的小人，一邊點起十萬兵馬，要用武力奪回商、於的土地。當然，如果戰事順利，楚懷王不介意多拿回一些"利息"。

張儀二戲楚懷王

暴怒的楚懷王派大將軍屈匄和副將逢侯丑率領十萬楚軍攻打秦國。這時，陳軫再次出來勸阻。陳軫先問楚懷王："現在我能開口說話了嗎？"這一問，是因為前面陳軫曾經建議楚懷王不要相信秦國的話，楚懷王不聽，還讓他閉嘴。陳軫問這句話的潛台詞就是，你看，不聽良言相勸，上當了吧。

陳軫認為，如果現在和秦國交戰，等於同時得罪了秦國、齊國兩個大國，對楚國非常不利。與其如此，不如暫時忍下這口氣，和秦國交好，然後和秦國一起攻打齊國，這樣，從秦國損失的土地，還有可能從齊國得回來，屬於堤內損失堤外補。

滿腔怒火的楚懷王再次沒有聽取陳軫的建議，執意派出大軍。秦國早就料到楚國有可能前來報復，一方面厲兵秣馬，做好了戰鬥準備；一方面聯絡齊國，與齊國結盟，相約共同攻打楚國。正對楚國恨得咬牙切齒的齊宣王當即同意和秦國結盟，然後派兵和秦國組成聯軍，同楚軍交戰。

公元前 312 年，楚軍和秦軍大戰於丹陽，結果楚軍大敗，八萬楚軍被殺，連屈匄和逢侯丑在內，七十幾員楚國重臣、將領被殺或者被俘。秦軍趁勢佔領楚國的漢中地區，設立漢中郡。

消息傳來，楚懷王愈發暴跳如雷，調動起傾國兵馬，"懷王乃悉發國中兵以深入擊秦"，再次向秦軍殺來。秦、楚再次於藍田交戰，楚軍再敗。

韓、魏看到有機可乘，也發兵進攻楚國，並連連得手。

一桶桶的冷水兜頭澆下，楚懷王發熱的頭腦總算冷靜下來。這時他才發現局勢對楚國極為不利，不得不撤軍，並割地向秦國講和，"楚兵懼，自秦歸"。

秦國趁機要挾楚國，希望用武關以外的土地，換取楚國黔中一帶的土地。憤怒的楚懷王表示，只要秦國能將張儀交給楚國處置，不用交換，自己願意獻出黔中的土地給秦國。秦惠王當然願意白白得到土地，但是又不忍心用張儀交換。不成想張儀聽到這個消息，卻主動要求秦惠王答應楚國的要求。於是，張儀再次出使楚國。

剛一到楚國，張儀就被楚懷王抓了起來，隨時有被處死的可能。不過，早有準備的張儀並不緊張。楚懷王的寵臣靳尚早就被張儀重金買通，他前去找楚懷王的寵妃鄭袖。靳尚對鄭袖說："您還不知道嗎，您將被大王拋棄了。"看到鄭袖不解，靳尚解釋說："秦王特別看重張儀，現在聽說咱們楚國把張儀抓起來了，正準備用六個縣的地方來賄賂楚國，然後將秦國最漂亮的美女嫁給楚王，用秦國王宮中最擅長唱歌跳舞的宮女做陪嫁。您想啊，楚王看重土地，再加上秦國強大，那麼必定尊重秦國，又加上秦女美貌，那麼秦女一定會受到寵愛而尊貴。到那時候，夫人您就將要被楚王拋棄了啊！"

鄭袖慌了，急忙向靳尚請教對策。靳尚出主意說："您不如去替張儀求情，讓國君釋放張儀。這樣秦國也就不用割地、送美女了，您的困局也就解決了。"

鄭袖覺得有理。為了禦秦女於楚國之外，鄭袖日夜在楚懷王的面前替張儀說好話。鄭袖當然不會實話實說，而是解勸楚懷王："您看，我們的土地還沒有交給秦國，秦王就派張儀到楚國來，可見對大王您尊重到了極點。大王您沒有回禮，卻要殺死張儀，秦王必定會大怒，派兵攻打楚國。到那時，楚國國將不國啊。與其那樣，大王不如讓我們母子搬到江南去住，省的秦國打過來，我們母子被秦國士兵任意欺淩屠戮。"邊說，鄭袖邊拉着楚懷王的袖子哭哭啼啼。

楚懷王本來就沒甚麼主見，平日又對這個寵妃鄭袖是言聽計從，再加上也不敢徹底得罪秦國，所以稀裏糊塗的就答應了鄭袖的請求，將張儀放了出來，待如上賓。

接下來，楚懷王在張儀的蠱惑之下，居然再次決定與秦國和好，並隆重送走了張儀。

大臣屈原堅決反對割地與秦、同秦和好、放走張儀。楚懷王也有點後悔，捨不得黔中之地，於是就沒有割地給秦國。不過楚懷王能連續兩次被張儀所戲弄，可見其智商也是堪憂。

離開楚國之後，張儀又先後到達韓、齊、趙、燕等國，邊威脅邊拉攏，各國紛紛答應和秦國聯盟，實際上是屈從於秦國的武力脅迫之下，不得不割地侍奉秦國。

張儀出訪，取得一系列成功，秦惠王很滿意，加封他為武信君，又封給他五邑之地。但還沒等張儀回到秦國，公元前311年，秦惠王就去世了，其子秦武王即位。秦武王在做太子時，就和張儀不睦。現在新君即位，秦國大臣中羨慕、嫉妒、痛恨張儀的人紛紛跳出來說張儀的壞話。

各國見秦國內部不合，張儀為秦武王所不喜，於是紛紛背叛了連橫盟約，重新組成了合縱聯盟。張儀無奈，只得找了個藉口到了魏國。一年後，病死於魏國。

被稱為"三蘇"的蘇氏三兄弟 | 49

隨着蘇秦的功成名就，他的兩個族弟蘇代、蘇厲，大受鼓舞，於是跟着族兄蘇秦學習縱橫之術。

蘇秦死後，蘇代、蘇厲也先後周遊於各國，縱橫捭闔，運用自己的口才與智慧，周旋於各國君主之間。雖然不如兄長蘇秦的名氣大、成就高，但也同樣聞名遐邇，被當時和後世所稱道，故被後人合稱為"三蘇"。

繼蘇秦之後，蘇代、蘇厲繼續倡導合縱抗秦，先後輔助過燕、齊、宋、魏等國，名聲也在各諸侯國間顯揚。兄弟二人的結局也都不錯，都得享終年。

史書上關於蘇厲的介紹不多，只知道他曾經藉周天子的名義，阻止過秦國對魏國的入侵。不過蘇代的故事還是頗有幾個的，其中不乏流傳廣泛、膾炙人口的事跡。

成語"鷸蚌相爭漁翁得利"的故事，典出《戰國策》，說的就是蘇代的事。故事說，趙國準備攻打燕國，燕國弱小，不是趙國的對手，國君很緊張。蘇代主動表示，願意去趙國說服趙王，停止攻伐燕國。

蘇代見到趙惠文王，先給趙王講了個故事，說自己在來趙國的路上，路過易水的時候，看見一隻河蚌從水裏出來曬太陽，正在這時，一隻鷸鳥飛來，伸出長長的尖嘴，要啄河蚌的肉，河蚌立刻合攏蚌殼夾住了鷸鳥的尖嘴。鷸鳥說："你不放開我，就不能回到河裏去，今天不下雨，明天不下雨，用不了幾天，你就乾死了。"河蚌說："我就不放開你。今天不放你，明天不放你，你沒辦法吃東西，用不了幾天，你就會餓死。等你餓死了，我再回到河裏去。"正在他們誰也不肯放開誰的時候，一個漁夫走過來，把他們一起捉走了。

蘇代接着說，現在趙國要攻打燕國，燕國必然會拼死反抗，如果兩國長期戰爭不斷、相持不下，那時候，強大的秦國就要成為那個不勞而獲的漁夫了，而趙國和燕國，就是那個相爭的鷸蚌啊。希望大王您仔細考慮之後，再決定要不要出兵攻打燕國。

趙惠文王被說服了，停止了出兵攻打燕國的行動。

《史記》中還記載了一則“抱薪救火”的故事，也是關於蘇代的。魏安釐王的時候，秦國連年入侵，魏國連連戰敗，不斷丟城失地。為了求和，魏國不得不割讓土地給秦國。

魏安釐王四年（公元前 273 年），秦國名將白起率領秦軍在華陽一戰，打敗韓、趙、魏三國聯軍，殺死 15 萬聯軍士兵。魏國主將芒卯兵敗逃亡，不知所蹤。另一魏將段乾子被秦軍嚇破了膽，建議魏安釐王將南陽割讓給秦國求和。魏安釐王同意了。

這時，蘇代站出來反對。蘇代認為，用土地換取和平，是做不到的。秦國作為侵略者，其貪心沒有止境，只要魏國還有土地，那麼秦國的慾望就不可能得到滿足。這就像抱着乾柴去救火一樣，柴燒不完，火是不會滅的。

儘管蘇代講的頭頭是道，安釐王也認同蘇代的說法，但他還是決定先過了眼前這一關再說。於是將魏國大片的土地割讓給了秦國，換得了暫時的和平。但是正如蘇代所說的，抱薪救火，薪不盡，火不滅。秦國雖然暫時退去，但是時隔不久，就捲土重來。經過秦國不斷的蠶食，魏國越來越弱小，最終被秦國所滅。

蘇秦、張儀、陳軫、公孫衍、蘇代、蘇厲……戰國中後期的政壇上，活躍着一大批縱橫家學派的傑出人物。他們或主張合縱，或堅持連橫，今日在秦、楚，明天在魏、齊；他們舌燦蓮花、口如利劍，到處都閃爍着耀眼的光芒。

這些縱橫家，雖然在各國的政治舞台上光彩奪目，但是這些人基本上沒有甚麼國家的概念，就是說不論哪個國家，只要提供給自己舞台，自己就上台唱戲。而且，這些人多沒有甚麼是非對錯、善惡好壞的標準，而是追求翻手為雲覆手為雨，掌控天下的感覺。所謂的合縱也好，連橫也罷，實現自己目標的手段而已，朝秦暮楚是常有之事，反復無常、出爾反爾更是家常便飯。為了目的不擇手段，至於過程中有多少國家受到了損害，則完全不在考慮之中。所以，歷史上對這類縱橫家的評價並不很高。《史記》中就說蘇秦、張儀為"真傾危之士"，意思就是說這兩個人是奸詐、陰險的小人，會給國家和人民帶來很大危險。

孟子的故事 | 50

戰國中期，儒家學派出了一位了不起的大人物，這就是被後人稱為"亞聖"的孟子。

孟子之謎

孟子是春秋時期魯國公族孟孫氏的後人，所以他應該為姬姓，孟氏。後來，孟孫氏家道衰微，孟子的先祖從魯國遷到了鄒國，孟子的出生地就是鄒國。所以，孟子既可以說是魯國人，也可以說是鄒國人。

孟子，名軻。關於孟子的字，漢代以前的史書上沒有明確記載，到了魏晉之後，開始記載為子輿，或者子車，也有記作子居的，存疑待考。孟子的生卒年，史書上多沒有明確記載或記載不詳，所以後世有不同的說法。按照《孟氏家譜》記載，孟子生於周烈王四年（公元前 372 年），卒於周赧王二十六年（公元前 289 年），壽活 84 歲。目前來看，這個說法是最具權威性的。

關於孟子的父親，史料中提及的很少，相傳其名為激，字公宜。有史料記載孟子的父親在孟子 3 歲的時候就去世了，所以說孟子的成長環境和孔子非常類似，基本上屬於由母親獨自撫養長大。也有說孟子的父親健在，只是為了生活忙碌奔波，史料較少。

不過，孟子的父親去世較早應該是確實的。從《孟子·梁惠王》的最後一部分（樂正子與魯平公對話）我們可以看出，在孟子比較年輕，家裏很貧窮的時候，父親就去世了。

孟子的母親是中國歷史上一位偉大的母親。不過資料記載其姓氏有分歧，有的說是姓仉，也有說姓李。關於孟母，最著名的故事就是"孟母三遷"和"子不學，斷機杼"了。我國古代的童蒙讀物《三字經》裏也提到："昔孟母，擇鄰處，子不學，斷機杼。"其中，"昔孟母，擇鄰處"，指的就是"孟母三遷"，而"子不學，斷機杼"，則講的是孟母教育孟子讀書要堅持的故事。

"孟母三遷"的故事典出漢朝劉向所著的《列女傳》一書。這裏"三遷"的"三"，在古文中一般表示多數的意思，不一定是確指數字"三"。就是說孟母為了教育好孟子，給他一個好的教育環境，多次搬家。孟子小時候，家住在墳墓區附近。小孟子看到別人送葬、挖墳、祭拜之類的，覺得好玩，就學着人家辦喪事的樣子當遊戲玩。孟母覺得這樣對孩子的成長不好，於是將家搬到了集市旁邊。小孟子又覺得做買賣吆喝、屠宰之類的事情很有趣，於是又學起這些。孟母一看，也不行，又將家搬到了學校附近。於是小孟子跟着學校裏的哥哥們學習鞠躬行禮及進退的禮節，而且很喜歡讀書。孟母非常高興，認為這才是適合孩子居住的地方，於是定居下來。

可見，從孟母那個時代就知道環境教育的重要性。

孟子開始上學後，對讀書很有興趣，不過時間一長就有點厭煩了，於是經常偷懶、逃學。孟母知道後，非常生氣，當着孟子的面，拿起剪刀，將織布機上正在織的布剪斷。孟子嚇壞了，要知道，母子二人的生活，幾乎都靠着孟母織布來維持啊。而母親這一剪刀，好幾天的心血就白費了。震驚中的孟子並不明白媽媽為甚麼這樣做。

孟母教育孟子，學習就像織布一樣，都是一點一點積累起來的。現在布被從中間剪斷了，這塊布就廢掉了，沒用了。你貪玩逃學，怎麼能學到知識，成為有用之才呢？應該是認準目標，持之以恆，半途而廢將一事無成。孟母用實際行動給孟子心中留下了生動而深刻的印象。從此，孟子一心苦讀，終成大家。可以說，孟子的成就和孟母的用心教導是息息相關的。

那麼，孟子的老師又是何人呢？也有爭議。在《列女傳》中有這樣的記載："孟子旦夕勤學不息，師事子思，遂成天下名儒。"子思子是孔子的孫子，生卒年為公元前 483 年—公元前 402 年。兩人生活的時間對不上，因為按照孟氏家族的族譜記載，孟子生於公元前 372 年，也就是子思子死後差不多三十年孟子才出生。所以子思子不可能是孟子的老師。司馬遷在《史記》中記載："孟軻，鄒人也，受業子思之門人。"這種說法得到大多數學者的認可。但是這個門人到底是誰，是哪一代門人，還是不清楚。

那麼孟子自己呢？孟子沒有直接提到過自己的老師是誰，但是在《孟子‧離婁》章中說："予未得為孔子徒也，予私淑諸人也。"意思就是，孟子很遺憾，沒能成為孔子的門徒，自己是向很多賢人學習的。用現代語言就是，孟子是靠自己學習前輩先賢的知識成才的。同時，我們從《孟子》一書中可以看出，孟子十分崇拜孔子，所以這裏的"私淑弟子"，應該是孟子自稱為孔子的"私淑弟子"。同時，孟子還集各賢人之所長，豐富和提高自己，最終成為和孔子並稱的"亞聖"。

隨着學問的慢慢積累，到 30 歲左右，孟子感覺自己"可為人師"了，於是效仿孔子，招收學生，講學傳道。幾年之後，孟子的名氣越來越大，學生弟子越來越多，連周圍國家的公室貴族都前來拜師。孟子門下弟子，達到數百人之多。

關於門人弟子，孔子的弟子在史書上記載的比較清晰，所謂"門人三千，賢人七十二"，《史記》則記載為"受業身通者七十有七人"。雖然略有差異，但是基本清晰，其弟子中很多是各國的

高官、棟樑。而孟子的門人弟子，史書上卻沒有明確記載。我們
只能從一些零星的記載中推斷，例如在寫孟子周遊列國時，"後
車數十乘，從者數百人"，意思是孟子的學生弟子，能夠跟隨老師
周遊列國的，就至少有數百人之多。而周遊列國時，孟子不可能
將所有學生都帶上，也不可能每個學生都能陪着老師長時間周遊
在外，說明孟子的學生遠不止數百人之多。其中也不乏名垂後世
的名家、大儒。

孟子周遊列國

　　孟子大約從 40 歲多一些，也就是公元前 330 年左右，開始率
領部分門人弟子周遊列國，希望能找到願意實現自己政治理念的
君主。孟子曾經先後到過齊、宋、魏、滕、魯等國家，前後歷經
約二十年。但是因為史書上關於孟子周遊列國的時間記載不全且
較為混亂，《孟子》一書也沒有標註時間，而且又不是按照時間順
序編寫，所以只能根據書中涉及到的人物、事件等，做一個大概
的推測。

　　孟子先是到了任國（《孟子》一書中沒有提及），然後去了齊
國，當時的齊國國君是齊威王。齊威王不欣賞孟子，孟子也對齊
威王沒甚麼好感，沒多久就離開齊國到了宋國。

　　孟子在宋國期間，滕國的世子（就是後來的滕文公），因為比
較崇拜孟子，在出使楚國的過程中，兩次到宋國拜訪孟子。不過，
孟子在宋國也沒有得到施展治國之道的機會，不得以回到了鄒國。

　　孟子雖然出生於鄒國，但是應該也沒有受到鄒國國君的重
用。《孟子》一書中，僅在《梁惠王》一章中，提到過一次孟子與
鄒穆公的對話。那是在鄒國與魯國發生衝突後，鄒穆公向孟子抱
怨說，自己的官吏在衝突中死了 33 人，百姓卻沒有一人為他們去
死的。同時還說，真恨不得將這些人全部殺死才解恨。

　　孟子沒有附和鄒穆公的話，反而一針見血地指出，當百姓在

災年流離失所，甚至餓死的時候，國君的倉庫中裝滿了糧食，卻沒有官吏向國君彙報百姓受災的事，也沒有官吏去救助百姓，百姓不造反已經不錯了，怎麼可能在你遇到困難的時候幫你。這裏孟子引用曾子的話勸諫鄒穆公："出乎爾者，反乎爾者也"，意思就是，你怎樣對待別人，別人也會怎樣對待你。這句話古今通用，上下通用，老幼通用。

像鄒國、滕國這樣的小國，隨時處於被滅亡的狀態，當然不可能給孟子施展胸中抱負的機會。公元前 320 年，孟子到了魏國。此時的孟子已經是 53 歲的老人了。這時的魏國國君是魏惠王（又稱梁惠王）。魏惠王在位 50 年，這時是他臨死的前一年。因為魏惠王是在公元前 334 年正式稱王的，並改元重新紀年，所以這一年是魏惠王後元十五年。

魏惠王算得上一代有作為的君主，但是此人識人不明，用人也經常不當。公叔痤臨死前建議他重用或者殺掉商鞅，他沒有理睬，導致商鞅入秦，數次敗魏，魏國不得不割讓河西之地，後又割讓上郡 15 縣，與秦講和。他重用了龐涓，卻冤屈了孫臏，致使孫臏入齊，桂陵之戰大敗魏軍；馬陵之戰，魏國太子申被俘而死，大將龐涓自殺，精銳魏軍幾乎全軍覆沒。楚國也趁機出兵，敗魏於襄陵，奪取魏國八邑之地。

處於內憂外患之中的魏惠王，聽到孟子前來的消息，抱着一線希望向他請教強國之道。見到孟子後，魏惠王劈頭就問："叟，不遠千里而來，亦將有以利吾國乎？"就是問孟子，你的到來，能給我魏國帶來甚麼好處嗎？然而孟子早就看出，天下之所以像現在這樣大亂，其根本原因就是各國國君"交相爭利"，所以孟子最反對的就是國君將利益放在首位，於是勸諫魏惠王應該以仁義治國。

但是此時的魏惠王，想的是如何報仇雪恥，哪有心思聽孟子的説教。他向孟子訴苦説："晉國，天下莫強焉，叟之所知也。

及寡人之身，東敗於齊，長子死焉；西喪地於秦七百里；南辱於楚。寡人恥之，願比死者一灑之，如之何則可？”就是直接問孟子，有沒有辦法讓我能直接打敗這幾個國家，替那些死去的人報仇雪恨？

　　孟子呢，還是繼續勸諫魏惠王，只要以仁義治國，就能富國強兵，到時候就能天下無敵了。這裏，孟子鄭重其事地向魏惠王提出“仁者無敵”的概念，並詳細講解了以仁義治國的理念和方法。當然，魏惠王還是沒有聽進去。

　　孟子到魏國的第二年，魏惠王就去世了，其子魏襄王即位。孟子對魏襄王的感覺非常差，覺得他不像個國君（望之不似人君），於是離開了魏國，於公元前 319 年前後，再次去了齊國。這時齊國的國君，已經是齊宣王。

孟子理論之不能做和不去做的區別

　　再次來到齊國的孟子，終於受到了高規格的禮遇。齊宣王很器重孟子，孟子在齊國停留了有七年左右，去掉因為母喪離開的時間，也有將近五年。

　　一次，孟子在給齊宣王講道理時舉例講解“不能做和不去做”的區別，發人深省。孟子對齊宣王說：“如果有人說，自己能舉起百鈞之重的東西，卻拿不起一根羽毛；自己能看得見小鳥身上最細小的羽毛，卻看不見一大車木柴（吾力足以舉百鈞，而不足以舉一羽；明足以察秋毫之末，而不見輿薪），這是為甚麼呢？因為，拿不起羽毛，是不想用力氣去拿；看不見一大車木柴，是不想用眼睛去看。這些都是不想做，而不是不能做。”

　　齊宣王問：“那麼，不想做和不能做的區別是甚麼呢？”

　　孟子解釋：“用胳膊夾着泰山，從北海上面跳過去，對別人說，我做不到。這確實是做不到。給長者折一根樹枝當拐杖，對人說，我做不到。這就是不想做，而不是做不到（挾太山以超北海，語人曰'我不能'，是誠不能也。為長者折枝，語人曰'我不能'，是不為也，非不能也)。"

公元前 318 年，終於安定下來的孟子，將母親接到齊國奉養。可惜，此時的孟母已是風燭殘年，第二年就病故了。因為祖墳在魯國，所以孟子先是扶母親的靈柩，自齊返葬於魯，再回到鄒國，為母親守喪三年，然後返回齊國。這時的孟子已經是 58 歲左右了。齊宣王封孟子客卿之職。為甚麼古禮規定子女要為父母守喪三年呢？那是因為古人認為，子女在出生三年後才能離開父母的懷抱，所以，為了報答父母的養育之恩，父母死後也要守喪三年。

不久後，燕國發生內亂。在對待燕國的問題上，齊宣王和孟子發生了根本性的分歧。

燕國之亂

燕國此時的國君是燕王噲，他是燕易王之子。當時燕國國相子之，位高權重，燕王噲對他極其信任。

這時，不知道是不是受子之的指使，大臣鹿毛壽給燕王出了個餿主意。他對燕王噲說："人們都稱讚帝堯是聖賢，就是因為帝堯要將天下禪讓給許由，而許由不接受。這樣帝堯既有禪讓天下的美名，而實際上卻沒有失去天下。國君您不如也學一學帝堯，將國家禪讓給國相子之，而子之必然不敢接受。這樣一來，國君您的賢名必然和帝堯等同。"

燕王噲居然接受了這個建議，公元前 318 年，他將國君之位禪讓給了子之。燕王噲不但讓子之南面而坐行使國君之權，自己甘為臣下，而且剝奪了太子平的權力，將俸祿三百石以上官吏的任免權，全部交給了子之（漢朝的官吏俸祿，小縣縣令是三百石這個等級，估計戰國時期差距應該不會太大）。也就是說，燕王噲幾乎把所有官吏的任免權都交給了子之。

　　子之執掌燕國三年，將國家治理得亂七八糟，百姓怨聲載道。太子平不幹了，秘密聯合將軍市被，起兵攻打子之。這時齊國也悄悄聯繫太子平，願意攜手，驅逐子之。當然，齊國此舉絕對是包藏着禍心。

　　公元前 314 年，太子平和將軍市被率軍包圍王宮，攻打子之，但是未能取勝。子之趁機反攻。這時，將軍市被估計是感覺子之強大，太子平不是對手，又突然叛變，攻打起太子平來。太子平殺死市被，並陳屍示眾。戰亂持續數月，軍民死傷超過萬人。燕國被折騰得人人惶恐不安，百姓是既痛恨子之，也痛恨燕王噲、太子平。

　　這時，齊宣王覺得正是自己出兵攻佔燕國的好機會，於是派人詢問孟子的意見。孟子也覺得這是攻打燕國的機會。不過，孟子的意思不是讓齊國趁機侵佔燕國，而是替燕國剷除禍亂。

　　齊宣王派大軍攻打燕國。燕國軍民根本沒將齊軍當做入侵者，反而看做是救星，不但士兵根本不和齊軍交戰，直接投降，百姓更是簞食壺漿，大開城門迎接齊軍。就這樣，不到 50 天，齊軍順利攻入燕國都城薊，佔領燕國。燕王噲被殺，子之逃亡，後被齊國人抓住殺死。太子平也死於隨後的戰亂之中。燕國三千里土地，大半歸屬齊國。

　　本以為迎接來的齊軍是救民於水火的仁義之師，不成想卻是虎狼之師。燕國百姓由一個火坑，掉入另一個更深的火坑。齊軍佔領燕國後，拆毀燕王的宗廟，掠奪燕國的寶器，盡收府庫中的財寶錢糧，又抓捕了大量奴隸，都帶回齊國。這一下，弄的燕國民怨沸騰，對齊國恨之入骨。

　　此時的齊宣王，還在為自己的舉動沾沾自喜，並找孟子商量後續之事。齊宣王說：“現在有人勸說我吞併燕國，有人反對。但是我覺得，一個大國攻打另一個與之相當的大國，不到 50 天就完全征服，這一定是上天的旨意，不取，必有天殃。取之，何如？”

孟子見齊宣王將"不取，必有天殃"的話都説出來了，知道齊宣王是鐵了心準備吞併燕國了。但是孟子認為這樣不行，還是委婉勸諫。

孟子認為，這場戰爭的勝利，不是甚麼天意，而是燕國百姓的選擇。如果來的軍隊是救百姓出水火的，那麼百姓就簞食壺漿歡迎；如果是使百姓水更深、火更熱的，那麼百姓就會反對他們。同時，孟子指出，天下各國本來就懼怕齊國強大，現在齊國再吞併燕國，土地幾乎擴大一倍，各國怎麼能夠容忍？估計他們正準備大舉進攻齊國和被齊國佔領的燕國呢。國君您應該趕快下令，放回燕國的俘虜，停止搬運燕國的寶器，和燕國人商議為他們選立一位國君，然後從燕國撤軍。這樣做的話，才能夠避免各國進攻齊國。

被勝利衝昏了頭腦的齊宣王，沒有聽從孟子的建議，執意吞併燕國。

果然不出孟子所料，趙國、魏國、秦國都不願看到齊國更加強大，於是紛紛出兵，或幫助燕國復國，或攻打齊國軍隊。

公元前 312 年，燕國人擁立燕王噲的次子公子職即位，是為燕昭王。燕昭王即位後，勵精圖治，招賢納士，努力振興處於滅國邊緣的燕國。

燕昭王即位的消息很快傳遍燕國，燕國各處本來已經投降齊國的地方，一時間紛紛叛齊歸燕。齊國軍隊在燕國處處受制、寸步難行、連連失敗，最後不得不狼狽敗逃回齊國。

齊宣王後悔了，感覺愧對孟子。然而，齊宣王周圍的寵臣們不但不勸諫齊宣王，反而替齊宣王巧言開脫、文過飾非，而齊宣王也接受了。這下，孟子徹底對齊宣王失去了信心，不久就離開了齊國。此時，也正是張儀戲耍楚懷王之後，楚齊絕交之際。

孟子與《孟子》

　　孟子離開齊國後，先到宋國，並沒有引起宋國國君的重視，短暫停留後，孟子便離開了宋國，經過薛、滕，返回鄒國。

　　後來，孟子聽説魯平公任用自己的弟子樂正子主持國政，非常高興，以至於晚上興奮得睡不着覺。弟子公孫丑很奇怪，問老師為甚麼這麼高興。孟子解釋，因為樂正子喜歡聽取善言，所以，如果魯平公重用樂正子，那他一定能治理好魯國。

　　興高采烈的孟子當時就決定到魯國去。到了魯國，孟子才發現自己還是太樂觀了，魯平公的身邊，也是充滿了諂諛之輩。魯平公本來已經準備好車馬，想要登門拜訪孟子，可是被寵臣臧倉花言巧語阻止。樂正子非常氣憤，告訴了老師。孟子感慨一番，再次失望地離開了魯國，返回鄒國。

　　回到鄒國的孟子已經 60 歲左右了，他安心教授學生，著書立説，不再出遊。因為孟子平日的言行，弟子萬章、公孫丑等人多有記錄，所以在返回鄒國之後，孟子一邊繼續教書育人，一邊匯集弟子平日的記載，“據詩書仲尼之意”，加工整理，補充編次。孟子去世後，他的書又經過其門人弟子共同論定、修改，最終留下《孟子》一書，共七篇，二百六十一章，三萬四千六百多字。今天很多耳熟能詳的典故都出自《孟子》，像“五十步笑百步”、“揠苗助長”、“此一時也，彼一時也”、“生於憂患，死於安樂”、“緣木求魚”、“捨生取義”⋯⋯

　　孟子主張“人性本善”，希望人們多自我反省，保持與生俱來的善念與仁、義、禮、智的品德。提倡重義輕利，認為“上下交徵利而國危矣”，司馬遷贊同為“利誠亂之始也”。政治上，孟子提倡以“仁政”、“王道”治國，提出“仁者無敵”的理念，還提出“民貴君輕”的主張，提醒國君要重視人民。正因為如此，孟子光耀千古，名垂青史。

莊子的智慧 | 51

幾乎和孟子同一時間，道家學派也出了一個代表人物，那就是與老子並稱的莊子。

莊子，名周，字子休，或子沐。生卒年不詳，約為公元前369年到公元前286年。宋國蒙地人，是宋國公室後代。

莊子一生窮困潦倒，但是淡泊名利，鄙視榮華富貴，雖然名滿天下，卻對當官出仕沒有絲毫興趣。只是在年輕時，為了生活，在宋國做過時間不長的"漆園吏"，就是管理漆園的小官。後來因為不接受楚王的重金禮聘，史稱為"漆園傲吏"。莊子做了多長時間的"漆園吏"？因為甚麼原因不幹的？是自己主動辭職還是被上司解聘？這些，史料中沒有記載，我們不得而知。

幸福的標準

莊子學識淵博，也曾經遊歷過很多國家，大名鼎鼎。其代表作為《莊子》一書。作為道家學派的主要創始人之一，莊子和道家始祖老子並稱為"老莊"。唐朝開元年間，唐玄宗詔封莊子為"南華真人"，所以後人也稱莊子為"南華真人"，《莊子》一書也被稱為《南華真經》。

思想方面，莊子主張"天人合一"、"清靜無為"；政治上，莊子提倡"無為而治"；人生追求上，莊子的夢想是"逍遙遊"。莊子的文章非常富有想象力，而且，莊子極其善於講故事，無論是講述一個道理，還是諷刺、反對，莊子都喜歡用故事的形式表達自己的觀點。對莊子來說，幸福的標準是獨立的人格和心靈的自由，至於高官厚祿、錦衣玉食，則不在考慮範圍之內。

《莊子》一書，分為內篇、外篇、雜篇三部分。其"內篇"開篇即為"逍遙遊"。在這篇文章裏，莊子充分展開想象的翅膀，遨遊無窮的宇宙。"北冥有魚，其名為鯤。鯤之大，不知其幾千里也。化而為鳥,其名為鵬。鵬之背,不知其幾千里也。怒而飛,其翼若垂天之雲。是鳥也,海運則將徙於南冥。南冥者,天池也。"我們現今所熟悉的成語"鯤鵬之志"、"鵬程萬里"等等,都來源於此。

講完故事之後,莊子總結:"若夫乘天地之正,而御六氣之辯,以遊無窮者,彼且惡乎待哉!"意思是,如果能乘着天地間的真正的精神,駕馭着六氣的變化,遨遊在無窮無盡的宇宙之間,還有甚麼可猶豫、等待的呢?這就是最大的幸福啊。

對於高官厚祿這些俗世的享受,莊子的態度則是不屑一顧。《莊子·秋水》篇裏講了一個楚王聘請莊子的故事。

一天,莊子正在濮水釣魚。這裏莊子的釣魚,和姜太公釣魚的意義可是截然不同。姜太公用直鈎釣魚,釣的不是魚,而是為了引起周文王的注意,也就是說,他釣的是周文王。而莊子的釣魚就是為了釣魚,為了生活而釣魚。這時,楚王派來的兩個使者找到了莊子,客氣地對莊子說:"我國的君主久聞先生您的大名,特意派我們前來邀請您,願意委任您做楚國的相國(願以境內累矣)。"

沒想到莊子繼續釣魚,連頭都沒回,淡然地說:"我聽說楚國有只神龜,被殺死時已經三千多歲了。楚王用布包着它,用竹盒裝着它,供奉在廟堂之上。你們說,對這個烏龜來說,是願意死了留下骨頭呢?還是願意拖着尾巴自由自在地在泥水裏生活呢?"

兩個使者不明白莊子的意思,不過還是回答:"當然是願意拖着尾巴自由自在地在泥水裏生活啦。"

莊子接着說:"這就對了。那就請您二位回去吧。我也是願意拖着尾巴自由自在地在泥水裏生活。"

還有一次,莊子去魏國見朋友惠施,當時惠施是魏國的相國。有人對惠施說:"莊子這次來魏國,是要來搶奪你相國的職位的。"惠施聽了非常擔心。沒想到莊子卻輕蔑地對惠施說:"你聽說過南方有一種鳥,名字叫鵷鶵(古書上記載的一種類似鳳凰的鳥)嗎?這種鳥從北海飛到南海,途中不是梧桐樹,它不會落下來休息,不是竹實他不吃,不是甘泉它不飲。有一隻貓頭鷹找到了一隻死老鼠,恰好看到鵷鶵從天上飛過,害怕鵷鶵來搶它的死老鼠,於是大聲發出恐嚇的聲音,緊緊保護着自己的死老鼠。你不用害怕,對你來說視若珍寶的魏國國相之位,在我眼裏,不過是貓頭鷹嘴裏的死老鼠而已。"

世人眼中視為畢生追求目標的高官厚祿、榮華富貴,在莊子眼裏連浮雲都算不上,只不過是貓頭鷹嘴裏的死老鼠,餓狗嘴裏的肉骨頭而已。

對待財富的態度

以莊子的本領、才華和名氣,想要當個官,富貴一生,易如反掌,但是莊子卻偏偏不屑一顧。是因為莊子本來生活就很富裕,並不缺錢嗎?不是。莊子的一生,大部分時間都處於窮困之中。就像前面提到的,莊子在濮水河邊釣魚,可不是好玩或者要引起甚麼人的注意,就是為了釣魚,為了吃飽肚子。

莊子雖然窮困,但是窮的坦蕩,窮的有志氣、有骨氣。《莊子·山木》記載了一個故事:一次,莊子身穿粗布衣服,上面還有很多補丁,腳上穿的是用草繩繫住的鞋子,去拜訪魏王。魏王諷刺莊子:"先生如此大才,怎麼混的如此潦倒不堪啊?"莊子正色糾正說:"我這是貧窮,不是潦倒。士人有道德理想不能實現,是潦倒;衣服、鞋子破爛,只是貧窮,不是潦倒。再說,即便是潦倒,也是因為生不逢時啊!就像那在深山密林裏生活的猿猴,攀援嬉戲,逍遙自在,但是一旦到了荊棘叢中,只能戰戰兢兢、小心翼翼地通過。這並不是猿猴本身有甚麼變化,而是外界環境的改變,使它們不得如此。就像我現在,處在一個國君昏庸無道、相國胡作非為的年代，怎麼可能不潦倒不堪呢？"魏王面紅耳赤，啞口無言。

《莊子·外物》裏記載了一個"涸轍之鮒"的故事：一次，莊子實在窮得揭不開鍋了，去向監河侯那裏借一些糧食。這位監河侯故作大方，痛快答應了："好的，沒問題。不過，得等到秋天，等我封邑裏的租稅交上來後，別說一點糧食，我可以借給你三百金，怎麼樣？"莊子聽了沒有回答，而是給監河侯講了個故事："昨天我從這附近路過的時候，突然聽到呼救聲。原來是在快要乾涸的一道車轍印子裏面，有一條鮒魚。鮒魚向我求救說：'老先生，救救我吧。我是東海龍王手下的臣子，無意間被困在這裏。您能不能給我一桶水，救救我啊。'我慷慨地點頭答應它：'沒問題，我立刻動身到南方去見吳王和越王，請他們引西江的水來救你，到時你就能暢遊回東海了，你看怎麼樣？'沒想到鮒魚聽了，不但不領情，反而氣憤地對我說：'我現在只需要得到一點水，就能活下去。你說的引西江之水的話，全是廢話。等你引來西江之水，你只能去乾魚市場裏面找我去了。'"莊子說完，拂袖而去。留下尷尬不已的監河侯。

通過這些點滴的記載，我們知道，莊子的生活確實窮困。在這樣窮困的生活狀態下，還能視富貴如腐鼠，安貧若素，這才是真的不在意。莊子為何能如此不為外物困擾，不為外物所動？那是因為莊子的內心世界足夠豐富，莊子有更高層次的追求。莊子所嚮往的，是"藐姑射之山，有神人居焉。肌膚若冰雪，綽約若處子，不食五穀，吸風飲露，乘雲氣，御飛龍，而遊乎四海之外"，所以才會有莊周夢蝶、蝶夢莊周的故事。

有一天，莊子夢見自己變成了蝴蝶，隨心所欲，歡快地飛來飛去，舒心愜意，高興得忘記了自己還是一個叫莊周的人。等到醒來，卻覺得迷茫了，怎麼自己又成了莊周？到底是自己在夢中變成了蝴蝶？還是現在自己是在蝴蝶的夢中，是蝴蝶在夢中變成的莊周？正因為莊子所追求的是屬於心靈、思想、道德的層面，所以才能不為外物所困擾。

知心朋友

惠施，宋國人，名家學派的代表人物，在政治方面主張合縱抗秦，曾經擔任過魏國的相國。惠施和莊子是同鄉。兩人無論是在政治觀點上、學術觀點上，還是在人生追求上，都大相徑庭，甚至截然對立，但是兩人又是至交好友，甚至可以說惠施是莊子生平唯一的摯友。同時，日常生活中，兩人又是論爭的對手。

《莊子》一書中多次提到惠施。惠施口才非常好，以能言善辯著稱，而且學識淵博，成語"學富五車"就是莊子稱讚惠施的。莊子形容惠施"不辭而應，不慮而對，遍為萬物說。說而不休，多而無已，猶以為寡。"意思就是，惠施毫不推辭地應答，不假思索地回答，講述天地萬物的根源。而且說起來沒完沒了，無窮無盡，還謙虛地說自己說的還很少。

按說莊子與惠施，一個超然物外，一個醉心名利，應該是風馬牛不相及的兩個人才對，可兩人偏偏既是辯論的對手，又是知心的朋友。因為像莊子這樣才情卓絕、超然物外的人，很難有人能跟上其腳步，做其友人，甚至能稱得上對手的，天下之間，都沒有幾人。所以碰到了同樣口才犀利、學富五車的惠施，兩人在辯論之中不免惺惺相惜，從而成為對手中的朋友，朋友中的對手。

兩人之間最著名的一段辯論，就是《莊子·秋水》中那段"濠梁之辯"。莊子和惠施在濠水的橋上遊玩，看到水中自由自在游來游去的小魚，莊子感慨："這些小魚在這裏悠閒地游來游去，這就是魚的快樂啊！"惠施不認同，反駁道："你又不是魚，你怎麼知道魚的快樂呢？"莊子反問："你不是我，你怎麼知道我不知道魚的快樂呢？"惠施繼續反駁："是呀。正因為我不是你，所以我不知道你。以此而論，你也不是魚，所以你也不知道魚的快樂。"

莊子胸有成竹地説："你等等，我們把這個話題從頭再整理一下。你開始説的第一句話：'你怎麼知道魚的快樂'云云，實際上就表示你已經知道我了解魚的快樂，才來問的我，就表明你已經認可了我知道魚的快樂這件事啊。"莊子本來估計也只是隨口一説，惠施則是引起爭論，兩個人以子之矛攻子之盾，輕鬆閒適中，體現出敏捷的思路和犀利的口才。

惠施比莊子大差不多 20 歲，比莊子去世的時間更是早很多。惠施死後，莊子深感從此再無知己。《莊子・徐無鬼》講了莊子給惠施送葬的故事。

在惠施的墓前，莊子和跟隨他的人講了一個故事。楚國郢都有個人，不留神在鼻子尖上沾了一丁點白土，只有蒼蠅的翅膀那麼薄。他去請一個叫石的匠人替他削掉。匠石掄起大斧子，"刷"的一下，從這個人的鼻子尖上削過，恰到好處的將那個小泥點削掉了，鼻子沒有絲毫損傷。那個郢都人站在那裏紋絲不動，神色不變。宋元君聽説了這件事，覺得很有意思，就把匠石找來，讓他表演這項絕技。沒想到匠石卻説："我的技藝沒有問題，但是那個能和我配合，完全信任我，能紋絲不動，讓我用斧子削去鼻尖泥點的郢都人已經死了，所以，我再也表演不了了。"説完故事，莊子歎息一聲接着説，惠施一死，這個世間再也沒有能和我辯論的對手，也再也沒有能推心置腹説話的人了。

由此可見，惠施確實是莊子心目中唯一可以對話的摯友。自此，"惠子知我"成了知心好友的代名詞。

看透生命與死亡

莊子是個智者，對生命看得通透，對死亡也看得淡然。在《莊子・知北游》篇中，藉助老子和孔子之口，莊子闡述了自己對生命、死亡的看法。莊子認為，生命就像呼出的氣息一樣，雖然有長壽短命的區別，但是本質上並沒有甚麼不同，在漫漫歷史長河中，都只是一瞬間罷了。"人生天地之間，若白駒之過隙，忽然而已。"人之生老病死，正如自然界的四季變化。春夏，蓬蓬勃勃，萬物競相生長；秋冬，悄無聲息，萬物又化為烏有。這些都是從無形到有形，有形再回歸無形的一個過程罷了。人之從生到死，也只不過是這個無形、有形，再回到無形的過程而已。"調而應之，德也；偶而應之，道也。"

《莊子·至樂》篇記載，莊子的妻子去世了，惠施前去吊唁，卻看到莊子正在那裏敲着瓦盆在唱歌。惠施非常不理解，質問莊子："你這人怎麼能這樣？你的妻子和你一輩子生活在一起，給你生兒育女，陪你走過漫漫歲月，現在去世了，你不哭也就夠了，怎麼還能敲着瓦盆唱歌，這也太過分了。"莊子卻解釋說："不是這樣的。我的妻子剛剛去世的時候，我也是傷心難過。但是後來一想，不需要啊。因為推究起來，我們每一個人，包括我妻子，原來都沒有生命，不僅沒有生命，也沒有形體，不僅沒有形體，也沒有氣息。恍恍惚惚間，有了氣息，由氣息產生了形體，再由形體慢慢形成了生命。現在她死了，不過是又由生命變成了無生命，之後形體消失，氣息消散，就是恢復到最初的樣子。所以說，人的生老病死，就像春夏秋冬四季交替一樣，屬於自然萬物的正常變化而已。我又何必那麼悲傷呢？現在的她，正安然躺在天地之間，自在而瀟灑。如果我在這裏哭泣不止，不是太不懂生命的道理了嗎？"說完繼續鼓盆而歌。

莊子的淡然，不僅是對別人，對自己更是如此。莊子臨死的時候，弟子們焦急萬分，四處尋醫問藥，希望治好老師的病。莊子卻坦然地說："死亡是件很正常的事，只不過是讓自己的精神回歸到自然中去而已，這是一件應該高興的事。"弟子們見老師確實生命垂危，就商量着如何厚葬老師。莊子提出："我死之後，要以天地為棺槨，以日月為墓中的璧玉，用漫天的星辰為裝飾的珍珠，用天地之間的萬物做陪葬的物品。這樣的葬禮已經足夠隆重了，就不需要別的儀式和物品了。”弟子們聽了，都痛哭着反對。

　　原來，莊子說的雖然大氣磅礴，實際的意思，就是他死後，連掩埋都不用，隨便找個亂葬崗子，將他的屍體一扔就算完事。這樣的臨終要求，弟子們怎麼能同意呢？

　　弟子們哭着對莊子說：“不行啊，老師。如果那樣的話，您的屍體會被烏鴉、老鷹之類的吃掉啊！”莊子卻坦然地說：“天葬確實會被烏鴉、老鷹吃掉屍體，可是，你們費盡辛苦，把我埋在地下，不也會被螞蟻之類的吃掉嗎？為甚麼要從烏鴉、老鷹的嘴裏搶奪下來，去送給螞蟻吃呢？這樣做太偏心了吧。”

　　看到弟子們默然無語的樣子，莊子再次重申，死亡不過是回歸到自然中去而已，既然如此，就將我交給大自然隨意處理好了。然後，安詳地離開了人世。

　　有形的莊子走了，無形的莊子卻永遠留存於世間。現今很多耳熟能詳的成語，膾炙人口的故事，都源於《莊子》一書：朝三暮四、相濡以沫、盜亦有道、竊鈎者誅竊國者侯、螳臂當車、得心應手、井底之蛙、邯鄲學步、呆若木雞、蝸角虛名、跳梁小醜、庖丁解牛……

趙武靈王胡服騎射 | 52

　　戰國時期，各國間時戰時和，時敵時友。趙國地處中原腹地，屬於經濟、文化都較為發達的地區，但同時也屬於四戰之地。西有強秦，東有齊、燕，南有韓、魏，北邊更是和彪悍的胡人國家或者部落（林胡、樓煩、東胡、義渠等）接壤。同時，軍事實力並不弱小的中山國，深入趙國腹地，將趙國河東、河北兩塊國土分割開來，導致趙國不得不將大量兵力屯駐國內，防範中山國。這也導致了趙國國內和邊境戰亂不斷。

滅國的危機

趙肅侯二十四年（公元前 326 年），趙肅侯去世，他的兒子，年僅十五歲的趙雍即位，這就是歷史上著名的趙武靈王。當然，剛即位的趙雍，還沒有稱王。然而，趙雍還沒在國君的位子上坐穩，滅國的危機就悍然降臨了。

因為趙肅侯在位期間，趙、魏兩國的關係已經勢成水火。所以看到趙國國喪，魏惠王立即聯合秦、齊、楚、燕四國，組成超過五萬人的精銳隊伍，以吊唁為名，隨時準備進入趙國，伺機滅趙。再加上楔入趙國版圖的中山國，隨時準備着侵入趙國，剎那間，趙國到了生死存亡的關頭。

對於僅有十五歲的趙雍來說，這第一關幾乎就是生死關。一方面是新君剛立，群臣、百姓還不信服，自己的國君之位還沒有穩固，而且父喪未完；另一方面，面對五國聯軍藉吊喪為名的入侵，是戰是和？如何戰？怎樣和？舉棋不定。

好在年輕的趙雍已然具備了一代雄主的雛形，而且他的父親也給他留下了一批頗為趁手的臣子，在托孤重臣肥義的輔助下，趙國君臣最後確定：一方面，決不妥協，針鋒相對，以硬碰硬，不惜魚死網破，傾舉國之力，應對此次危機；另一方面，聯絡盟友，從背後攻擊敵人，從而分化敵人的聯盟。

趙雍首先命令趙國全國戒嚴，所有軍隊尤其是邊境軍隊，處於最高警戒狀態，做好隨時投入戰鬥的準備。接下來，派使者去韓國和宋國，尋求盟友。因為韓國和宋國同樣處於秦、齊、魏、楚等國的包圍之間，唇亡齒寒，所以很容易被趙國使者說服，三家組成聯盟。這下，趙國一方實力大增，而敵對方五國中的秦、魏、齊三國，都受到趙、韓、宋等國兩面，甚至三面的威脅，不得不謹慎從事。最後，趙雍又派出兩路使者，各攜帶重金，一路奔越國，一路奔樓煩，用重金買動這兩個國家，讓越國從背後攻打楚國，讓樓煩進攻燕國和中山國。

面對着敵國的入侵，楚國果然將大部分的注意力轉移到老對手越國身上。燕國更加不堪。因為燕國本來就比較弱小，此次聯盟中，基本處於湊數狀態，面對樓煩的進攻就已經手忙腳亂，而且更加擔心趙國和樓煩聯合夾擊，所以迅速撤軍。中山國面對樓煩的進攻，也不得不收縮軍隊，以圖自保，沒有精力再找趙國的麻煩。

解決掉一半敵人之後，只剩下秦、齊、魏三國，在趙、韓、宋三國聯盟已經成立的情況下，趙國底氣更加充足，強硬命令來奔喪的國家只允許使者帶着吊唁之物進入趙國邊境，並服從趙國派出的接待人員的安排，而所有別國軍隊不得進入趙國領土一步。

秦、齊、魏三國見趙國全國戒備，自己又絲毫不佔優勢，不得不收拾起趁機滅趙的小心思，按照諸侯國之間的正常吊唁程序，吊唁完趙肅侯後離開趙國。趙國安然度過這次滅國危機。趙雍憑藉自己優異的表現，得到全國上下的擁護和信任，從而坐穩了國君之位。

魏惠王圖謀趙國失敗，擔心趙國秋後算賬，不得不放下身段，在轉過年來的趙武靈王元年，親自携太子到趙國恭賀趙雍正式即位，希望藉此彌補趙、魏兩國的關係。韓國國君韓宣王，也領着太子來到趙國，對趙雍表示祝賀。趙雍對此也是以禮相待。三晉至少在表面上看來，重修舊好。

接下來的趙雍，逐漸展露出一代霸主的雄姿，帶領着趙國，逐漸強大。

胡服騎射，趙國崛起

強國之路，不可能一帆風順，錯綜複雜的國際形勢，對年輕的趙武靈王來說也有着足夠的挑戰。趙雍即位後的前十幾年裏，對外的軍事行動是敗多勝少，數次敗於秦國，也曾經敗於齊國、中山國。好在他有着足夠的耐心和充分的自知之明。

公元前 323 年，在魏國相國公孫衍的倡議和周旋下，魏、韓、趙、燕、中山結成聯盟，各國國君均稱王，以對抗秦、齊、楚等大國。此時，唯獨趙武靈王清醒認識到趙國實力不足，高調稱王沒有任何好處，"趙屛弱，屢見欺"，"無其實，敢處其名乎？"意思就是"我趙國現在沒有稱王的實力，沒必要承擔虛名"，於是在國內沒有採用王號，僅稱"君"，仍稱趙侯。

接下來，趙武靈王積極改善不利於趙國的國際環境。

趙武靈王五年（公元前 321 年），趙雍娶韓女為夫人，與韓國結成姻親之國。

趙武靈王十四年（公元前 312 年），燕國爆發"子之之亂"，齊國趁機佔領燕國大部領土，中山國也趁火打劫。此時，趙武靈王聯合秦國，出兵擁立燕王噲的次子公子職回國即位，是為燕昭王，並迫使齊國撤軍。此舉達到了聯盟、扶助燕國的目的，不但與燕國化敵為友，而且有力分散了齊國對趙國的軍事壓力。

趙武靈王十九年（公元前 307 年），僅僅做了四年國君的秦武王，為了炫耀自己的武力，舉鼎絕臏而死。秦武王無子，為了爭奪國君之位，秦國發生內亂。趙武靈王看準機會，先聯合秦國的宣太后和部分臣子，再聯合燕國，迎立在燕國做人質的秦國公子稷即位，這就是秦昭襄王。

經過這一系列的運作，趙、秦、燕三國組成了較為穩固的聯盟，再加上相對和平的三晉關係，與宋國的友好，趙國贏得了較為難得的和平局面。

而這一切的一切，都是趙武靈王的準備工作，因為接下來，他要做一件對於趙國來說驚天動地，甚至事關生死存亡的大事，那就是改革，規模宏大的軍事改革。為了確保改革成功，趙武靈王做了充足的準備工作。現在，時機成熟，可以開始了。

這次軍事改革，總結起來就是四個字：胡服騎射。趙武靈王先是提拔了一批支持軍事改革的將領，增強改革派的力量，同時在北方和遊牧民族接壤的地方進行試點。其實，運用類似胡人制度的輕騎兵，在趙國早已有之，而且因為其超強的機動性，取得了相當不錯的效果。但是因為大多屬於將領的自發行為，所以規模不大。

公元前 307 年，趙武靈王正式頒佈法令，在全國範圍內開始"胡服騎射"。無論任何身份、地位的人，都必須"衣胡服、習騎射"。這一做法遭到了以公子成為首的趙國王室貴族的強烈反對，以改革祖宗成法容易造成國家動盪為由，阻止趙武靈王的改革。然而，趙武靈王早就下定了決心，哪怕舉世皆敵，也要堅持下去。他一面耐心說服，一面鐵腕鎮壓，同時以事實說話，終於，公子成等人屈服了。

很快，趙國就建立起一支戰鬥力、機動性超強的精銳輕騎兵隊伍。強大起來的趙國，第一個就將兵鋒指向了中山國。接下來的幾年裏，趙武靈王數次率軍攻打中山國，中山國不得不多次割讓領土以求苟安，國力日衰。公元前 299 年，中山國國都被趙軍攻破，國土盡皆被趙國佔領。為了收服其國民之心，趙武靈王先是扶立了一個中山國王族後裔為傀儡國君，三年後廢掉，趙國正式兼併中山國，趙國的領土終於連為一體。與此同時，趙國還對西北方向的林胡、樓煩頻頻出手，並不斷取得勝利，設立了雲中郡和雁門郡。至此，趙國"攘地北至燕、代，西至雲中、九原"，版圖擴張超過一倍，實力達到前所未有的巔峰，趙國騎兵更是冠絕一時。

需要說明的是，趙武靈王"胡服騎射"，是大大提高了騎兵在軍隊中的比例和重要性，但是並不是說，此前各諸侯國就沒有騎兵。在很早之前，至少從春秋時期，各諸侯國的軍隊配置中，就有騎兵的出現，不過一般情況下比例不高，只起到輔助性的作用。到了戰國時期，各大諸侯國的騎兵數量都有了長足的發展，基本上都達到了"車千乘，騎萬匹"的規模。

趙武靈王入秦探查

趙武靈王的雄心不止小小的中山國和胡地。接下來，他將目光對準了最為強大的秦國。而面對趙國的強大，秦國也是如坐針氈，小動作頻頻。兩國既保持着表面上的聯盟，又互相暗中視對方為強勁的對手。

當然，想要圖謀秦國可不是一件簡單的事情，不說秦國國力強盛，軍力冠絕當時，就拿秦國的地形來說，也是易守難攻，尤其是函谷關，更是秦國的門戶之地，地勢險要、城高防固，各國軍隊幾乎都有折戟於函谷關下的傷痛往事。

鑒於此，趙武靈王大膽設計了一個攻秦計劃：繞過函谷關，直接攻入秦國腹地。但是，想要實現這個計劃，同樣非常困難，並且風險極大。如果計劃不周密，或者在實施過程中出現意外，被困在秦國腹地的趙國軍隊，就有全軍覆沒的危險。所以，趙武靈王準備親身入秦，暗中探查一番。當然，他可不敢大模大樣的以趙王的身份前去，那樣等於送羊入虎口，所以，趙武靈王需要尋找一個機會化裝前往。

不久，機會來了。這個機會，得自於一個處於秦、趙兩國之間的重要人物——樓緩。

樓緩，趙國人，縱橫家學派的著名人物。開始時輔佐趙武靈王，支持"胡服騎射"，是趙武靈王得力的臣子之一。後來，隨着秦、趙結盟，被派入秦國，輔助秦昭襄王，作為秦、趙兩國的聯繫人。隨着趙國的實力增強，樓緩的重要性也日益增加，直到公元前 298 年，樓緩被秦昭襄王封為國相。當然，期間少不了兩國的博弈和討價還價。

樓緩封相後，從趙國率領大批隨從入秦。趙武靈王裝扮成趙國派出的使者，混雜在樓緩入秦的隊伍中進入秦國，並沿途考察秦國的山河地理、風土人情、軍事佈置等第一手材料。到達秦國都城咸陽後，樓緩接觸秦國大臣時，趙武靈王都在旁邊觀察，揣摩各人的能力、性格及特點等等。

　　趙武靈王表現得鎮定自若，樓緩可是每天坐臥不寧、心驚膽顫，唯恐趙武靈王露出破綻，被秦國君臣識破。好在秦國君臣思維再開闊，也想不到堂堂一國之君敢於化裝前來，因此沒有半點疑心。

　　在樓緩的勸說下，再加上趙武靈王也感覺資料收集得差不多了，於是準備動身回國。在回國之前，趙武靈王又向樓緩提出，希望親自見見秦昭襄王和掌握秦國大權的宣太后（秦昭襄王的母親）。樓緩咬着牙答應了。

　　經過樓緩的引薦，趙武靈王終於見到了秦昭襄王。在秦王面前，趙武靈王是不卑不亢，沉穩大氣。這也是必然的情況，因為不論是從年齡，還是做國君的年數，趙武靈王都遠比秦昭襄王大，見的世面也廣。秦昭襄王也沒多想，即使使勁多想，一時半會也想不到趙武靈王身上去，只是覺得這個趙國使者氣度恢弘、儀表堂堂，看起來不像個普通臣子。趙武靈王也擔心被秦王看出馬腳，交談完畢，果斷離開。

　　等秦國知道這就是趙武靈王後，用最快的速度派大軍隨後追趕。可惜等秦國追兵追到邊境的時候，趙國的使者剛剛離開不久。秦國君臣只能望洋興歎，既懊悔錯失一舉擒獲趙王的良機，又對趙王親身入秦窺探虛實的舉動深感忌憚。

　　回到趙國的趙武靈王，確定了他的計劃，那就是利用趙國輕騎兵強大的機動性，從雲中、九原出兵，繞過函谷關，用最快的速度通過秦國防守相對薄弱的陝北地區，直撲咸陽。此計劃充分利用自身速度的優勢，只要能在秦國反應過來之前佔領都城咸陽，抓住或者殺死秦王，接下來滅秦易如反掌。然後將秦、趙合在一起，縱橫中原，掃滅其他幾國，進而統一天下，並非沒有可能。

　　不知是天不滅秦還是時不予趙，趙武靈王在積極籌謀滅秦的時候，又因為自己親手的舉動，讓此番心血付諸東流，同時，自己也在年僅 45 歲的時候未得善終。

趙武靈王的禪讓

就在入秦的前一年，也就是趙武靈王二十七年（公元前 299年），年僅 41 歲的趙武靈王將國君之位傳給了自己的次子，年僅 10 歲的太子何，史稱趙惠文王。同時，趙武靈王派自己手下重臣肥義，負責教導、輔佐趙惠文王。趙武靈王則自稱為"主父"，就是太上君主的意思。

趙武靈王這樣做應該有多重含義。其一，希望鍛煉一下兒子，為趙國培養好接班人，屬於"扶上馬再送一程"；其二，自己和兒子分工，讓兒子負責國內的政務，自己則專心軍事，為趙國打出一個光輝的未來；其三，趙武靈王此時已經在籌劃入秦一事，此一去吉凶難料，萬一自己被秦國識破而被抓或者喪命的話，趙國不至於陷入混亂。從這個角度來看，趙武靈王此舉也算是未雨綢繆，不能算昏招。

那為甚麼立次子而不立長子呢？說起來，趙武靈王也算是一個癡情的國王了。前面說過，趙武靈王五年（公元前 321 年），作為政治聯姻，趙武靈王娶韓女為夫人。韓女為趙武靈王生下長子，取名為章，立為太子。後來，韓夫人去世。

趙武靈王十六年（公元前 310 年），趙武靈王去大陵遊玩。一天，做了一個夢，夢見一個非常漂亮的少女在自己面前鼓琴而歌，歌詞曰："美人熒熒兮，顏若苕之榮。命乎命乎，曾無我嬴。"大意是：美人光彩豔麗啊，美麗的容貌好像苕花。命運啊，命運啊，竟然沒有人知道我姓嬴。趙武靈王非常迷戀夢中的女孩，第二天，就在酒宴上將自己的夢和眾臣講了，並且詳細描述了夢中女子的相貌。他手下一個叫吳廣的臣子，聽了趙王的描述，吃驚非小，因為趙王描述的夢中女孩，簡直和自己的女兒孟姚長得一模一樣。吳廣回家後，和夫人商量好，將自己的女兒送入王宮。

趙武靈王一見大喜，這就是夢中的女孩啊。遂將孟姚立為新的夫人，對她寵愛異常，癡情不已。趙人習慣稱其為"吳娃"，就是吳姓漂亮女子的意思。因為趙武靈王夢中女子自稱為"嬴"，所以大家又稱呼孟姚為"娃嬴"。

轉過年來，吳娃給趙武靈王生了個兒子，取名何。吳娃對自己的兒子視若掌上明珠。趙武靈王對他也是喜愛異常。而這個公子何，雖然年紀幼小，但確實是聰明伶俐，很會討雙親的歡心。

吳娃既漂亮又聰明，幾乎從不向趙武靈王要求甚麼，越是這樣，趙武靈王越覺得自己虧欠吳娃。八年後，趙武靈王二十五年（公元前 301 年），吳娃去世，趙武靈王非常傷心。臨死前，吳娃哀求趙武靈王，立公子何立為太子。趙武靈王含着眼淚答應了。於是，趙武靈王廢掉太子章，立年僅八歲的公子何為太子，並於兩年後，將國君的位子傳給了他。

趙武靈王從秦國平安歸來後，因為中山國還沒有被徹底消滅，出兵攻打秦國的機會還不成熟，所以並沒有立刻實施攻秦計劃，而是繼續對付中山國，終於在趙惠文王三年（公元前 296 年），徹底滅掉中山國。

勝利歸來之後，論功行賞，已經居於"主父"之位的趙武靈王，封長子章為安陽君，將代郡賜給他做封邑，又派大臣田不禮輔佐。大臣中很多人對這個任命表示擔憂。重臣李兌就曾經私下對肥義說："公子章正值壯年，並且心驕氣傲，野心很大，田不禮殘忍傲慢，這兩個人聚集到一起，恐怕會有陰謀作亂的事情發生啊！"但是肥義也只能感慨，卻無可奈何。

因為擔心公子章等人暗害趙惠文王，肥義派忠心於趙惠文王的將領信期負責嚴密保護。並一再叮囑，從今以後，如果有人求見國君，一定要先同自己見面，確認沒有危險後，才能讓國君出來。李兌也數次見公子成，商量如何防範公子章和田不禮作亂。

從這些忠於趙國的大臣們的表現就可以看出，趙武靈王這一次的做法昏聵至極，而且大失人望。

這還不算完，轉過年來，在趙惠文王主持的一次大朝會上，主父趙武靈王在旁邊觀察。此時的趙惠文王，已經即位四年。經過四年的鍛煉，趙惠文王雖然還只是個 14 歲的孩子，但是做國君已經有模有樣，頗有了幾分威嚴。這一次，安陽君公子章也來朝拜。看着已經成年的長子（此時的公子章應該是 25 歲左右），一臉頹喪地給弟弟行禮的樣子，趙武靈王這位父親又開始心疼長子了。於是趙武靈王建議將趙國一分為二，讓公子章在代郡稱王。

趙武靈王的這個做法，包含着對公子章的愧疚與心疼，但是，更主要的原因是趙武靈王後悔了。現在的趙武靈王，經過這些年的征戰，拓地千里，無往而不勝，正是雄心勃勃、南征北戰，想要一統天下，成就王霸之業的時候。但是他也發現，雖然自己身為主父，掌握着趙國的絕大部分軍事權力，但是還是不如國君的身份方便，有些時候，不得不聽從自己兒子的王命。所以，此時的趙武靈王想把交出去的國君之位再收回來。

一代雄主，餓死沙丘

趙武靈王雖然後悔了，但是如此大事，怎麼可能兒戲？君位哪能是説交就交，説收就收的。所以趙武靈王封賞公子章的目的，其實是在利用大兒子的不滿，挑起兄弟的矛盾，自己再以調解人的身份出現。這時的趙武靈王一定會表示，你看你們這麼年輕，能力就是不行，連兄弟之間都互相不服氣，這樣爭鬥，怎麼能治理好國家呢？你們也別爭了，這個國君還是我來當好了。趙武靈王是希望藉此來收回國君的權力，但這是一個致命的錯誤。

趙武靈王的建議，遭到了以公子成、肥義為首的眾大臣的強烈反對，此事只好不了了之。但是公子章越發不滿，在趙武靈王的默許下，開始準備武裝奪權。而趙惠文王也對自己父親的舉措大為不滿，並且意識到公子章可能會謀反，於是抓緊同公子成、肥義、李兌、信期等人商量對策，並開始逐步從趙武靈王手中收回兵權。

因為趙惠文王有了防備，公子章無法下手，趙武靈王準備親自出馬了。這一天，趙武靈王聲稱要去沙丘遊覽，並要兩個兒子都陪同前往。到達沙丘後的當天晚上，公子章藉用主父的令符邀請趙惠文王去主父宮中商議大事。肥義感覺這裏面一定有問題。於是決定自己先去試探，並命令信期加強趙惠文王的防衛。同時約定好，如果自己能平安歸來，趙惠文王再前往主父宮中；如果自己短時間內回不來，就說明出了危險，讓信期一定保護好趙惠文王的安全，並命令信使做好準備，隨時通知公子成和李兌發兵勤王。

肥義到達主父宮中後，果然發現不對，沒有見到主父，反而看到公子章和田不禮帶着殺氣騰騰的衛士密佈在主父宮中。肥義知道自己回不去了，臨死前痛罵公子章造反作亂。早就恨肥義入骨的公子章，命令衛士殺死肥義。然後，公子章再次派出使者邀趙惠文王前來。

趙惠文王見肥義未回而主父的使者又到，知道出問題了。信期將使者拿下，逼問實情，使者不得不如實交代。大怒的信期斬殺使者後，一面命人通知公子成和李兌率兵前來勤王，一面率領自己手下衛士包圍主父宮，與公子章手下衛士展開激戰。

早就做好準備的公子成等人得到信息，以最快的速度率軍趕來。忠於趙惠文王的軍隊很快控制住局面，公子章和田不禮兵敗逃入主父宮中。公子成、李兌、信期等人率軍將主父宮團團包圍，並派人殺入宮內。

此時的趙武靈王，還希望藉助自己的威信保住公子章等人的性命，但是已經徹底撕破面皮，並且殺紅了眼的公子成等人根本不予理睬，當着趙武靈王的面，將公子章、田不禮及其手下衛士人等全部誅殺。當然，沒有人敢向趙武靈王動手。

　　雖然沒有人敢於對趙武靈王刀劍相向，但是公子成命人將主父宮中所有人全部趕出來，只留趙武靈王一個人，然後關閉宮門，將趙武靈王一個人圍困於宮中。主父宮中根本沒有甚麼糧食，一些存糧及瓜果蔬菜、點心等食物，沒幾天就被趙武靈王吃完了。飢餓難忍的趙武靈王甚至爬到院子裏的樹上，掏鳥蛋、雛鳥生吃。最後，實在無物可吃的趙武靈王被活生生餓死於宮中。

　　公子成將主父宮圍困長達三個月之久，在整個過程中，趙惠文王雖然沒有親口下達命令，但是一直一聲不問。最後，在確認趙武靈王已經被餓死之後，公子成向趙惠文王彙報。趙惠文王痛哭一場，以國君的禮節埋葬了自己的父親。

　　說起來，趙惠文王也算是個有作為的君主，趙國在他做國君時期，也是不斷發展壯大，足以與強秦相抗衡。如此看來的話，當年趙武靈王傳位與趙惠文王，而沒有傳位給公子章，也可以說是英明決定。不過，年幼的趙惠文王畢竟沒有其父的大膽和雄風，奇襲秦國的軍事計劃，就這樣胎死腹中了。

　　趙國在繼續強盛幾十年之後，因為長平一戰而元氣大傷，逐漸走向沒落，直至亡國。隨着秦國越來越強大，其他諸侯國雖然也曾經努力抗爭，甚至組成過六國聯軍共同攻秦，但最後無不折戟沉沙，被秦國逐一吞併。

光耀日月的**屈原** | 53

　　春秋戰國期間，各諸侯國之間的關係錯綜複雜、波詭云譎，為了生存和發展，各國君主無不四處搜羅人才，求賢若渴，當然，昏庸之輩也比比皆是。這樣的大環境，客觀上給人才的發現、使用和流動，造就了一個較為良好的氛圍。於是能臣名將輩出，諸子百家爭鳴。

　　戰國中期，楚國卻出了一位相對於儒、墨、道、法、兵、縱橫家等流派相比，比較獨特的人物，那就是可以被稱之為"偉大的浪漫主義詩派鼻祖"的屈原。

　　屈原，相對於其他戰國時期的諸子來說，是一個稍顯另類的存在。他非儒非道，不屬於諸子百家中任何一個流派，但是其在歷史上和文學史上的地位，卻絲毫不遜色於諸子中的任何一位。因為，被稱為"中國浪漫主義文學的源頭"之一的"楚辭"，其創立者和最具代表性的人物就是屈原，而楚辭中扛鼎之作，就是屈原所作的《離騷》。因其對後世影響巨大，故常被人和《詩經・國風》並稱為"風騷"。這個詞在古文中一般用於對文學的泛稱，在文壇居於領袖地位或在某方面出類拔萃者被稱為"獨領風騷"，而文人墨客、詩人雅士等則常自稱為"騷人"。

　　司馬遷對屈原推崇備至，在《史記》稱其為"雖與日月爭光可也"；南北朝時期的劉勰在《文心雕龍》中稱屈原的作品為"氣往轢古，辭來切今，驚采絕豔，難與並能"，稱讚屈原文采驚人，楚辭辭藻華美。"詩仙"李白、"詩聖"杜甫等，皆為屈原的粉絲。

動盪的局勢，昏庸的楚王

　　屈原，楚國人，出生於楚國的丹陽。其生卒年頗有爭議，現在認可度較高的說法為：約公元前 340 年—公元前 278 年。屈原姓羋，屈氏，名平，字原，在《離騷》中，屈原自稱名正則，字靈均。祖上是楚武王熊通之子屈瑕，以封地"屈"為氏，和景氏、昭氏一起，合稱為楚國王族三大氏。人們熟知的《史記・項羽本紀》裏所說的"楚雖三戶，亡秦必楚"中的"三戶"，指得就是這三大氏家族。

　　貴族出身的屈原，從小受到了良好的教育，再加上屈原本身才華出眾，博聞強識，受到了楚懷王的欣賞。大約在公元前 319 年前後，屈原被任命為左徒。按照《史記》記載"（屈原）博聞強識，明於治亂，嫺於辭令。入則與王圖議國事，以出號令；出則接遇賓客，應對諸侯。王甚任之。"此時的屈原，剛剛 20 歲多一點，正是朝氣蓬勃、意氣風發的時候，在楚懷王的信任和支持下，準備一展身手，強大楚國。當時的楚國，雖然已經在逐漸走向沒落，但畢竟曾經是最強大的國家之一，其實力還是不容小覷，甚至足以與強秦相抗衡的。

那麼，這個"左徒"是個甚麼官職呢？按照現代學者考證，左徒應該是令尹的助手，或者副職，也就是僅次於令尹的官職。楚國的令尹就是國相，為楚國臣子中的最高官，所以左徒也是相當高的官職了。屈原能在如此年紀做這麼高的官，既體現了他本身的才華，也體現了楚懷王對他的信任。

屈原差不多做了 5 年左右的左徒，輔助楚懷王有限度地實行變法圖強，但是同樣也得罪了大批楚國貴族和其他臣子。

楚懷王手下另一重臣上官大夫，羨慕屈原的才幹，嫉妒屈原的受寵，於是想方設法在楚懷王面前說屈原的壞話。不知道是楚懷王昏庸無能，還是屈原本身的耿直傲骨為懷王所不喜，總之慢慢的，楚懷王越來越疏遠屈原，"王怒而疏屈平"。公元前 314 年，楚懷王罷黜了屈原的左徒之職，改任三閭大夫。

所謂"三閭大夫"，是楚國特有的官職，是個主要負責主持宗廟祭祀，兼管楚國屈、景、昭三大氏宗族事務及子弟教育的閒差事。沒過多久，不知道是繼續有小人暗中進讒言，還是楚懷王對屈原越來越有成見，屈原又被流放到漢北地區。正是在此期間，屈原"憂愁幽思而作離騷"，"離騷者，猶離憂也。"

屈原被流放這段時間，正是秦國的張儀戲耍楚懷王，誘騙楚、齊絕交，楚懷王怒而興師伐秦，可丹陽、藍田兩戰，楚國皆敗，損兵折將，喪師辱國之際。其他諸侯國見狀，也紛紛趁火打劫，楚國處於風雨飄搖之中。所以時間不太長，屈原又被重新啟用。雖然被重新啟用，不過屈原再也沒有得到重用，而只是以三閭大夫的職位出使齊國，楚懷王希望藉助屈原的能力與口才，恢復與齊國的關係。

接下來，楚懷王再次受到張儀的愚弄，在張儀再次主動送上門來的情況下，聽信靳尚、鄭袖等人的讒言，又放走了他，並準備繼續與秦國結盟。此時，恰好屈原從齊國返回，聽聞此事，建議楚懷王殺了張儀。楚懷王也後悔了，派人馬追趕張儀，但沒有追上。

因為楚懷王的首鼠兩端，中原各諸侯國都很痛恨楚國，"其後諸侯共擊楚，大破之。"從那以後，屈原再沒有得到楚懷王的重用。

秦楚之盟

公元前 311 年，秦惠文王病逝，太子蕩即位，是為秦武王。秦武王只做了四年國君，公元前 307 年就因舉鼎絕臏而死。公元前 306 年，秦武王的異母弟公子稷即位，史稱其為秦昭襄王。在昭襄王即位的過程中，他的生母居功至偉，所以秦昭襄王尊其為宣太后。

宣太后是楚國人，姓羋，是楚國王族的後裔。此時的秦昭襄王只有 20 歲左右，秦國的大權實際上掌握在了宣太后手中。為了鞏固兒子的君位和自己的執政地位，宣太后大肆任命自己的親信掌權。她任命自己同母異父的弟弟魏冉（封穰侯）為相國並執掌兵權；任命自己母親的族人向壽同為相國；同時封自己同父異母的弟弟羋戎為華陽君，讓這些人成為自己執政的膀臂。

與此同時，宣太后還極力促成秦、楚兩國的聯盟，並提出互為婚姻的建議，就是秦國國君迎婦於楚，楚國國君迎婦於秦。秦、楚兩國再結姻親之國。楚懷王二十四年（公元前 304 年），楚懷王和秦昭襄王在秦楚邊境的黃棘會晤，簽訂正式盟約，史稱"黃棘之盟"。

對於與秦國的結盟，屈原一直持反對態度，認為秦國是虎狼之國，不可相信。因此，在秦、楚結盟後，屈原被再次流放到漢北。也有說法是，因為屈原反對秦、楚結盟，因而被佞臣讒言陷害，為了自保，不得不避地漢北。

秦、楚之間的盟約脆弱無比。公元前302年，齊、韓、魏三國組成聯軍攻楚，楚懷王用太子橫為人質，求得秦軍幫助，擊退了三國聯軍。第二年，太子橫因為在秦國與人爭鬥，殺了秦國一個大夫，懼怕秦昭襄王怪罪，私自逃回楚國。此舉惹得秦國大怒，秦、楚盟約破裂，秦國頻繁派兵攻楚，楚軍連連敗北，喪師失地。

公元前299年，秦國再次派兵攻楚，取八城。在這種情況下，秦昭襄王卻突然邀請楚懷王來秦、楚邊界的武關見面，表示願意重修舊好，兩國再次結盟。被秦國打得焦頭爛額的楚懷王大喜過望，被秦軍嚇破膽的楚國王族、大臣更是極力促使楚懷王儘快出發。此時的屈原剛剛返回郢都時間不長，聽聞此事，感覺不妥，與其他幾個明白的臣子一起勸諫楚懷王："秦，虎狼之國，不可信，不如毋行。"意思是秦國不值得信任，楚懷王不能去，會有危險。而楚懷王的幼子子蘭急了，擔心失去秦國的歡心，極力鼓動懷王前往。

楚懷王這輩子犯過的最多的錯誤，就是識人不明，分不清對錯，這次同樣如此。他既沒聽從屈原的建議，也沒做甚麼充分的準備，草率赴會。結果剛進入武關，就被秦兵斷絕了歸路，並被扣押，送到咸陽。計謀得逞的秦昭襄王威脅楚懷王，逼他同意割讓楚國巫郡和黔中郡的大片土地，以此為條件，放他回國。

如果說楚懷王做國君後期還有甚麼亮點的話，就是此時在生命受到威脅的情況下沒有妥協，"懷王怒，不聽"。秦國沒想到楚懷王居然不怕死亡的威脅，又不甘心就這樣白白放了他，索性將其囚禁。楚懷王一直到死，都沒能再次返回楚國。

楚國聽聞懷王被秦國扣留，當初極力鼓動他赴會的那些人立刻變了臉，他們不是想着怎樣救回楚懷王，而是商議着如何解決後事，結果就是，立那位從秦國逃跑，導致兩國盟約破裂的罪魁禍首太子橫為國君，史稱楚頃襄王。頃襄王即位後，感念弟弟公子蘭在敦促父親楚懷王去送死這件事上的貢獻，封其為令尹。

公元前 298 年，在威脅楚懷王未果，派人直接找楚頃襄王討要也沒有得到滿意答覆的情況下，秦國派兵攻打楚國，佔領了楚國十六座城池。

楚懷王被秦國扣留後，一直沒有屈服，並尋找機會，伺機逃回楚國。因為楚國已經立了新君，這個老國君的地位和重要性都大大降低，所以秦國對他的管束也慢慢鬆懈下來。公元前 297 年，楚懷王終於找到機會逃出咸陽。秦國派兵封鎖住逃往楚國的路線，無奈之下，楚懷王逃往趙國。

此時的趙國，主要精力還是消化剛剛吞併的中山國。趙武靈王連自己籌謀已久的奇襲秦國的計劃都暫時擱置了，又怎麼肯為了一個對趙國毫無價值的楚懷王而同秦國發生矛盾？所以，趙國沒有收留楚懷王。在轉道逃往魏國途中，楚懷王被秦國追兵抓回。公元前 296 年，楚懷王憂鬱成疾，病死於咸陽。秦國將其屍體送回楚國。

屈原之死

對於公子蘭等人的行為，屈原非常痛恨，對於楚懷王的死，屈原既悲哀、痛心，又怨其不分忠奸，不辨賢愚。屈原認為，正是由於內受鄭袖迷惑，外被張儀欺騙，疏遠忠臣而信任奸佞，楚懷王才落得軍事上慘敗，國土被侵佔，自己也客死秦國，被天下人恥笑的結果。這些都是因為不知人引起的禍患。

公子蘭聽聞屈原如此直截了當地責罵自己，氣急敗壞，當即指令上官大夫去頃襄王面前說屈原的壞話。頃襄王本來就不喜歡屈原，於是"怒而遷之"，就是再次把屈原流放。

公元前 296 年，屈原被流放到了江南的荒僻地區，直到公元前 278 年自沉汨羅江而死的十八年間，屈原都再沒有機會回到郢都。也正是在這十幾年的流放生涯中，屈原創作了大量的楚辭作品。然而，再多的期待和痛苦，再偉大的作品也挽救不了楚國。國君的昏庸無能；臣子的貪婪無厭；秦國的步步緊逼，使得楚國一步步走向滅國的深淵。身處其中的屈原，眼見着這一切的發生卻無能為力，更加痛苦不堪。

公元前 280 年，秦國派司馬錯攻楚，楚國君臣喪膽，割讓上庸和漢水以北之地給秦，秦國退兵。

公元前 279 年，秦國再派白起攻楚，奪取楚國鄢、鄧等五座城池。

轉過年來，白起更是率領秦軍，直撲楚國腹地，大破楚軍，攻佔楚都郢，並繼續進兵至竟陵。

喪魂落魄的楚頃襄王帶領着群臣，一直被秦兵追趕着逃跑到陳這個地方，才算收住腳，"保於陳城"。頃襄王將陳作為都城，並將其改名，仍然稱作"郢"，然後收集殘兵敗將，僅僅剩下十餘萬人。經過這一連串的打擊，楚國一蹶不振。

看到自己的祖國就這樣走向滅亡，徹底傷心、失望的屈原，在極度苦悶與絕望之中，在農曆五月初五這天，自沉於汨羅江中。

屈原死後五十餘年，公元前 223 年，楚國最終被秦國所滅。

屈原與漁父的對話，理想和現實的碰撞

《楚辭‧漁父》中記載了屈原投江之前和漁父的對話，是對屈原在人生最後時刻，內心世界的最真實的描述。

屈原被流放，沿着江邊，邊走邊悲憤長吟，顏色憔悴，形容枯槁。漁父（打魚的老頭）看到了他，大吃一驚，問："你不是三閭大夫嗎？怎麼落魄到了如此境地？"屈原回答："天下人都污濁不堪，只有我不肯同流合污；舉世人皆醉生夢死，只有我保持清醒，所以我就被流放了（舉世皆濁我獨清，眾人皆醉我獨醒，是以見放）。"

漁父勸屈原説："既然天下人都這麼污濁不堪，你為甚麼不和大家一起，隨波逐流呢？既然舉世人都醉生夢死，你為甚麼不一起大醉呢（世人皆濁，何不淈其泥而揚其波？眾人皆醉，何不餔其糟而歠其醨）？淈泥揚波，則清濁不分，餔糟歠醨，則醉醒莫辨。何苦這樣潔身自好、清高孤傲，結果讓自己不容於世，被流放到這個荒僻的地方呢（何故深思高舉，自令放為）？"

屈原不同意漁父的看法，反對説："我聽説剛洗過頭的人，一定會彈掉帽子上的灰塵，剛洗過澡的人，一定會抖掉衣服上的塵土。我怎麼能讓自己清白的身體，被外界的污垢所沾染呢？我寧願跳入這滾滾江水之中，葬身魚腹之內，也不願意讓自己高貴的品德，蒙受俗世塵埃的污染（吾聞之，新沐者必彈冠，新浴者必振衣；安能以身之察察，受物之汶汶者乎？寧赴湘流，葬於江魚之腹中。安能以皓皓之白，而蒙世俗之塵埃乎？）。"

漁父見話不投機，笑着搖頭走開了，邊走邊唱着歌，歌詞是："滄浪之水清兮，可以濯吾纓；滄浪之水濁兮，可以濯吾足。"意思是，滄浪之水清澈的話，我就用來洗我帽子上的紅纓；滄浪之水渾濁的話，我就用來洗我的腳。

屈原呢？在寫下了最後一篇辭賦《懷沙》之後，自沉於汨羅江中。

關於這段屈原和漁父的對話，其根本的區別在於兩種不同的人生理念。也就是説，屈原是理想主義者，漁父在意的是眼前的現實生活。這兩種觀點，高低上下，自然一清二楚，但是要説到是非對錯，就不能那麼一言以蔽之了。畢竟，我們無權指責別人選擇平凡或者要求別人高尚，我們自己本來也就是滾滾紅塵中掙扎浮沉的一介草民而已。但是，這並不妨礙我們讚美崇高，我們期盼偉大，我們嚮往光明。所以，屈原才被我們千古傳唱。

屈原是真實存在的歷史人物嗎？

這些年來，一直刮着一股"懷疑一切"的風潮，懷疑中國歷史的長度，懷疑龍文化的來歷、存在，懷疑夏朝的存在，懷疑很多歷史人物、歷史事件的存在與否……

屈原也在被懷疑之列，懷疑歷史上是否真有屈原其人。

按照現有的資料來看的話，最早提出否定屈原的是清末民初的經學大師廖平。廖平，又名廖季平，一生研治經學，是中國近代著名的經學大師。廖平在其《楚辭講義》中提出，屈原是虛構的，歷史上並沒有這個人。胡適等人繼承了這個說法，胡適在《讀楚辭》中提出："我不但要問屈原是甚麼人，並且要問屈原這個人究竟有沒有。"他們認為"《離騷》非屈原所作，屈原這個人本就不存在。"認定《離騷》是集體創作的作品，屈原應該是楚辭眾多作者的複合體。後來，這種觀點漂洋過海，在日本被發揚光大，然後又倒流回國內，混淆着人們的視聽。

不過近些年來，國內大多數學者經過嚴格的歷史考證，得出的結論是：屈原真有其人，確實存在。現在國內外大多數學者都支持這種觀點。

那些否定屈原存在的論點的依據是甚麼呢？

他們的依據就是，從屈原所處的戰國時代到漢朝初年，都找不到關於屈原的任何文字記載，現在能看到的關於屈原的最早記載，是漢初賈誼的《吊屈原賦》，然後就是《史記·屈原賈生列傳》，而且在這篇文章中有明顯的矛盾之處。而在同一本書的《史記·楚世家》中，卻根本找不到任何關於屈原的文字。專門記載戰國歷史的《戰國策》中也一次沒有提到屈原。

不過，現今的主流觀點還是支持屈原存在論，至於上面提到的那些證據，也可以一一給予回覆。

從戰國到漢初沒有關於屈原的任何記載：這段時期，戰亂頻繁，大量歷史資料被損毀是非常正常的。另外，從秦朝開始，歷史上多次大規模焚書、戰亂，都導致了大量歷史資料的損毀和丟失，所以現在找不到資料不等於沒有。

至於《史記‧楚世家》沒有記載更說明不了任何問題，如果司馬遷認為歷史上沒有屈原這個人，那為甚麼又單獨給屈原列傳？關於《史記‧屈原賈生列傳》中有矛盾或者邏輯錯誤的地方，同樣是無傷大雅，不能成為依據。《史記》裏面記載矛盾、錯誤的地方很多，難道出現錯誤就表示這件事、這個人不存在？

另外說《戰國策》中沒有提到屈原，那又能說明甚麼問題？我們現在看到的《戰國策》本身就不是全本，宋代已有缺失。再說，即使是全本，沒有記載就說明此人不存在？《戰國策》難道能記載所有的歷史人物？怎麼可能。

單純從時間上來說，寫《吊屈原賦》的賈誼距離屈原死的時間不足百年，《史記》成書時，距離屈原之死也不過 180 多年。那個時代的證據總歸比兩千多年後的今天要充足得多。

楚辭在漢朝幾乎是家喻戶曉，試想屈原存在與否的問題，像賈誼、司馬遷這種大學問家、史學家怎麼可能弄不清楚？尤其是作為太史令的司馬遷，怎麼可能犯這麼大的原則性錯誤？找些六國故舊等有家族記載流傳下來的人物，問一問屈原的問題，還是非常簡單的。

現在的屈原，早就脫離了個體的束縛，上升成了中華民族文化的一部分。其精神，早就融入了民族之魂中；其魅力，更是影響了兩千年來無數的豪傑志士、文人騷客，賈誼、司馬遷、司馬相如、李白、杜甫、李商隱、蘇軾、辛棄疾、陸游、文天祥……他們或以詩詞憑弔，或以之為楷模學習。《楚辭》作為中華文化瑰寶，堪稱中華文學巔峰之一。鄭振鐸在《屈原作品在中國文學史上的影響》一文中對《楚辭》的評價是："像水銀瀉地，像麗日當空，像春天之於花卉，像火炬之於黑暗的無星之夜，永遠在啟發着、激動着無數的後代的作家們。"紀念屈原，不僅是為了崇拜偉人，更是為了繼承和發展中華民族的優秀傳統，弘揚民族文化，凝聚民族之魂。

孟嘗君的故事 | 54

戰國中後期，隨着秦國的日益強大，其他諸侯國為了生存和發展，也是八仙過海各顯神通。同時，各國的文臣武將、士族公卿也紛紛行動起來，或者強大國家以抗秦，或者壯大自己以自保。

此時，各國對人才的需求，達到了瘋狂的地步。各國君主無不竭盡所能，四處搜羅人才。而這些人才，一旦上到高位，同樣開始大肆招募人才，廣聚門客，也就是所謂的"養士"。這裏的"士"的包括範圍可就十分廣泛了，讀過書的、練過武的、口才好的、腦子活的，甚至只要有一技之長的，都包括在了"士"的範圍之內。當然，其中濫竽充數的應該佔據多數。不過，只要能招募到幾個有真實本領的人才，其他的，都不值得在意了。

在各國權貴之中，以"養士"而聞名的，有齊國的孟嘗君、魏國的信陵君、趙國的平原君、楚國的春申君，這四人被稱為"戰國四公子"。

雞鳴狗盜

孟嘗君，姓媯（田氏齊國王族的姓），田氏，名文。齊國王室，齊威王之孫，齊宣王的姪子，靖郭君田嬰之子。因為繼承了父親的爵位和封地薛地，所以又稱薛公，號孟嘗君。也有說法為，田文的字為"孟"，而這個"嘗"字是地名，在薛地的旁邊，是田文的封地，所以田文死後，謚號為孟嘗君。

孟嘗君的父親田嬰，曾經作為田忌的副手，和孫臏一起大敗過龐涓率領的魏軍，在齊國也算得上是位高權重。田嬰有四十多個兒子，而田文的母親地位並不高，田文小時候，很不得田嬰的喜愛和賞識。後來因為田文見識卓著，慢慢引起田嬰的重視，最終將自己的爵位傳給了他。

按照史書記載，孟嘗君最大的特點就是"好養士"。其手下之士，多的時候，達到數千人。而且，孟嘗君對願意來歸附自己之人，基本上不怎麼挑揀，凡是有一定本領或者特長之人一律接納，並給予優厚的待遇，所以天下的賢士，無不傾心嚮往。因此後世對那些好交朋友，仗義疏財之人，多以"小孟嘗"稱之。

孟嘗君除了手下能人異士眾多，本身也頗有才識，數次率領齊國軍隊或聯軍，或者討伐楚國，或者攻打秦國，大多取勝。因此，各國君主都知道孟嘗君的大名。也頗有幾個君主非常欣賞孟嘗君，希望邀請孟嘗君到自己的國家。

公元前 299 年，秦國和齊國達成協議，秦昭襄王正式邀請孟嘗君到秦國，齊湣王也同意了。孟嘗君到秦國後，將一件非常罕見的白色狐皮裘敬獻給秦王。這件白狐裘整個天下就這麼一件，堪稱天下無雙，價值千金。秦王也很高興，命人收進寶庫中。

昭襄王準備讓孟嘗君做秦國的相國，遭到了手下眾臣的反對。有人提出："孟嘗君確實賢能，但是他是齊國王室。如果讓他做秦國的相國，那麼他遇到事情一定會先替齊國考慮，然後才是秦國。長此以往，我們秦國可就危險了。"昭襄王認為有理，於是絕了重用孟嘗君的心思，打算將他禮送回齊國。沒想到又遭到大臣反對。大臣認為，孟嘗君在秦國住了這麼長時間，非常了解秦國的虛實，如果放他回去，也會對秦國不利。這下，昭襄王有點為難了，用不能用，放不能放，殺了吧，又是自己鄭重其事請來的客人，這樣一來，以後誰還敢來秦國啊？無奈之下，昭襄王將孟嘗君軟禁起來。

孟嘗君感覺大事不好，急忙召集眾門客商議對策。有人給出了個主意，求求昭襄王的寵妃燕姬，看能不能幫忙。於是孟嘗君準備了一份厚禮，悄悄派人聯繫燕姬。燕姬答應幫忙，但條件是，自己也想要一件白狐裘，就像送給昭襄王的那件一樣的白狐裘。

這可把孟嘗君急壞了，自己就那麼一件白狐裘，已經獻給了昭襄王，哪去再找一件啊？他手下的眾門客也都一籌莫展。這時，一位坐在最後面的門客站起身來，表示自己有辦法。原來，這位門客的看家本領是能裝扮成狗的樣子去偷東西。

當天夜裏，這位門客裝扮成狗的樣子，鑽入秦國王宮，找到寶庫，將那件白狐裘偷了出來。孟嘗君大喜過望，派人悄悄獻給燕姬。燕姬收到好處，還真替孟嘗君說了好話，秦昭襄王稀裏糊塗地就答應了。

孟嘗君獲得允許後，以最快的速度乘車逃離咸陽，馬不停蹄直奔函谷關而去。到達函谷關的時候，已經是半夜時分。按照當時的規定，函谷關是雞鳴開關放行人進出，日落閉關。所以要想出關，必須等到雞叫後才可以。孟嘗君是焦急萬分，擔心秦王反悔，派兵捉拿他回去。

昭襄王果真反悔了，派人以最快的速度向函谷關追來。負責追捕的人倒是不太擔心，因為天亮之前孟嘗君等人出不了函谷關，而用不了天亮，自己就到了。

危機時刻，孟嘗君手下又有一個平時很不受重視的門客站了出來，表示自己會學雞叫。他這一學，還真挺像，引得附近的雞跟着一起叫了起來。函谷關守將雖然疑惑，但還是打開了城門。孟嘗君一行順利通過函谷關，離開了秦國。等到秦國追兵趕到函谷關下，早已不見孟嘗君等人的蹤影，只好回去覆命了。

狡兔三窟

孟嘗君回到齊國後，齊湣王封他做了相國。此後，孟嘗君更加重視門客。這時，有個叫馮諼（也有史書作馮驩）的人，窮得幾乎活不下去了，托人在孟嘗君面前請求，希望來當門客。這位馮諼窮到了甚麼程度呢？窮到除了一身衣服以外，只剩下一把寶劍了，而且寶劍的劍把已經壞了，沒錢修理，就用草繩纏着。

孟嘗君問馮諼：“你有甚麼愛好啊？”馮諼搖搖頭：“我沒甚麼愛好。”“那你有甚麼才能啊？”馮諼又搖搖頭：“我也沒甚麼才能。”孟嘗君哭笑不得，又想反正也不差一個人的那點糧食，既然來了，就留下吧。於是馮諼就這樣留在了孟嘗君府中。當然，沒有得到孟嘗君的重視。孟嘗君手下負責具體事務的人員也看不起這位門客，於是給他安排了最低等級的待遇。

沒想到，馮諼還不幹了。一天，他靠着柱子，彈着寶劍唱歌：“長鋏歸來乎！食無魚。”意思就是，寶劍啊！咱們一起回去吧！這裏吃飯連魚都沒有。

有人將這件事告訴了孟嘗君。孟嘗君倒沒介意，只是吩咐，給馮諼魚吃，按照能夠吃魚的門客的待遇招待他。

過了不久，馮諼又不高興了，再次彈着寶劍唱歌：“長鋏歸來乎！出無車。”這次是嫌棄出門沒有車可以乘坐。估計聽到這個要求之後，孟嘗君左右的人都得拿白眼看他。

孟嘗君還是沒在意，又吩咐人，將馮諼的待遇提高到了出門辦事有車可坐的級別。

這次馮諼比較滿意，特意坐着車，帶着自己的破寶劍，出門去舊日朋友面前炫耀了一回，看，現在孟嘗君已經將我當做比較尊貴的賓客對待了。

可是過了不久，馮諼又不高興了，第三次彈着寶劍唱道：“長鋏歸來乎！無以為家。”意思就是寶劍啊，咱們還是回去吧。我這裏倒是生活的不錯，但是我家裏人還沒有人供養呢。

這下，左右之人都很反感馮諼，認為他過於貪婪，不知好歹。孟嘗君依舊沒有在意，將馮諼招來問道：“你家裏還有甚麼親人哪？”馮諼回答：“家裏還有老母親在。”孟嘗君派人給馮諼的老母親送去吃的、用的東西，並安排人隨時關注，不讓老人家在生活上有甚麼缺少的東西。

這下，馮諼終於徹底安心了，沒有再彈劍作歌。

到了秋天，該派人去薛地收取租稅和欠債了。對於孟嘗君來說，這可是最主要的收入來源之一。於是在府裏尋找願意去收賬的人。馮諼主動報名。孟嘗君早就忘了他是誰，詢問身邊的人。身邊的人笑着告訴他，就是那位彈劍作歌的人吶，孟嘗君也笑了。

孟嘗君將馮諼找來，為自己此前的簡慢，先向他道歉，然後同意了馮諼的請求，派他去收債。臨行前，馮諼請示孟嘗君，收完債後，需要買些甚麼東西回來嗎？孟嘗君想了想，沒想到要買甚麼，就說："先生看着辦吧，看我家裏還缺少甚麼，就買些甚麼回來就好了。"

馮諼到薛地後，將百姓們都召集起來，核對完應該繳納的賦稅和債券後，以孟嘗君的名義，免除了百姓所有的賦稅，並一把火將債券全部燒掉。百姓正在擔心繳納完賦稅和欠債後，來年的日子怎麼過，見此情景是歡聲雷動，感念孟嘗君不已。之後，馮諼馬不停蹄返回都城，來見孟嘗君。孟嘗君奇怪，怎麼這麼快？等見到馮諼時，就感覺到了不對，怎麼，馮諼是空手回來的啊。

馮諼倒是絲毫不擔心，坦然對孟嘗君說："您不是讓我看家裏缺少甚麼，就買甚麼回來嗎？依我看，您家裏金銀珠寶、駿馬、美女之類的甚麼都不缺，只是缺少'義'，所以我就用這次所有的錢，給您買'義'回來了。"

見孟嘗君沒明白，馮諼繼續解釋："您只有薛地這麼一塊封地，您應該像對待自己的子女一樣照顧、愛護他們才是，怎麼能毫不顧惜，肆意盤剝他們呢？所以我假托您的命令，免除了所有的賦稅和債券，百姓對您是萬分感激，這就是我給您買回來的'義'。"

孟嘗君非常不高興，但是木已成舟，也只好就這樣算了。

過了一年，因為有人在齊湣王面前造謠說孟嘗君要造反，齊湣王罷免了他的職務，孟嘗君只得回到自己的封地薛。此時，孟嘗君手下三千門客中的大部分都離開了，而馮諼卻沒有離開，一直陪在孟嘗君身邊。

在距離薛地還有一百里路的時候，薛地的百姓就扶老攜幼前來迎接孟嘗君，孟嘗君深受感動，這才意識到馮諼給他買來的"義"的重要性。當孟嘗君感謝馮諼時，馮諼表示，這還不夠。馮諼認為，狡兔為了活下去，會營造三窟。孟嘗君想要確保安然無恙，必須再營造幾個退路才可以。

於是馮諼來到魏國，對魏惠王說："齊國之所以強大，主要是因為孟嘗君，現在齊國國君罷免了孟嘗君的相位，正是別的諸侯國的機會啊。哪個諸侯國得到孟嘗君，都會國富兵強。"魏惠王深以為然，立刻將原來的國相改封為大將軍，空出國相之位，然後派使者攜帶重金，前去禮聘孟嘗君。而馮諼提前回到孟嘗君身邊，提醒孟嘗君不要輕易答應。

就這樣，魏國使者往返三次，孟嘗君都堅決推辭了。

消息傳到齊湣王的耳朵裏，齊湣王嚇了一跳，孟嘗君要是被魏國請去，齊國可就麻煩了。齊湣王急忙派人帶着禮物前去薛地，一面像孟嘗君道歉，表示是自己一時糊塗，誤聽讒言；一面請求孟嘗君顧念同宗之情，再次回來擔任齊國的相國。

見時機已到，馮諼提醒孟嘗君，向國君請求將先王傳下的祭器賞賜給自己，並在薛地建立宗廟。宗廟建好後，馮諼表示，三窟已成，這回可以高枕無憂了。

上面的故事是按照《戰國策》記載為依據寫就的。但是這裏有個小問題，按照《戰國策》記載，馮諼是去了魏國，但是在《史記》裏，記作去了秦國。而且，即使馮諼去的是魏國的話，按照時間推算，也不應該是魏惠王，而應該是魏惠王的孫子魏昭王。因為魏惠王死於公元前 319 年，孟嘗君死於公元前 279 年，時間相差 40 年。而在公元前 321 年，齊威王才剛剛將薛地封給孟嘗君的父親。所以在魏惠王死時，孟嘗君應該年紀不太大，並且沒有掌握大權，沒有那麼大的名氣。

被滅族的孟嘗君

歷史上對孟嘗君的評價並不高。就拿最著名的"好養士"來說，史書就是眾說紛紜。當然，持讚揚、肯定的佔大部分，但是也有很多其他看法，認為他沽名釣譽、結黨營私，名為國家，實際是為了擴大自己的權勢。另外對於孟嘗君所養之士，也是非議頻頻，認為其不加選擇，濫竽充數之徒頗多，甚至是藏污納垢。宋代的王安石專門寫了一篇文章《讀〈孟嘗君傳〉》，來抨擊孟嘗君的養士。王安石認為"孟嘗君特雞鳴狗盜之雄耳，豈足以言得士？……夫雞鳴狗盜之出其門，此士之所以不至也。"意思是，孟嘗君只不過是個雞鳴狗盜之輩的首領罷了，他手下根本就沒有甚麼能夠真正被稱為"士"的人物……之所以如此，就是因為孟嘗君手下多是些雞鳴狗盜之徒，真正的賢士不屑於與這些人為伍，就不會去投奔他。

孟嘗君最被人詬病的，就是對自己祖國的無情了，尤其是當齊國處於生死存亡關頭的時候，孟嘗君卻僅僅因為個人恩怨，不但不施以援手，反而落井下石。因為孟嘗君的權力大、威望高，以致於"聞齊之有田文，不聞有其王"。這種情況，當然讓齊湣王不安、不滿，於是任命原來秦國將領呂禮為相國。呂禮和孟嘗君不和。孟嘗君為了自己的權位，為了驅逐呂禮，竟然給秦國的相國穰侯魏冉寫信，建議魏冉派秦軍攻齊。魏冉果然派兵攻打齊國，奪取了齊國的九座城池。雖然孟嘗君的主要目的是為了驅逐呂禮，為了自保，但是這種勾引外敵，引狼入室的行為，幾乎就屬於叛國了。因為與齊湣王的矛盾，孟嘗君最終選擇離開了齊國，到了魏國。受到魏昭王的重用，拜之為相。

公元前 284 年，燕國為了報當年險些被齊國滅國之仇，以樂毅為將，發傾國之兵，並聯合趙、楚、韓、魏四國，一同攻打齊國。燕軍連下齊國七十餘座城池，這其中包括都城臨淄。而在這整個過程中，身為魏國相國的孟嘗君，不但不替齊國說話，反而大力促進成了同盟。即使是在齊國面臨滅國的緊要關頭，孟嘗君也一直無動於衷。後來，齊湣王死，過了一年，齊襄王即位。齊國只剩下即墨和莒兩座城池。孟嘗君對此仍然不聞不問，"中立於諸侯，無所屬"。再後來，齊國將領田單用火牛陣大敗燕軍，收復失地。此時的孟嘗君依然故我。

不知道是因為政治鬥爭失敗，還是孟嘗君的行為連魏國國君都看不下去了。總之，晚年的孟嘗君又離開了魏國。此時，已經元氣大傷的齊國，根本不敢再得罪孟嘗君，齊襄王也刻意討好他。於是，孟嘗君回到了自己的封地薛。不過就在這一年，也就是公元前 279 年，孟嘗君死於薛地。

孟嘗君死後，他的幾個兒子為爭奪爵位和封地的繼承權打得不可開交。齊、魏兩國趁機聯合派兵攻打薛地。最後，薛地被佔，孟嘗君被滅族，絕嗣無後。由此可見，不但齊國君臣暗恨孟嘗君，魏國君臣也不怎麼接受他啊。可憐的孟嘗君，即使不算一代豪傑，至少也是威名赫赫、名震一時的人物，就這樣以悲慘的結局退場了。

按說，孟嘗君和屈原在背景上頗有相似之處：如都是王族出身；都曾經擔任自己國家的重臣；都曾經面臨過國家的危難時刻；去世的時間也僅僅相差一年……，但是兩個人對於自己人生的選擇卻是截然不同，屈原寧肯葬身魚腹也不肯苟且；孟嘗君則是為了自己的權位，寧肯讓自己的祖國滅亡。所以，兩個人的歷史評價和地位也相去甚遠。荀子在《臣道》一文中，更是直接將孟嘗君歸入到了"篡臣"的行列："上不忠乎君，下善取譽乎民，不恤公道通義，朋黨比周，以環主圖私為務，是篡臣者也。……韓之張去疾、趙之奉陽、齊之孟嘗，可謂篡臣也。"

燕昭王 千金買馬骨 | 55

　　戰國中後期，戰爭更加頻繁，各國之間，時敵時友，時弱時強，亂哄哄你方唱罷我登場，當然，最終都是給秦國做了嫁衣裳。不過，紛亂的局勢，也造就了大量的名臣武將，正所謂"亂世出英雄"。樂毅，就是其中的一員。

　　燕國，在經歷過燕王噲禪讓和"子之之亂"後，差點被齊國滅國，後來雖然在各諸侯國的干預之下勉強復國，但也是元氣大傷，本來就衰弱的國勢，更是如風中之燭，隨時有覆滅的可能。燕昭王就是在這樣的危急時刻（公元前 312 年）即位的。

　　在燕國的歷史上，燕昭王算得上一位有作為的君主。他即位後，勵精圖治，發下誓言，一定要向齊國報仇雪恨。燕昭王明白，要想復仇，必須強國；要想強國，必須有人才。

　　為了招攬賢才，燕昭王放下君主的架子，謙卑恭敬，對待賢人甘心執弟子之禮，並且不惜重金，以非常優厚的待遇，訪求天下賢人。但是，開始的時候，效果並不好。燕昭王不解其中原委，就拜訪燕國名士郭隗，向他請教，希望郭隗能幫助自己物色、推薦人才。

　　郭隗對燕昭王說道："君主的目標不同，對待賢者的態度也就不同，得到的人才高下也就不同。想成就帝業的君主，以賢者為師；想成就王業的君主，以賢者為友；想成就霸業的君主，以賢者為臣子；而那些亡國之君，則以賢者為奴僕。同樣的，君主以不同的態度對待賢者，也必然只能招攬到相對應能力的賢者。對待賢者敬如師長，那麼才能超過自己百倍的賢才就會到來；對待賢者親切如友，那麼才能超過自己十倍的賢才就會到來；對待賢者如同臣子，那麼和自己才能差不多的賢才會到來；如果頤指氣使，任意呵斥，那麼只能招收到唯唯諾諾、奴顏媚骨之人了。"

　　燕昭王頻頻點頭，連連稱善，非常認可郭隗的見解，並繼續請教。郭隗給燕昭王講了個千金買馬骨故事。

　　古代有個君主，想以千金求購一匹千里馬，可是三年過去了，也沒有買到。這時，有個臣子自告奮勇，主動要求去替國君購買千里馬。這個臣子花盡心思，終於打聽到某處有千里馬，但是等趕過去時，那匹千里馬已經死了。於是這個人就花了五百金買了那匹死的千里馬，回去敬獻給國君。國君大怒，花了那麼多錢，買回來一匹死馬，有甚麼用？這個臣子解釋，死的千里馬，國君還能花費五百金購買，更何況活的千里馬呢？我這樣做就是為了讓天下人都知道，國君您是真心誠意要高價購買千里馬。您放心，用不了多久，您一定能得到千里馬。果然，不到一年時間，就有三匹千里馬被人主動送上門來。

　　講完故事，郭隗繼續對燕昭王說："國君您要是想要訪求到賢才，就應該像那個千金買馬骨的國君一樣，讓天下人都知道您是真心求賢，這樣，各國的賢者自然會主動前來。國君您可以從我開始，將我當成那千里馬的馬骨，讓天下的賢者都看到，像我這樣的人都能得到重用，那麼，比我有本領的人自然就會前來投奔。"

　　燕昭王認為郭隗的話非常有道理，於是尊郭隗為師，給予非常豐厚的俸祿，還為郭隗專門修建了宅邸。在郭隗的幫助下，燕昭王在易水邊修築招賢台，也就是人們熟知的黃金台，"復於易水之旁，築起高台，積黃金於台上，以奉四方賢士，名曰招賢台，亦曰黃金台。於是燕王好士，傳佈遠近。"

　　消息傳出，各國賢士紛紛前來。比較著名的有從趙國來的名將劇辛，從齊國來的名士鄒衍，從魏國來的能臣樂毅……昭王悉拜為客卿，與謀國事。其中，鄒衍是陰陽五行家，在當時已經是名滿天下的大家，在齊國的地位就很高，周遊魏國、趙國時，也受到了最高規格的招待。到了燕國，燕昭王在迎接時更是恭敬，親自拿着掃把，倒退着邊走邊打掃，清潔道路以迎鄒衍。入座時，燕昭王執弟子之禮，坐在弟子的座位上，請鄒衍以師長的身份坐於上座。另外又特意給鄒衍修建碣石宮，供其講學、居住。燕昭王的做法，使各地前來的賢士更加踴躍。燕昭王也是來者不拒，廣為接納，人盡其才，合理安排職位。其中，最為傑出的，還是要屬樂毅。

樂毅滅齊 | 56

樂毅，生卒年不詳，子姓，樂氏，名毅，字永霸，是魏國名將樂羊的後人。樂羊曾經擔任過魏國的大將，率兵攻下了中山國，魏文侯將原屬於中山國的靈壽封給了樂羊。樂羊及其後人就在靈壽安了家。後來中山國復國，再後又被趙國覆滅。所以樂毅算是趙國人。

樂毅才學出眾，精通兵法，曾經被推薦做過趙國的小官。趙武靈王餓死沙丘後，樂毅到了魏國，並做了官，但是不太受重視。聽說燕昭王禮賢下士，樂毅心生嚮往。恰好機會來了，樂毅被魏國派遣以使者的身份出使燕國。

燕昭王見到樂毅後，對他非常恭敬，以客禮相待。樂毅深受感動，於是決定留在燕國。燕昭王非常高興，直接任命樂毅為亞卿。

人才有了，燕昭王開始改革內政，整頓軍隊。這次燕國的改革，樂毅出力很大，給了燕昭王很大的助力。在樂毅的輔助下，燕昭王制定法律並嚴格執行，加強對官吏的審查和考核；摒棄掉"用人唯親"的做法，改成"察能而授官"；給底層平民以上升通道，安定社會秩序；嚴格訓練軍隊，提高軍隊的戰鬥力。燕昭王的一系列舉措，得到了燕國國內各階層的擁護，國力快速恢復並不斷提高。

此時的齊國，在齊湣王的統治下，正是肆無忌憚，大肆擴張的時候。齊國的強大加上齊湣王的剛愎自用，使得齊國多年來與楚、魏、趙、秦，都曾經發生過規模不等的戰爭。公元前 286 年，齊國更是趁着宋國內亂，聯合楚、魏，滅亡並瓜分了宋國，齊國的領地拓展了千里之廣。齊國的強大，使得各諸侯國又怕又恨，表面上紛紛歸附，背後卻是暗流洶湧。同時，齊湣王對國內的統治也比較殘暴，橫徵暴斂，加上長時間的大量用兵，搞得國內民生凋敝，百姓流離失所，怨聲載道。

　　燕昭王感覺攻打齊國，報仇雪恨的時機成熟了，於是找來眾臣商量。樂毅提出，燕國雖然現在已經強大起來，非昔日可比，但是齊國畢竟是個老牌強國，不是燕國單獨能滅亡的了的，應該聯合楚、魏、趙等國共同攻齊。燕昭王深以為然，於是派樂毅出使趙國。因為這時的趙國和秦國關係比較密切，樂毅又通過趙國，勸說秦國一起攻打齊國，並許諾，消滅齊國後，可以給秦國諸多好處。同時，燕昭王另派能言善辯之士出使魏、韓、楚。

　　各諸侯國本來就不滿齊國的所作所為，現在見有人牽頭，紛紛贊成。樂毅更是圓滿完成任務，趙惠文王甚至將趙國的相印都交給了樂毅，以示信任。於是燕昭王動員了傾國人馬，任命樂毅為上將軍。各國君主也都同意由樂毅擔任總指揮。

　　公元前 284 年，樂毅率聯軍攻齊。關於參戰的諸侯國，史書記載中略有差異。《史記・樂毅列傳》記載為趙、楚、韓、魏、燕五國，沒有秦國，但是在《史記・燕召公世家》和《史記・田敬仲完世家》中記載為燕、秦、楚、韓、魏、趙六國，還有史料記載為樂毅率領燕、秦、韓、魏、趙五國，楚國則是以援助齊國的藉口攻打齊國，是單獨行動。

　　驕橫自大的齊湣王開始認為各國沒這個膽量敢來攻打自己，等聽到聯軍已經攻入齊國的消息，才連忙組織人馬抵擋。

　　齊湣王任命觸子為主將，率領主力部隊，渡過濟水迎敵。在濟水西岸，雙方軍隊展開了大會戰。說起來，這個觸子也是齊國一員名將，多次領軍征戰，戰績輝煌，在齊國滅亡宋國的過程中，觸子就是齊軍的主將。但是此時的觸子，在齊湣王的胡亂指揮下，卻是深感無可奈何。觸子本來打算佔據濟水東岸，利用濟水天險，與敵對峙，等待合適的時機決戰。可是急於求勝的齊湣王卻再三強令觸子主動出擊。此時的齊軍，因為連年征戰，士卒厭戰情緒嚴重，齊湣王於是以嚴苛的軍法，甚至挖祖墳相威脅，強令將士死戰，不成想卻導致軍心更加渙散。

亂了方寸的觸子在指揮中也是連連犯錯。雙方接戰，齊軍幾乎是一觸即潰，大敗而逃，觸子不知所蹤。齊軍殘兵敗將，退守都城臨淄。

在消滅了齊軍的主力部隊之後，聯軍當中與齊國不直接接壤的秦國、韓國率先撤軍。樂毅見狀，索性派魏軍向南攻擊原宋國的土地，趙軍向北攻擊河間，自己率領燕軍窮追猛打，直撲齊國都城臨淄。

原來趾高氣揚的齊湣王，現在卻變得膽小如鼠、貪生怕死，他見臨淄已經變成孤城一座，怕守不住，於是率先逃跑。一直跑到號稱齊國五都之一的莒城，齊湣王覺得這裏地勢險要、城池堅固，比較安全，才停下來。

樂毅率領燕軍猛烈攻擊臨淄。因為國君逃跑，士氣不振，沒人願意死戰，守將用兵的本領也很一般，所以燕軍並沒有花費太大代價，就拿下了臨淄城。

樂毅命人將齊國王室多年聚斂、珍藏的珍寶（其中就有一部分是當年從燕國搶來的），以及宗廟祭祀用的各種珍貴器物全部運回燕國。樂毅此舉，可以說是徹底的報了當年齊國侵入燕國，搶奪珍寶、祭器的仇恨。

燕昭王大喜過望，親自到濟水犒勞軍隊、獎賞將士，並且把昌國之地封給樂毅，封樂毅為昌國君。同時命令樂毅繼續進攻，爭取徹底滅亡齊國。

此時，楚國見有機可乘，打着救援齊國的名義，派大將淖齒率領楚軍，侵佔了大片齊國的領土。

　　焦頭爛額的齊湣王不但沒有防備楚軍，反而將楚軍當做了救星，為了讓楚軍幫忙打退燕國軍隊，不惜封淖齒為國相。不過齊湣王沒想到，自己盛情邀請來的，卻是致自己於死地的死神。

　　因為早前齊湣王曾多次或者入侵，或者戲弄楚國，所以楚國上下恨之入骨。現在淖齒見齊湣王不防備自己，於是趁機將齊湣王抓住，命人將他懸掛在屋樑之上，活生生抽筋剝皮，不斷折磨他，卻又不讓他死掉。齊湣王在酷刑之下，哀嚎了兩天兩夜才氣絕身亡。縱觀整個中國歷史，齊湣王都屬於死得最慘的國君之一。

　　樂毅攻克臨淄城後，先是安撫民心，然後兵分五路，多面出擊，準備徹底消滅齊國抵抗力量，佔領齊國全境。此時的齊國是人心惶惶，百姓紛紛逃離家園，士兵也是兵無戰心，而燕國軍隊在樂毅率領之下，則是繼續高歌猛進，在不足六個月的時間裏，連續攻取齊國七十餘座城池，只剩下莒和即墨兩座城池尚未攻克。就在這即將取得最後勝利的關鍵時刻，樂毅卻停下了前進的腳步，對齊國僅剩的最後兩座堡壘，只是派軍隊將之圍困，並沒有全力攻打。當然，不是沒有攻打，只是沒有拼盡全力，並且在進攻受阻後就轉為圍困了。

樂毅為甚麼沒有徹底滅亡齊國？｜57

　　樂毅為何不全力以赴的用最快的速度滅齊呢？

　　那是因為燕國在表面的烈火烹油、鮮花鼎盛之下，掩藏着深深的危機。而樂毅看到了這場危機。

　　對於齊國來說，從姜子牙開基立業到如今，已經七百多年了，齊國人對國家的認同感還是很強的。中間雖然有田氏代齊之變，但是那是屬於內部的國君更替，對百姓影響本來就不算很大，另外田氏作為齊國之主，也已超過百年，而且大部分的君主，還算得上賢明。所以雖然齊湣王殘暴不仁，人們痛恨不已，但是在面臨國破家亡的時候，反抗意志還是很強烈的。

對於樂毅來說，驅逐齊湣王容易，甚至能得到部分齊國民眾的支持，但是要談到滅亡齊國，難度可就有天壤之別了。也就是說，敗齊國容易，滅齊國難。開始大敗齊軍的時候，是依靠五國，或者六國聯軍的力量，所以仗打得漂亮，贏的比較輕鬆。但是後來其他國家的軍隊或者撤軍，或者按兵不動，有些國家甚至因為不願意看到燕國強勢崛起，開始扯後腿，暗中幫助起齊國來。此時的齊國，一是齊湣王已經身死，二是國家滅亡就在眼前，所以最後關頭，反而拋開私怨、眾志成城、齊心協力，死守最後的兩座城池，與燕國軍隊死戰。

此時的燕國，幾乎佔領了齊國絕大部分的領土，戰線拉得極長，兵力被大量分散、佔用。因為對於被佔領區來說，不派兵防守，各地叛亂此起彼伏；派兵防守，人太少了不行；多了，燕國軍隊的主力就沒人了。而且，現在燕國軍隊面臨的一個很麻煩的問題就是軍需糧草。從後方運輸，戰線太長，損耗太大，基礎薄弱的燕國消耗不起；就地解決，也就是從當地百姓手中大肆搶掠，不說燕國軍隊是打着拯救水深火熱的齊國百姓的名義起兵的，單說必然會引起齊國百姓極大的反彈，就是燕國軍隊接受不了的。

樂毅深刻意識到，破城容易，收復人心艱難，如果民心不服，即使佔領了齊國全境，得到的也只能是齊國軍民拼死反抗。與其如此，還不如暫緩一下。因此，樂毅暫時停下進攻的腳步，派出部分軍隊圍困住莒和即墨兩城，給齊國百姓留下希望，減弱其拼死反抗的念頭，這應該屬於兵法裏的"欲擒故縱"吧。同時將其餘的燕軍派往齊國各地，一方面消滅抵抗力量，一方面鞏固對佔領區的統治。

　　當然，這個舉動同時也是因為燕昭王和樂毅希望燕國在安全的情況下，獲得齊國這枚勝利果實。因為他們現在最擔心的不是齊國的反撲，而是當初的那幾個盟友。燕國可不希望自己在前面衝鋒陷陣，最後被秦、楚等國做了鷸蚌相爭時，那個得利的漁翁。

　　暫時緩出手來的樂毅，對已經攻佔的齊國領土採取了一系列有利於改善百姓生活的政策。他約束軍隊不得肆意搶掠，減輕賦稅，廢除各種暴政，同時尊重當地的風俗習慣，邀請當地名流出面安撫人心等等。樂毅此舉，是希望從根本上瓦解齊國，最後將這些地方正式併入燕國。

　　當然，齊國上下並沒有放棄抵抗。公元前 283 年，齊湣王的侍臣王孫賈等人為了替齊湣王報仇，殺死了淖齒，奪得了莒城的控制權。此時齊國的逃亡大臣等又找到了齊湣王的兒子田法章，立其為國君，這就是齊襄王。

　　說起來，這個田法章也挺有意思，逃出都城臨淄來到莒城後，見到父親被殺死，就隱姓埋名藏了起來，在太史敫家裏做傭人，被太史敫的女兒識破，於是暗中照顧他。等到齊國逃亡大臣找到他的時候，開始還不敢承認，後來見大家確實是要擁立自己為齊王，才申明自己就是齊湣王的兒子田法章。於是，齊襄王就在莒城即位，在下令死守莒城的同時，通告齊國各地已經有了新國君的消息，希望能鼓起各地軍民反抗的熱情。

　　齊襄王即位後，立太史敫的女兒為自己的王后，史稱君王后。公元前 280 年（齊襄王四年），君王后給齊襄王生下了兒子田建，也就是齊國的末代君主齊王建。幾乎在同一時間，齊國救星式的人物出現了，這就是田單。

連環計，**田單**大破燕軍 | 58

　　田單，生卒年不詳，齊國王室的遠親，戰亂前擔任臨淄的市掾，就是管理市場的小官。當樂毅率領燕軍攻破臨淄城的時候，田單帶着族人逃離臨淄。當時路比較窄，逃難的人又多，所以路上的秩序非常混亂，經常發生堵車的情況。田單教導族人將車軸突出的部分截掉，並且用鐵皮把車軸包起來。經過這樣的改造，車子變得靈活、結實很多，所以田單和他的族人順利到達即墨。即墨是一座較大的城邑，物產豐富、城池堅固，非常利於防守。

　　燕軍包圍即墨後，田單積極參與防守，後來即墨守將率軍出戰，不幸戰死。因為田單思慮周密，頗有本領，此時已經深得眾望，大家便推舉田單為將軍，指揮守城。

　　田單深知以現在齊國的力量，不可能打退燕軍，所以是堅守不出，以待時機。同時使出渾身解數，挽救危局。他先是將隨身帶來的財物都分發下去，激勵士氣。又讓自己所帶的家族親兵都參與守城，同時大力爭取民心，收容各處逃來的殘兵敗將，極力擴充兵力並加以大力整頓。田單還親自帶頭修築城防工事，加固城牆。並動員所有能參加戰鬥的人員，包括老人和女子，參與到防守中來。在田單的努力下，即墨城中群情激憤、士氣高昂。

　　燕國這邊，樂毅在安定後方的同時，也在不斷尋找機會，準備拿下即墨和莒城。但是已經疲憊不堪，加上兵力分散後實力銳減的燕軍，在這兩座堅城前卻是寸步難行。後來，樂毅又改為攻心戰，希望瓦解齊軍鬥志。他先是將包圍圈後撤，然後宣佈所有主動從城裏離開的居民，都不會被懲罰，並且還可以給予幫助，但是這個計策並沒有甚麼效果。所以説，樂毅沒有徹底滅亡齊國，不是不想滅，而是暫時滅不了。

　　就這樣，雙方相持幾近四年，燕軍依然攻兩城不下。這時，田單等待的機會終於來了。公元前279年，燕昭王病死，其子燕惠王即位。燕惠王做太子時就不喜歡樂毅，對其頗有成見。再加上樂毅半年時間就攻下齊國七十多座城池，可三年多卻沒有攻下最後兩座城池，燕惠王非常懷疑樂毅的忠心。

田單得到情報後，欣喜若狂，決定再給他們加一把火，於是派人潛入燕國，實行離間計。田單的人四處宣揚，說樂毅之所以不急於滅掉齊國，實際上是想藉機徹底控制燕國的軍隊，另外就是不忍心辜負對他特別信任的燕昭王。現在燕昭王已死，燕國軍隊也基本上被樂毅控制，只等時機成熟，樂毅便要自己做齊國的國王了。而且現在齊國已經毫無還手之力，只要隨便派出一員大將，即墨和莒城指日可下。

早就疑心重重的燕惠王果然中計，當即命令調樂毅回國，另派大將騎劫代替樂毅為燕軍主帥。命令一下，燕軍從將軍到士兵都憤慨不平，不願意接受這個命令。樂毅也深感回到燕國後自己不會有甚麼好下場，於是悄悄逃亡到趙國去了。這一下，燕軍之中更是議論紛紛，軍心渙散。偏偏這位騎劫又屬於志大才疏之輩，到任之後，一改樂毅的做法，命令全軍對即墨城發起猛攻。當然，在早就做好準備的田單面前，除了丟下大批燕軍的屍體外，一無所獲。

田單見樂毅已去，知道反攻的機會就要到了。為了提升士氣，田單先是在城中四處宣揚，自己夢見神明現身，將親自降臨，作為我們的軍師，協助我們打敗燕軍。這時一個小兵開玩笑說，我就是那個軍師。說完感覺玩笑開得有點大，嚇得轉身就跑了。沒想到田單立刻追上去，向他跪倒行禮。小兵嚇壞了，田單卻悄悄安撫他，讓他不要緊張，只是做好樣子就好。接着田單正式宣佈，神人已經降臨即墨。這一下，城中軍民士氣大振。接下來，田單所有的命令都假托是神人的指示，城中軍民也都信以為真。

為了讓城中軍民更加痛恨燕軍，田單又派人到城外燕軍營中散佈謠言說，齊國人最害怕的，一是被割掉鼻子，二是祖先的墳墓被挖。如果燕軍用這兩種方式威脅齊國人，齊國人一定會害怕不已，開城投降。

騎劫正在發愁攻不破即墨城，聽到這個消息，信以為真，下令將抓到的齊軍俘虜全部割掉鼻子，推到即墨城下示威，同時命人將城外齊人的祖墳全部挖開。即墨城裏的齊國人見燕軍如此殘暴，恨的是咬牙切齒，不但沒被嚇住，反而最大限度激發起士氣，誓要和燕軍決一死戰。

激發士氣的同時，田單將城中精壯士卒都掩藏起來，只派老弱病殘士卒，甚至婦孺童子上城防守，讓燕軍認為城中已經沒有防守力量，徹底放鬆下來。田單還派人將城中的金銀珠寶搜集起來，送到燕軍大營，表示只要能活命，願意獻城投降。

騎劫見此，大喜過望，於是大排宴宴，開始慶功。燕軍上下，從將軍到士卒，都痛飲狂歡，軍心徹底渙散。

此時，田單的殺手鐧也出手了。

原來，田單是早有準備。他收集了一千多頭牛，在牛角上綁上鋒利的尖刀，並且給牛披上五彩龍紋的外衣，將這些牛打扮成怪物的模樣，然後在牛尾巴上綁上浸滿了油脂的蘆葦。田單又命人悄悄在城牆上挖通幾十個大洞，將這些牛趕到大洞前準備好，便於發起攻擊時所有的牛能迅速衝向敵人。

田單從士卒中挑選出 5000 最精銳的勇士，也將他們身上、臉上畫得怪模怪樣，扮成神鬼狀，並且通知全城所有人做好準備，一旦戰鬥開始，所有人一起敲鑼打鼓，吶喊助威。

一切準備就緒的這天夜裏，田單命人將牛都驅趕到大洞前，點燃牛尾巴上的蘆葦，驅趕着牛群從城中衝出，向燕軍大營衝去。牛尾巴着火，牛群瘋了一樣向前跑，一頭撞進燕軍大營，橫衝直撞，悍不畏死。瘋狂而強壯的牛群，加上牛角上的尖刀，將燕軍大營攪的是一塌糊塗，燕軍死傷不少。就在此時，城中的 5000 勇士也趁勢衝進燕軍營地，四處放火，瘋狂砍殺。即墨城中也是喊殺聲震天動地，直衝霄漢。

毫無防備的燕軍士卒，在酒醉、睡夢中就已經死於非命。即使是從夢中驚醒的將領、士卒，也是驚慌失措，又看到猶如鬼怪的牛群和士兵，更是被嚇破了膽，無心戀戰，只想着逃命。圍攻即墨城的燕軍主力徹底潰敗，主帥騎劫也死於亂軍之中。

大勝之後的田單，一方面派軍窮追猛打，一方面派人聯繫莒城的齊襄王，同時派人四處聯繫齊國各地軍民，鼓動大家發起反攻。

齊國各地軍民聽到燕軍大敗，齊國開始反攻的消息，紛紛行動起來，殺死當地的燕軍守將、士卒，改換回齊國的旗號，迎接田單人馬的到來。

就這樣，田單率領人馬一路勢如破竹，很快就收復了包括國都臨淄在內的全部領土，將燕軍趕出齊國境內。田單又派人將齊襄王從莒城接到臨淄，並昭告天下齊國重建。

如果樂毅不離開，**燕**能滅**齊**嗎？ | 59

說起來，田單驅逐燕軍，收復齊國領土，和當年樂毅佔領齊國城池的態勢非常相似，都是幾乎成風捲殘雲之勢，猛烈而迅速，打得對手幾乎沒有還手之力。

為甚麼短短幾年時間，同樣的對手，同樣的軍隊，同樣的地方，而且同樣的是以弱攻強，結局卻大相徑庭呢？

原因當然是多方面的：

首先，燕軍攻齊的時候，燕國內部上下一心，矢志報仇；齊國內部卻是君臣離心，百姓更是恨國君入骨，這就造成了弱燕攻強齊，半年時間，齊國幾乎亡國。而到田單反攻時，燕國上下卻是君臣離心，國君不信任主帥，臨陣換帥，新任主帥又是志大才疏之輩，大家想的都是如何搶奪功勞；反觀齊國上下，在國破家亡面前，為了擺脫亡國的命運，大家團結一心，為了破敵，上下皆願意效死。

其次，燕國本來實力並不強大，軍隊數量有限，而佔領齊國的腳步又邁得太快了一些，在佔領這麼大一個國家後，為了穩定局勢，不得不將大量軍隊分散到四處，即使如此，各地的燕軍力量還是非常薄弱，如果當地軍民不反抗，維持一下秩序沒問題，但是在面對齊國軍民全面的抗擊之時，就顯得力不從心了。

再次，因為燕惠王不信任樂毅，中了田單的離間計，臨陣換帥，造成軍心渙散，而田單確實足智多謀，抓住這一有利時機，又是詐降計麻痹敵人，又是苦肉計激勵自己這方的士氣，又是夜間奇襲，用火牛陣衝敵，所以輕鬆打敗了即墨城外的燕軍，成了整個戰爭的轉折點。接下來，齊國的全面反抗，燕國的全面敗退，也就是順理成章的了。

那麼，假如樂毅沒有被燕惠王趕走，還是燕軍主帥，燕軍能不能打贏這一仗，徹底滅亡齊國呢？

答案是也不一定。如果樂毅沒有離開燕軍，燕軍上下士氣應該沒問題，也不會輕易上了田單的當。也就是說，即墨城的大反攻不一定能成功，即使成功，燕軍敗得也不會那麼慘，甚至，田單找不到好的反擊機會，時間長了，即墨城被燕軍攻破也不是沒有可能。但是，燕國以小國滅大國，蛇吞象的局面是改變不了的。齊國就像是一座積蓄力量準備噴發的火山，燕國就是壓在火山口的岩石，壓得越久，噴發的越劇烈。

真正有效的辦法，就是釜底抽薪，慢慢減弱齊國人的反抗意志，樂毅之前的做法，正是如此。但是此法最大的一個弊病，就是需要時間長，見效慢，需要慢慢的積累。而樂毅即使不被燕惠王懷疑，能不能贏得這個足夠的時間，也是個未知數。而且，莒城的齊襄王也在不斷給燕國製造麻煩。也正是因為齊襄王這塊招牌的存在，齊國始終還是一個完整的國家，沒有分崩離析，各地的反抗也從沒有斷絕。而此時的燕軍，常年在外，士卒疲憊，軍無戰心，加之兵力分散，戰線漫長到無法想象，軍需給養補充困難，而且由正義之師變成侵略者，齊國軍民對燕軍由歡迎變成仇恨，這些對軍心、士氣的影響，也不容小覷。

另外，最重要的一點，別忘了其他五國的存在。強大的齊國是他們不能容忍的，強大的燕國同樣是他們不能容忍的。燕國大軍常年駐紮在齊國，空虛的國內隨時面臨着別國入侵的危險。真要是徹底滅亡了齊國，説不定沒等燕國慶祝，五國聯軍就會兵臨城下。燕國可能轉瞬間就會國破家亡，成為下一個齊國。

所以説，即使樂毅仍在，燕軍滅齊的行動也是坎坷多難、希望渺茫。好一些的結局應該是燕國迫使齊王割地求和，佔領並消化掉齊國相當大面積的領土，從而大大增強自身，使自己躋身超級大國的行列。

作為齊、燕兩國交戰的主角，樂毅和田單這兩位風雲一時的人物，最終都沒有在自己奮鬥過的國家得到應有的封賞，都有點鳥盡弓藏、兔死狗烹的結局。

樂毅因為擔心燕惠王加害自己，逃到了趙國。趙惠文王封樂毅為望諸君。燕惠王在燕軍大敗後十分懊悔，派人聯繫樂毅，賠禮道歉，願意重用樂毅，並責怪樂毅不辭而別，離燕去趙，是忘記了先王對樂毅的信任。樂毅也回信解釋了一下。但是雙方已不可能再回到從前的狀態了。為了不至於徹底鬧翻，燕惠王封樂毅的兒子為昌國君，接替了樂毅的封爵。樂毅後來也曾經往返於燕、趙之間。在他的聯繫之下，燕、趙的關係還算和睦。

田單在收復齊國之後，因為功高蓋世，被齊襄王封為相國、安平君。但是正因為田單功勞太大，齊襄王難免坐臥不安，擔心哪一天，田單一腳踢開自己，坐到國君的寶座上。田單自己也明白，齊襄王早晚會容不下自己。後來，趙國在面臨秦國入侵時，向齊國表示，願意用趙國的城池換取田單來趙國效力。齊襄王同意了。就這樣，田單也到了趙國。

不知道當樂毅和田單共同站在趙國的朝堂上，兩人心中作何感想？到了趙國以後，田單比樂毅的境遇要好一些，曾經做到了相國的位置。但是此後的二人，都再沒有太大的建樹，悄然隱沒於歷史長河之中了。

楚國的**和氏璧**是如何到趙王手裏的？ | 60

就在燕國和齊國打得不可開交的時候，其他各國也沒閒着，其中，趙國和秦國之間，發生了一件說大不大，說小也不小的事。

這件事還得從楚國的和氏璧說起。自從卞和獻玉之後，和氏璧就一直保存在楚國王宮之中，到了楚懷王時期（也有史料記載為楚懷王的父親楚威王），因為令尹昭陽立下大功，便將和氏璧賞賜給了他。在一次宴會上，昭陽將和氏璧拿給自己的門客欣賞，可沒想到混亂中卻丟失了。昭陽還懷疑是門客張儀所偷，將張儀痛打了一番，為此和張儀結下深仇大恨，導致後來張儀兩次戲弄楚懷王，楚懷王最終受騙，被困死於秦國。昭陽發出千金重賞，追查和氏璧的下落，可惜一直沒有結果。偷和氏璧的當然另有其人，因為楚國追查的風聲太緊，竊賊在很長時間內都不敢出手銷贓，當然更不敢自投羅網交回去領賞。至少有四十幾年的時間，和氏璧失去了所有的消息，沒有人知道它在哪裏。

到了大約公元前 283 年前後，和氏璧突然出現在了趙國的都城邯鄲，被趙惠文王手下的宦者令（"宦者令"是主管宦官內侍的官職）繆賢無意中得到。繆賢的運氣很好，只花費了五百金就得到了和氏璧，珍愛異常。

這個消息被趙惠文王知道了，趙惠文王頗想將和氏璧據為己有，就幾次三番暗示繆賢，希望他主動將和氏璧獻給自己。可是繆賢捨不得，裝作看不懂，即使趙惠文王明確提出，繆賢也是一口否定說沒有，反正就是不想交出去。趙惠文王生氣了，趁繆賢不在家的時候，突然帶領衛士闖入繆賢家裏搜查，終於找到了和氏璧。由此可見，這個趙惠文王為人也不怎麼樣。當然，估計也和繆賢是個宦官有關。畢竟，宦官與貴族、大臣的身份地位不同，宦官本身都是君主的家奴，屬於君主的私有財產。

繆賢聽聞此事後，後悔不已又非常害怕。早知如此，還不如將和氏璧主動獻給國君呢。繆賢更擔心的是，趙惠文王搶走和氏璧後，會不會還治罪自己？因為自己畢竟在趙惠文王面前說了謊話，屬於欺君之罪。於是繆賢準備逃到燕國去避難。

這時，繆賢的門客藺相如攔住了自己的主人，詢問原因。繆賢解釋：“當初我曾經跟隨國君和燕王在邊境上見過面，燕王私下裏握着我的手，表示非常欣賞我，希望和我做個朋友。所以現在我有了難處，準備去他那裏避難。”

沒想到藺相如搖頭說：“不是這樣的。那是因為趙國強大，燕國弱小，您又受寵於國君，所以燕王才想和您結交。他看重的是您的身份，而不是您這個人。現在您是以逃犯的身份去燕國，燕國一定不會為了一個沒用的人而得罪趙國，那麼燕王勢必不會收留您，甚至會把您抓起來送回趙國。”

繆賢覺得有道理，就向藺相如請教自己應該怎麼辦？藺相如勸繆賢可以“肉袒伏斧質請罪”，就是光着膀子，伏在斧刃之下請罪。這是表示自己的罪行嚴重，誠心請求原諒的意思。

繆賢聽從了藺相如的建議，去向趙惠文王請罪。估計趙王也覺得自己強搶和氏璧有點不合適，加之本來就很寵信繆賢，所以也就原諒了他，寵信如故。

不過這件事鬧得太大了，以致秦國的秦昭襄王都聽說了。秦昭襄王也經受不住和氏璧的誘惑，想弄到手，於是派人給趙王送來一封信，表示秦國願意用十五座城池換取和氏璧。

和氏璧再珍貴也不過是一件只能賞玩的器物，其價值當然無法和十五座城池相提並論。但是，面對着天上掉下來的這塊大"餡餅"，趙惠文王卻發愁了。答應秦國的要求交換吧，明顯的這就是個圈套，秦國素來以不講信用而著稱，派人將和氏璧送過去，結局一定是有去無回。不答應吧，又怕惹怒秦國。因為秦國給了這麼優厚的條件，趙國要是不答應，也就給了秦國出兵攻打趙國一個充足的理由和藉口。

完璧歸趙 | 61

就在趙惠文王左右為難，舉棋不定的時候，那位宦者令繆賢向趙惠文王推薦自己的門客藺相如，認為藺相如有勇有謀，應該能夠解決這個難題。

於是趙惠文王召見了藺相如，將事情的經過告訴了他，然後詢問解決之策。藺相如認為："秦國強大，趙國弱小，還是應該答應秦國的要求。因為如果不答應，那麼就是趙國理虧，而如果趙國答應了，給了秦國和氏璧，但是秦國不講信義，不給趙國城池，那麼就是秦國理虧。權衡利害，還是應該答應秦國，讓秦國負理虧的責任。"

趙惠文王主要擔心的是秦國扣下和氏璧，不給城池，那樣秦國雖然理虧，但是自己可就吃虧了。藺相如表示，如果趙王沒有合適的人選，自己願意做這個使者，並且承諾，如果秦國給趙國城池，那麼就正常完成這次交易，如果秦國不講信用，自己保證完璧歸趙，將和氏璧完好地帶回趙國。

於是趙王派藺相如為使者，帶着和氏璧出使秦國。秦昭襄王在自己日常處理政務的章台宮接見了他們。

藺相如將和氏璧敬獻給了秦王，秦昭襄王捧着和氏璧愛不釋手、興奮異常。欣賞完畢，又傳給妃嬪和手下大臣、侍從欣賞，所有人都很興奮，不斷讚頌秦王，就是沒人提交換城池的事。

藺相如明白，這是秦王準備要賴了。當然，藺相如不可能直接上前質問或者指責秦王，因為那樣正好給了秦王藉口，秦王完全可以用冒犯君主的罪名，名正言順的殺了藺相如，扣留和氏璧。

藺相如恭敬上前，給秦王施了一個禮，然後指出，和氏璧雖然是稀世珍寶，但是上面卻有一個非常微小的瑕疵。秦王一聽，急忙仔細觀察，但是看了半天也沒找到。藺相如表示，可以指給秦王看。

等和氏璧重新回到藺相如手裏，藺相如卻後退幾步，靠着大殿的柱子，怒髮衝冠地對秦王說：「大王當初派人送信給我趙國，希望用城池換取和氏璧。趙國很多大臣都認為秦國貪婪，不講信義，不能相信。但是我認為，平民百姓還要講究信義，不能說了不算，何況是兩個大國之間的正式交往呢？在我的勸說下，我國國君同意了，並且齋戒了五天，又舉行了隆重的典禮儀式，才派我捧着和氏璧來敬獻給大王您。這是我國君主尊重大國的威望，是表示對您的尊敬。可是您呢？不但絲毫不講禮儀，在得到和氏璧後，還肆意戲弄我這個使者。我看大王您也無意給趙國十五座城池，所以我才把和氏璧又拿了回來。大王如果一定要逼我的話，我會把我的頭和璧一起撞碎在柱子上。」邊說，藺相如邊舉着和氏璧，用眼角斜視着柱子，做出一副隨時準備撞上去的樣子。

秦王被嚇了一跳。當然，藺相如撞不撞的他倒不在意，關鍵是捨不得和氏璧。他急忙攔住藺相如，邊解釋邊道歉，又命人拿出地圖給藺相如看十五座城池的位置，表示馬上就可以交割給趙國。

藺相如已經明白，秦王只是想用欺詐的手段騙取和氏璧，根本不會真的給趙國城池，怎麼會再次上當？藺相如提出，要想交換和氏璧也可以，但是秦王也必須像趙王那樣，齋戒五天，然後舉行隆重的禮儀，我才能將和氏璧獻上。

秦王擔心強奪的話，有損壞和氏璧的危險，就答應了。當然，秦王不會真的齋戒，口頭答應而已。藺相如也不是真的相信了秦王，而是用的緩兵之計。回到館驛，藺相如命一個隨從喬裝改扮，將和氏璧在身上藏好，連夜從小路悄悄逃離秦國，將和氏璧送回趙國。

到了第五天，秦王用隆重的禮節將藺相如請過來，但是聽到的卻是和氏璧已經被送回趙國的消息，氣的是暴跳如雷，準備用大鼎烹死藺相如。藺相如毫無懼色，侃侃而談："秦國素以不講信用而聞名於諸侯，所以我不得不防。秦國強大而趙國弱小，大王您如果真心想要換取和氏璧的話，隨便派一個小小的使臣到趙國，先割讓十五座城池給趙國，趙國一定會立刻將和氏璧完好地敬獻到大王面前。我們趙國怎麼敢不講信用留下和氏璧而得罪大王您呢？當然，我知道我欺騙了大王，犯了死罪，我願意受湯鑊之刑。"現在殺了藺相如又得不到和氏璧，對秦國毫無意義，反而會落得個不講信義的名聲。秦王無奈，只得按照正常的禮儀，接待完藺相如後，送他回到趙國。

趙惠文王見藺相如圓滿完成了這次艱難的出使任務，非常欣賞藺相如，於是封藺相如做了趙國的上大夫。

澠池會 | 62

藺相如作為使者，為趙國贏得了一次外交上的勝利。但是，外交上的勝利，並不能徹底阻止秦國對趙國的侵襲，只不過需要另外找藉口罷了。

就在藺相如完璧歸趙的第二年，也就是公元前 282 年，秦國以趙國不與它聯合伐齊為藉口，攻打趙國，並在接下來的兩年裏，連連出兵攻打趙國。到了公元前 279 年，秦國又準備攻打楚國。為了避免多面樹敵，秦昭襄王派人約會趙惠文王，雙方在秦、趙邊界的澠池見面，商談會盟之事。

鑒於秦國的一貫不守信用，已經有了秦國藉會盟囚禁楚懷王的前車之鑒，趙惠文王非常擔心自己的安全，加之畏懼秦國的強大，不太敢去。這時，廉頗、藺相如都表示反對。兩人意見一致，都認為如果趙惠文王不去赴會，會顯得趙國軟弱、膽怯，那麼秦國將會更加肆無忌憚地進攻趙國。

趙惠文王被說服了，決定赴會。但是不能像楚懷王那樣冒冒失失地赴會，必須做好充分的準備。趙惠文王在帶上足夠的士兵保護自己的同時，將藺相如帶在身邊，同時命廉頗統帥趙國大軍屯紮在秦、趙邊境，距離澠池不太遠的地方，隨時準備接應。在與趙王分手之前，廉頗又向趙惠文王建議：“大王您往返的路程，加上會盟的流程、禮節等等，一定不會超過三十天。如果過了三十天您還沒有回來，請同意我們立太子為王。這樣，就斷絕了秦國扣留您為人質，並以此來要挾趙國的想法。”趙惠文王同意了。

廉頗，生卒年不詳，趙國人，姓嬴，廉氏，名頗。趙國名將，與白起、王翦、李牧並稱為“戰國四大名將”。在樂毅率領聯軍攻打齊國的過程中，廉頗曾統領趙國軍隊協助。公元前 283 年，廉頗率軍長驅直入齊國腹地，攻取陽晉，趙王封他為上卿。在趙國朝廷中，廉頗也屬於擎天柱石般的人物，深受趙惠文王信任。

雙方人員在澠池會面，當然免不了一番唇槍舌劍，然後擺上酒席。酒席間，秦昭襄王率先發難，對趙王說：“我聽說趙王您瑟彈奏的很好，請演奏一曲給我聽聽吧。”

趙王大怒，這是明擺着羞辱他啊！但是又不敢拒絕，只得忍氣吞聲彈奏一曲。沒想到趙王鼓瑟完畢，秦國的史官走上前來，揮筆邊說邊寫道：“某年月日，秦王和趙王會飲，秦王命趙王鼓瑟。"

秦國君臣得意洋洋,趙國君臣敢怒不敢言。這時,藺相如拿着一個缶(一種樂器,同時也是一種容器,類似於現在的瓦罐)大步上前,雙手將缶舉高,跪在秦王面前説:"趙王聽説秦王擅長秦國的音樂,請秦王為趙王擊缶。"秦王大怒,不肯。

藺相如再進一步,繼續要求秦王擊缶,秦王還是不肯。藺相如大聲説道:"我藺相如和大王相距不過五步之遠,如果您再不同意的話,我即使死,也要用頸中之血濺大王一身。"話裏的意思是,你如果再不同意,咱們就同歸於盡好了。別看你衛士眾多,但是我可離你最近。

秦王的衛士們拔劍舉槍,準備一擁而上,將藺相如亂刃分屍。藺相如毫無懼色,怒目橫眉,大聲呵斥,同時將缶高高舉起。衛士們害怕藺相如傷害秦王,嚇得諾諾連聲,不敢上前。

秦王雖然很不高興,但是也不敢真的激怒藺相如,只得勉強在缶上敲了一下。藺相如轉回頭讓趙國史官寫上:"某年月日,秦王為趙王擊缶。"

秦國君臣見一計不成,又生二計,大聲對趙王説:"秦王快過生日了,請趙國拿出十五座城池,送給秦國,作為秦王的生日賀禮。"藺相如站起身,也大聲對秦國君臣説:"趙王也快過生日了,請秦國將都城咸陽送給趙國,作為趙王的生日禮物。"秦國君臣啞口無言。

就這樣,直到會盟結束,秦國君臣絲毫便宜也沒佔到。又見趙國大軍就屯紮在邊境,隨時做好了戰鬥的準備,秦國也不敢輕舉妄動,只得悻悻然完成會盟儀式,各自打道回國了。

藺相如再一次為趙國贏得了一場完美的外交勝利,尤其這一次還是當着趙惠文王的面,既保證了趙惠文王的安全,又為趙國贏得了榮譽,替趙王挽回了面子。趙王更加欣賞藺相如,回國後,封藺相如為上卿。

負荊請罪 | 63

藺相如被封為上卿，官職在廉頗之上。廉頗非常不服氣，但是又不敢找趙王的麻煩，就把怒火都衝着藺相如發作了出來。

廉頗在公開場合揚言："想我廉頗，為趙國出生入死，攻城略地，血戰沙場，才有了今天的地位。而藺相如不過憑藉着嘴上的功夫，靠着能說會道，立了那麼一點點功勞，憑甚麼官職卻在我之上？而且，這個藺相如本來只是個平民百姓，現在卻爬到我頭上去了，我不服氣。別讓我遇見他，否則一定讓他好看。"

廉頗的話，迅速被有心人傳開了，當然，藺相如也聽到了。此後，藺相如有意避開廉頗，儘量不和廉頗見面，即使是到了上朝的時間，藺相如也常常推說自己身體患病，不去上朝，好避免衝突。

一次，藺相如乘坐着馬車外出，忽然遠遠看見廉頗帶着隨從迎面而來，藺相如急忙吩咐調轉車頭，原路返回，後來見原路返回也來不及了，就吩咐從人將馬車趕到旁邊的小路上，幾乎是藏了起來，從而避開了和廉頗的碰面。

這下，藺相如的門客都不幹了。這些人認為，我們心甘情願離家在外，投奔於您，就是因為仰慕您藺相如有膽有識。現在您身為上卿，卻對和自己官位相同的廉頗如此害怕，以至於連面都不敢見，遠遠看見就要躲開，就像老鼠見了貓。即使是個普通人都不會如此懦弱無能，更何況是身為將相的高官呢？您如此做法，連我們這些門客都感覺臉上無光、羞於見人。我們是向您告辭來的。

藺相如沒有生氣，只是態度堅決地挽留眾人，見大家還是一副氣憤難平的樣子，就問到："你們覺得，廉頗將軍和秦王相比，哪一個更厲害？"

門客們一愣，想了想，有人回答："肯定是秦王更厲害。"

藺相如笑了笑說:"是啊。但是以秦王的威勢,我卻敢在秦國王宮裏呵斥他,更是在澠池會上羞辱了他和秦國群臣。面對威勢更為強大的秦王我都不害怕,還敢以死相威脅,令其妥協,又怎麼會害怕廉頗呢?"

門客們更糊塗了。

藺相如接着說:"正是因為趙國文有我藺相如,武有廉頗,我們齊心協力,秦國才不敢來侵犯。如果我們兩個人為了權位爭鬥起來,兩虎相爭,勢必再不能齊心協力為國效勞,到那時,秦國必定會前來入侵,趙國就危險了。所以,我這樣忍讓廉頗,不是因為害怕他,而是將國家的利益放在了最前面,不願與他爭鬥而已。"

藺相如的話,令所有門客拜服,再沒有人提出離開的話。

藺相如的話傳到廉頗的耳朵裏後,廉頗感到羞慚不已。好在廉頗也是一條敢作敢當、有錯就承認的好漢,知道自己錯了之後,也不在乎面子了,脫去上衣,光着上身,將一捆荊條捆在自己後背上,不顧被荊條的尖刺扎得鮮血淋漓,在門客的指引下,來到藺相如門前跪倒請罪。

藺相如聽到這個消息,急忙迎出大門。廉頗一見藺相如,拜服於地,請罪說:"我廉頗是個粗野卑賤的人,不明大義,不知道將軍如此仁厚、高義,現在特意前來請罪,希望能夠得到您的原諒。"

藺相如急忙雙手扶起廉頗,為廉頗解掉荊條,迎進府中,止血、上藥,讓廉頗穿好衣服,擺上酒席,賓主盡歡。兩人從此成為生死與共的好友。

趙惠文王聽到了這件事,也是非常開心。廉頗和藺相如的對立,鬧的滿城風雨,趙王不可能一點消息不知道,對此,趙惠文王也感覺不太好辦。現在,將相和好,趙王也算放下了一件心事。

此後,在廉頗和藺相如的共同努力下,趙國君臣團結一心,國力穩步提升。而逐漸強大起來的趙國，也成為各諸侯國阻擋秦國向東發展的一道堅實的屏障。

狹路相逢勇者勝 | 64

趙國並不是只有廉頗、藺相如兩個能臣，像平原君趙勝、馬服君趙奢等，也都是柱石之臣。

趙勝，生年不詳，死於公元前 251 年，趙武靈王的兒子，趙惠文王的弟弟，為人頗有賢名。作為戰國四公子之一，他手下的門客也多達千人。按照史料記載，平原君趙勝的毛病不少，但是其最大的優點就是能聽得進別人的勸告，知錯能改、胸襟大度、知人善任。在趙惠文王和趙孝成王時期，平原君長期擔任相國，曾經"三去相，三復位"，在趙國可說是位高權重。但是身居高位的平原君，並沒有高高在上、頤指氣使，而是一直頗能聽得進別人的意見，例如對於趙奢的處理，就是一件比較典型的例子。

趙奢，生卒年不詳，與趙王室同宗，算是趙國貴族，但血緣關係比較遠。趙奢早年只是一個負責徵收田租的小官。一次，在收租稅的時候，平原君的手下人打着平原君的旗號，不肯繳納租稅。趙奢依法處置，殺了其中囂張抗拒的九個人。這下可捅了馬蜂窩，這幫人在平原君面前添油加醋的一番說辭，引得平原君大怒，立刻派人將趙奢抓了起來，要處死他。

沒想到趙奢絲毫不懼，反而慷慨陳辭："您是趙國的貴公子，應該更好的保護趙國，現在卻縱容家人違法亂紀，這是不應該的。您要知道，一個國家如果沒有法紀或者有法紀卻無人遵守，那麼國家一定會衰弱。國家衰弱了，其他國家就會來入侵，最後，趙國也就不存在了。那時，您所有的富貴也就都沒有了，甚至包括您的性命都難保。所以，像您這樣地位高貴的人，更應該帶頭奉公守法，使上下人等一心為國，這樣必定會使趙國越來越強大，越來越穩固，您的地位才能一直保持下去。"

平原君深感有理，不但立刻釋放了趙奢，向他賠禮道歉，還將他推薦給了趙惠文王。趙王讓趙奢負責管理全國的賦稅。在趙奢的管理下，趙國的經濟得以快速發展。

趙奢不僅是個經濟方面的人才，軍事上也有着非常深厚的造詣。公元前 269 年，秦國攻打韓國的閼與，韓國不敵，向趙國求救。

趙惠文王召集文臣武將商議對策。趙惠文王先是詢問廉頗，能不能出兵救援韓國？廉頗認為，路途太遠，而且閼與一帶道路又險峻又狹窄，不利於大軍行動，很難救援。趙國其他將領也基本認同廉頗的觀點。

當問到趙奢的時候，趙奢卻有不同的看法。趙奢認為，道遠、地險、路狹，這是事實，但是地險路狹，對雙方都是如此，這就好像兩隻老鼠在狹小的洞裏爭鬥，勇往直前的會取得勝利，這就是所謂的"狹路相逢勇者勝"。所以這次救援韓國，不但可以去，而且如果戰術運用合理，士兵勇往直前的話，還能大敗秦兵。

趙惠文王於是以趙奢為主將，率軍救援閼與。沒想到趙奢率領趙軍離開趙國都城邯鄲三十里後，就安營紮寨，並且下令："有敢於談論軍事者，一律斬首。"而且趙軍還不是短時間停留，這一停，就是差點一個月，絲毫沒有救援閼與的意思。

趙軍的行動徹底讓秦國將領迷惑了。說是救援吧？不像。不是救援吧？趙國出兵又為了甚麼？於是秦國將領派出細作，也就是間諜，偷偷潛入趙軍營地打探虛實。

秦軍的這一切反應，都在趙奢的預料之中。接下來，趙奢裝作絲毫不在意的樣子，不但沒有為難秦軍間諜，還好吃好喝款待他，然後把他遣送了回去。

秦軍將領得到細作的彙報後大喜，認為趙軍是懼怕了秦軍的威勢,不敢來救援了。這一下,可以放心全力攻打閼與了。

趙奢所做的一切,就是為了麻痺秦軍,使其輕視自己。送走秦國間諜後,趙奢立刻命令趙軍卸掉鐵甲,輕裝快速前進。兩天一夜的時間,就直插閼與之地,並且迅速佔領閼與北面的山頭高地。佔據有利地形後,趙奢命令趙軍從秦軍背後發動猛攻。閼與城中守軍也大開城門,全軍出動,配合援兵,對秦軍形成夾攻之勢。秦軍猝不及防,死傷過半,大敗而逃。閼與之圍隨之解除。

後來,閼與之地歸屬趙國所有。趙奢也因為這一戰功勞巨大,被趙惠文王封為馬服君,地位和廉頗、藺相如不相上下。

無端受辱,**范雎**詐死瞞名 | 65

趙國君臣齊心協力發展趙國的時候,秦國也沒有停滯不前。秦武王死後,公子稷在母親宣太后的幫助下,登上了國君的寶座,是為秦昭襄王。其後的很長時間內,宣太后一直把持着朝政,再加上她寵信的"四貴":穰侯魏冉、涇陽君公子芾、華陽君芈戎、高陵君公子悝,基本上掌控了秦國政局。好在這些人都頗有本領,而昭襄王也不純粹是一個傀儡,所以秦國朝堂內部雖然爭權奪利,內鬥不止,但是仍然保持着當時最強諸侯國的態勢,並且繼續發展壯大。

此時的秦國,也頗有一些不得了的人才,武將白起、文臣范雎就是其中的代表人物,是類似於趙國廉頗、藺相如一類的人才。

白起,秦國人,生年不詳,死於公元前 257 年,秦國名將,是繼孫武、吳起之後的兵家代表人物,善於用兵,手段狠辣,與王翦、廉頗、李牧並稱為"戰國四大名將"。

范雎,魏國人,生年不詳,死於公元前 255 年。年輕時的范雎,也曾經周遊列國,希望有一番作為,但是一事無成,於是回到魏國，在中大夫須賈手下做事。一次，須賈出使齊國，將范雎也帶着去了。

齊國和魏國的關係，也是錯綜複雜、戰和不定，所以在接見魏國使者時，齊襄王也沒有客氣，而是一番責難，須賈被齊襄王數落的是張口結舌。范雎見狀，挺身而出、義正辭嚴，不但替須賈解了圍，而且維護了魏國的尊嚴。

齊襄王頗為賞識范雎，希望他能留在齊國擔任客卿，並且賞賜給他十斤黃金和牛肉、美酒之類的禮物。范雎沒有接受齊襄王的招攬，對禮物也是一再推脫，不敢接受。

詭異的是，須賈卻是和齊襄王的態度正好相反，不僅沒有感謝范雎，反而對范雎羨慕、嫉妒的同時，又恨得咬牙切齒。須賈認為，范雎一定是向齊國出賣了魏國的秘密，不然怎麼可能得到這樣的賞識？

回到魏國之後，須賈向國相魏齊報告了這件事，並且誣告范雎收受齊國賄賂，出賣魏國的秘密。魏齊本來就沒有甚麼識人之明，聽聞須賈的一面之詞後，勃然大怒，不問青紅皂白，立刻命人將范雎抓了起來，然後一頓暴打，打得范雎肋折齒斷，昏死過去。

魏齊感覺還不解氣，又命人將范雎用蓆子捲了起來，扔進廁所裏，讓當時在自己府裏飲宴的賓客，輪番往范雎的身上撒尿。魏齊是要藉此行為，一來彰顯自己的忠君愛國，二來殺雞儆猴，顯示自己的權威。

范雎蘇醒後，趁着廁所內沒有其他人的時候，説動了看守的衛兵救自己出去。衛兵請示魏齊，説蓆子裏的人已經死了，能不能扔掉。魏齊當時已經喝醉了，迷迷糊糊就答應了。在被扔到城外後，范雎迅速離開，然後在好友鄭安平的幫助下，隱藏了起來，改名為張祿。魏齊酒醒後，疑心范雎還沒死，派人去查看。但是此時范雎已經離開，也就不了了之。

公元前 271 年，秦昭襄王派王稽出訪魏國。鄭安平裝扮成差役的樣子，混到王稽身邊，侍候王稽。一次，王稽見鄭安平儀表不俗，就和他聊天，詢問魏國有沒有甚麼不得志的人才，能和自己到秦國去的。鄭安平等的就是這個機會，向王稽推薦了范雎。同時表示，因為他有仇人，所以白天不敢出來，於是和王稽約定好，夜裏見面。

當天夜裏，范雎在鄭安平的引薦下，見到了王稽。一番暢談，王稽大驚，這是個了不起的人才啊，魏王真是有眼無珠，放着這麼一個大才不知道重用，正好便宜了我秦國。於是當即熱情相邀，范雎當然痛快答應。為了安全起見，雙方約定好時間，在魏國都城郊外的三崗亭會面。王稽完成出使任務後，辭別魏國君臣，驅車回國。路過三崗亭時，悄悄接上范雎和鄭安平，離開魏國國境，順利到達秦國。

然而，范雎的秦國之旅，也並不是一帆風順。就在范雎和王稽的車輛剛剛到達湖邑這個地方時，遠遠看見前面過來一隊人馬，原來是穰侯魏冉正在巡視。范雎一見，急忙和王稽說：“我聽說穰侯最討厭說客之流，我擔心他知道我的存在，會侮辱我，所以請不要說出我的事情，我也暫時在車裏躲藏一下。”

魏冉見到王稽，寒暄之後，直截了當就問有沒有帶說客之類的人來秦國。王稽當然矢口否認，魏冉隨即離開。眼見魏冉離去，范雎卻要求王稽立刻讓自己下車，並準備躲藏起來。王稽沒明白，范雎解釋說：“穰侯足智多謀，並且疑心很重，剛才他懷疑車內有人，但是忘記搜查了。等他反應過來，一定不會甘心，必然會派人回來搜查車子。”果然不出范雎所料，時間不長，魏冉派人回來搜查王稽的車子，沒有看到可疑人等，才悻悻離開。范雎終於平安到達咸陽。

從這件小事，就可以看出范雎對人心的把握，手段之高，堪稱奇才。當然，魏冉的專權，也可見一斑。因為王稽再怎麼說，也是國家派出去的使者，説搜查就搜查，足見其專權的程度。然後，從王稽這麼盡心幫助范雎，也可以看出其忠心的應該是秦昭襄王，而不是宣太后和魏冉。

遠交近攻 | 66

范雎到達秦國後，開始並沒有受到秦昭襄王的重視，有一年多的時間，根本沒見到秦王。這個時候，已經到了公元前 271 年，昭襄王已經做國君 36 年了，而國家大權，始終還是掌握在宣太后及"四貴"手中。

當范雎終於得到觀見昭襄王的機會後，他卻做了一個膽大至極的舉動。在進到王宮，秦昭襄王迎面而來的時候，范雎裝作沒看見，大模大樣向前直闖。秦王手下隨從大怒，呵斥他："王至！"就是説國君來了，讓他退讓到一旁，給國君行禮。沒想到范雎不但不退讓，反而叫喊："秦安得王？秦獨有太后、穰侯耳？"就是説秦國有國君嗎？秦國哪裏有國君，秦國只有太后和穰侯。范雎是希望藉此大逆不道的語言，引起秦昭襄王的注意。當然，范雎此舉冒着很大的危險，甚至可説是殺身之禍。

果然，范雎的話引起秦昭襄王的興趣，不但沒怪罪他，還先向他道歉，然後將他請到宮內，鄭重其事地與他攀談起來。再次出人意料的是，面對秦王的正式問詢，范雎並沒有慷慨陳辭，一展胸中抱負，而是先唯唯諾諾，再顧左右而言他，接下來引經據典，旁敲側擊，就是不正面向秦王進言，弄的秦昭襄王是一頭霧水。

因為范雎所要給秦王建議的，一是廢太后、四貴，親自掌權，二是遠交近攻。而范雎此時是第一次正面接觸昭襄王，對其心理、性格等並不是十分清楚，再加上太后、四貴都和昭襄王是非常親近的關係。所以此時范雎為穩妥起見，一面吞吞吐吐地應對秦王的詢問；一面旁敲側擊地試探秦王的真實想法；一面強調自己對秦王的忠心。

最後，范雎委婉告訴昭襄王，別看您現在貴為國君，但是實際上危如累卵，上面有太后掣肘，下面有權臣專權，您住在深宮之中，又離不開左右近侍的把持，按照這個趨勢，往大裏說，可能導致國家滅亡；往小裏說，您自身一直處於孤立無援、岌岌可危的境地，這才是您真實的處境啊。

對於范雎的話，昭襄王深表贊同。作為一位君主，他何嘗不想真正掌握大權，奈何也是身不由己，缺乏有力的臂助。現在聽到范雎如此說法，怎能不引為知己？於是昭襄王急忙進一步問計。

范雎也想對秦昭襄王合盤托出自己的計劃，但是看到昭襄王身邊左右的近侍多有以各種理由偷聽的，知道其中必有太后的心腹，怕計劃洩露，同時也想進一步觀察一下秦王的態度，於是先沒說對內的計劃，而是先向昭襄王說出了對外的計劃，總結起來，就是四個字：遠交近攻。

所謂的遠交近攻，就是結交遠處的，與自己國家不直接接壤的諸侯國；攻打近處的，與自己國家緊挨在一起的諸侯國。范雎認為，前面穰侯越過韓、魏，攻打齊國，不是個好計策。因為出兵少打不贏，出兵多會對秦國造成較大的傷害。秦國的本意是自己出一部分兵，讓韓、魏出一部分兵，一起攻打齊國。但是韓、魏和秦國並不友善，不可能真心的幫助秦國。即使最後贏了，秦國也得不到太多好處，反而是韓、魏會獲得最大的利益。如果秦國採取遠交近攻的策略，那麼攻取一寸土地，秦國就獲得了一寸土地，攻取一尺土地，秦國就獲得了一尺土地。

范雎繼續進言，現在韓、魏地處中原腹地，大王您如果要稱霸天下，必須先掌握這兩個國家，同時威脅趙、楚，拉攏其中弱小的，打擊強大的。這時，剩下的齊國必然害怕我秦國，一定會卑辭厚幣來侍奉我秦國，然後我們再返回頭，就可以逐個消滅這些國家了。

秦昭襄王詢問具體計劃，如何掌握韓、魏兩國？范雎提出，不外乎從三方面下手，或者花費金銀財寶拉攏；或者割讓土地收買；或者派兵攻打。秦昭襄王聽聞，如醍醐灌頂，鼓掌稱善，暫時任命范雎為客卿，然後派兵攻打魏、韓，逐步削弱這兩個國家。

可以說，范雎遠交近攻的策略，從根本上給秦國的統一確定了戰略方向，從這個角度來說，范雎對於秦國的作用，絲毫不弱於秦孝公時期變法的商鞅。

運用范雎的策略，幾年時間，秦國變得更加強大。昭襄王對於范雎也越來越信任了。公元前266年的一天，范雎在和昭襄王商議軍國大事時，終於提出了他對秦國內政的建議。范雎坦言："當年的齊國，人們只知道有孟嘗君田文，不知道有齊王，最後導致齊國大亂。淖齒在齊國專權，虐殺了齊湣王。趙國的李兌專權，趙武靈王被囚禁在沙丘宮中餓死。現在秦國的情況和那些非常相似啊。""現在的秦國，人民只知道太后和四貴，誰知道國君？太后獨斷專行，大權獨攬；穰侯出使其他國家從不彙報；華陽君、涇陽君隨意懲罰、獎賞官員；高陵君任免官員從不請示。這樣下去，秦國怎麼可能沒有危險？""而且穰侯的使者把持着國家的重權，隨意對諸侯國發號施令，或者結盟，或者征討。打勝了，功勞和好處歸穰侯；打敗了，就把錯誤和禍患推到國君身上，讓百姓怨恨國君。""現在秦國從上到下的大小官吏，再到大王您身邊的左右侍從，沒有一個不是相國穰侯的親信。照這樣下去，早晚這些人會變成淖齒、李兌一樣的人物。我看到大王您孤零零的一個人站在秦國朝廷之上，暗自替您害怕，在您之後，我擔心國君的位子，怕不是您的子孫了啊。"

范雎的話，如當頭一棒，令昭襄王如夢初醒，大感驚懼。昭襄王一直也有不好的感覺，但是沒感到這麼嚴重。當然，范雎的話中也頗有誇大的成分。醒悟過來的昭襄王和范雎一番密謀後，以雷霆萬鈞之勢，廢了太后，罷免了穰侯、華陽君、涇陽君和高陵君在朝中的職務，將他們趕出國都。在穰侯回歸封地的時候，裝載物品的車子有一千多輛，其中的奇珍異寶比王宮中的還要多。

大權獨掌後的昭襄王任命范雎為國相，封應侯，將應城賜給他做封邑。在范雎的輔佐之下，昭襄王大展身手，秦國越發強大。

一飯之德必償，睚眥之怨必報 | 67

范雎在秦國的飛黃騰達，魏國上下一無所知，秦國人也只知道他們的國相名字叫張祿。

秦國的強大，令韓、魏兩國疲於應付、焦頭爛額。一次，魏國聽說秦國又要出兵的消息，無奈之下，派須賈出使秦國，希望能說服秦國新任國相張祿，並通過張祿說服秦王，避免這次戰爭。當然，奇珍異寶的禮物是少不了的。

范雎聽說須賈出使，感覺比較複雜。范雎對須賈倒不完全是痛恨，畢竟須賈當年除了最後誣告自己之外，還是有過頗多的照顧，也算是多少有些故人之情的。於是，范雎決定，最後給須賈一次機會，看看他的表現，再確定對他的態度。當然，也可以看做是準備戲弄須賈一番。

這天，范雎換上一身破破爛爛的衣服，步行着來到驛館，求見須賈。須賈見到范雎，大吃一驚："你還活着？"范雎點頭應答。不知是對於當年的所作所為慚愧，還是他鄉遇故知高興，須賈和顏悅色地招待了范雎，詢問范雎這些年的經歷。范雎含糊應答，說自己是流落到此，現在給人做差役。

看范雎一幅窮困潦倒的樣子，須賈頗為同情，命人擺上酒飯招待他。因為當時正是冬天，剛下過大雪，見范雎穿着破舊而單薄，須賈又取出一件綈袍，就是粗絲織成的比較厚實的袍子，雖然不算昂貴，但是暖和結實，送給了范雎。此時的須賈不知道的是，正是這簡單的一飯一袍，救了自己一命。

吃飯之中，須賈和范雎聊天，問范雎知不知道秦國的相國張祿。須賈知道，這次請求秦國罷兵之事，關鍵取決於張祿。須賈也是萬般無奈之中抱着一線希望，詢問范雎，有沒有能和張祿説得上話的朋友，好給自己引薦一下。

范雎説：“我的主人和相國很熟悉，就是我也能求見張相國。我幫您引薦一下吧。”

沒想到須賈這時還擺起譜來了：“我拉車的馬病了，車也壞了。但是作為一國使者，沒有駟馬高車，我可是不出門的。”須賈之所以這麼説，應該主要是看范雎窮困潦倒的樣子，不相信他的話。

范雎回答：“沒問題，我可以把我主人的車借來給您用。”然後范雎取來一輛四匹馬拉的大車，請須賈坐在上面，自己親自給須賈駕車，直奔相國府而去。

大車一直進了相府，無人阻攔，到了相國辦公的地方車才停了下來。須賈納悶不已。范雎對須賈説：“我去替您通報一聲。”然後就進去了。

須賈在門口左等沒人接見，右等還是沒人理會，就問旁邊的衛士范雎是怎麼回事？衛士奇怪，范雎是誰？須賈更奇怪，就是剛才駕車那個人啊？衛士回答：“那是我家相國張祿。”

須賈當時嚇得是目瞪口呆、面無人色。好在須賈還算是有點急智，知道自己唯一的活路就是誠心請罪。他也不講究一國使者的臉面了，脱掉上衣，光着膀子，跪在地上，膝行上前，請衛士幫忙通報一聲，就説是須賈請罪。

范雎也沒太難為須賈，命人將須賈帶進來，數説他的罪狀：其一，誣陷自己私通齊國；其二，魏齊拷打、侮辱我的時候，你一聲不吭；其三，魏齊命人向我身上尿尿的時候，你也參與了。

范雎接着説，按照你的所作所為，我應該殺了你。但是你今天的表現救了你一命。我裝扮得落魄、寒酸，你還能請我吃飯，又贈送給我綈袍，還算有點故人之情。所以我決定給你一條生路，饒你一命。須賈磕頭謝恩。范雎命令須賈回驛館等候消息。

范雎隨後去見昭襄王，商議後，決定接受魏國的請和，暫時停止軍事行動，同時秦王表示，願意用秦國的國家力量，替范雎報仇雪恨。范雎當然是感動不已。

范雎將消息告訴須賈，命令須賈回魏國覆命。須賈離開之前，向范雎辭行。范雎大排筵宴，請來所有諸侯國的使者，大家都高坐大堂之內，面前是豐盛的酒菜。須賈卻被安排在堂下，面前擺的是喂馬用的馬槽，裏面是馬吃的飼料，然後用兩個罪犯在旁邊像喂馬一樣喂他吃飼料。范雎是以此來報當年所受須賈的陷害和侮辱。最後，范雎厲聲對須賈說："你回去告訴魏王，立刻將魏齊的腦袋砍下來送到秦國，不然我帶兵屠平魏都大梁城。"

須賈狼狼回到魏國，將事情原原本本回覆魏王。魏齊聽到這個消息，嚇得大驚失色，求救於魏王，魏王也是手足無措。保護魏齊吧，擔心秦國的大軍，殺掉魏齊吧，於心不忍。魏齊也擔心魏王丟車保帥，捨棄自己的性命向秦國求和，就逃離魏國，跑到了趙國平原君那裏。

即使這樣，范雎也沒放過魏齊。得到魏齊在平原君那裏的消息，秦王派人邀請平原君來秦國訪問，然後扣下平原君，讓趙王拿魏齊的人頭來換平原君。魏齊只能再次逃跑，最後走投無路，自殺身亡。直到魏齊的人頭送到秦國以後，秦國才放平原君回國。

大仇得報的范雎開始報恩。他先後向秦王推薦王稽和鄭安平。秦王全部封賞，封王稽為河東郡守，鄭安平為將軍。范雎接下來又拿出大量錢財，凡是當初給過自己幫助的人，哪怕只是一頓飯的恩情，都一一報答。同時，當年得罪過自己的人，哪怕只是睚眥之怨，就是瞪一眼的仇怨，也要報復。

這正是一飯之德必償，睚眥之怨必報。此舉一方面說明范雎此人心胸有些狹隘，氣量不高，同時也說明此人心懷坦蕩，有恩報恩，有怨報怨，即使算不上"真君子"，至少屬於"真小人"。當然，此舉應該也包含着故意做給秦昭襄王看的意思，就是故意暴露出自己的缺點和短處，委婉地告訴秦王，自己的志向就到這裏。

上黨之地，餡餅還是陷阱？| 68

接下來的秦國，繼續不斷對韓國和魏國用兵。其中，白起屢立戰功。

平民出身的白起，是穰侯魏冉推薦進入秦國軍中，因為軍功，在秦昭襄王十三年（公元前 294 年），已經擔任左庶長的職位。接下來，白起為秦國南征北戰，縱橫捭闔，從無一敗。

公元前 293 年，白起率領秦國大軍，在伊闕和韓魏聯軍交戰。白起抓住兩國之間互相觀望，不能同心協力的弱點，先是迅速擊敗魏軍，又兩面夾擊韓軍，然後乘勝追擊，最後全殲韓魏聯軍 24 萬人，不但佔領伊闕，還趁勢佔領韓魏多座城池，逼得韓魏割地請和。

公元前 279 年，白起率軍攻打楚國，奪取鄢、鄧等五座城池。而後繼續挺進楚國腹地，第二年，包圍楚國都城郢都，大破楚軍主力，攻佔楚國國都後，又繼續進兵至竟陵。逼得楚頃襄王一路逃跑，直到陳地才停住腳步。這一戰，將楚國打得一蹶不振，苟且至最後滅亡。秦昭襄王大喜過望，將郢都設為秦國的南郡，封白起為武安君。唐朝人張守節所著《史記正義》解釋其封號的意思是："言能撫養軍士，戰必克，得百姓安集，故號武安。"此時的白起已經名滿天下，"不敗戰神"之名令敵喪膽。不過其心狠手辣的程度，也令人皺眉。

公元前 264 年，白起攻佔韓國南陽太行道，斷絕了太行道。轉過年，又攻佔韓國的野王城，這一下，徹底切斷了韓國上黨郡和國都的聯繫。上黨郡位於秦、趙、韓三國邊界，本來就突出於韓國本土，有點孤懸海外的感覺，現在更是被徹底和國內切斷，成為韓國的一塊“飛地”，完全處於秦、趙兩國的包圍之中。

韓國國君韓桓惠王懼怕秦國，又見上黨郡孤懸於國土之外，知道自己沒能力收復，便準備主動將其獻給秦國，希望以此向秦國求和。同時命令上黨郡守做好投降秦國的準備。

沒想到上黨郡守卻不願意投降秦國。韓桓惠王擔心節外生枝，於是派遣馮亭接替原來的郡守負責降秦之事。意外還是發生了。馮亭到達上黨後，也不願意投降秦國。但是因為與國內聯繫已經中斷，自己又不是秦軍的對手，於是和手下人商量好後，派人聯繫趙國，表示韓國不能守護上黨郡，而且已經決定割讓給秦國，但是我們都不願意接受秦國的統治。與秦國相比，我們寧願做趙國的子民，所以我們願意將上黨郡的十七座城池全部獻給趙國。

其實，馮亭對趙國也是沒安好心，用的是驅虎吞狼之計。馮亭的打算是，只要趙國接受上黨郡，秦國必然會怪罪趙國，一定會進攻趙國。趙國受到進攻，一定會聯合韓國。如果韓趙聯軍能打敗秦國，上黨郡說不定還有回歸韓國的可能。

此時趙國的趙惠文王已經死去，國君是他的兒子趙孝成王。趙孝成王聽到這個消息，欣喜異常，認為是天上掉下了大餡餅，遂召集文臣武將商議。平陽君趙豹識破了馮亭的計策，認為這是韓國企圖將戰爭的禍患轉嫁給趙國，不能接受。但是被上黨郡蒙住雙眼的平原君趙勝卻認為，正常來講，出動百萬大軍，征戰一年，不見得能佔領一座城池，現在白白得到十七座城池，這麼大的便宜必須接受。

早就希望如此的趙孝成王採納了平原君的建議，派他率領五萬人馬前去接收上黨郡。同時加封馮亭為華陽君，並對其手下各級官吏都加官進爵。不成想馮亭卻拒絕接受這個出賣國土換來的爵位，後來在趙國和秦國的大戰中，戰死於長平。

趙國在接受上黨的時候，就預料到一定會激怒秦國，所以也做好了秦國會來攻打的準備。趙孝成王派廉頗率領 20 萬趙軍作為後援，駐守在邊境的長平地區，隨時準備接應上黨郡。

秦昭襄王聞聽此訊，當然憤怒異常，等秦軍休整過來後，便派王齕率領秦軍出征，意圖奪回上黨之地。公元前 261 年，王齕輕鬆打敗趙勝率領的上黨趙軍，廉頗救援不及。秦軍在奪得上黨之地後，直奔趙國本土而來。至此，不管趙國原來有甚麼打算或者計劃，都已經失敗，剩下的，就是不得不獨自承擔秦國的怒火了。

長平之戰，國運之爭 | 69

秦趙兩國在長平爆發了一場大戰，這一戰，是決定兩國國運的大決戰。

決戰開始之前的秦趙兩國，不管是整體國力還是軍事實力，秦國都佔有比較明顯的優勢。不過趙國因為主要採取守勢，再加上屬於本土作戰，所以相對佔有地利、人和的有利條件。另外，因為其他國家也不願秦國獨大，所以如果趙國能採用有效的外交手段的話，其他諸侯國，或者襲擾秦軍後路，或者幫助趙軍抗擊秦軍，都是很有可能的。而秦國，因為強大的實力，基本上是找不到盟友的。所以趙國還佔有外交上的優勢。綜合起來，雙方各有優勢，戰爭結果，就全靠雙方國君和主帥的戰略戰術的合理運用了。

戰爭開始的時候，雙方投入的兵力大約都在 20 萬左右，隨着戰爭的不斷進行，雙方不斷增兵，最終趙軍投入共計約 45—50 萬兵力，包括平原君駐守上黨的 5 萬兵力，廉頗帶領的 20 萬兵力，後來趙括帶來的 20 萬兵力。秦軍投入總兵力也在 40 萬以上，有資料考證為 55—60 萬。

王齕在奪取上黨之後，率軍直撲長平，向趙國本土發動攻擊。此時廉頗已經在長平佈置好了三層防線。不過王齕也不是白給的，挾大勝之威，以銳不可當之勢，直接突破趙軍的第一道防線。趙軍接連失利，損失慘重。雙方在決戰前的第一波接觸，趙軍處於劣勢。

廉頗重新分析戰場形勢後，決定利用自己本土作戰的優勢，採取守勢。廉頗認為，秦軍的補給線比趙軍漫長的多，糧草、軍械等後勤供應就會比趙軍困難，而且損耗會很大。所以廉頗徹底放棄了不易防守的第一道防線，直接退守到丹河以東的第二道防線，構築起大量防禦工事以逸待勞，和秦軍打起了消耗戰。

秦軍繼續發動攻勢。這一波接觸，趙軍佔了優勢，秦軍多次進攻，死傷不少，卻沒能攻破趙軍的防線。就這樣，雙方有來有往，處於僵持狀態達數月之久。

面對已經打成國運之爭的這場戰役，秦國上下也下了狠心。秦昭襄王下令徵召百萬青壯，疏通溝渠，然後直接從水路運糧。這個時候，兩國都已經拼上了全部的力量了。因為按照史料推斷，這時候的秦國總人口應該也就在 400 萬多一些，不到 500 萬的樣子，趙國總人口也就 300 多萬，不到 400 萬的樣子。而秦國連軍隊加上疏通溝渠的民夫，動員人力超過 150 萬，應該說幾乎是全國的青壯年男子都動員起來了。

溝渠疏通後，秦國後勤補給的速度大大增加，消耗減小到最低。而趙國卻處於相反狀態。因為開戰之前沒有預料會打成這種規模，準備不夠充分，再加上國內糧草儲存本就不足，開戰不久，糧草就處於匱乏狀態。而且大量青壯年或被抽調到前線作戰，或者做了民夫，田中勞作的人口不足，長此以往，趙國將陷入國庫空虛，無糧可食的狀態。再加上秦國不斷派兵騷擾趙國的補給線，對於秦軍來說，反正是在敵國的領土上作戰，可以肆意燒殺搶掠，任意破壞，無所顧忌。這就使得趙軍的運輸成本無限擴大，趙國的處境雪上加霜、難上加難。為紓解困局，趙國曾派人向齊國借糧，但是齊國怨恨趙國當年配合燕國攻打齊國，沒有同意。

面對此種窘境，趙國群臣中有人主張聯合其他國家，合縱抗秦；有人主張遣使入秦，與秦講和。趙孝成王採納了與秦講和的策略，派大臣鄭朱去秦國商量議和之事。

時任相國的虞卿堅決反對這種做法。虞卿認為，如果我們派去使者，秦王必定會隆重接待，藉以昭示天下，讓其他國家都知道秦國和趙國正在講和。到那時，即使我們再去向別的國家求救，他們會認為秦趙已經議和，一定不會出兵。而秦國知道各國都不來救援趙國，最終一定不會同意議和。如此一來，我們就真的走投無路了。但是趙孝成王沒有接受虞卿的建議，還是派遣鄭朱入秦。

秦國的策略果然如同虞卿預料，一方面大肆宣揚秦、趙正在議和，防止各國出兵救趙；一方面繼續向前線派兵，積極尋找着與趙軍最後決戰的機會。

趙國為何派趙括替換廉頗？ | 70

隨着處境越發艱難，趙國朝廷上下爭議也越來越多。趙孝成王幾次三番催促廉頗迅速尋找戰機，與秦軍決戰。老成持重的廉頗認為時機不到，並不接受趙孝成王的指揮，繼續固守。面對日益空虛的國庫和糧倉，趙孝成王越發失去耐心，對廉頗也就越加不滿。此時，秦國上下也快堅持不住了，正在積極尋找趙軍的破綻，得知趙國君臣失和，范雎開始派人實施反間計。

　　范雎派人到趙國大肆宣揚說："廉頗不和秦軍交戰，一是膽小，懼怕秦軍；二是正在和秦軍商議投降之事。其實，秦軍真正懼怕的是馬服君趙奢的兒子趙括。當年趙奢就曾經大敗秦軍，現在要是讓趙括做趙軍主將，秦軍就又該大敗了。"

　　趙孝成王早就惱怒廉頗的堅守不出，已經有了換將的想法，現在聽到這些說法，更加堅定了換將的念頭。另外，趙孝成王認為，就在幾年前，趙奢剛剛率領趙軍在關與大敗秦軍，說明秦軍也沒甚麼可怕的。這裏的趙孝成王也是抱有僥倖心理，認為如果換將後和秦軍決戰，未嘗沒有大獲全勝的可能。

　　幾種原因加在一起，促使趙孝成王下定了決心。因為趙奢已經病死，所以趙孝成王就準備啟用流言裏那位最令秦軍害怕的人物——趙奢的兒子——趙括，做趙軍主將，代替廉頗。當趙孝成王問及趙括，能不能領軍殺敵時，趙括傲然回答："當然沒問題。如果秦軍主將是白起的話，我可能還會考慮一下，現在秦軍主將不過是無名之輩的王齕，只要您派我為主帥，大敗秦軍，易如反掌。"趙孝成王當即任命趙括為將，率領 20 萬援軍，去長平前線接替廉頗，並尋找機會與秦軍主力決戰。這個時間為公元前 260 年。這就是著名的"紙上談兵"的故事。

　　說起來，趙孝成王有這個想法也不算沒有道理，因為趙括在趙國上下也是相當有名。趙括可以說是年輕有為，從小學習兵法，熟讀兵書戰策，與人論兵，無出其右者。有一次和其父趙奢談論排兵佈陣之道，說的身為名將的父親也是啞口無言，甘拜下風。但是趙孝成王的決定，卻遭到藺相如的反對。此時的藺相如，已經病入膏肓。即使如此，藺相如還是前來進諫趙王。藺相如認為，趙括雖然熟讀兵書，但是只會死讀書，不知變通，不能委以重任。趙孝成王不聽，堅持要派趙括代替廉頗。

　　這時，趙括的母親也站出來說話了，意思和藺相如一樣，不同意讓趙括做趙軍主將。這下，趙孝成王奇怪了，怎麼母親不希望兒子當大將軍？趙括母親解釋，他父親趙奢説過，趙括把戰爭當兒戲，如果為將，必然會導致趙國慘敗。而且，當年他父親做將軍時，只要一接受軍令，就再不過問家事。可是現在趙括做了將軍之後，卻在一個勁的求財、買地，這樣的人，怎麼能做大將軍呢？但是趙孝成王連藺相如的話都不在意，又怎麼會聽從一個老太太的建議？趙括的母親見説服不了趙王，只好退一步要求：“如果您一定要派他做領軍主將，日後他如果不稱職，喪師辱國，我們家裏其他人能不受株連嗎？”趙王同意了。

秦國一直在注意着趙國朝廷的動向，聽聞趙軍更換主將的消息，秦昭襄王也秘密派遣白起來到長平秦軍之中擔任主將，並嚴令軍中人等，不得洩露白起的任何消息，還是讓王齕做名義上的秦軍主將，以此來麻痹趙括。那秦王為甚麼不早委派白起來當主將呢？那是因為面對廉頗的“刺蝟”戰術，即使白起來了也沒甚麼好辦法，換不換將的不起甚麼作用，反而還會因為白起的威名遠震，使趙軍更加謹慎。

長平之戰，趙軍敗亡，誰之過？ | 71

趙括來到前線，順利接掌趙軍全部軍權，廉頗黯然離開。趙括隨即全盤更改廉頗的部署，改防禦為主動進攻，發兵攻擊秦軍。

白起早就安排好了人馬，見到趙軍主動出擊，詐敗逃走，誘敵深入。趙軍乘勝追擊，直追到秦軍大營前。奈何秦軍大營十分堅固，根本攻打不下來，再想退走的時候，才發現自己的大營已經丟失，後路也已經被切斷。

原來白起早就安排好兩支奇襲部隊，一支偷襲趙軍空虛的大營，同時將趙軍退路和糧草補給通道切斷；另一支以迅雷不及掩耳之勢楔入趙軍薄弱之處，將趙軍分成各自為戰的、孤立的兩部分，然後秦軍全軍出動，向趙軍發起猛攻。

趙括發覺上了秦軍的當，悔之已晚，前進無路，後退不能，只得原地防守，構建防禦工事，暫時抵擋住秦軍的進攻。秦軍呢？並不急於求成，而是不慌不忙的將趙軍包圍起來，並不斷加固工事，防止趙軍突圍。對於趙軍來說，最嚴重的問題就是糧草不足。因為開始追擊秦軍時只攜帶了少量的糧草，這一被圍，很快就陷入沒有糧草的窘境。白起正是因為早就料到這種情況，所以才圍而不攻，保存有生力量。

說起來，趙括也不是無能之輩，在四面被圍的情況下，硬是多次打退秦軍的進攻，並不斷尋求突圍機會。在給予秦軍大量殺傷的情況下，固守待援。可是這裏趙括忘記了，趙國已經派不出援軍了，至少派不出足夠打通數十萬秦軍包圍圈的援軍了，趙國的主力部隊大部分都在他的手下被秦軍包圍了。

趙括也發現形勢越來越惡化，而且糧草已經徹底斷絕，士兵們甚至到了用人肉充饑的地步。裏無糧草外無救兵，趙括不得不組織人馬，全力突圍。可是秦軍已經構築了大量堅固的工事，數次突圍都無功而返。在堅持了 46 天後，趙括最終孤注一擲，親自率領精銳士兵突圍，不幸被秦軍亂箭射死。剩下的趙國士兵這下真的陷入絕境，不得已，全軍投降了秦軍。

心狠手辣的白起，向放下兵器、手無寸鐵的趙國降卒舉起了屠刀。白起此舉，一方面是擔心趙軍反復，數量龐大的降兵一旦發生叛亂，將造成很大危害；另一方面是為了徹底削弱趙國的軍事力量，從根本上瓦解趙國。

白起先是每天只給降卒一頓飯，使其體力下降，然後將他們聚集起來，派人四面圍住，展開了大屠殺。這一番殺戮，將趙軍降卒全部殺死，然後草草掩埋。只留下年紀最小的 240 人放回，讓他們將恐懼帶回趙國，為下一步徹底滅亡趙國打下伏筆。

長平之戰以秦軍的大獲全勝而告終。此一戰，趙軍前後共損失人馬超過 45 萬，趙國的有生力量被消滅殆盡，國家的滅亡，早晚而已。

當趙軍幾乎全軍覆沒的消息傳到都城邯鄲時，舉國驚懼。不過按照先前的約定，趙孝成王倒是沒有株連趙括家族人等。當然，秦軍雖然大勝，損失也是不小，按照史書記載，秦軍損傷也超過半數，就是說，秦國損失人馬也在 20 萬以上。

客觀來說，將長平之戰戰敗的責任全歸罪於趙括，也頗為不公平。首先，秦趙國力不同，即使廉頗不被換走，此戰最終結果如何也不可預知，甚至於失敗的概率也是很高。因為趙國的國庫和存糧，已經不允許趙軍再長期和秦軍繼續消耗下去了。對於趙孝成王來說，換將，一是僥倖和孤注一擲的心理在作祟；二是迫於無奈，希望通過戰略冒險來博取本來就不足的勝算。對於趙括來說，主動進攻，與秦軍交戰也是無奈之舉，不然，換你上來幹嗎？當然，其實戰經驗不足，還是導致最後慘敗的直接原因之一。所以說，如果追究長平之戰趙軍戰敗的責任的話，國家實力不足算其一；趙王貪心、冒險、臨陣換將算其二；趙括的剛愎自用、貪功冒進、實戰經驗不足算其三。

從結果來倒着推算的話，當初接受上黨郡，就屬於錯着。因為不管有多少理由，從其被秦軍輕鬆佔領，就知道趙國沒有那個實力，屬於貪心不足蛇吞象。至於以趙括換廉頗，更是嚴重的錯着，因為廉頗還在的話，即使最後趙軍失敗，以廉頗的經驗，至少不會敗的這麼慘，保存趙軍的部分實力，等待東山再起還是沒問題的。而且，繼續和秦軍消耗下去，即使國庫崩潰，也比被秦軍徹底消滅要好的多。同時，秦國的日子也不好過，說不定繼續消耗下去，秦國會因為堅持不住而主動退兵，也未為可知。當然，戰場形勢瞬息萬變，如此分析，事後諸葛而已。

秦國為甚麼沒有一鼓作氣滅趙？｜72

　　長平之戰結束，白起率領秦軍挾大勝之威，徹底平定上黨郡，將之納入秦國版圖。之後，秦軍兵分三路、乘勝追擊，一路進攻皮勞，一路攻佔太原，白起親率大軍直奔邯鄲。

　　就在趙國朝野上下一片混亂、不知所措時，正在平原君趙勝家裏做客的蘇代挺身而出，表示可以單身入秦，說服秦國退兵。這個蘇代，就是當年縱橫家代表人物蘇秦的弟弟。好不容易看到一點希望的趙孝成王欣然同意，於是蘇代以趙國特使的身份來到秦國。蘇代並沒有去見秦昭襄王，而是來見范雎。

　　蘇代對范雎說："白起將軍擒殺了趙括，坑殺趙軍四十萬，現在又準備圍攻趙國都城邯鄲。邯鄲一破，趙國就算滅亡了，到那時秦國國君就能稱帝了。在此過程中，白起功勞最大，為秦國血戰沙場，佔領城池七十多座，當年幫助周朝開基立業的姜子牙，本領和功勞都不見得能超過他。到那時，白起必然被封為三公，您的國相之位必定不保，不管您願意不願意，您的地位一定處於白起之下，您能甘心嗎？""從國家的角度分析，現在滅亡趙國也不是個好選擇。因為現在天下百姓認可秦國，願意做秦國子民的很少，趙國百姓尤其如此。所以即使秦國滅掉了趙國，國土面積是擴大了，但是所得的百姓卻沒多少。這樣的勝利又有甚麼大的意義呢？所以我認為，現在最好的選擇是讓趙國割地求和。這樣從私人角度來說，白起不能得到滅國之功，而且和趙國談判，讓趙國割讓土地，這些都需要您來操作，這樣功勞就變成您的了，您可以繼續保持國相的地位，職位在白起之上。從國家角度來看，秦國既能獲得土地，獲得人口，同時又能讓士卒得到休養，國力得以恢復。這也是對秦國有大好處的事情。"

　　范雎非常認可。第二天就向秦昭襄王建議。范雎認為，秦軍士兵長年作戰，極度疲憊，況且長平之戰雖然獲勝，但是損傷慘重，傷亡過半，更是不能再繼續作戰下去了。而且現在並不是滅亡趙國的好機會，其他諸侯國也都蠢蠢欲動，而秦國國內空虛，國庫更是不能再支持大規模的戰爭。最後范雎提議，不如接受趙國割地求和的請求，等我軍休養完畢，可以再次出兵滅趙。昭襄王同意了。

說起來，此處的范雎有些對不起昭襄王的信任了。秦王對他幾乎是言聽計從，而且曾經以國家之力幫助他私人報仇，可謂寵信到了極點。而此時的范雎，卻主要從自己的私利出發，糾纏於和白起的私人恩怨之中，使秦國錯失了滅趙的最佳時期。

趙國得到秦國允許割地請和的許諾，派使入秦，表示願意割讓六座城池給秦國。秦昭襄王同意，下令白起撤軍。

白起率軍在趙國境內是連戰皆勝，已經到達邯鄲附近，正準備圍困住邯鄲城。畢竟前面的大戰，秦軍也是損失慘重，而且士卒都非常疲憊，所以白起正在思考如何以較小的代價攻取邯鄲。正在這即將取得最後勝利的時刻，秦王的退兵命令下達。白起氣得幾乎吐血，但是又不得不遵從命令。

白起知道是范雎的主意後，恨得咬牙切齒。但白起也知道直接在秦王面前說范雎的壞話，秦王未必會聽，索性在公開場合發表言論：“長平之戰後，邯鄲城中是一夜十驚。如果我秦軍能乘勝進攻，用不了一個月，必然能攻取邯鄲，其他諸侯國連想救援都辦不到。可惜應侯不知道實際情況，非要撤軍，錯失了最好的滅亡趙國的機會啊。”

秦昭襄王聽到白起之言，分析以後，也明白自己誤聽錯信了，後悔不已，連忙又任命白起為秦軍主將，想要再次派兵攻打趙國。可是這次輪到白起反對了。白起認為滅趙機會已經錯失，只能另找機會了。因為秦軍這一來一回，所費時間不少，這就給趙國和其他諸侯國留出了足夠的反應時間，再要攻打趙國，只能是徒勞無功了。而且，白起是連累帶氣，現在正處於病中，根本無法領軍出征。

秦昭襄王又一次沒有聽從白起的建議，而是改派大將王陵為主將，率軍二十萬，攻打趙國。見秦軍再次進攻，趙孝成王再次啟用廉頗，同時因秦國撕毀了和平協議，自己也就沒有割讓土地給秦國。

百勝殺神**白起**之死 | 73

公元前 259 年冬，秦昭襄王派王陵率領秦軍再一次進攻趙國。趙國現在幾乎沒有了多少常備軍，不得不放棄野戰和邊境的小城池，一面在秦軍進攻路上實行堅壁清野，一面集中全國兵馬和糧草固守都城邯鄲。

說起來，此時的趙國確實比較悲慘，精銳士兵損失殆盡，現有的士兵要麼是老弱病殘，要麼是剛剛強徵入伍的新兵，主力則以守衛王宮的衛士，各重臣、貴族家裏的私兵等構成，總計約有十萬人馬。

不過好在面臨國破家亡的境況，趙國上下還算是眾志成城，包括趙王在內，多將身邊親衛集中起來，統一編練。趙孝成王再次啟用老成持重的廉頗為將，負責邯鄲城的守衛事宜。平原君趙勝因為前面連出昏招，又慚愧又悔恨，現在散盡家財，主動擔當起邯鄲城防守總負責人的任務。邯鄲城中防守的士兵和百姓，有很多人的兒子、丈夫、父親都死在長平之戰中，所以大家同仇敵愾，誓死與秦軍對抗。

按照秦王和王陵的判斷，這番進攻不說唾手可得，難度應該也不會太大。但是當王陵率秦輕鬆攻到邯鄲城下的時候，才發現自己遇到的是一塊硬骨頭。趙國軍民上下一心，加上廉頗指揮調度有方，令秦軍連連失利。而且廉頗並不是一味死守，而是趁秦軍不備，不時派勇士潛出城池實行偷襲，在殺傷秦軍的同時，還不斷瓦解着秦軍的士氣。

眼見不但無法迅速攻陷邯鄲，反而損兵折將，秦王暴跳如雷，加派援軍，但是無濟於事。此時，白起的病終於慢慢恢復。秦昭襄王聽聞，立刻傳下命令，讓白起前往邯鄲代替王陵。

白起再次拒絕。白起的理由是："邯鄲城實際上非常不好攻取。前面是因為趙軍剛剛在長平全軍覆沒，趙國上下人心惶惶，亂成一片，剩下的士兵也是兵無戰心，趁着這個機會，才能輕鬆攻下邯鄲。現在，趙國人心已經安定下來，而且也有了充分的準備，廉頗又不同於趙括。各國也很可能已經做好救援趙國的準備，所以很難取得勝利。"

昭襄王問計於范雎，現在的范雎不可能認可白起的話。因為認可了白起的話，就表示前面自己的意見是錯誤的，是自己的原因導致錯失滅亡趙國的機會。這麼大的罪，自己可承擔不起。於是范雎繼續在昭襄王面前說白起的壞話，認為白起原來就是裝病，現在更是擺明了不想讓秦軍取勝。

秦昭襄王大怒，我秦國難道就你白起一員會領軍的將領不成？於是秦王命令王齕再帶十萬援軍，替換王陵，攻打邯鄲。

經過秦軍長達幾個月的猛烈進攻，此時的邯鄲城內死傷遍地，但是軍心、民心還是非常穩定，甚至可以說是士氣高昂，因為就憑藉着他們這些老弱殘兵，帶給秦軍精銳的死傷數倍於自己。反而是秦軍，因為激戰數月，死傷無數，卻一無所獲，士卒是怨聲載道，軍心浮動。王齕率領援軍的到來，算是勉強提高了一些士氣。但是面對着邯鄲城如鐵桶般的防衛，王齕同樣沒有絲毫辦法。又是幾近半年時間，秦軍除了丟下更多的屍體外，毫無進展。

白起聽聞這些消息，歎息着對門客說："我早就勸過國君，邯鄲城不好攻打，國君不聽，你看，現在沒辦法了吧？"說起來，此時白起不應該說這個話，因為這明顯是有嘲笑秦昭襄王的意思。果然有居心不良的門客，或者說是被范雎買通的門客，將白起的話告訴了范雎。

這下范雎可算是抓住了白起的把柄。范雎將白起的話告訴給昭襄王，再添油加醋地解釋一番。本來就滿肚子怒氣不知道朝誰發作的秦王，怒不可遏，當時下令白起領軍去前線。白起還是稱病不去。范雎前來勸說，仍然無效。

數月後，秦軍失利的消息不斷傳來。這回，昭襄王將失敗的責任全歸罪到白起頭上。而且此時，楚國、魏國都已經派出援兵救趙，形勢對秦國越來越不利。昭襄王氣急敗壞，強令白起不管生病與否，立刻起身去前線，不得絲毫拖延。白起無奈上路。也有史料記載為秦昭襄王將白起削去所有職位，貶為普通士卒，將其趕出咸陽。

范雎唯恐白起東山再起，又一次在秦昭襄王面前進讒言：“白起雖然出發，可是滿腹怨言，心懷不忿。我恐怕他會對秦軍不利。萬一他要是去往別的國家，翻回頭來對付秦國，那時候秦國可就危險了。”秦昭襄王於是派使者拿着自己的寶劍，追上白起，令其自刎。

白起仰天長歎：“我有甚麼罪，為甚麼落得如此下場？”過了一會兒，白起又歎息着說：“其實我也確實是該死。長平之戰，我坑殺數十萬趙軍降卒，這就足夠死罪了。”說完，自刎而死。

公元前257年，百勝戰神、一代殺神，就此謝幕。

毛遂自薦 | 74

　　白起自殺，了去了范雎的一塊心病，但是秦軍還在邯鄲城下進退不得呢。范雎推薦自己當年的恩人鄭安平為將，秦昭襄王同意，派鄭安平率領五萬援軍，前往邯鄲。

　　前後加起來，秦國動員的人馬又已經達到三四十萬之巨，但此時的國際形勢不但沒有向有利於秦國的方向轉化，反而對秦國越來越不利。因為魏國和楚國相繼出兵援助趙國了。

　　原來，經過接近兩年的圍困戰，邯鄲城雖然仍牢牢掌握在趙軍手中。但也是越來越艱難，尤其是糧食即將耗盡。趙孝成王再次召集群臣討論解救趙國的方法，希望能有人去各諸侯國求救。平原君趙勝又一次站了出來。這一次，他倒沒有胡亂出主意。平原君建議，自己向魏、楚去求救。因為平原君趙勝是魏國的信陵君魏無忌的姐夫，所以平原君派人帶着自己的書信，去見魏安釐王和信陵君魏無忌，希望魏國能出兵救趙。然後平原君準備親自前往楚國，和楚考烈王商量會盟抗秦之事。

　　公元前 258 年冬或公元前 257 年春，平原君出使楚國。為了確保出使成功，平原君做好了兩手準備，能順利和楚國達成同盟協議是最好的，實在不行，為了趙國不被滅國，哪怕動用武力威脅，也要讓楚王簽署同盟協議。所以平原君準備從自己的門客中選拔二十名文武雙全之人隨自己一起出使。選來選去，只選出十九人，還差一個人。這時，有個叫毛遂的門客站出來表示，願意湊個數，隨同平原君出使楚國。

　　平原君看看毛遂，沒甚麼印象，隨口問了一下："先生到我門下多長時間了？"毛遂回答："已經三年了。"平原君撇撇嘴："我聽說有本領的人處在世界上，就好像尖銳的錐子放在囊中，立刻就能顯露出他的鋒芒。而先生在我門下呆了三年，我趙勝沒有聽到任何人認可你、稱讚你，我對你也沒有任何印象，只能說明你沒有甚麼過人的本領。這次我們是要辦大事去的，所以不能帶你去。”

毛遂毫不在意，微笑着說：“我之所以沒有顯露鋒芒，只不過是沒有被您放在囊中罷了。所以我今天就是請求您將我放入囊中，我會向您顯示我的鋒芒。”毛遂的意思就是說，自己之所以沒有顯露才華，只是沒有得到合適的機會，而現在，就是自己顯露才華的機會。

平原君被說服了，同意帶上毛遂。其他十九個人頗為不屑，都用嘲笑的目光看着毛遂。不過隨着和毛遂的接觸，大家才意識到毛遂的真正本領，都折服了。

到達楚國後，平原君和楚考烈王談論合縱抗秦之事，從早晨一直說到中午，楚王就是不同意與趙國結盟。大家都用目光看着毛遂。毛遂也不負眾望，手握劍柄，大步上前，直到平原君和楚王面前，大聲對平原君和楚王說：“合縱之事，三言五語就能決定，為甚麼從早晨一直說到中午，還確定不下來？”

楚考烈王不認識毛遂，就問平原君，得知只是一個小小的門客，非常生氣，大聲呵斥說：“你算幹甚麼的？我正在和你的主人說話，哪裏有你說話的地方，還不趕快退下去？”

毛遂不但沒後退，反而握着劍柄再次上前一步，直逼楚王面前：“大王你之所以有膽氣呵斥我，不過是依仗你楚國人多。但是現在，十步之內，大王你的性命掌握在我毛遂的手裏，楚國再人多勢眾也救不了你。況且，即使我做的不對，我的主人就在面前，還輪不到你來訓斥我。”毛遂繼續侃侃而談：“你不要以為，我們這次來談合縱的事情是為了趙國。不對，我們是為了你楚國。楚國土地方圓五千里，持戟武士超過百萬，這是王霸之業啊。本應該縱橫天下，無人可敵。那白起是甚麼人？豎子而已。可偏偏就是這麼個豎子，領着幾萬秦軍，就殺得楚國一戰丟失郢都，二戰被燒掉夷陵，三戰連大王您的祖先都被侮辱。這是生生世世都洗刷不掉的恥辱啊。連我們這些外人都替大王您感到可恥。可是大王您呢，不但不覺得羞恥，還在這裏洋洋得意、沾沾自喜，您羞也不羞？"

一番話説得楚王面紅耳赤、啞口無言，非常痛快的答應了結盟之事。然後在毛遂的主持下，雙方舉行了"歃血為盟"的儀式，簽訂了合縱盟約。這就是著名的"毛遂自薦"的故事。

盟約達成後，考烈王以春申君黃歇為主將，率領十萬楚軍救援趙國。

信陵君 禮賢下士 | 75

搞定了沒有把握的楚國，那個有把握的魏國卻又出了差錯。

此時魏國的國君是魏安釐王，信陵君魏無忌是他的弟弟。信陵君是戰國四公子之一，為人才能卓著、禮賢下士，所以手下也是門客盈門。但是正因如此，安釐王害怕魏無忌的賢能，所以不敢給予重任，擔心他篡奪自己的王位。

當時魏國有個隱士叫侯嬴，已經是七十歲的年紀了，為了生活，做着大梁城的守門小吏。信陵君聽説此人後，帶着厚禮前去拜訪，但是侯嬴根本不接受。

有一次，信陵君特意大排筵宴，邀請了許多賓客。等大家都坐定之後，信陵君沒有立刻開始宴會，而是讓這群將軍、大臣、宗室王族人等在家裏等候，自己卻帶着車馬和隨從，親自去東城門迎接侯嬴。見到侯嬴之後，信陵君親自牽着馬，恭敬地邀請侯嬴上車。侯嬴也沒客氣，整理了一下那套城門小吏的破舊衣服，大模大樣地就上了車，而且直接坐在了信陵君特意空出來的尊貴座位上。信陵君親自駕車回府。

走在路上，侯嬴又提出："我有一個朋友，是個屠夫，我想去探望一下他，委屈公子帶我去一下。"信陵君聞言，立刻駕車改變方向，來到那位屠夫所在的地方。侯嬴和他朋友朱亥這一聊就是很長時間。期間，侯嬴偷眼觀察信陵君，發現信陵君神色如常，毫無不悅。終於，侯嬴覺得時間差不多了，告別朱亥，和信陵君一起來到信陵君府上。信陵君將侯嬴安排到上席，並恭恭敬敬的向所有賓客介紹這位大賢。席間，又鄭重舉杯，祝侯嬴健康長壽。

侯嬴終於被信陵君的風度折服，從此成了信陵君府中的上等門客。侯嬴又向信陵君推薦自己那位好友朱亥："您別看我那位好友朱亥只是個屠夫，實際上也是個有大才的勇士，只是隱沒在市井之中罷了。"信陵君多次拜訪，朱亥呢？比侯嬴派頭還大，既不熱情接待，也不回拜答謝，更沒答應來信陵君府上做門客。信陵君也不生氣，只是覺得這個人是個怪人。

趙國求救的書信送達魏國，安釐王和信陵君等人都收到了。魏王倒也明白唇亡齒寒的道理，於是派大將軍晉鄙率領十萬魏軍救趙。

秦昭襄王得知魏國出兵的消息，立刻派使者到魏國，嚇唬安釐王說："我秦國滅掉趙國，只是早晚的問題。各諸侯國中，有誰敢派兵救援趙國，我們拿下趙國後，一定派兵攻打那個國家。"魏王被秦國嚇住了，急忙派人阻止晉鄙繼續進軍，讓他把軍隊屯紮在距離邊境不遠的鄴城，名義上是要救援趙國，但就是不進兵。魏王的意思是想觀望一下事態的發展，再確定下一步的行動。

平原君見魏國的救兵始終不進入秦趙戰場，焦急不已，三番兩次給魏王和信陵君去信告急。最後，很生氣的給信陵君寫信責備他："我趙勝之所以和魏國聯姻結親，就是因為敬服你信陵君道義高尚。可是如今我趙國邯鄲危在旦夕，你魏國救兵卻遲遲不到，你的道義表現在哪裏呢？退一步說，即使你不把我趙勝看在眼裏，投降不投降秦國你不在意，難道你也不心疼一下你的姐姐嗎？"平原君趙勝能說出這個話，說明趙國確實已經難以為繼了。但是信陵君魏無忌也委屈。他多次請求魏王趕快出兵，又千方百計四處聯繫大臣勸說魏王，但是魏王不聽。因為害怕秦國的報復，魏王下定決心，任你如何勸說，就是不下令進軍。那位大將軍晉鄙呢，還就是只聽從魏王的命令，其他人的話，也是一概不理。

眼見救趙一事僵持於此，信陵君苦思無果，最後決定既然魏王不派兵，那麼就自己去，即使不能打退秦兵，救援趙國，那麼寧可和趙國一起滅亡，也不能違背道義，貪生怕死。下定決心的信陵君召集所有願意跟從自己的門客，又大散家財召集民間的勇士，最後湊起了一百多輛戰車。信陵君就準備帶着這些人去到戰場和秦軍決一死戰，至少和趙國共存亡。

竊符救趙 | 76

信陵君率領車隊經過國都東城門時，去向侯嬴告別，並且把自己準備和秦國軍隊拼死一搏，血戰到底的想法告訴了侯嬴。信陵君琢磨着自己對待侯嬴如此禮遇，侯嬴怎麼着也得或者勸說自己一下，或者和自己一同奔赴趙國，最起碼也得給自己出幾個主意或者建議之類的，可沒想到侯嬴聽信陵君說完後，只是淡淡地應付了一句："哦，那公子就努力去做吧，我就不和你一起去了。"然後就不理不睬了。

和侯嬴告辭後，信陵君越想越生氣："我魏無忌自認為對待你侯嬴也算是夠周到了，現在我即將去赴死，你不和我共赴戰場也就算了，卻連隻言片語都沒有，這也太不像話了吧。不行，我得去問問他，不然，我死都放不下這件事。"想到這裏，信陵君命令眾人停止前進，就地駐紮，自己率領少量隨從又乘車返回，來見侯嬴。

侯嬴見到信陵君就笑了，說："我知道公子一定會回來找我。

公子對我情深義重，但是我眼看您去送死，卻沒有任何反應，您是不是既很生氣，又非常奇怪？那是因為我覺得公子您這樣的做法不可取。這就像拿着一塊肉扔給老虎一樣，除了搭上你的性命外，能有甚麼作用呢？""公子以好養士而聞名天下，如今有了危難，這些門客卻沒人能想出解決辦法，而逼得你不得不率領着這麼幾個人去戰場上和秦軍拼死，那還要這些門客有甚麼用呢？"

看着侃侃而談胸有成竹的侯嬴，信陵君大為懊悔，是啊，放着高人不找，非要自己鑽牛角尖幹甚麼啊！

看信陵君明白過來了，侯嬴讓信陵君屏退左右，然後說："我聽說調兵的兵符就放在魏王的臥室裏。而魏王的寵姬如姬能自由出入魏王的臥室，所以只要如姬願意，可以很容易地偷出兵符。當年如姬的父親被人殺了，包括魏王在內都沒能幫她報仇。如姬在公子面前哭訴，公子派人殺了那個人，將他的人頭獻給如姬，為此，即使為你去死，如姬都會答應。所以公子可以請如姬幫忙偷出兵符，然後奪了晉鄙的兵權，這樣，就可以順利救援趙國，打退秦軍了。這樣不是比你去白白送死好得多嗎？"

信陵君深感拜服。事情恰如侯嬴所料。當信陵君悄悄聯繫如姬後，如姬一口答應，並很順利地偷出了兵符，交給了信陵君。

這裏簡單解釋一下，所謂兵符，就是古代一種傳達命令或者調兵所用的證明物品，又稱"虎符"，符上鑄有文字，製作時就分成兩半。將領率軍出征時，國君將一半兵符交給將領，另一半留在自己手裏。如果要給將領傳達命令，國君就會將自己手裏的這一半兵符交給使者。兩半個兵符必須"符合"後，領軍將領才會接受命令。兵符有時候還需要國君的詔書一起使用。現在，信陵君只有兵符，沒有詔書。

信陵君準備再次上路，侯嬴又說："將在外，君命有所不受。如果晉鄙驗證兵符後，還是不交出兵權，而是要和魏王求證，事情就危險了。我覺得你可以帶上我的那個朋友朱亥，這個人是個力士。如果晉鄙聽從，那就再好不過，如果他不聽從，可以讓朱亥殺了他，武力奪權。"

信陵君有點捨不得，畢竟晉鄙也是一員猛將，給魏國也立下過汗馬功勞，就這樣莫名殺死，有些不忍。但是信陵君也知道這是生死存亡的緊急關頭，不能有此婦人之仁，於是前往邀請朱亥。朱亥痛快答應了。看着有點奇怪的信陵君，朱亥解釋："我只不過是一個市場上的屠夫，承蒙公子多次登門拜訪。我之所以不回應，不和您應酬，是因為覺得那些小禮小節沒甚麼意思。現在公子您真的有了急難，正是我為您殺身效命的時候了。"於是朱亥和信陵君一同前往前線。

離開前，信陵君再次向侯嬴告辭。侯嬴歎息着說："我本來也應該和你一起去，但是年紀太大，力不從心了。只能在這裏遙祝公子旗開得勝。你到達晉鄙軍中的時刻，就是我北面自刎，報答公子知遇之恩的時刻。"信陵君急忙勸阻，奈何侯嬴決心已定。信陵君只得拜別侯嬴，帶着朱亥等人，動身前往晉鄙軍中。

果然，按照日程估計着信陵君到達晉鄙軍中的時候，侯嬴舉劍自刎。侯嬴此舉，一是報答信陵君的知遇之恩，二也是在逼迫信陵君。因為侯嬴擔心信陵君不忍心擊殺晉鄙。而自己一死，相當於斷絕了信陵君的後路，哪怕只是為了自己以生命為代價的付出，信陵君也必須克服一切阻礙，包括擊殺晉鄙。

信陵君帶着門客到達鄴城，在晉鄙面前拿出兵符，假稱魏王命令自己來代替晉鄙為主將，掌管魏軍。晉鄙核驗兵符，確認無誤後，還是有些懷疑，再加上信陵君沒有魏王的詔書或者書信，也沒有魏王身邊的近侍跟隨，所以晉鄙拒絕接受。晉鄙的理由是："我統帥着十萬大軍，關係着國家的命運，可是你隻身前來取代我，我不能完全相信。"

當然，晉鄙也不是拒不聽命，只是表示要和魏王核實一下這件事的始末緣由。信陵君本來還抱着一線希望，希望兵權交接能順利進行，這樣就能留下晉鄙一命。現在看來，自己還是想的太美好了。

此時，朱亥早已做好準備，見晉鄙反對，立刻從袖子裏拿出一柄四十斤重的大鐵椎，在其他將領的目瞪口呆，晉鄙的不敢置信中，一錐就砸死了晉鄙。信陵君高聲斷喝："晉鄙違抗君命，我奉魏王的命令殺了他，與你們無關，大家不要害怕，下面按我的命令行事。"晉鄙手下將領慢慢安穩下來。信陵君順利接掌兵權。

信陵君接掌兵權後，開始整頓軍隊，宣佈："凡是父子都在軍中的，兒子留下，父親回家；兄弟都在軍中的，弟弟留下，兄長回家；家中只是獨子，沒有兄弟的，回家侍奉雙親。"命令一下，歡聲雷動。經過整頓選拔，最後得到八萬精兵。信陵君此番作為，雖然使得士兵人數少了兩萬，卻大大提振了士氣，不但使得因為主將慘死造成的低落士氣得以恢復，而且還因為軍令大得人心，使得士兵在感恩之餘勇氣倍增。

隨後，信陵君率領整頓好的魏軍直撲邯鄲城下。此時，春申君黃歇率領的十萬楚軍也已經到達邯鄲城外。秦國的鄭安平率領的五萬秦國援兵也在不久後到達。雙方的總決戰拉開序幕。

公元前 257 年冬，大戰開始。信陵君率魏軍從西面進攻，春申君率楚軍從東面進攻，邯鄲城內殘存的趙軍也全軍出動，從城內向外進攻。秦軍最早到達的士兵，此時征戰已經兩年多了，早就身心俱疲，怨聲載道。再加上長時間的攻城戰，卻一無所得，軍心也早就渙散，現在又被魏、楚、趙三面夾攻，很快就全線崩潰，四散奔逃。

王齕回天乏力，只得率領部分精銳士兵殺出重圍，向西急退數百里，直到汾城，才勉強站住腳跟。王齕知道三國聯軍不會善罷甘休，急忙命令兵將構築防線，準備迎接聯軍的反攻。此時查點剩下的秦軍，已經是死傷無數了。其中最倒霉的就是鄭安平率領的一支軍隊。鄭安平來到前線時間很短，可以說還沒徹底弄明白事態的發展，就趕上了四國軍隊的總決戰。偏偏他率領兩萬秦軍在城南駐防，戰鬥開始不久，就被從邯鄲城中衝出的趙軍團團包圍。鄭安平突圍無果，勉強防守，不久又糧草斷絕，再加上得知秦軍主力失敗，已經退走的消息，意味着這支軍隊已經被主力部隊拋棄，軍心浮動。鄭安平無奈之下，全軍投降。

三國聯軍乘勝追擊，兵鋒直指汾城。鬥志全無的秦軍不是對手，再次大敗，直接敗退到河西，隔河對峙。聯軍收復河東六百里之地，聲威大震。秦昭襄王迫於無奈，不得不派遣使者講和，表示願意割讓當初侵佔的各國土地，和三國講和。

至此，邯鄲之戰以秦國的大敗而告終。趙孝成王率領着平原君等重臣，親自到邯鄲城外迎接信陵君，對信陵君感激不已。

魏安釐王可是氣憤不已。信陵君讓如姬偷盜兵符，殺死晉鄙，私自用兵，救趙拒秦，這一樁樁一件件都讓他惱怒異常。救了趙國，功勞和聲譽都是信陵君的，可將領、兵馬的損失和將來的後果都是自己要承擔啊，得罪了秦國不說，趙國那邊也一點不知自己的情。信陵君也知道這次是徹底得罪魏安釐王了。在救援趙國成功後，信陵君讓手下將軍帶領着魏國軍隊回國，自己則和門客留在了趙國。趙孝成王和平原君當然是熱烈歡迎。趙王還將鄗地封給信陵君，讓信陵君落腳。

信陵君的回歸 | 77

信陵君在趙國安身後，繼續四處尋找賢士。早在魏國的時候，他就聽說過邯鄲城有兩位大賢毛公和薛公。這兩位大賢也確實是特立獨行，一位表現出來的就是個爛賭鬼的形象，另一位則是酒店跑堂的伙計。

信陵君倒是不在意這些，興衝衝前往求見。不成想二位還躲了起來，避而不見。信陵君也不氣餒，打聽到二位的藏身之處，悄然前往，總算見到了二位賢士。一番交談，三人都很高興。信陵君就將二人招攬過來，做了自己的門客。

平原君聽聞此事，對信陵君的行為表示不理解，認為信陵君與賭徒、酒店伙計之類的人交往大失身份，並將這個話和自己的夫人，也就是信陵君的姐姐説了。估計是希望姐姐勸勸弟弟，讓他注意自己的行為舉止。

信陵君聽聞既失望又憤怒：「我一直認為平原君賢德，所以才不惜背棄魏王，領軍救趙。沒想到他是這麼淺薄的人，看來他和人交往，只是為了炫耀自己的富貴而已，根本不是甚麼真的求賢。毛公和薛公的大名，我在魏國就早有耳聞，現在我去拜訪，唯恐他們不願見我。能和他們交往，我已經欣喜異常。而在平原君眼裏，居然把和他們交往看做是恥辱。看來平原君這個人，才是真的不值得交往。」信陵君説完，就準備收拾行裝，離開邯鄲，甚至離開趙國。

平原君聽完夫人的轉述，又慚愧又懊悔，急忙去信陵君府上請罪、道歉，希望信陵君原諒自己的冒犯。最後，信陵君總算重新安頓下來。後來，平原君手下門客聽聞此事，很多人離開平原君，歸附到信陵君門下。由此一事就可以看出，信陵君高出平原君不止一籌。

信陵君常駐趙國，幾近十年不回魏國，秦國看出機會，開始持續對魏國用兵。魏安釐王抵擋不住秦軍的入侵，連連敗北，不得不派人去趙國，請信陵君回國。信陵君擔心魏王恨怨自己，堅決不同意回國。後來索性下達命令：「有敢替魏王的使者通報的，直接處死。」眾門客本來就大多是隨同信陵君從魏國來到趙國的，基本都算是叛逆身份，所以也就沒甚麼人去勸信陵君返回魏國。

這時，毛公和薛公一起來見信陵君，勸説他回國：「公子之所以在趙國備受人尊重，是因為有魏國的存在啊。如今秦國持續進攻魏國,魏國正處於危急關頭,公子怎麼能不管不顧呢?假如秦軍攻破大梁城,夷平您祖先的宗廟,公子您還有甚麼臉面活在世間呢?"

信陵君聽聞,面色蒼白,嚇出一身大汗,急忙吩咐手下門客立刻準備行裝,星夜兼程地返回魏國。這一年是公元前 247 年。

分別將近十年的兄弟二人見面,尤其是在這危機時刻,真情實感流露,抱頭痛哭,前嫌盡釋。魏安釐王封魏無忌為上將軍,全權掌管魏國軍隊。信陵君也是不負安釐王厚望,上任之後,先是整頓軍隊,然後向各諸侯國派出使者,商談合縱抗秦之事。因為信陵君在各諸侯國中名望素著,加上各國也都將秦國視為頭號大敵,所以趙、韓、楚、燕紛紛響應。

信陵君率領五國聯軍與秦軍一場大戰。先是在黃河以南,大敗秦國名將蒙驁,打得蒙驁狼狽而逃;再率領聯軍一直攻至函谷關下,打得秦軍關門緊閉,不敢迎戰。五國聯軍駐守函谷關下,商議如何打破函谷關,直搗咸陽城。但是因為函谷關易守難攻,所以短時間內也是無計可施。

此時秦昭襄王已死,秦國的國君已經換上了秦莊襄王。莊襄王忌憚信陵君,派人前去魏國實施反間計,四處散佈信陵君要當魏王的消息。這次的反間計實行起來非常容易,因為已是遲暮之年的安釐王雖然召回信陵君,但一直還是擔心自己這位弟弟會不會篡位。現在,聽聞這些的謠言,便更加懷疑,於是派其他將領替換了信陵君。五國聯軍迅速解散,五國攻秦計劃失敗。

信陵君大感失望,心灰意冷,從此再不上朝,每日裏沉溺於酒色之中。四年之後(公元前 243 年),魏無忌死於酒色過度。一代人傑,慘淡收場。魏安釐王也於同年死去。又過了十八年,也就是公元前 225 年,秦滅魏。

范雎之死 | 78

邯鄲之戰，秦國大敗，喪師失地，加上鄭安平投降趙國，秦國遭受了巨大的、傷筋動骨的損失。不過到底是經濟、軍事實力都位居各國之首的秦國，硬是承受住了這場傷害，沒有幾年時間，就慢慢恢復了過來。

當然，這麼大的失敗，得追究相關人等的責任。按照秦國法令，凡是自己舉薦的官員犯了罪，這個舉薦人也要按照同樣罪名受到懲罰。因為鄭安平是范雎舉薦的，現在鄭安平犯了叛國罪，投降了敵國，再加上前面錯失滅亡趙國的機會，又讒言逼死白起，數罪并罰，范雎應被滅族。范雎也非常害怕，跪在昭襄王面前請罪。可秦昭襄王對范雎是寵信如故，不但不怪罪，為了安慰范雎，還賞賜給他很多東西，同時下令："再有敢於議論鄭安平投降一事者，一律按照鄭安平的罪名治罪。"嚇得群臣都閉上了嘴。范雎自然是感激涕零。

可是禍不單行，這件事剛剛過去兩年，也就是公元前 255 年，范雎舉薦的河東郡守王稽，因為與其他諸侯國勾結，被以叛國罪誅殺。雖然秦昭襄王這次還是沒有怪罪范雎，但是對他已經沒有原來那麼信任。范雎也是感覺越來越懊喪，甚至恐懼。正在這時，燕國人蔡澤來遊說范雎了。

蔡澤，生卒年不詳，能言善辯。為了謀求一個好出路，也曾經周遊列國，可都沒有受到重視。正在窮困潦倒中，聽到范雎推薦的鄭安平和王稽接連犯下大罪的消息，便趕來秦國，勸說范雎應該功成身退。

蔡澤用自然界有四季更替，完成自己的使命就應該自動退去的道理勸說范雎。同時指出，越國的文種、楚國的吳起、秦國的商鞅等人就是不明白進退之道，最後才落得慘死收場。終於，蔡澤"功成名就之下，是不能長久留戀"的道理說服了范雎。

　　幾天之後，范雎主動向昭襄王辭職，藉口身體有病，請求辭去國相的職位，同時推薦蔡澤，說他有大才。秦昭襄王一面挽留范雎，一面召見蔡澤。見過蔡澤後，秦王頗為欣賞，就將他留了下來，暫時授予客卿的職位。

　　接下來，范雎再次請辭，昭襄王見他去意已決，也就同意了，任命蔡澤接替范雎的職位。范雎辭官後回到自己的封地，沒過多久就病死了。這時是公元前 255 年。

　　說起來，范雎對於秦國功過各半。他提出的“遠交近攻”的策略方針，為秦國確立了正確的戰略方向，給後來統一天下奠定了基礎。秦國在邯鄲之戰失敗後，痛定思痛，堅決執行起這個方針，其最明顯的一點就是徹底交好了齊國，使齊國在接下來的幾十年裏，基本處於和秦國結盟的狀態。秦國的精明加上齊國君主的糊塗，使得秦國可以完全放棄對齊國的防範，全心全意經營其他五國。最終在滅掉五國之後，再輕鬆滅掉了齊國。這些，都包含了范雎的功勞。也正是因為如此，昭襄王才一次次容忍范雎所犯下的錯誤，使其得以善終。同時，又可以說，是范雎阻礙了秦國統一的步伐。如果長平之戰後直接滅趙，說不定秦國能更早統一天下。

　　至於那位蔡澤，倒是比較善於保護自己，在當上秦國相國僅僅幾個月之後，因為被人攻擊，擔心政治鬥爭失敗有生命危險，主動提出辭職，交回相印。秦昭襄王對他也算不錯，雖然收回了相印，卻也封他為綱成君。蔡澤居住在秦國十幾年，平安無事。直到秦王嬴政時，還曾經以秦國使者的身份出使過自己的故國燕國。關於蔡澤，有件大事尤其值得一提，正是在他擔任相國期間，秦國滅亡了周朝。

周王朝的徹底滅亡 | 79

自從平王東遷後，周天子的地位就越來越差。到了戰國中後期，更是一落千丈，周天子連個傀儡都算不上了。因為作為一個傀儡，至少表面上還是天下共主，還有諸侯前來覲見，或者打着"尊王"的旗號爭做霸主。而這時的周天子呢？基本處於沒有人理睬的狀態。

歷代周天子當然也不甘心就這樣被諸侯拋棄，所以也不時地挑起一些事端，顯示一下自己的存在。不過一來能力有限，二來內部糾紛頻頻，所以縱觀整個東周時代，也找不出幾個算得上有能力的周天子。其直接結果就是，周朝的統治越來越走向滅亡的深淵。不過因為對各諸侯國沒甚麼威脅，同時，誰也不願意承擔殺死周天子的罵名，所以大家對周天子基本處於視而不見，放任自流的狀態。

周赧王是周朝的最後一任國君，一共做了 59 年天子。這在整個中國歷史上，做國君的年數都可以排在前幾名了。可惜的是，他雖然做天子的時間足夠長，但是日子卻過得實在悲慘，因為他連一塊直屬於自己的地盤都沒有了。周天子直屬的那一小塊地盤，已經被東周公和西周公給瓜分了。

這裏的東周公和西周公，是周天子下屬的兩個極小無比的小諸侯國的君主，這兩個小諸侯國就分別稱為東周國和西周國（和西周、東周整個朝代不是一回事）。其中，西周國是周考王在公元前 440 年分封給自己弟弟的，東周國是後來從西周國又分裂出來形成的。到了周赧王時期，西周公把持着洛邑，東周公佔據着鞏邑。而那位可憐的周赧王，就寄居在西周國，過着寄人籬下的生活。同時，別看東周國和西周國是兄弟之國，而且弱小無比，卻時不時地打來打去。周赧王也是束手無策。

公元前 256 年，也就是周赧王五十九年，秦攻韓。西周國本來是秦國的附屬國，現在看秦國出兵，西周公卻又害怕秦國會趁機滅掉自己，於是背叛了秦國。此時，恰好楚國派使者前來遊說周赧王，讓他以天子的名義聯合天下各諸侯討伐秦國。而此時的秦國，正是剛剛經歷過邯鄲之戰的慘敗，國力最為衰弱之時。

面對着如此良機，周赧王毫不猶豫地應承下來，同時命令西周公召集西周的全部軍隊，一起進攻秦國。然而以周赧王的聲望和能力，怎麼可能辦得成此等大事？結果就是，聯軍給秦國造成的損失有限，卻徹底激怒了秦國，於是派軍攻打周天子。面對強秦，聯軍一鬨而散。但是其他諸侯國能跑，西周公跑不了啊。不得已，西周公前去秦國請罪，最後不得不將自己全部的國土和子民獻給秦國，才算勉強平息了秦國的怒火，將西周公放回。

寄居在西周國的周赧王這下日子更不好過。時隔不久，就窩窩囊囊地病死了。那位被放回來的西周公，也沒活多久，到了第二年，也就是公元前 255 年，也病死了，屬下民眾紛紛逃亡。

在蔡澤的建議下，秦昭襄王收取了象徵天下的九鼎和周王朝積存的珍寶，並且不立新王。周朝徹底滅亡。七年後，也就是公元前 249 年，秦莊襄王滅掉東周國。至此，周王朝在世間的最後一點痕跡，也消逝於歷史長河之中了。

周朝，是繼夏朝、商朝之後的第三個朝代，也可算是中國歷史上統治時間最長的一個朝代。因為周朝建立的時間一直存在爭議，所以其統治時間的說法也就不一致。現在主要的觀點為公元前 1046 年至公元前 256 年，共計 791 年。

廉頗老矣，尚能飯否？ | 80

邯鄲之戰勝利後，趙國總算是得到了一點喘息的機會。趙孝成王認識到廉頗的重要性，越來越倚重他。

　　然而，各諸侯國之間可不是一直這麼融洽，仍然在不斷發生着規模或大或小的戰爭，今天你打我，明天我打他之類的戲目不斷上演。燕國和趙國也是矛盾重重，時敵時友。公元前251年，燕國國君燕王喜先是派相國栗腹出使趙國，與趙國結盟，並帶去五百金的重禮。不成想，栗腹回到燕國後，不顧剛剛結成的盟約，反而勸燕王出兵攻打趙國。其理由是，趙國青壯年大多慘死於長平之戰，現在正是空虛之時。

　　燕王喜不顧一些大臣的反對，悍然派兵攻打趙國。由這件事就可以看出，當時各國之間的盟約是多麼脆弱。為了確保成功，燕王喜派遣兩路大軍，出動兩千輛兵車，命栗腹率一軍攻鄗城，另一重臣卿秦率一軍攻代城。

　　趙孝成王大怒，命廉頗率軍迎擊栗腹，命樂乘率軍迎擊卿秦。此一戰，趙軍人少，燕軍人多勢眾，所以燕軍頗為輕視趙軍。廉頗就利用燕軍輕敵且遠路而來，急於求勝的心理，迎頭痛擊，在鄗城將燕軍殺得大敗，並將燕軍主將，那位挑起這次事端的栗腹，斬殺於陣前。樂乘也在代城擊敗卿秦率領的燕軍，活捉了卿秦。接下來，廉頗率趙軍長驅直入，追逐燕軍敗兵五百里，直接殺到燕都薊城之下，並將薊城包圍。

　　偷雞不成蝕把米的燕王喜懊悔不迭，急忙求和，最後以割讓五座城池的代價，趙國才答應講和撤軍。經此一敗，本來就比較弱小的燕國更加衰弱。

　　與之相反，趙國上下則是歡欣鼓舞。趙孝成王封廉頗為信平君，把尉文賜給他做封邑，又任命廉頗為相國。後來，廉頗又多次為趙國取得軍事上的勝利。趙國似乎又有了一絲重新崛起的架勢。

　　公元前245年，趙孝成王去世，其子趙悼襄王即位。在趙悼襄王還是太子的時候，廉頗曾經得罪過他最寵愛的臣子郭開，所以在趙悼襄王即位後不久，郭開就誣陷廉頗有不臣之心。廉頗在趙國為將四五十年，功勳卓著，威望極高，頗有些功高震主的架勢。趙悼襄王本來就擔心廉頗不服自己，疑心重重，現在聽到郭開一說，立刻藉着這個由頭，解除了廉頗的軍職，並以樂乘代之。

此時廉頗正領軍在外，聽聞此事，大怒。性格本來就有些莽撞的廉頗，直接帶領人馬，向前來接替自己的樂乘發起攻擊。樂乘哪裏是廉頗的對手？被打得狼狽而逃，跑回邯鄲告狀去了。出了胸中這口氣的廉頗也明白自己惹下了塌天大禍，繼續留在趙國將是性命不保，於是帶領少數親信逃離趙國，來到魏國。

此時的魏國，信陵君正自我放逐，終日沉迷酒色，不理朝政。安釐王本來就不是個有作為的君主，加上已經暮年，雖然將廉頗收留下來，但是並不信任，也就沒有重用。廉頗困居大梁城內，無所事事。

接下來，因為秦國頻繁進攻趙國，而此時的趙國，除了一個李牧善於用兵外，缺少能征慣戰的將領，趙悼襄王又想起了廉頗。廉頗呢？也頗有再回趙國的想法。於是趙悼襄王派使者帶着禮物來魏國探問廉頗，主要是想看看他還能不能領軍上陣。然而，郭開唯恐廉頗再次得勢，暗中收買了使者，讓他在趙王面前說廉頗的壞話。

廉頗為了顯示自己年紀雖老，雄風猶在，特意當着使者的面，一頓飯吃了一斗米、十斤肉，然後全身披掛，手持兵刃，上馬操練了一番。使者見狀，當然是連連稱讚。然而，當使者回到趙國，在趙悼襄王面前回覆時，卻稍稍變動了一點：「廉頗將軍雖然已經老了，但是飯量很好，力氣也很大，也能披掛上馬。不過和我坐在一起的不長時間內，就拉了三次屎。」

趙悼襄王一聽，這還是老了，不中用了啊。於是絕了重新啟用廉頗的念頭。就這樣，廉頗失去了最後一次為趙國效力的機會。趙國也最終失去了這員傑出的將領。

後來，楚國聽說廉頗困居魏國，派人悄悄將他接走，任命為將。不過廉頗在楚國似乎沒有甚麼作為，在抑鬱不樂中，病死於壽春。

自此，趙國越發衰弱。雖有名將李牧努力支撐，奈何大廈將傾，獨木難支，更何況昏君佞臣當道，李牧的一切努力，只不過稍稍減緩了趙國走向滅亡的速度。更加悲哀的是，李牧後來也被害死。

數年後，趙國滅亡。

南宋著名詞人辛棄疾在《永遇樂・京口北固亭懷古》中，引用了廉頗的事跡，其"憑誰問，廉頗老矣，尚能飯否？"之句，道盡胸中無限感慨，千古流傳。

儒家弟子，法家名師 ｜ 81

戰國末期，儒家學派又出了一位堪稱大儒的人物，他被史書稱為儒家"集大成者"，但是又遭到大量儒家學者的抨擊，甚至被懷疑其是否屬於儒家學派。這位備受爭議的人物，就是荀子。

荀子，生卒年約為公元前 313 年—公元前 238 年，名況，字卿，趙國人。作為儒家大師的荀子，其老師是誰，史書上記載不詳。不過荀子學識非常廣泛，這一點是毫無爭議的。從荀子的學術觀點及文章著作中我們可以看出，他的思想集合了多家學派，主要觀點既和當時流行的眾多學派有碰撞，又有很多的相輔相成、融會相通之處。荀子還是第一個使用"賦"這種文體的名稱和用問答體寫賦的人，所以，他和屈原一起被稱為"辭賦之祖"。

荀子曾經遊學於齊國，三次擔任齊國"稷下學宮"的祭酒。"稷下學宮"是戰國時期齊國官辦的高等學府，因為位於齊國都城臨淄的稷門附近而得名。著名的"百家爭鳴"，就是以稷下學宮為中心發展起來的。稷下學宮最盛時，曾經容納了當時"諸子百家"

中幾乎所有的學派，著名的賢士多達千人。"祭酒"這個職位相當於學宮之長，可見荀子當時學識及名望之高。

荀子還曾經到達過秦國、趙國，對於這兩個國家的政治、軍事，也都留下過見解。

荀子曾兩次去楚。公元前 255 年前後，春申君黃歇任命荀子為蘭陵令，不久有人向春申君進讒言，荀子被免職。荀子離開楚國，到了趙國。再過不久，又有人批評春申君，認為荀子是天下著名的大賢，你怎麼能不用呢？於是春申君又後悔了，再派人把荀子請了回來。此後，荀子一直擔任蘭陵令，直到公元前 238 年春申君死後，年邁的荀子也才卸任。時隔不久，老死於蘭陵。

在人性問題上，荀子主張"性惡論"。所謂"性惡論"並不是說人生來就都是壞蛋，或者說可以隨意作惡，而是認為人類作為一種生物，其本性中具有"惡"的道德價值，這是一種生物的生存本能。荀子恰恰是因為認識到這種先天的、與生俱來的"惡"，才強調道德教育的必要性，也就是後天學習的必要性。這和孟子提倡的"性善論"既對立，又相輔相成。

荀子最特別的地方在於，作為儒家大學者的他，卻教出了兩個法家代表人物：韓非、李斯。他的這兩位弟子在歷史上的名氣，甚至超過了老師。

韓非，法家代表人物，法家思想集大成者，被尊稱為韓非子；李斯，秦始皇時秦國丞相。而且，這兩位弟子都不怎麼待見儒者。韓非子在其名篇《五蠹》（就是五種社會的蛀蟲）中，將儒家學者稱為五種社會蛀蟲之一。秦朝建立後曾大規模焚毀包括儒家經典在內的百家之書，而最早提出這個主張的，就是李斯。也正是因為這兩位弟子的緣故，荀子的大儒身份才一再被質疑。

荀子的著作集就是同名的《荀子》一書。最為我們熟悉的是其中的《勸學》篇，其精彩名句廣為流傳，發人深省。

傳奇**呂不韋** | 82

　　春秋戰國時，各國之間為了取信於對方，在結盟的時候，經常會將國君的兒子、孫子或者國君一脈的族人，送到其他國家做人質。有時是單方面的送質，有時是雙方互相送質於對方。送出去的人質，當然存在着相當程度的危險。如果兩個國家徹底翻臉了，人質難免會被殺掉。所以一般來講，送出去的人質都是國君不怎麼重視，不怎麼在意的孩子。當然，有時候，形勢需要，也要送重要的人質出去，甚至包括太子。

　　具體到秦國來說，秦昭襄王即位之前，還是公子稷時，並不為國君秦惠文王看重，就曾經被送到燕國做人質，在兄長秦武王死後，回國即位。秦昭襄王在位長達 56 年（公元前 306—公元前 251 年在位），很早就立長子為太子，史稱悼太子，後來被送到魏國為質。公元前 267 年（秦昭襄王四十年），悼太子死於魏國。公元前 265 年，昭襄王立次子安國君為太子，這就是後來的秦孝文王。

　　安國君子嗣有二十多人，其中有一位排位在中間的孩子，名字叫異人。因為這位公子異人的母親不受安國君的寵愛，連帶着公子異人也不受父親待見。一次，因為需要，被派去趙國做質子。

　　這一時期，秦國和趙國之間戰爭不斷，所以公子異人在邯鄲的待遇可想而知。加上公子異人本身又不受安國君重視，秦國也不怎麼給他撐腰和資助，所以，他在趙國的日子相當艱難，生活困窘。

　　艱難時刻，救星出現了，這個人叫呂不韋。

奇貨可居

　　呂不韋，生卒為公元前 292 年—公元前 235 年，衛國濮陽人。以經商為業。

　　呂不韋是個商業奇才，眼光敏銳而獨到，加上勤奮努力，常年行走於各國各地，沒用多少年時間，就聚集起巨萬家資，成了當時的一大富豪。但是因為當時商人的地位極其低下，所以呂不韋雖然很有錢，但是總感覺還是很不如意，一直在尋找着出人頭地的機會。

一次，呂不韋去趙國邯鄲城做生意，無意間見到了落魄的秦國公子異人，從一個精明商人的角度認為，這可是一件奇貨，值得大規模投資。這裏的意思是，異人就是一件奇特的貨物，可以先囤積起來，等待合適的時機，再高價賣出去。這就是成語"奇貨可居"的出處。

當然，這對於呂不韋來說，也是一場真正的冒險和賭博。賭贏了，當然是騰雲直上，達到一個商人之家永遠達不到的高度；賭輸了，很有可能會傾家蕩產，一敗塗地，甚至會搭上身家性命。王位之爭，歷來就是血腥的；家破人亡的例子，比比皆是。

不過，這些風險，對於頗有冒險精神的呂不韋來說，並不是十分在意。做生意還有賠有賺呢，更何況這是關係着一任國君，而且是最強大的秦國的國君。只要想想，能把秦國的未來國君當成一件貨物一樣買來賣去，就讓呂不韋感覺熱血沸騰。是啊，古往今來，又有誰有這麼大的魄力，這樣的能力，能將世上最強大國家的君主當成貨物，當成自己進身的階梯呢？這可是在謀劃一個國家啊！

當然，對於現在的公子異人來說，和秦國君主的位子還差着十萬八千里呢。但是經過和他的簡單接觸，呂不韋堅信，自己的眼光不會看錯，別看公子異人現在境遇不佳，但是很有政治頭腦。只要自己運作得當，成功的希望很大。

呂不韋將這件幾乎不可能完成的任務，當成了對自己的一大挑戰。成功的目標是讓公子異人登上秦國國君的寶座。當然，要想達成這個目標，以呂不韋的能力和身家，也必須全力以赴。而要想全力以赴，必須先統一思想，和家裏人達成共識。於是呂不韋回到家中，和自己的父親商量。

呂不韋問他的父親：「如果是耕田的話，其投入和收穫相比，可以獲利幾倍呢？」父親回答：「十倍。」

呂不韋再問：「那麼販賣珠玉珍寶，獲利幾倍呢？」

父親再答：「百倍。」

呂不韋第三次發問：「如果擁立一個國家的君主，獲利多少呢？」

「無數倍，可以澤被後世，沒有窮盡。」

得到父親的答案後，呂不韋將自己要做的事情說出，和父親取得共識，正式開始買賣國君的運作。

謀國之第一步，先買個公子

下定決心的呂不韋開始運作。第一步，當然是要說服公子異人和他達成同盟。然而，不管怎麼說，雖然異人不受自己的父親重視，但畢竟是秦國的公子，身份、地位擺在那裏，而且異人的智商也不低，作為一個商人的呂不韋，要想說服他也不是那麼容易的。好在現在公子異人在難中，不然的話，以呂不韋商人的身份，想要見到他都不容易。

一次，呂不韋在單獨和公子異人見面時，直截了當地對他說：「我能光大你的門庭。」其潛台詞就是，只要你和我合作，我能幫助你登上國君的寶座。沒想到公子異人根本不相信，或者說有些瞧不起商人身份的呂不韋，頗含諷刺意味地笑着說：「你還是先光大一下你自己的門庭，然後再來幫助我光大門庭吧。」意思就是，就憑你現在低微的商人身份，還想幫助我得到國君的位子？你要真有本事，還是先提高一下自己的身份地位，等你至少成了貴族，再來說幫我的事吧。

呂不韋倒沒介意，順着公子異人的話說：「我的門庭，要等你的門庭光大了之後才能光大。」這話，一是在表忠心，二是在談條件，而且，是公子異人不能拒絕的條件。其意思就是，別看我只是個商人，但是我可以盡全力幫助你登上國君的位子。等你成為國君之後，你再給我回報，在此之前，你不需要付出任何代價。所以合作一事，對你來說有百利而無一害。至於說最後如果沒有成功，那公子異人也沒甚麼害處，因為他自己也明白，國君的位子根本沒自己甚麼事。當然，那樣的話，呂不韋是大賠特賠，但是對公子異人來說，還是沒甚麼損害。況且，以公子異人現在這個狀況，生命隨時都有可能無法保全，還有甚麼比這更糟糕的呢？

明白過來的公子異人接受了呂不韋的提議，兩個人坐下來，開始正式商談。

呂不韋為公子異人分析當前形勢：「你的爺爺（秦昭襄王）年紀已經很大了，你的父親安國君現在是太子。雖然昭襄王死後，一定是你父親即位，但是你的地位還是很危險。一個是，在你父親的兒子中，你排行中間，你的母親又不受寵，所以你很難和其他兄弟爭奪太子之位。而且，你常年以質子的身份住在趙國，而秦國又經常和趙國發生戰爭，一旦秦趙之間發生大規模的戰爭，別說太子之位，就是你的性命能不能保全都兩說。」

公子異人也明白自己的處境，無奈點頭，詢問呂不韋解決的辦法。

呂不韋繼續說到：「我聽說你的父親安國君最寵愛華陽夫人，而華陽夫人卻沒有自己的親生兒子。但是因為華陽夫人很受寵愛，所以在選立太子一事上，她的話能起很大作用。所以你要想爭奪太子之位，必須從華陽夫人身上下手。」「當然，要想運作成功這件事，需要花費很多錢財。這一點你無需擔心，雖然你現在生活困窘，但是我可以替你出錢運作這件事。如果公子信任我，那麼我可以先去秦國，交好安國君和華陽夫人，讓他們先將你召回秦國。然後你可以認華陽夫人為母親，接下來你在安國君和華陽夫人面前再好好表現一番，就有希望被立為太子了。"

異人公子被呂不韋的計劃折服，拜謝於地，當場表示，如果自己藉助呂不韋的幫助，將來能登上國君之位，願意將整個秦國拿出來和呂不韋共享。

和公子異人商量好，也就是說，將公子異人這件奇貨買下來之後，呂不韋開始全方位運作，誓要將他的價值提升到最高處，就是將他捧到國君的位子上，然後出手，獲取最大利潤。也就是公子異人承諾的，與其共享整個秦國。當然，任何一位國君說的這類的話，都不能當真。不過，即使再打折扣，收穫也是巨大的。

接下來，呂不韋先拿出五百金交給公子異人，作為他在趙國日常生活的開銷。畢竟公子異人現在落魄得幾乎快到吃不上飯的程度了。要想將來獲得最大收益，必要的投入是必須的，不光是達成戰略同盟，還要盡可能交好。公子異人當然是感激涕零。

然後，呂不韋又拿出大量錢財，購買了很多奇珍異寶，自己帶着，奔赴秦國去遊說，營造一個有利於公子異人的環境。

謀國之第二步，立公子為繼承人

呂不韋的第一個目標，是華陽夫人的弟弟陽泉君和她的姐姐，目的是通過他們向華陽夫人示好，最後結成戰略同盟。

呂不韋見到陽泉君後，先獻上一份重禮，然後採用了非常老套卻也非常有效的開場白："閣下可知，你就要大禍臨頭了。別看你現在手下門客眾多，位高權重，府中珍寶、駿馬、美女不可勝數，可實際上你已經危如累卵，生死就在旦夕之間了。"陽泉君當時就被嚇住了，急忙詢問原委。

呂不韋繼續嚇唬："現在國君年事已高，一旦駕崩，太子就會即位。按說，太子是你的姐夫，他當上國君，你的地位將更加穩固，可惜事實上恰恰相反。因為你的姐姐華陽夫人沒有親生兒子，而安國君比較欣賞公子子傒。一旦子傒當上太子，或者將來即位為國君的話，他一定會重用自己的親信。到那時，華陽夫人的門庭必將蕭條冷落，你現在擁有的這一切榮華富貴也將化為烏有。"

陽泉君被徹底嚇住了，急忙站起身來，向呂不韋恭敬施禮，求教解決的方法。

呂不韋不緊不慢地道出來意："現在正在趙國做質子的公子異人，為人德才兼備，知恩圖報。可惜，其一，其生身母親不受寵愛，王宮中沒有庇護之人；其二，困在危險的趙國，每日翹首以盼回歸秦國，卻身不由己，無能為力。如果華陽夫人能在安國君面前進言，將公子異人從趙國召回，然後立其為繼承人。公子異人必定感念華陽夫人的恩德，一定會像照顧親生母親那樣侍奉華陽夫人。這樣一來，沒有兒子的華陽夫人相當於有了親生兒子，公子異人在王宮中也有了依靠。而對於你來說，不也就平安無事，能永享榮華富貴了嗎？"

陽泉君被說服了，徹底站在了呂不韋這一邊。

接下來，呂不韋又說服了華陽夫人的姐姐，讓她幫着自己說服華陽夫人。

呂不韋見到華陽夫人後，還是先用重禮開道，然後極力描述了一番公子異人對安國君和華陽夫人的感情和思念，表示公子異人願意像侍奉親生母親那樣永遠孝順華陽夫人。陽泉君當然也一直在替公子異人說好話。華陽夫人非常高興，開始琢磨和公子異人聯手的可行性。

這時，華陽夫人的姐姐也來勸說自己的妹妹："我聽說，以色事人者，色衰而愛馳。"意思就說，靠着美色來侍奉別人，得到寵愛的人，一旦年華老去，容貌不再，其受寵愛的程度必然隨之減少。她接着說："雖然你如今在安國君面前很受寵愛，但是你要想想，你畢竟沒有親生兒子。一旦年華老去，你現在的一切都將不保。所以我勸你應該先在安國君的眾多兒子中，挑選一個可靠、有才能又孝順的，然後你要像對待自己的親生兒子那樣照顧他，再想辦法讓安國君立他為繼承人。那樣，安國君健在的時候，你能得到尊重，安國君去世後，自己立的兒子即位，你不還是一樣能享受到現在擁有的一切嗎？這可是只用説一句話，就能得到萬世的好處啊。" "我聽説公子異人就很不錯，很有才華。同時因為排行在中間，而且生母不受寵愛，所以本來沒有成為繼承人的資格。如果你能幫助他成為繼承人，他一定會主動依附你，像親兒子一樣侍奉你的。這樣，你的一生都將受到尊崇。"

華陽夫人被説服了，於是開始在安國君面前替公子異人説好話。安國君確實非常寵愛華陽夫人，聽了她的話之後，很快就決定和華陽夫人一起刻下一枚玉符，認可公子異人為自己的繼承人，又派人給公子異人送去很多禮物，並準備在合適的時機接他回國。然後，安國君又請呂不韋以公子異人老師的身份，陪伴在他身邊，並不時教導他。

秦國事情暫時告一段落，呂不韋離開咸陽，返回邯鄲。

經過這一番折騰，公子異人的身份大為提高，在諸侯間的名聲也越來越大。雖然仍然在趙國做質子，但是日子越來越好過了。

秦始皇嬴政是誰的孩子？

境遇慢慢好轉的公子異人，開始有心情享受生活。

呂不韋身邊有一個絕美而且非常善舞的姬妾，名字叫趙姬。在一次家宴上，呂不韋讓趙姬給大家獻舞。公子異人一下就被趙姬迷得魂不守舍。於是藉酒蓋臉，向呂不韋討要趙姬。呂不韋開始有點捨不得，轉念一想，自己投入了大量金錢和精力，為的就是討好公子異人並幫助他上位，何苦為了一個姬妾得罪他呢？於是就答應了。

公子異人欣喜異常，對呂不韋當然是更加感激。不到一年時間，也就是公元前 259 年年初，趙姬給公子異人生下一子，取名為政，這就是後來著名的秦始皇嬴政。異人將趙姬立為夫人。

正因為趙姬開始時是呂不韋的姬妾，後來才跟隨的公子異人，因此被後世的各種野史、小說繪聲繪色地描繪成：呂不韋所要的謀國，並不只是單純幫助公子異人上位，然後自己獲得高官厚祿，而是要用自己的血脈，替換掉秦國王室血脈。所以，這裏呂不韋先是讓趙姬懷上自己的孩子，然後找機會將她送給異人。這樣，趙姬生下的孩子，名義上是公子異人之子，是秦國王室血脈，實際上是呂不韋的親生骨肉。接下來呂不韋再將公子異人推上秦國王位，在其死後，由嬴政即位。這樣，實際上就是呂不韋的後代取代了秦國王室血脈做了秦國國君。甚至於太史公司馬遷在《史記‧呂不韋列傳》中也說：“呂不韋取邯鄲諸姬絕好善舞者與居，知有身。子楚（公子異人）從不韋飲，見而說（悅）之，因起為壽，請之。呂不韋怒，念業已破家為子楚，欲以釣奇，乃遂獻其姬。姬自匿有身，至大期時，生子政。子楚遂立姬為夫人。”那麼，這件事的真實性如何呢？仔細分析一下的話，可能性很低。

首先，秦國王室和異人都不傻，古往今來幾乎所有的王室都非常注重血脈的純正，尤其像嬴政這樣出生在王宮之外的子弟。所以，即使當時沒有像現在這樣嚴格的 DNA 檢測手段，也一定有原始的檢測手段和辦法，尤其是在競爭王位繼承人的時候。畢竟異人也不是只有一個孩子，而且異人還有二十多個兄弟，姪子之類的就更是數不勝數了。

其次，對於呂不韋來說，風險太大，收益不確定。如果是呂不韋刻意要如此做，那麼要先確認趙姬懷孕，然後還需要在最短的時間內，找個合適的藉口，將趙姬送給公子異人，但是時間問題還是解決不了。懷孕是有具體時間的，這個時間一算就能知道。而呂不韋又不是神仙，能讓自己的孩子晚出生一段時間。

即使前面這些都沒問題，也只有一半的成功概率，因為這裏還有個生男生女的問題呢。再者說，即使前面都瞞過去了，萬一生出來的孩子長得不像公子異人，而是非常像呂不韋的話，同樣是不打自招。呂不韋再能算計，也不可能算出將來孩子的長相。而一旦讓當上國君的異人知道這個孩子是呂不韋的後代的話，那呂不韋前面所作的一切都將付諸東流，甚至會被滅族。所以對呂不韋來說，風險太大，不值得。而維持好和異人的關係，將來能封侯拜相，已經是極大的收穫了。畢竟對於一個身份、地位極低的商人來說，封侯拜相已經是無上的榮光了。

那麼是不是像一些小說、電視劇裏那樣，呂不韋能掌控公子異人，使他即使知道了所謂的真相，也不敢拿自己怎麼樣呢？更不靠譜。我們看看呂不韋的結局就知道了："秦王恐其為變，乃賜文信侯書曰：'君何功於秦？秦封君河南，食十萬戶。君何親於秦？號稱仲父。其與家屬徙處蜀！'呂不韋自度稍侵，恐誅，乃飲酖而死。"

就是說將呂不韋革職後，秦王嬴政又給他寫了封信，指責他。呂不韋覺得自己做的確實有過分的地方，害怕被滅族，就自己喝毒酒死了。呂不韋做了多年丞相之後的結局都是如此，何況是沒掌權或者剛掌權之時呢？

那麼，有沒有可能，是趙姬懷了呂不韋的孩子，但是呂不韋不知道，然後發生了後面一系列的事呢？這種可能性也不大。還是因為時間。按照史料記載，嬴政是足月後出生的，也就是說在公子異人那裏，從確認趙姬懷孕，到孩子出生是足月的，也就是十月懷胎然後生產，《史記・呂不韋列傳》就記載着："至大期時，生子政。"這裏的"大期"，有兩種解釋，一是十個月，一是十二個月。懷孕生小孩所說的大期，當然是十個月。這就證明了，嬴政是足月後出生。

那麼，會不會是過期妊娠呢？即使是，也不可能延長那麼長時間。因為懷孕期正常為四十二周（294 天），一旦過期妊娠超過兩周，胎兒的死亡率將比正常超過五倍，而且，這個概率隨着時間的增加迅速增加。不光如此，胎兒的殘疾率也會增加很多。如果在公子異人這裏已經夠十個月，再加上前面的一個月以上的時間，基本上不可能生出健康的嬰兒。

還有一點就是，即使真的是呂不韋刻意謀國，也不可能鬧得滿城風雨、人盡皆知，更不會被記入正史。所以這種事要麼是嬴政的競爭對手造謠，要麼是因為嬴政滅了六國，恨怨他的人太多，有人在污衊他。

綜上所述，現在普遍看法是，秦始皇嬴政是異人的親生之子。

謀國之第三步，將公子推上太子的寶座

隨着公子異人繼承人身份的確立，其在秦國的地位逐漸提高。這時，安國君和華陽夫人開始想方設法接異人回秦國。本來這件事難度並不是很大，因為像這種質子回國的事情很常見，而且，大不了換一個質子就是。但是，這個時間點不好。因為這時正是秦趙兩國爆發長平之戰和戰爭剛剛結束的時候，兩國的關係正處於最低谷。這時的公子異人，別說回國，能不能保全性命都在兩可之間。

呂不韋又一次站出來，幫助公子異人去遊說趙孝成王："大王，其實您扣留着公子異人，對趙國沒有任何益處。因為如果秦國想要攻打趙國，是不會因為一個公子在這裏做人質就放棄的。但是如果您能結好他，然後禮送回秦國，那麼他一定會很感激您的恩德。而且，公子異人是秦王很看重的後輩，已經被太子安國君確定為繼承人。等他即位後，一定會因為感念您的恩德而和趙國交好。所以，禮送公子異人回秦國，才是對趙國最有利的方式啊。"

趙孝成王被說服了。再加上現在正處於和秦國談判的階段，他也不敢過於為難公子異人。但是正在準備送公子異人回國時，邯鄲之戰爆發。趙國再次處於生死存亡關頭，秦趙關係再次陷入

冰點。雖然事情正如呂不韋所說，秦國不可能因為一個質子在趙國，就放棄對趙國的攻打，但是趙孝成王當然也不可能在這個時候釋放公子異人了。至少公子異人也算是一個籌碼，萬一有點用處呢？

到了公元前 257 年，邯鄲城內情況越發危急。趙孝成王見秦國確實絲毫不顧及公子異人的生死，就準備殺掉他洩憤。呂不韋早就花重金買通了趙王身邊的很多內侍、侍從，所以很快得到了這個消息。生死關頭，呂不韋又一次拿出重金，買通邯鄲城守城官吏，放公子異人和自己偷偷潛出邯鄲城，逃到秦軍大營，然後在秦軍的保護下，順利返回秦國。但是，因為事情緊急，沒來得及帶走趙姬和嬴政。

趙王得知公子異人逃跑的消息，遷怒到趙姬和嬴政身上，準備殺死他們。好在呂不韋早有準備，將趙姬說成是趙國富豪家的女兒，並將他們藏了起來，使得趙姬和嬴政得以活命，不過他們母子被送回秦國，已經是六年後的事情了。

公子異人回到秦國後，第一件事就是先去拜見華陽夫人，藉以鞏固住繼承人的身份。在這件事上，呂不韋更是早就做好了周密的安排。因為華陽夫人是楚國貴族出身，所以呂不韋特意讓公子異人穿上楚國的服裝前去。

華陽夫人一見公子異人的穿着，果然特別高興，也感覺非常親近。因為本來前面呂不韋已經做好了鋪墊，現在這第一印象又是非常好，所以兩個人是越談越投緣，於是華陽夫人認公子異人為自己的兒子，改名為楚，或作子楚（王后悅之，曰：“吾楚人也，而子字之。”乃變其名曰子楚也）。至此，兩個人正式結成同盟關係。異人的繼承人身份也算是徹底穩固了。

公元前 251 年，秦昭襄王去世。太子安國君即位，史稱秦孝文王。華陽夫人也順理成章被封為王后。為了能讓子楚順利確立太子的身份，華陽夫人和呂不韋費盡心機。

一次，孝文王想考核一下子楚的學業，於是讓子楚背誦《詩》《書》。這時子楚並沒有使盡渾身解數在父王面前表現才能，反而推辭説："孩兒因為常年在趙國做質子，沒有好的師傅教導，所以不太善於背誦。"孝文王聽後，不但沒生氣，反而覺得這個孩子很讓人心疼，於是讓子楚留宿在王宮之中。這下，子楚得到了更多在父王面前表現的機會。

接下來，子楚抓住機會在秦孝文王面前表現自己的才能。本來秦孝文王早就立了子楚為繼承人，現在看他又如此有才，再加上華陽夫人和呂不韋的推動，於是就將他立為太子，正式確立了他王位繼承人的身份。

當年滯留在邯鄲城的趙姬和嬴政母子，這幾年就一直住在邯鄲城內，日子過得相當不容易。在秦趙關係最緊張的時候，幾次險些喪命。後來雖然免於一死，但是也長期處於趙國監視之下，等同於質子身份。巧合的是，慢慢長大的嬴政，在邯鄲城中認識了同樣為質子的燕國太子丹。因為同樣的身份，兩個人的交情不錯，成了好友。

到了秦孝文王即位的時候，秦趙兩國關係有所緩和。為了慶賀秦國新君即位，趙國主動向秦國示好，將趙姬和嬴政送回了秦國。此時的嬴政已經九歲了，和他父親分開也已經六年了。

謀國成功，呂不韋一步登天

在秦孝文王將子楚確立為太子之後不久，一個對呂不韋來説更大的喜事發生了，那就是正式即位僅僅 3 天的秦孝文王就突發疾病死去了。

秦孝文王即位時已經 52 歲，身體已經不大好。按照當時的禮法，即位後第一年需給自己的父王守孝，不算正式國君。而國君的喪禮是非常複雜的，秦孝文王又必須親自參加，本來就不怎麼好的身體加上勞累，無異於雪上加霜。等處理完昭襄王的葬禮，自己正式即位加冕，又要經過一系列複雜的儀式。這幾番折騰，結果，在當上秦王的第 3 天，秦孝文王就去世了。

接下來，太子子楚即位，史稱秦莊襄王，時間為公元前 250 年。秦莊襄王尊奉華陽王后為華陽太后，自己的親生母親夏姬為夏太后。然後，立趙姬為王后，嬴政為太子。

轉過年來，秦莊襄王元年，也就是公元前 249 年，那個苟延殘喘的東周公居然又不安分起來，與其他諸侯國密謀，準備鼓動諸侯國攻打秦國。莊襄王獲悉消息，命令呂不韋率軍，輕鬆滅掉了東周國。不過按照當時的習俗，就是所謂的"滅國不滅祀"，沒有殺掉東周公，"以陽人地賜周君"，讓他們勉強存活下來，奉其祭祀。至此，周王朝留存在世間的最後一點殘餘勢力，也被徹底剷除。

早就要報答呂不韋的秦莊襄王，藉助此次功勞，提升呂不韋為丞相，封文信侯，食邑洛陽十萬戶。呂不韋一步登天。至此，呂不韋的謀國之舉，圓滿成功。收穫之大，不可想象。剩下的，就是如何保持住這種鮮花鼎盛、烈火烹油的局面了。

可惜的是，秦莊襄王也只做了三年國君，就在公元前 247 年暴病身亡，年僅 35 歲，可謂盛年早逝。不過，雖然只做了三年的國君，這位秦莊襄王卻也頗有一番作為。

莊襄王元年，命將軍蒙驁攻打韓國，韓國被迫割地求和。秦國的邊界到達大梁附近，設置三川郡。接下來的兩年，又讓蒙驁、王齕攻打趙國和魏國，連續攻城略地。蒙驁曾經攻下趙國三十七城。秦國又設置太原郡。

秦國這一系列舉動，嚇壞了中原五國。在魏國信陵君的主持下，組成五國聯軍同秦國對抗。蒙驁不敵，秦軍大敗，退守函谷關。秦國施用反間計，離間魏安釐王和信陵君的關係，信陵君被剝奪軍權，五國聯軍解散，秦國也解除了這次危機。就在這年的 5 月，秦莊襄王暴病身亡，太子嬴政即位，這就是後世著名的秦始皇。

當時，嬴政只有 13 歲，朝政大權被呂不韋掌握，嬴政尊稱其為"仲父"。

說起來，呂不韋謀國的成功，不僅是其才智過人、家財萬貫，運氣的成分也佔了相當比例。別的不說，就說子楚（公子異人）的父親秦孝文王吧，如果秦孝文王早死一年，就死在了他父親秦昭襄王前面。那麼按照前面的慣例來看，昭襄王一定會另立太子，王位也就沒子楚甚麼事了。他最好的結局也就是繼承安國君的爵位，那樣的結局，對呂不韋來說即使不算徹底失敗，也差不多了。

那要是秦孝文王再多活幾年呢？也不行。因為要是秦孝文王再多活四、五年，那麼又變成子楚死在秦孝文王前面了。秦孝文王子嗣眾多，當然可以再立太子。那樣的話，呂不韋就慘了。因為呂不韋全力支持子楚，子楚才能佔據太子之位。孝文王的其他兒子能不恨他嗎？如果讓他們即位，能饒得了呂不韋？不將呂不韋滅族，就算他運氣好了！要知道，王位的爭奪，向來是血腥而殘酷的。

可見，至少到這裏為止，呂不韋的運氣確實非常好。甚至可以說，比呂不韋設想的劇本都要好。因為在秦莊襄王活着的時候，呂不韋雖然位高權重，但是畢竟還有個國君牢牢壓在頭上。現在呢，秦王嬴政年紀幼小，太后趙姬是個女流之輩，裏裏外外、上上下下，基本都是呂不韋說了算，真可謂權傾朝野，一言九鼎了。當然，物極必反的道理，也是此時呂不韋的寫照。

還有一件事，對呂不韋來說，福禍難料，那就是失去丈夫的趙姬，和呂不韋舊情復燃，又有了私情。這件事，短時間來說，對呂不韋掌權非常有利，因為這樣一來，就得到了太后趙姬的全力支持。但是從長遠來看，卻是懸在呂不韋頭上的一柄奪命利刃。雖然現在秦王年幼，但是總會慢慢長大。這個世上是沒有不透風的牆的。如果被秦王嬴政聽到了風聲，不管從哪個角度考慮，都饒不了呂不韋。

一字千金之《呂氏春秋》

　　大權在握的呂不韋走上了人生的巔峰，但是，除了因為和太后趙姬私通將來有可能引來秦王嬴政的怒火之外，也還面臨着其他一些問題。其中，最大的難題還是因為商人的出身，招致的秦國一些老牌貴族的蔑視。

　　要知道，在那個時代，商人雖然有錢，但是其地位連普通的農夫都不如。而如此出身的呂不韋一下子就成了一人之下萬人之上的一國丞相，讓那些秦國老牌貴族怎麼可能輕易接受？所以，現在的呂不韋雖然貴為丞相，但是還是有很多文武官員看不起他，也不服氣。雖然大部分不敢明着對抗，但是暗中做點小動作，至少陽奉陰違的人，還是有相當一批的。呂不韋也深深明白，這件事不是一朝一夕能解決的，權位再高也是需要慢慢來，而且，還得做出些讓人欽服的事情來才行。

　　當時，各國養士之風盛行，其中，戰國四公子之流，養士都是千人以上。呂不韋一是底蘊不夠深厚，說白了就是人單勢孤，缺少能幹的、忠心的手下；二是家資豪富，金銀無數，所以更是大規模招募賢士，並給予優厚的待遇。很快，呂不韋手下就聚集起一大批的奇人異士。鼎盛之時，連童僕算上，超過萬人。

　　手下人才不少了，可怎麼能儘快提高自己的威望呢？呂不韋找來眾人商議。

　　因為秦國最重視軍功，所以有門客出主意，讓呂不韋出兵，消滅幾個國家，立上幾個大的戰功，威信立刻就會提高了。不過馬上有人反對："這個辦法不可取。因為丞相已經是官員裏面最高的職務了，所以即使立下軍功，也無法升官。而且最關鍵的是，戰爭風險太大，誰也不敢保證一定取勝。萬一失敗了，會適得其反。這個辦法，弊遠大於利，得不償失。"呂不韋也認為有理。

　　有門客建議，可以著書立說。要知道，當時很多受人尊重的大賢，都是因為有著作流傳於世，才被各國君主、百姓所熟知、認可，不但天下聞名，甚至可以流芳千古。呂不韋也早就羨慕那些能著書立說的賢士，希望有朝一日，自己也能有著作傳世。所以在招攬門客的時候，就特意招攬了很多擅長舞文弄墨之人。現在聽到有門客如此建議，可以說是正中下懷，當即欣然允諾。

呂不韋先是命令手下門客，只要是會寫文章的，都拿出全部本領，將自己能寫的都寫出來，然後交上來再篩選。文章交上來之後，那是五花八門，哪方面的都有，甚麼天地萬物、四方四季、三教九流、士農工商，無所不包。呂不韋再選出幾位學識淵博的門客，對這些文章篩選、刪改、總結、歸類，最後再綜合在一起，編訂成書。公元前 239 年前後，巨著完成。

呂不韋對這本書非常滿意，認為這是一本包攬了“天地、萬物、古今”的蓋世奇書，將其命名為《呂氏春秋》。全書分為“十二紀”、“八覽”、“六論”三部分，共十二卷，一百六十篇，二十餘萬字。期內容基本上是以道家學派的觀點為主體，匯合了先秦各家學派的學說，“兼儒墨，合名法”，取各家所長而棄其短，成就了自己的一家之言。

商人出身的呂不韋深深懂得宣傳的重要性。為了擴大《呂氏春秋》的影響，提高知名度，他命人將這本書完整抄錄下來，然後懸掛在秦國都城咸陽的城門處，同時大肆宣稱，如果誰能增加、刪減或者改動這本書中的一個字，就賞賜給他千金。

消息傳出，天下為之轟動，各國文人學士紛紛來秦。不過最終也沒有人能對書上的文字改動一個字。這就是成語“一字千金”的來歷。當然，這並不是說《呂氏春秋》這本書真的達到了盡善盡美的程度，估計是有很多人畏懼呂不韋的權勢，擔心挑出錯誤，會沒命花那千金。結果這樣一來，呂不韋和《呂氏春秋》的名氣更加大漲。從這一點來說，倒是充分達到了呂不韋希望提高自己聲望的目的。

客觀來說，《呂氏春秋》畢竟是群策群力，集大家之所長，本身確實也是相當不錯。《呂氏春秋》雖然是呂不韋藉助門客之手所著，不是呂不韋自身的才學，但畢竟是靠着呂不韋的支持才得以成書的，所以，從中華文化傳承的角度來說，呂不韋的貢獻還是不小的。

少年天才甘羅，十二歲的上卿 | 83

呂不韋廣聚門客，能人異士紛紛來投。從門客質量來說，應該比戰國四公子的更高。別的不說，從呂不韋的門客幫助他寫成《呂氏春秋》這一件事，就能看出端倪。而且，呂不韋手下的門客還不止於此，那位歷史上著名的少年天才甘羅，也是呂不韋的門客。按照史料推斷，甘羅生於公元前 256 年，出身也是秦國貴族，祖父甘茂曾經做過秦國的左丞相。甘茂死後，年僅 12 歲的甘羅就投在呂不韋手下做事。

秦王嬴政和呂不韋曾經派綱成君蔡澤出使燕國。費了挺大勁，終於說動燕國和秦國達成同盟。燕王喜不但將太子丹送到秦國做人質，而且同意秦國派出大臣來燕國做相國。然後兩國準備共同攻打趙國，瓜分趙國的土地。

嬴政和呂不韋準備派張唐去燕國做相國。沒想到張唐不敢去。因為從秦國去燕國，必須經過趙國，而張唐作為秦國將領，曾經多次領軍攻打趙國，殺戮甚重，趙國人非常痛恨他。趙王曾經發出懸賞："誰能抓住張唐，賞賜百里土地。"所以張唐根本不敢接受這個任務。

呂不韋勸說無效，感覺很鬱悶。這時 12 歲的小甘羅上前詢問緣由，並表示自己可以說服張唐。呂不韋不信，我堂堂丞相都沒辦到的事，你一個無權無職的小孩子起甚麼哄？後來見甘羅堅持，勉強同意讓他去試試。

甘羅見到張唐後，劈頭就問：「你覺得你和當年的武安君白起相比，誰的功勞更大？」張唐說自己當然比不上白起。甘羅又接着問：「那麼，現在秦國丞相呂不韋和當年的應侯范雎相比，誰的權勢更大？」范雎當年雖然也深得秦昭襄王信寵，但是和呂不韋的權傾朝野相比還是相差甚遠。

得到張唐的肯定回覆後，甘羅接着說：「當年的范雎不如現在的呂不韋權勢大，而白起比你的功勞大很多，即使如此，范雎略施手段，白起就死於非命。現在你執意不肯執行丞相呂不韋的任命，我不知你將死於何地！」

甘羅的話，讓張唐出了一身冷汗。原來的張唐只是覺得去燕國赴任途中可能會有生命危險，自己又曾經屢立戰功，違抗一次命令沒甚麼了不得。現在聽甘羅一分析，才猛醒過來，路過趙國只是有可能會死，而且即使死了至少還能落個為國盡忠；得罪了丞相呂不韋，不說必然會死，至少死亡的概率更高，而且很可能死的更慘。醒悟過來後，張唐連忙答應下來，並且立刻準備，擇日前往燕國。呂不韋見此，也不由得對甘羅刮目相看。

這時，甘羅又表示，願意替張唐去趙國打通關節。在請示過秦王嬴政後，甘羅以秦國使臣的身份前往趙國。按照史料推斷，這一年應該是公元前 244 年，秦王嬴政三年，趙國的趙悼襄王剛剛即位不久。

不過，如果認為甘羅出使就是為了說服趙國，讓張唐順利通過趙國去燕國，那麼就太小瞧甘羅的智慧了。甘羅的胃口可要大得多。

甘羅雖然年幼，但是畢竟是代表秦國而來，趙悼襄王還是以很隆重的禮節接見了他。甘羅更是毫不怯場，問趙悼襄王知不知道燕國要送太子丹到秦國做人質，秦國要派張唐去燕國做相國的事情。趙悼襄王表示有所耳聞。甘羅開始給趙悼襄王分析這兩件事：「燕國送太子到秦國做人質，表示是真心和秦國結盟，不敢背叛秦國。張唐去燕國為相，則表示秦國不會欺騙燕國。那麼秦燕為甚麼要結盟呢？就是為了攻打趙國啊。"

趙悼襄王也早就猜到了這一點，正在發愁如何破解這次的危局，聽到甘羅這麼直截了當的說出，嚇了一跳，你到底是哪頭的啊？不過還是趕快求教。

甘羅繼續施展他的三寸不爛之舌："對我們秦國來說，目標就是擴大在河間的領地。大王您不如主動送給秦國五座河間地區的城邑，這樣我們的目的就達到了。但是趙國吃虧了怎麼辦呢？也沒關係，可以從燕國再得回來。因為只要趙國給我秦國城邑，我就可以說服秦王，將燕國太子送回，然後再和趙國結盟，幫助趙國攻打燕國。"

趙悼襄王被說服了，或者說是被秦國的實力加上甘羅的口才嚇住了，立即命人照此辦理。就這樣，秦國不費吹灰之力，得到了五座城池。

事情還沒完。在秦國將燕國太子丹送回燕國後，趙國沒有了後顧之憂，於是命令李牧率軍攻打燕國，連奪燕國上谷地區三十座城邑。為了示好，趙國將其中的十一座城邑割讓給秦國。至此，因為甘羅的一次出使，秦國刀兵不動得到十六座城邑。

秦王非常欣賞甘羅，封他為上卿，並且將原來他祖父甘茂的田地、房宅等，都賜還給甘羅。可惜，其後的甘羅，在史料中再沒出現過身影，流星一樣，發出耀眼的光芒，但轉瞬即逝，消失無蹤了。

秦王嬴政之弟，**成蟜**之謎 | 84

秦莊襄王有幾個孩子，史書上記載不詳，能夠確認的至少有兩個。按照史書記載，秦王嬴政還有一個弟弟，就是長安君成蟜（也作成嶠）。關於成蟜，我們現在能找到的史料很少，只能從零星的記載中分析。所以，成蟜留下的謎團不少。

秦莊襄王去世，秦王嬴政即位時，成蟜大約是 11 歲，也就是比秦王嬴政小兩歲左右。那麼，按照這個時間推斷的話，成蟜應該是生於公元前 257 年前後。這裏就有問題了，那就是，成蟜的生母是誰？

按照時間推斷，在公元前 257 年時候，秦莊襄王還只是公子異人，而且應該還留在趙國的邯鄲，或者剛剛離開。也就是説，成蟜也應該是生在邯鄲的。那麼，他的母親也是趙姬？還是有另外的趙國女子？如果他的母親是趙姬的話，他就是嬴政的親兄弟了。另一個問題是，為甚麼史書上提到趙國將趙姬和嬴政送回秦國的時候，絲毫沒提成蟜的事？有學者推測，成蟜應該是出生在咸陽的，那就是有秦國女子被送到趙國與公子異人成親，懷孕後又被送回秦國，好讓異人留下後代？但是如果是這樣，為甚麼不同時將趙姬，或者嬴政送回秦國？總之，怎麼解釋都有疑點。

按照《史記・秦始皇本紀》記載，秦王嬴政八年，也就是公元前 239 年，秦王嬴政命令成蟜率軍攻打趙國，然後不知是因為戰敗不敢回國，還是不服氣自己的哥哥嬴政當國君，總之，這位長安君成蟜造反了，在屯留率軍叛變，投降了趙國，史稱"成蟜之亂"。秦王嬴政派軍平叛。成蟜不是對手，叛亂被平定，參與叛亂的將軍和士兵都被殺死，根據連坐制度，屯留的百姓大都遭到流放。成蟜的結局呢？一種説法是同樣被處死了；還有一種説法是逃到了趙國，被趙國收留，還給了他一塊封地。

《東周列國誌》上則繪聲繪色地描述了呂不韋為了消除成蟜這

個秦王嬴政潛在的威脅，特意派他領軍出征。而成蟜又受到將軍樊於期的挑唆，說嬴政根本不是莊襄王的孩子，而是呂不韋的後代。成蟜於是叛亂，向天下發出"討秦王檄文"。然後秦王派王翦率軍平叛，成蟜兵敗被殺，樊於期逃奔燕國，被燕太子丹收留。

這種說法頗為精彩，但是在時間上與歷史不吻合。因為按照史料記載，成蟜之亂發生在公元前 239 年，而樊於期是在公元前 233 年率秦軍與趙軍交戰，大敗於趙將李牧之手，不敢回去覆命才逃奔燕國的。

至於說秦王嬴政或者說是呂不韋要加害成蟜，這倒是有可能。因為在王位面前，兄弟反目、父子成仇的戲目，歷史上屢見不鮮。而呂不韋站在嬴政這邊，更是明擺着的。估計也正因如此，才被有心之人傳成了嬴政是呂不韋的兒子之類的謠言。不過，單單憑藉這一點就推論出呂不韋或者嬴政陷害成蟜的說法也有問題。因為這種說法的唯一依據就是嬴政命令年僅 17 歲的成蟜領軍攻趙，才發生了後面一系列的事端。因此就被人理所當然的理解成是蓄意陷害。理由是成蟜年紀如此小，領軍上陣是送死行為。但這是我們按照現代人的觀點理解的年齡，當時人均平均壽命只有 30—40 歲（甚至有說只有 20—22 歲的）。無論哪種說法，17 歲都已屬於成年了。在這個年齡，做國君的，做質子的，做重臣大將，上陣廝殺的比比皆是。別的不說，秦王嬴政即位之時才 13 歲；甘羅出使趙國時也才 12 歲。所以也不能據此就說是嬴政要陷害成蟜。所有這些未解之謎，只能存疑了。

血與火的洗禮：**秦王嬴政**親政 | 85

　　呂不韋逐漸確立自己權威的過程中，除了需要面對內憂外患之外，和太后趙姬的私通也是個大問題。尤其是隨着秦王嬴政慢慢長大，危險性也越來越高。但是如果要和趙姬一刀兩斷，一定會引得趙姬和他翻臉成仇，呂不韋又不太敢，或者說不願意。因為兩個人都來自其他國家，之前在秦國沒有絲毫根基，維持和趙姬的同盟，才能確保兩個人在秦國朝廷站穩腳跟。如果兩人鬧矛盾，很容易被各個擊破。

　　老謀深算的呂不韋最終決定，政治上繼續支持太后趙姬和秦王嬴政，保持這個同盟關係；生活上，再給太后趙姬找個情人代替自己，這樣一來不會得罪趙姬，二是即使將來事發，自己也可置身事外。於是，呂不韋從自己的門客中挑選了嫪毐。呂不韋先是說動趙姬，然後將嫪毐假做犯罪後被施行"腐刑"，就是閹割成太監，實際上只是拔掉了嫪毐的鬍鬚，然後就冒充太監，送進了太后宮中。

　　趙姬得到年輕英俊的嫪毐之後非常寵愛，當然也就對呂不韋沒甚麼興趣了。趙姬沉浸在與嫪毐的歡愛之中不可自拔，時隔不久，居然懷孕了。為了掩人耳目，同時為了離開日益長大的兒子嬴政，趙姬以身體不適需要靜養為由離開咸陽，帶着嫪毐住到離咸陽數百里之外的雍城離宮之中。

　　雍城是秦國的舊都。在這裏，趙姬和嫪毐過起了肆無忌憚的放縱生活。數年之間，趙姬一連和嫪毐生下兩個孩子。同時，因為趙姬的寵愛和縱容，嫪毐也由一個門客，騰雲直上，形成了自己強大的勢力。

　　因為秦王嬴政年紀還小，沒有行"冠禮"，不到親政的年齡，所以大事小情，或者取決於丞相呂不韋，或者取決於太后趙姬。而嫪毐就利用趙姬的縱容，隨意使用王室的宮室、車馬、服飾等，後來趙姬更是將國家大事也交給嫪毐任意處置。見此情景，很有一些為了升官發財之人，不顧嫪毐的身份前來投奔。慢慢的，嫪毐的勢力越發強大，手下門客僕人越來越多。後來，趙姬又在嫪毐的糾纏下，封他為長信侯，將山陽之地封給他做居住的地方，又將河西太原郡賜給他做封地。

就這樣，在趙姬的大力支持下，嫪毐形成了一股僅次於呂不韋的勢力。並且嫪毐也不再甘心受呂不韋的控制，而是開始和呂不韋抗衡。

呂不韋發現事態脫離了自己的控制，暗中尋求解決的辦法，準備對嫪毐發動致命一擊。嫪毐呢？隨着勢力的增長越發囂張，開始得意忘形起來。公元前238年的一天，嫪毐在和太后宮中的侍臣們一起飲酒作樂時，發生了爭吵。酒醉的嫪毐大聲呵斥對方：「我是秦王的假父，你是個甚麼東西，敢和我爭論！」

在呂不韋的推波助瀾下，嫪毐的所作所為逐漸傳入秦王嬴政耳朵裏。於是嬴政派人開始調查。調查中發現，自己的母親不但與嫪毐私通，生有兩個兒子，而且，嫪毐還與她密謀：「王即薨，以子為後。」意思是，準備想辦法害死秦王嬴政，然後讓自己和趙姬生的兒子即位為國君。

這一下徹底激怒了嬴政，準備一旦自己親政之後，立刻處置他們。嫪毐也聽到了一些風聲，知道不好，也和趙姬秘密商量，準備抓住機會冒險一搏。這個機會，指的是這一年的四月，嬴政將舉行冠禮。

古時的冠禮為男子成年的標誌，又稱成年禮。女子的成年禮稱為笄禮。各朝代冠禮的年齡不太一樣，有時王公貴族、官宦之家和民間百姓的規定也略有不同。按照周朝的禮法規定，男子二十歲行冠禮。但是當時的天子諸侯，年紀幼小的即位後，為了早日執掌國政，多提早加冠。秦王嬴政行冠禮時，已經年滿二十一歲，屬於比較晚的。這也從一個側面反映出當時的大權不在秦王嬴政手上，而且，不管是太后趙姬也好，呂不韋也好，都在儘量拖延嬴政真正掌權的時間。不過不管怎麼拖延，秦王嬴政的加冠禮的時間，還是到了。

公元前 238 年，秦王嬴政九年，四月，嬴政來舊都雍城舉行冠禮。而這個時間，也是嫪毐唯一的機會。經過幾年的經營，雍城已經成了嫪毐的主場。趁着嬴政住在雍城的機會，嫪毐偷偷動用秦王和太后的印璽，明目張膽調動士卒，再加上自己的門客，攻擊秦王所住的蘄年宮。

秦王嬴政早就對母親趙姬和嫪毐有所察覺，又怎麼可能不加防備？見到嫪毐果然作亂，秦王一方面命令昌平君和昌文君率領早就準備好的精銳士卒平息叛亂，一方面下令凡是英勇作戰、立下戰功的都將給予重賞，加官進爵。

在懸賞之下，秦王嬴政一方士氣高昂、奮勇作戰；嫪毐一方士卒發現受騙，無意中加入了叛亂的隊伍，軍心渙散、兵無戰心。很快，嫪毐一方軍隊大敗。嫪毐轉而又率領殘餘人馬前往咸陽，準備進攻咸陽宮，但是再次被早有準備的秦王嬴政挫敗。嫪毐只得和幾個死黨倉皇逃亡。

秦王嬴政向全國發出通緝令：“凡是生擒嫪毐者，賞錢百萬；殺死嫪毐者，賞錢五十萬。”同時宣佈，抓住或者殺死嫪毐的爪牙者，也有各自的封賞。秦國本來自從商鞅變法之後就有連坐制度，就是隱匿罪犯不報者和罪犯同罪，現在再加上懸賞，全國上下都轟動了。很快，嫪毐和他的親信死黨被一網打盡，全部落網。

秦王嬴政將嫪毐車裂而死，並誅其三族。嫪毐的親信等二十餘人被梟首示眾，其他的門客僕人，罪行輕的被貶為奴僕，罪行重的被判罪流放。嫪毐和太后趙姬生的兩個私生子，都被“囊載撲殺”，就是被裝在袋子裏摔死了。

怒火滿胸的嬴政連自己的母親也沒有放過，將之逐出咸陽，遷往雍城，軟禁起來。秦王正式發出通告，和趙姬斷絕母子關係，永不再見。同時告誡秦國大臣，有敢為太后講情、進諫者，殺無赦。結果，有二十七個大臣因為此事進諫被殺。

因為嫪毐是呂不韋推薦進入宮的，所以這件事也不可避免地牽連到了他。再加上嬴政對呂不韋的專權也早就怨恨在心，於是就準備趁機將呂不韋一併除去。但是呂不韋又和嫪毐不同，一是其擔任丞相十幾年，勢力遍佈朝堂內外，根深蒂固；二是其威望很高，而且不單單在秦國內部，在各諸侯國之間，提起呂不韋，幾乎可止小兒夜啼。更關鍵的是，呂不韋侍奉先王，功高蓋世，可以說沒有呂不韋，就沒有他父親秦莊襄王的王位，當然，也就更沒他甚麼事了。因此，從這一點來說，嬴政又有點不忍心處罰呂不韋。

到了公元前 237 年，也就是秦王嬴政十年十月，嬴政還是免去了呂不韋丞相之職，讓他回自己的封邑洛陽居住。差不多同時，齊國人茅焦勸說秦王，秦王被說服，將母親趙姬接回咸陽居住。母子二人雖說沒有和好如初，至少關係已經得到緩和。到秦王嬴政十九年，也就是公元前 228 年，趙姬病死於咸陽。

回到封地的呂不韋不但沒消停下來，反而是每天門庭若市。各諸侯國得知呂不韋閒居洛陽，紛紛派人前去探望。不管是為了探聽秦國虛實，還是有招攬呂不韋的想法，總之，呂不韋家中，各國的使者、賓客絡繹不絕。

嬴政得到這個消息，又有些動了殺心。怎麼？萬一呂不韋要是圖謀不軌，發動叛亂，其危害可不是小小的嫪毐可比的。於是，公元前 235 年，也就是秦王嬴政十二年，嬴政給呂不韋去了一封信，指責呂不韋："君何功於秦？秦封君河南，食十萬戶；君何親於秦？號稱仲父。其與家屬徙處蜀！"這裏是指責呂不韋，你對秦國有甚麼功勞？即使有一些，可秦國封你在河南，食邑十萬戶。這是天大的封賞，早就超過你為秦國立的功勞了。你和秦國君主有甚麼血緣關係？卻被稱為仲父。我秦國對你是天高地厚的恩情，你呢？卻不知感恩戴德，報效秦國。現在，作為懲罰，你和你的家族一起遷到蜀地去居住。

呂不韋感覺大勢已去，輝煌不再，也再難緩和與秦王嬴政的關係，思量與其最後落得個身首異處，不如自己痛快了結，於是喝下毒酒，自殺而死。

傳奇呂不韋之是非功過 ｜ 86

關於呂不韋，歷史上的評價頗為複雜，褒貶不一。就連寫《史記》的太史公司馬遷，對呂不韋的評價也是非常矛盾。

首先，《史記》中有呂不韋單獨的 "列傳"，表示承認其歷史地位很重要，而像白起、王翦、范雎、蔡澤、廉頗、藺相如等人，則是兩三個人甚至多人合在一起作一篇列傳。接下來，在其列傳裏，司馬遷卻又幾乎沒說呂不韋甚麼好話，通篇幾乎都是或者諷刺，或者抨擊，憎惡之情，溢於言表。最後，司馬遷卻又在列傳的最後，稱呼其為 "呂子"，這又滿含尊敬了。而且，司馬遷在《報任安書》中，直接將呂不韋和周文王、孔子、屈原等相提並論，更是對其極大的肯定了。"蓋文王拘而演《周易》；仲尼厄而作《春秋》；屈原放逐，乃賦《離騷》；左丘失明，厥有《國語》；孫子臏腳，《兵法》修列；不韋遷蜀，世傳《呂覽》；韓非囚秦，《説難》《孤憤》；《詩》三百篇，此皆聖賢發憤之所為作也。"由此可見，司馬遷對呂不韋的評價，非常矛盾。

其實，呂不韋就是一個典型的梟雄式的人物，有眼光、有手段，有政治智慧，能屈能伸，勇於冒險，不畏艱難；同時心狠手辣，以個人目標為中心，為達目的不擇手段。説起來，呂不韋既是一個天才的商人、投機者，同時又是高明的政治家，識公子異人於難中，其 "奇貨可居" 的眼光和能力，堪稱古今罕見。另外能從錯綜複雜的各種紛擾中，準確找到關鍵點 —— 華陽夫人，並且成功和她達成同盟，繼而推公子異人上位，完成謀國這一曠世之舉。

呂不韋是非常典型的實用主義者，對待人生就像對待一場大生意，最大限度地追求利潤，只要價格合適，連自己都可以賣出去。例如在秦莊襄王，就是公子異人死後，太后趙姬重新找上呂不韋與之私通。按說這時的呂不韋位高權重、豪富異常，身邊不可能缺少美貌的姬妾。所以這裏呂不韋和趙姬的私通，應該不是為了追求肉慾的享樂，而是為了滿足趙姬的慾望。其目的應該是為了更好地和趙姬結成同盟，從而更加穩固地控制秦王嬴政。所以說這裏的呂不韋，應該是在通過出賣自己的身體來鞏固地位了。接下來，當呂不韋覺得和趙姬的私通越來越危險的時候，又果斷找到替代品，給趙姬送去新情人嫪毐，從而使自己脫身。再怎麼說，前前後後，呂不韋也算是和趙姬做了數年的實際夫妻，可是對呂不韋來說，當斷則斷，毫不拖泥帶水，可見其狠辣程度。

呂不韋在識人用人上，也頗有獨到之處。例如呂不韋養門客，就不單純以勇武為參考標準，而是多方面選用人才，包括後來的秦國丞相李斯，前面提到的甘羅，都曾經是呂不韋的門客。也正因為如此，才有《呂氏春秋》的問世。單單一部《呂氏春秋》就足以讓呂不韋名傳千古。

最後，呂不韋還是個天才的政治家，有很高超的政治智慧和政治手腕。在他做丞相的十幾年裏，秦國發展蒸蒸日上，國力日強。呂不韋能在爭權奪利的同時，將國家治理的井井有條，可見其政治智慧頗有過人之處。另外，這段時間裏，秦國還在頻頻對各國用兵，大量攻佔了韓、趙、魏等國家的土地，為下一步滅六國打下基礎，起到了承上啟下的作用。

同一時間內，秦國還耗費大量人力、物力，進行了鄭國渠的修建。要知道，這是長平之戰、邯鄲之戰結束僅僅十餘年的時間。在這兩場戰役中，秦國損失也是非常巨大的。可偏偏就是在遭受這麼大的損失後，僅僅經過這麼一點點時間，秦國就恢復過來，在不斷對外用兵的同時，還開展大規模的水利工程。這一切，呂不韋應該起到了很重要的作用。

所以說，呂不韋在秦國的治理和發展中，起到了重要的作用。

不過，不知是呂不韋的運氣在前面都用光了，還是過分的實用主義遭到了報應，他遇到了一個極其彪悍強橫的君主——未來的秦始皇。在如此強橫的君主面前，只有服從者才能生存下去，所有的權臣必將灰飛煙滅，這也注定了呂不韋終將以悲劇收場的命運。

因為呂不韋一生的複雜性，所以如何評價呂不韋是個難題。只能見仁見智，很難一言以蔽之。總括起來就是，這是一個複雜的，在歷史上影響巨大的，富有傳奇色彩的歷史人物。

先秦的經濟戰，鄭國渠的修建 | 87

呂不韋當政期間，有一件頗為重要的事情發生，那就是鄭國渠的修建。

那是在秦王嬴政元年（公元前 246 年），隨着秦國的日益強大，韓國上下日夜不安，隨時擔心秦國大軍突然到來。在一番計議之後，有"高人"提出"疲秦"之策，就是大規模消耗秦國的國力，使秦國沒精力攻打別的國家。怎麼"疲秦"呢？就是派遣韓國著名的水利專家鄭國，去幫助秦國大規模興修水利，藉機大量消耗秦國的國力，佔用秦國的勞力，從而達到使秦國短時間內沒能力攻打別國的目的。這可以說是非常古老的一次經濟戰了。

不得不說，這絕對不是一個好的計謀，幾乎可以稱之為飲鴆止渴。同時也算不上陰謀詭計，應該屬於"陽謀"的範圍。就是說，即使秦王嬴政等人事先就知道了這件事的本來目的，會不會實施，都在兩可之間。因為雖然這個計策短時間來看，確實是消耗了秦國大量的人力物力，但是從長遠來看，這可是澤被後世的萬世之功。只要修建完畢，秦國的糧食產量就能得到明顯提高，國力就能大大加強。而且，秦國朝廷也是能人輩出，所以要想實行這條計策，隨意糊弄是不可能的，鄭國必須全心全意為秦國着想，提出切實可行的方案。

連年的征戰，當時所有國家都面臨着人口和糧食的不足，秦國也不例外。剛即位不久的秦王嬴政和呂不韋正在苦思冥想，希望能找到解決糧食問題的方法時，鄭國主動送上門來了。

鄭國提出的方案是，從仲山這個地方開渠，引涇河之水向西到瓠口作為渠口，利用當地地形西北微高，東南略低的特點，順着地形地貌，引水向東伸展，最後注入洛水。預計全長超過 300 里。這樣的話，可以最大限度的增加灌溉面積。同時因為涇水含有較多的泥沙，在灌溉的同時，還能改良當地的土壤。

秦王嬴政和呂不韋都被鄭國的計劃深深吸引。同時，秦國也沒有其他太好的選擇，因為秦國雖然強大，但就水利方面的人才來說，卻是非常缺乏，更別說鄭國這樣的專家級人才了。呂不韋雖然感覺出其中必有其他文章，但是權衡利弊，也是支持這一舉動。

接下來，秦國徵調了大量人力、物力，開始動工。鄭國為修渠負責人，主持修建工程。隨着時間的慢慢流逝，韓國"疲秦"陰謀逐漸浮出水面，被秦國得知。秦王嬴政大怒，要殺掉鄭國洩憤。鄭國知道這件事遲早洩露，早有心理準備，據理力爭："始臣為間，然渠成亦秦之利也。臣為韓延數歲之命，而為秦建萬世之功。"

這裏鄭國坦率承認自己是韓國的間諜，這件事確實包含着韓國的計謀，但是水渠修成之後，對秦國也是很有利的事情。我這麼做，只不過能使韓國多生存幾年時間，但是對於秦國來說，卻是萬世之功。

秦王被鄭國說服了，況且他也沒有別的選擇。如果現在殺了鄭國，秦國又找不出能替代鄭國的人才。而且，水渠已經修建了相當的長度，耗費了大量人力、物力，總不能殺了鄭國，然後將水渠工程半途而廢吧？於是，鄭國仍然作為修建水渠的負責人，這條水渠也正常的修建了下去。歷經十多年的努力，水渠完工。為紀念鄭國，人們稱該渠為鄭國渠。

鄭國渠修好後，秦國的糧食困境得以大大緩解。按照《史記‧河渠書》記載："渠就，用注填淤之水，溉澤鹵之地四萬餘頃（約合現在 110 萬畝），收皆畝一鐘（約為 100 公斤），於是關中為沃野，無凶年，秦以富強，卒併諸侯，因命曰鄭國渠。"就是說，光一個鄭國渠工程之後，秦國每年增收糧食約 11 萬噸。這個數字在今天看來不值一提，可是當時秦國的總人口數，也不過四五百萬。所以說，這 11 萬噸，已經是一個相當龐大的數字了。而且，從此之後，關中平原成為一片沃野，變成了天下糧倉之一，關中地區也一躍成為最富庶的地區之一。糧食問題的緩解，大大方便了秦國接下來對其他六國的大規模用兵，為秦國的統一做好了物質上的準備。

鄭國渠和都江堰、靈渠並稱為秦代三大水利工程。2016 年，鄭國渠申遺成功，成為陝西省第一處世界灌溉工程遺產。

李斯崛起之諫逐客書 | 88

雖然鄭國是韓國間諜這件事被暴露，但無奈的是，秦王嬴政還不得不繼續使用鄭國。不過這件事在秦國王公貴族內部卻引起了軒然大波。再加上嫪毐的事情牽連到呂不韋，呂不韋被免去丞相的職位，更是讓此事火上澆油。於是秦國守舊貴族展開大規模抗議與反彈。

秦國自從秦穆公以來，一直比較重視人才的發掘和使用，對於秦國之外的人才，基本上沒有任何偏見，量才錄用。尤其是秦孝公用商鞅實行變法之後，更是實行按功勞封賞的原則。這樣做的好處是使得各國人才紛紛來秦，秦國不斷發展壯大。但是對應的最主要的問題就是，一個國家，一個朝廷的官職，尤其是重要官職，就那麼多，六國的人才佔的多了，留給秦國本土貴族的職位自然就少了。不管對國家有多大好處，對秦國的貴族來說，絕對是壞處多多。所以這些人就一直在尋找機會，希望改變這種狀況。

現在機會終於來了。藉助鄭國和呂不韋事件，秦國舊貴族氣勢洶洶，不斷在秦王面前進言，要趕走在秦國的各國人才，尤其是佔據重要位置的客卿。“諸侯人來事秦者，大抵為其主，遊間於秦耳，請一切逐客。”意思就是說，這些從其他國家來的人，大多都是為了他們自己本來的國家，來秦國就是做間諜來的，請大王將他們全部趕走。秦王嬴政自己本來也很惱火，現在又聽到逐客的建議，到底是年輕氣盛，頭腦一熱，也就答應下來。於是，在公元前237年，也就是秦王嬴政十年，下達《逐客令》，將所有居留在秦國的，非秦國的人才，全部驅逐出境。

命令一下，一片慌亂。許多人不得不收拾行裝離開秦國，包括很多已經做到很高職位的重臣。其中，有個叫李斯的客卿，感覺既窩火又憤怒。

李斯，楚國人，生卒年約為公元前284年到公元前208年，荀子的弟子。李斯到秦國的時候，正是莊襄王剛剛去世，秦王嬴政即位，呂不韋大權獨攬的時候。於是李斯投入呂不韋門下，做了門客。因為有真才實學，李斯很快就在呂不韋的門客中嶄露頭角，並得以和秦王嬴政有了接觸。

秦王嬴政頗為賞識李斯，提拔他為客卿。在這個位置上，只要遇到機會或者立上一些功勞，就能正式成為高官甚至丞相。呂不韋的前任范雎、蔡澤等，就都是從客卿提升上來的。可偏偏在這個關鍵時刻，一道逐客令，一切化為泡影，李斯怎能不窩火、憤怒？不過李斯也明白，光憤怒沒用，必須想辦法。解鈴還須繫鈴人，要想解決這件事，還得從秦王嬴政身上下手。於是，李斯給秦王寫了一封信，這就是歷史上著名的《諫逐客書》。

李斯首先用實際發生的事件證明，外來人才對秦國的發展起到了很大的作用，像穆公時代的百里奚、蹇叔、由余，孝公時期的商鞅、惠王時期的張儀，昭襄王時期的范雎……這些人都不是秦國人，但正是因為這些人的存在，才使得秦國變得強大，稱霸於諸侯，開創了帝王之業。在這裏，李斯擲地有聲地問秦王："客何負於秦哉？"

接下來，李斯批評秦王嬴政這種逐客的做法違背了先王的用人之道，是重物輕人。因為你秦王喜歡六國的珍寶、美女，但是對待六國的賢才呢，"不問可否，不論曲直，非秦者去，為客者逐"，你不是重物輕人是甚麼？你這樣做是不應該的，作為一個君王，必須有海納百川的胸懷，"泰山不讓土壤，故能成其大；河海不擇細流，故能就其深；王者不卻眾庶，故能明其德。"

最後，李斯告訴秦王，你驅逐六國賢才，那麼這些人必將去往六國，那樣六國就將變得強大，你這樣的做法是削弱自己的力量，幫助六國。長此以往，秦國危矣。"今逐客以資敵國，損民益仇，內自虛而外樹怨於諸侯，求國之無危，不可得也。"

秦王嬴政看到李斯的《諫逐客書》，驚出一身冷汗，急忙下令停止逐客行為，並立即派人追回被驅趕的賓客。本來就頗為欣賞李斯的秦王嬴政，對他越發信任，將他提拔為廷尉。廷尉，是秦國九卿之一，為掌管司法、刑獄的最高官吏。李斯正式進入秦國高級官員的行列，並逐漸成為秦王嬴的心腹之一。

這個事件也表明秦王嬴政確實是個雄才偉略的君主，知錯就改，胸襟開闊。接下來，在李斯的輔助之下，秦國以勢不可擋之姿，大步走在統一六國的道路之上。

春申君**黃歇**的故事 ｜ 89

在秦國一片紛亂擾攘之時，其他國家也不安寧。這個時候，
楚國的君主是楚考烈王，而掌握大權的，是春申君黃歇。

秦楚之間，黃歇的舞台

黃歇，楚國人，生卒年為公元前 314 年到公元前 238 年。春
申君黃歇作為"戰國四公子"之一，與其他三位相比，出身可以説
是最低的，他與楚國王室沒有任何血緣關係。雖説黃歇的祖先曾
經是黃國的君主，但一是黃國本就國小勢微，二是已被滅國數百
年，到黃歇的時候，家族勉強算楚國的貴族而已。能達到後來的
高度，完全是黃歇自己拼搏出來的。

黃歇年輕的時候，就以學識淵博、口才便給出名，頗受楚頃
襄王的賞識和器重。當然，也僅止於此而已。真正顯露卓越能力
的時間，要到公元前 272 年，那時的黃歇已經 43 歲了。

當時的楚國，已經處於風雨飄搖之中。從楚懷王後期開始，
楚國就一直在走下坡路。後來，楚懷王受騙，被秦國抓住做了俘
虜，客死秦國。繼任的楚頃襄王也不是個有作為的君主，楚國國
勢繼續一路走低。

公元前 280 年，秦國派司馬錯攻楚，楚國割上庸和漢水以北
之地給秦，秦國退兵。

公元前 279 年，秦國派白起攻楚，奪取楚國鄢、鄧等五座
城池。

公元前 278 年，白起率領秦軍攻佔楚國都城郢都，並繼續進
兵至竟陵。楚頃襄王一直跑到陳地，後來將陳作為都城，並將其
改名，仍然稱作"郢"。

此後的秦國，一直沒有放鬆對楚國的攻打。公元前 272 年，
焦頭爛額的楚頃襄王派黃歇出使秦國，希望他能説服秦國，緩和

秦楚的關係。

黃歇的到來還真是非常及時，因為此時的秦昭襄王剛剛擊敗韓國和魏國，正準備派白起率軍，讓韓國和魏國輔助，一起進攻楚國。

黃歇聽聞，也是嚇了一跳，危急間給秦昭襄王寫了一封長信。黃歇可說是拿出渾身解數，在信中引經據典，陳述利害，可謂動之以情，曉之以理。黃歇勸秦王說，秦國和楚國，是當世兩個最強大的國家。如果秦、楚不斷發生戰爭，必然導致兩敗俱傷，那時候，韓、趙、魏、齊、燕等國一定會坐收漁翁之利。這樣，既不利於楚，也不利於秦。"臣為王慮，莫若善楚"，就是說，我站在您的角度，覺得最好的辦法是秦楚結盟，共同對付其他幾個國家，到那時，不用怎麼費勁，韓、魏就會降服於秦國，"危動燕、趙，直搖齊、楚，此四國者不待痛而服矣。"

昭襄王被黃歇說服，於是停止出兵，和楚國締結盟約。

黃歇終於以主角的身份登上了秦、楚兩國的舞台，並在接下來的三十幾年裏，一直扮演着重要的角色。

當然，秦楚盟約要想正式實施，還需要楚國派質子入秦。黃歇回到楚國後，將這一消息通報給楚頃襄王。頃襄王為了取信於秦國，決定派自己的太子熊完入秦為質。但是熊完只有 19 歲，頃襄王擔心他應對不了入秦後的局面，需要有人在旁邊協助，於是將這個重任交給了黃歇。

黃歇陪同太子熊完入秦。這一去，就是差不多 10 年。雖然貴為楚國太子，但畢竟是人質，日子並不那麼好過。好在有老練的黃歇從旁指點、輔助，熊完也算是順利的在秦國堅持了下來，並且在這個時間段內，秦、楚的關係也還一直算不錯。黃歇雖然跟着一起過了幾近 10 年的人質生活，但也不是一無所獲。作為熊完的唯一依靠，黃歇和他結下了深厚的情誼。熊完對黃歇可謂信任有加，言聽計從。黃歇對熊完也是忠心耿耿，盡職盡責。因為黃歇也明白，自己和熊完是一榮俱榮，一損俱損，自己的將來，全寄托在太子熊完身上。

從一介白丁到位極人臣

公元前 263 年，頃襄王病重。熊完和黃歇聽到消息，焦急萬分，立刻籌劃回國之事。要知道，雖然貴為太子，可如果頃襄王死的時候熊完不在楚國，那麼王位一定落不到熊完的頭上。黃歇呢？後半生的榮華富貴也就不用指望了。

心急火燎的熊完和黃歇急忙向秦昭襄王請求返回楚國。可惜，卻被昭襄王給了當頭一棒：不同意。昭襄王之所以拒絕熊完和黃歇的請求，自然是有他的打算。你說楚王病重就病重，你說回國就回國，你要是騙我怎麼辦？再說了，就算是真的，我為甚麼要放你走，對我秦國有甚麼好處？

看直接請求這條路不通，黃歇去拜訪秦國丞相范雎。因為熊完和黃歇在咸陽客居多年，黃歇本身也是才華出眾，再加上刻意的討好，所以二人和范雎的關係相當不錯。

黃歇和范雎見面後，直截了當提出，現在楚頃襄王病重，將不久於人世。如果秦國能放熊完回國，那麼熊完即位後，一定會感激秦國的恩德，保持和秦國友好的關係。如果不放他回去，繼續以他為人質要挾楚國的話，楚國一定會另立太子。到那時，不但熊完沒有了任何價值，秦楚盟約也一定會破裂，這對兩個國家都不利。

范雎將黃歇的話轉告秦昭襄王。秦王還是猶豫不決，不打算這麼痛快放熊完回國。最後，秦昭襄王讓熊完派人回去探問一下楚頃襄王的病情，準備等了解具體情況後再做決定。黃歇認為不能再等下去了。因為一旦頃襄王病重身亡，秦楚之間，山長水遠，到那時熊完再回去，就真的晚了。於是勸太子熊完喬裝改扮，混在使者的隊伍中悄悄返回楚國。

黃歇呢？如果為自己考慮的話，和太子熊完一起逃回楚國是最安全的。但是如果黃歇和熊完一起離開的話，一是很可能徹底得罪秦國，為楚國招致戰爭；二是很可能被秦國早早發現，從而被抓回來，誰也回不去。所以黃歇決定自己留在秦國，掩護太子熊完，並在事後儘量說服秦王，保持和秦國的友好關係。

黃歇此舉是冒着生命危險的。因為熊完未經允許私自逃離秦國，一定會惹得秦王大怒。而誰也不敢斷言，大怒之下的秦昭襄王會做出甚麼舉動。所以留下的黃歇，被處死的概率非常高。

熊完被黃歇捨命保護自己的舉動感動得無以復加。也正因如此，在熊完做國君的時間裏，一直對黃歇信寵不已，黃歇也因此做了 25 年的楚國令尹。

商量妥當之後，熊完裝扮成車夫的樣子，隨着使者隊伍順利離開了咸陽。黃歇則是留守在他們的住所之內，以太子熊完生病為藉口，謝絕訪客。直到確認熊完已經走遠了，秦國無論如何追不上了，黃歇才面見秦昭襄王，坦率說出實情，並表示甘願接受秦王的處罰。

得知被騙的秦王勃然大怒，勒令黃歇自盡。這時，范雎出面勸住了秦王。范雎認為，既然熊完已經返回楚國，現在殺死黃歇也於事無補，不如善待於他。因為熊完回國即位後，一定會重用黃歇。與其殺了他，導致秦楚交惡，不如乾脆做個整人情，將黃歇也放回楚國，表達善意。這樣熊完和黃歇必然會感激秦國，秦楚盟約就能更牢固了。秦昭襄王聽從了范雎的話，不但沒有處罰黃歇，還將他禮送回國。

就這樣，太子熊完和黃歇先後回到楚國。僅僅時隔三個月，楚頃襄王病故，熊完即位，史稱楚考烈王。

轉過年的楚考烈王元年（公元前 262 年），黃歇被任命為令尹，封春申君，考烈王還將淮河以北十二縣的土地賜給他做封地。黃歇終於苦盡甘來，登上人生的頂峰。此時，他已過知天命之年。

　　做了令尹的春申君，也開始大規模"養士"。黃歇本身就才華出眾，加上前半生經歷曲折，社會閱歷豐富，所以頗為識人，很快手下門客就濟濟一堂。因此，春申君黃歇被世人和齊國的孟嘗君田文、趙國的平原君趙勝、魏國的信陵君魏無忌並稱為"戰國四公子"。

　　春申君黃歇的治國能力和軍事才能也都算上乘，因此，在他做令尹後，楚國不說強勢崛起，至少國力沒有繼續下滑。再加上秦國自從和楚國締結盟約後，就將進攻的重點轉移到韓、趙、魏三國身上，因此楚國這段時間算是過了幾年的舒心日子，國力也逐漸恢復了一些。

從燦爛輝煌到走向滅亡

　　公元前 259 年，秦昭襄王派大軍攻打趙國都城邯鄲，邯鄲之戰爆發，趙國處於滅國的邊緣。平原君趙勝一面寫信請求魏國出兵援趙，一面親自帶領毛遂等門客，來楚國商談結盟抗秦之事。楚考烈王被毛遂說服，同意與趙國結盟，派春申君黃歇率領十萬楚軍救趙。在楚、魏、趙三國聯軍的攜手進攻下，邯鄲之戰以秦國大敗而告終。楚軍難得打了一場大勝仗。春申君的威望越發高漲。

　　公元前 256 年，楚考烈王派春申君率軍攻打魯國，並於第二年滅掉了魯國。楚國越來越有了振興的苗頭。

　　公元前 247 年，在信陵君的組織下，魏、楚、韓、趙、燕組成五國聯軍攻秦，直打到函谷關下。可惜，魏安釐王中了秦國的離間計，信陵君被調離，聯軍作鳥獸散。

　　公元前 242 年，各諸侯國眼見秦國的威脅越來越大，不得已再次聯合起來，希望依靠聯軍的力量，遏制一下秦國的勢頭。大家推舉楚王為名義上的縱約長，具體事務由春申君負責。此時的春申君，已經是 73 歲高齡了。這一次的合縱抗秦，也是最後一次了。

開始階段，聯軍也打了幾場規模不大的勝仗，一直攻到函谷關下。呂不韋發動秦國舉國兵馬，出函谷關應戰。結果，聯軍因為各有私心，配合不力，終致大敗。

戰敗之後，各國紛紛推卸責任，互相指責對方的錯誤，最後將矛頭指向縱約長楚王。楚王則將失敗的罪責歸咎在春申君身上，認為是春申君指揮不力。數十年前的犧牲和感激，數十年間的友情，終於抵敵不住歲月的侵襲，年邁的春申君開始受到冷落，但是還擔任着令尹之職，仍然掌握着楚國的軍政大權。相對的，黃歇也有了些別的想法。

然而還有一個重要的問題亟需處理，那就是楚國隨時面臨着秦國的報復行動。春申君的門客朱英建議，現在楚國的都城距離秦國太近了，只有一百六十里，太危險了，應該遷都。黃歇和考烈王早就沒有了銳氣，楚國都城被迅速從陳遷到了離秦國更遠的壽春。

楚國還有一件非常重要的事情令楚王和春申君頗為頭疼，那就是王位繼承人問題。因為此時的考烈王雖然已經年近五十，後宮妃嬪數量也不少，但就是沒有一個人能給他生下兒子。春申君也搜羅了不少所謂有生兒子外貌的女子進獻，卻也都沒能給楚王生下一個兒子來。

這時，趙國人李園帶着他漂亮的妹妹來到了楚國。李園本來的打算是直接將自己的妹妹進獻給楚王，自己好謀求高官厚祿。但是一打聽，聽說楚王不宜生兒子，這就意味着即使將妹妹進獻給楚王，也很可能無法給楚王生出個兒子來。那樣一來，妹妹雖然漂亮，但是也很難長時間得到寵愛。於是李園決定繞個彎，從春申君黃歇身上着手。

李園先是投身到黃歇門下，做了門客。因為頗有才能，所以春申君挺重視他。時隔不久，李園請假回家，然後故意延誤了日期，沒有在約定的時間回來。晚了幾天後，李園回到春申君門下，拜見春申君並道歉。春申君當然要詢問遲歸的原因。李園解釋說：“因為齊王聽說我妹妹特別漂亮，所以派來使者，要求娶我妹妹。我因為陪着齊國使者飲酒，所以延誤了日期。”李園的謊言可謂拙劣異常，齊王怎麼可能莫名其妙地求娶一個趙國普通女子？即使真有此事，李園又怎麼可能不答應，還回到春申君這裏來？但是偏偏春申君不但沒發覺，還產生了濃厚的興趣。

春申君一聽，呦，連齊王都聞名的美色，這得見見啊，急忙問：“齊王使者帶來聘禮了嗎？”要是帶來聘禮，並且李園收下，就表示這樁婚事確定了，反之，就表示只是意向，還沒確定下來。

李園所作的這一切，就是為了吸引春申君，當然回答：“沒有。”

春申君一聽，自己還有希望，急忙接着問：“我能見見嗎？”

當然能啊。

於是李園將妹妹進獻給春申君。

已經七十多歲的春申君一見，立刻就被這位絕代佳人吸引住了，馬上收入後宅，做了自己的小妾。然而，得到美人的春申君不知道的是，不知不覺中，他就掉進了李園的陷阱，並最終為此付出了全族人的性命。

楚幽王是春申君的兒子嗎？

李園的謀劃和呂不韋當年的謀劃可謂異曲同工。

進獻給春申君後不久，李園妹妹就懷孕了。這時，李園通過妹妹的口，來說服春申君，將妹妹進獻給考烈王。李園的妹妹找了個機會，勸春申君說：“因為楚王非常信任您、尊重您，所以您才能擔任令尹二十多年。但是楚王沒有兒子，那麼等楚王死後，恐怕只能立他的兄弟做國君了。新國君必然會重用自己的親信，到那時，您該怎麼辦？要知道，您擔任令尹這麼多年，與楚王的兄弟之間一定有很多矛盾。等到他們中的某人即位，您別説榮華富貴，就是想保全性命，恐怕都比較困難啊！""我現在懷了您的孩子，但是因為時間很短，我進入您府邸的時間也不長，所以其他人都不知道。如果您將我進獻給楚王，憑我的容貌、才華，一定會得到楚王的寵愛。如果真能生下男孩，將來就是您的兒子做了楚王啊。您想想吧，一面是性命難保，一面是楚國全部為您所有，您選哪樣呢？"

考烈王沒有兒子這件事，本來就是考烈王和黃歇的一塊心病，所以黃歇很容易就被説服了。接下來，黃歇立刻開始着手，先是將這位美人安排到另外一處住所，這樣裝模作樣，為的是掩人耳目，總比直截了當的從自己家裏送進王宮好一點。然後向楚王打了個招呼。因為前面黃歇多次進獻美人進宮，所以這次楚王也沒在意。

等見到李園的妹妹後，考烈王同樣立刻就被迷住了，非常寵愛她。幾個月之後，李園的妹妹給楚考烈王生下個兒子，取名為熊悍。興奮不已的考烈王，很快就立熊悍為太子，李園的妹妹也被封為王后。沒過幾年，考烈王死了，太子熊悍即位，這就是楚幽王。那位李園呢？當然也受到考烈王的器重，實現了自己的國舅夢，飛黃騰達起來。

從這裏看來，這個故事幾乎就是呂不韋故事的翻版。那麼，這裏的真實性如何呢？楚幽王真的是黃歇的兒子？《史記》、《戰國策》等史書都是這樣記載的。分析起來，可信度也是比較高。但問題也還是有一些。主要的問題還是在時間上，從懷孕到生產的時間對不上。當然，史書上沒有具體記載熊悍的出生日期，是否足月等等。不過這裏的真實性，應該比當年的呂不韋那個故事大上很多。

首先，黃歇在楚國做令尹多年，權勢滔天，所以要收買楚王身邊的近侍之類的人，做點手腳，非常容易。

其次，楚王對其非常信任，加上這時的楚王年近五十，而且後宮妃子眾多，在這個事上，估計也是糊裏糊塗。能不能算清懷孕的月份都很難說呢，如果周圍人都被收買，一齊跟着黃歇糊弄他，還是很容易上當的。即使有人發覺不對，無憑無據的，估計也不敢亂說，即使提出了，估計楚王也不會相信。

不過，這裏還有另外一個重要的問題，那就是楚考烈王到底有沒有生育能力？說他有吧，可是從當太子到入秦為質，到回國後當了二十多年國君，都沒有兒子。那有沒有女兒呢？史書上沒說。按照常理推斷的話，應該也沒有。不然沒道理，那麼多的妃子，光生女兒，一個兒子都沒有啊？但是要說他沒有生育能力吧，好像也不對。因為在楚幽王之後，接下來的楚哀王熊猶，還是李園的妹妹給考烈王生的，再接下來的楚王負芻，是楚考烈王和其他妃嬪生的。甚至有說法，楚國即將滅亡時，被項燕擁為楚王的昌平君（就是當初幫助秦王嬴政剿滅嫪毐叛亂的那位），也是考烈王當年在秦國當人質時和秦女生的（正史沒有明確記載）。當然，分析性的文章很多，不過都是猜測，缺乏史料支撐。所以說，這裏還是疑雲密佈。

一步走錯，身死家滅

李園的妹妹被立為王后，兒子被立為太子，李園也越來越位高權重，這時，當初的盟友黃歇，反而成了最大的障礙。不管是為了防止秘密洩露也好，為了那個令尹的職位也好，總之，李園對黃歇動了殺心。於是，李園開始秘密豢養刺客和死士，準備在合適的時候殺死黃歇。

這個世上，很少有真正的秘密。李園的做法和目的，很多楚國人都知道了。不過就像當初春申君和李園等人一起瞞哄楚王一樣，現在，也是很多人一起瞞哄春申君。所以，黃歇一點也沒有察覺到自己的死期將至。當然，黃歇手下也不是沒有明白人，就看他聽不聽了。

公元前238年，考烈王病重。春申君做為令尹，當然是忙碌異常，他要考慮方方面面的問題，甚至要防範其他王公貴族篡位。但是最為危險的人物李園，卻不在春申君的提防範圍之內。

這時，春申君的門客朱英看不下去了，忍不住站出來提醒春申君。這位朱英，就是前面提醒春申君應該遷都的那位，也是春申君眾多門客中，唯一一個在正史中留下姓名的。朱英提醒春申君："世有毋望之福，又有毋望之禍。"意思是，這個世界上既有突然而來的幸福，也有突然而來的災禍。

春申君沒聽明白，詢問原委。

朱英解釋說，您擔任令尹二十多年，位高權重。現在楚王病重，太子年幼。等楚王病死，您輔助新的楚王，就如同當年的伊尹、周公一樣，這就相當於您當了楚國的國王啊，這不是"毋望之福"嗎？但是您現在也面臨着殺身之禍，因為李園早就成了您的敵人了。您佔據令尹的高位，李園就沒辦法大權獨攬，所以他早就將您看做眼中釘、肉中刺了。而且，他本來沒有兵權，卻豢養死士、刺客，這就是為了對付您啊。等楚王一死，李園一定會搶先進入王宮，等您進入王宮時，就會殺掉您，奪取楚國的大權，這就是"毋望之禍"啊。

春申君嚇了一跳，詢問朱英，應該怎麼辦。

朱英拍着胸膛說："這時候，就需要我這個'毋望之人'了。您任命我做郎中之職，然後我提前進入王宮。等楚王一死，李園一定會以最快速度進入王宮，這時我帶人殺死李園，這樣您就安全了，避免了毋望之禍，可以安然享受毋望之福了。"

可惜，朱英的一番慷慨陳詞，並沒有引起春申君的注意，反而認為他是危言聳聽，斥責了幾句。朱英見狀，也只能歎息一聲。為了避免被牽連，沒過幾天，朱英就離開了春申君，悄悄逃走了。

又過了十七天，考烈王病死。就如同朱英所料，在得到消息的第一時間，李園就率領手下死士、刺客，以最快速度進入王宮，在棘門之下埋伏好。棘門是進出王宮的必經之路。

心情複雜的春申君也立刻趕往王宮，卻沒做任何防範。剛走進棘門，就被李園埋伏下的武士一擁而上，包圍起來。沒等春申君和手下侍從反應過來，春申君就被殺死了。為了震懾春申君的手下及其他臣子，李園命人砍下春申君的人頭，扔出棘門之外。接下來，為了斬草除根，李園又命人將春申君滿門抄斬。權傾楚國的春申君，一招棋走錯，落得個身死族滅的下場。

接下來，楚幽王熊悍即位。李園做了令尹，掌握了楚國大權。這個時間，正是秦國嫪毐叛亂、秦王嬴政親政、呂不韋被貶的那一段時間。

公元前 228 年，做了 10 年國君的楚幽王病死了。李園擁立自己妹妹的另一個孩子熊猶即位，是為楚哀王。僅僅兩個月之後，考烈王的另外一個兒子負芻造反，殺了楚哀王。李園和他的妹妹也同時都被殺死，並被滿門抄斬。

五年後，楚國亡國。

秦王嬴政：能認識**韓非**，死不恨矣｜90

隨着秦王嬴政的親政，秦國統一天下的戰車以更高的速度狂奔。李斯作為秦王嬴政重要的助手，越來越得到信任，權柄也越來越大。

李斯是儒家大師荀子的學生，他還有一個同門師兄弟韓非。

韓非，生卒年約為公元前 280 年—公元前 233 年，韓國公子。也就是說，他父親是韓國的國君。具體是哪位國君，史書上沒有明確指出，按照時間推斷的話，應該是韓釐王韓咎。因為韓非不是嫡長子，所以沒有王位繼承權。

韓非有口吃的毛病，不善言辭，但是作為上天的補償，其才學之高、文筆之佳，舉世罕有敵手。在荀子門下求學時，荀子就非常欣賞韓非，李斯也曾經承認自己的才華不如韓非。韓非精於"刑名法術之學"，見自己的祖國積貧積弱，韓桓惠王時期，就曾多次上書，陳述利害，希望能用法治來治理韓國，改變韓國逐步走向滅亡的命運。可惜，這些建議都沒有得到韓王的採納。滿腹才華不得施展，韓非只得發奮著書，先後寫出《孤憤》、《五蠹》、《說難》等名篇佳作。

牆內開花牆外香，韓非在韓國不受重用，但是他的書卻慢慢流傳開來。後來，連秦王嬴政都知道了這個人。讀完韓非的書後，秦王嬴政連連拍案叫好，感慨道："嗟乎！寡人得見此人與之遊，死不恨矣。"意思是，要是能見到文章的作者，能和他交往、攀談，之後那怕是很快就死了，也沒有甚麼遺憾了。秦王嬴政這麼說，應該是對韓非極度欣賞了。

李斯當上廷尉之後，一直在和秦王嬴政謀劃消滅六國之事。李斯建議，應該首先攻打韓國。因為在緊挨着秦國的幾個國家中，韓國最為弱小。消滅韓國最容易，擴大秦國領土的同時還可以震懾一下其他國家。秦王嬴政也認可這個建議。而且，由於前面韓國間諜鄭國的事件，秦王也一直對韓國是耿耿於懷。

現在，李斯看到秦王非常欣賞韓非的著作，又在旁邊加了一把火，說自己知道這個作者，就是自己的同門師兄弟韓非。此人現在就在韓國，只要派兵攻打韓國，就可以將韓非"請"到秦國。秦王嬴政於是下定決心攻打韓國。

面對秦國大軍，韓國上下一片混亂，君臣面面相覷、束手無策。這時，韓國的末代國君韓王安終於想起了韓非。趕緊派人將韓非請來，商議對策。恰好此時有消息傳來，說此次秦國攻打韓國，是因為韓非的緣故。韓王安便順水推舟，派韓非出使秦國，商議割地求和之事。這個時間是公元前 234 年，秦王贏政十四年，韓王安五年。

秦王贏政呢，出兵目的已經達到，滅亡韓國的時機還不成熟，於是也就答應了韓國求和的要求，撤回大軍。同時將韓非強硬留在秦國。韓非同意不同意的，沒人在意。反正對於韓王來說，只要秦國不派兵來打，甚麼都好說。

誰害死了韓非？ | 91

韓非確實有大才。秦王與之攀談後，感覺他的很多主張都與自己的理念非常吻合。但是也不是沒有毛病，例如韓非的口吃，就讓秦王非常不爽，甚至比較失望。當然，口吃還只是一個次要問題，最主要的矛盾，還是韓非的政治理念和秦國統一六國的大方針問題。

韓非一直主張以法治國，遏制貴族專權，去"五蠹"，防"八奸"，減少這些人對國家的危害。所謂"五蠹"、"八奸"是韓非認為的幾種對國家的統治沒有益處，反而有很大危害的人。"五蠹"指：1、學者（戰國末期的儒家），2、言談者（縱橫家），3、帶劍者（遊俠），4、患禦者（依附貴族私門，逃避兵役的人），5、工商之民；"八奸"指：1、同牀（指君主的妻妾），2、在旁（指俳優、侏儒等君主的親信侍從），3、父兄（指君主的叔姪兄弟），4、養殃（指有意討好君主的人），5、民萌（指私自散發錢財取悅民眾的臣下），6、流行（指搜尋說客辯士收買人心，製造輿論的臣下），7、威強（指豢養亡命之徒、帶劍門客，炫耀自己威風的臣下），8、四方（指用國庫財力結交大國，培養個人勢力的臣下）。

韓非在秦王面前大談應該去除這些人，秦王也認為頗為有理。此時，朝中那些權貴、大臣等人也難免憂心忡忡，擔心自己被秦王認為是"五蠹八奸"，開始嫉恨韓非起來。這些人中，以新任寵臣李斯和縱橫家學派的姚賈為代表。於是，他們開始在秦王面前頻頻攻擊韓非。

對於秦王來說，這些都不是最主要的問題，最主要的是韓非對自己的祖國舊情難忘。

此時秦國的國策還是隨時準備滅韓。韓非呢，不忍心見自己的祖國滅亡，於是難免在秦王面前替韓國說好話。這可就觸碰了秦王的底線，是秦王不能接受的。結果，在李斯、姚賈等人的不斷攻擊下，秦王嬴政對韓非的態度越來越惡劣，最終完成了"粉轉黑"的轉變。

李斯和姚賈抓住時機，毀之曰："韓非，韓之諸公子也。今王欲併諸侯，非終為韓不為秦，此人之情也。今王不用，久留而歸之，此自遺患也，不如以過法誅之。"意思是說，韓非是韓國公子，現在秦王您要消滅六國，其中包含韓國，所以韓非不為秦國着想，為韓國着想，這是人之常情，是很正常的。這樣，我們秦國就不能重用他，但是因為他長時間在秦國，熟悉秦國的所有情況，將他放回韓國，對秦國危害也非常大，最好的辦法是殺了他。

秦王最終同意了，將韓非抓了起來，投入監獄。不過還是沒下定決心殺掉他。此時又是李斯、姚賈之流，將黑手伸入獄中，將韓非直接害死了。等秦王覺得可惜，再想放出韓非時，韓非早已死去了。《戰國策》中將韓非的死歸咎到姚賈的身上；《史記》則直接描寫為李斯用毒藥害死了韓非。不管具體是誰，韓非終究是被秦國權貴害死了，其中，秦王嬴政也難辭其咎。這個時間是公元前233年。

韓非，作為儒家大師荀子的學生，卻沒有接受儒家的觀點，反而"喜刑名法術之學"。

在韓非之前，法家主要觀點分成"法、術、勢"三派。所謂

“法”，以秦國的商鞅為代表，強調以嚴刑峻法治國；所謂“術”，以韓國的申不害為代表，講究以權術治國；所謂“勢”，以趙國的慎到為代表，講究以威權治國。而韓非卻以道家學派的理論為根基，“歸本於黃老”（清簡無為、君臣自正），再將法家這三種觀點結合起來，繼承並發展了法家思想，成為法家之集大成者。因此，韓非被後人尊稱為韓非子。

韓非提倡君主專制、中央集權，主張國家的大權要集中在君主一個人的手中，君主必須有權有勢，然後再利用這種權勢，用賞與罰的手段全面統御全國所有臣民。韓非還主張君主應該清除世襲貴族，選拔經過實踐鍛煉的官吏來取代他們，“宰相必起於州部，猛將必發於卒伍。”同時，韓非強調，制定了“法”，就要嚴格執行，任何人也不能例外，做到“法不阿貴”，“刑過不避大臣，賞善不遺匹夫。”這可以說是早期的法律面前人人平等了。

韓非死後，後人將其的著作整理成同名的《韓非子》一書，共五十五篇，十萬餘字。韓非子非常善於用寓言故事來講道理，像我們所熟知的自相矛盾、濫竽充數、守株待兔、買櫝還珠、鄭人買履、智子疑鄰等等，都出自《韓非子》一書。

秦王嬴政作為千古一帝，其政治眼光何等敏銳！正是看到了韓非的這些主張，才那麼的崇拜韓非。現在雖然韓非死在了自己手裏，但是秦王並沒有丟掉韓非的思想和主張，反而一直奉為圭臬，奉《韓非子》為秦國治國經要。接受了韓非思想的秦國越發強大，並最終統一了六國。

絕世名將，巧計**破匈奴** | 92

隨着秦國的日益強大，風雨飄搖之中的六國，越來越直面滅國的危機。六國也不甘心引頸受戮，而是努力自救。當然，六國之間也一直沒少了勾心鬥角、互相爭鬥。大家的心理是，這樣雖然不會削弱秦國，免不了自己最終的滅亡，但至少比別的國家死的慢點。在此期間，六國也不是沒有驚才絕豔的人物出現。這些人，雖然很難以一己之力挽大廈於將傾，但都或多或少的減緩了自己國家滅亡的速度。

趙國，在廉頗之後，就又成長起來一位絕世的名將李牧。

李牧，生年不詳，死於公元前 229 年，趙國人。李牧一生堪稱百戰百勝，與白起、王翦、廉頗並稱為"戰國四大名將"。

早年的李牧，由於資料較少，大部分經歷不可考。我們能知道的是，青年時期的李牧主要活躍在趙國邊境的代地雁門郡一帶，抗擊匈奴人的入侵是他的首要任務。此時的李牧已經成了趙國邊境守軍的主要將領，他不但用兵頗有章法，還能根據當地的情況，設置官吏、籌集軍費、厚待士卒、勤於訓練。很快，李牧手下就出現了一支裝備精良、訓練有素、能戰能守的軍隊。這個時間，應該在趙惠文王中、後期。趙惠文王公元前 299 年即位，公元前 266 年病死。也就是說，李牧成長為邊軍將領的時間，應該就在這個時間段比較靠後的位置。

趙武靈王"胡服騎射"後，輕騎兵逐漸成為趙國軍隊序列中機動性、戰鬥力最強的兵種。李牧更是深諳騎兵作戰的訣竅，但是李牧也明白，趙國的騎兵戰術，主要就是學自匈奴人。所以，趙國騎兵的機動性、戰鬥力比起其他六國來優勢明顯，但是偏偏不能和匈奴人比。所以，面對匈奴人的入侵，李牧主要採取的是守勢。

李牧派出大量哨探，隨時掌握匈奴人的動向。只要見到匈奴人入侵，立刻發出報警訊號。同時，李牧要求手下軍民，一旦敵人入侵，不得隨意出擊，而要將人馬物資等迅速撤入修建好的堡壘之內，憑藉堡壘據守。就這樣，經過幾年的交鋒，雖然沒有大規模殺傷敵軍，但是自己人馬物資的損失也微乎其微，最關鍵的是，讓敵人每次幾乎都空手而歸，絲毫物資也搶不到。

要知道，遊牧民族在水草不好的年景，如果不能通過搶劫來補充物資，嚴酷的冬天就能自然淘汰掉大量的人口。李牧正是通過這一點，以守為攻，以不勝為大勝，讓匈奴人無計可施。但是長時間只守不攻，難免受到軍中主戰派的詬病，遭到很多非議，認為李牧膽小無能，不敢出擊。這種非議一直傳到趙王的耳朵裏。趙王勒令李牧主動出擊，但是李牧認為主動出擊對趙軍不利，拒絕執行命令。

氣憤不已的趙王召回李牧，另派人擔任邊軍將領。新任將領倒是勇猛，到任後，只要匈奴人敢來入侵，就立刻帶人正面出戰。可惜，正面決戰中，趙軍不是匈奴人的敵手，敗多勝少、損兵折將、傷亡慘重。

看到這種情況，趙王才明白李牧的良苦用心。只得再次任命他為邊軍將領。李牧則是稱病不出，並沒有接受趙王的任命。趙王再三請求。李牧最後提出要求："王必用臣，臣如前，乃敢奉命。"這裏，李牧是在向趙王要權。就是我在邊境的作戰方案，你不能胡亂干涉。認清形勢的趙王痛快答應了。

於是李牧再次回到邊境。接下來，李牧還是一如既往，堅守不出，匈奴再次沒了脾氣。不過，李牧並不是真的只會守，不能攻，只是在尋找合適的時機而已。就在匈奴人越來越猖狂，越來越輕視李牧，而趙軍的軍力、士氣持續上漲，請戰呼聲越來越高時，李牧決定主動出擊，畢其功於一役。

李牧精選戰車 1300 乘、戰馬 1 萬 3 千匹、勇士 5 萬、弓箭手 10 萬，加緊訓練，做好隨時出戰的準備。接下來，李牧又安排邊境軍民四處隨意放牧，給匈奴人一個毫無防範的印象，旨在誘敵深入。

匈奴人見有便宜可佔，開始入侵搶掠。趙軍假意敗退，將匈奴人誘進包圍圈。李牧率軍從兩側包抄，截斷敵軍退路，大破入侵的 10 餘萬匈奴騎兵。李牧隨即率軍急進，乘勝追擊，滅襜襤，破東胡，降林胡，打得匈奴單于狼狽逃竄。趙國聲威大振。

此一戰，打得匈奴人傷筋動骨，大傷元氣。此後十多年，不敢侵犯趙國邊境，給趙國邊境迎來了難得的平安。這一下，趙國終於能集中精力對抗秦國的入侵了。

長平之戰，趙國為甚麼不啟用**李牧**？ | 93

雖說歷史沒有如果，但是不妨礙我們假設一下，長平之戰時，如果趙國啟用李牧為將，是不是就不會出現慘敗？接下來的歷史走向是不是就會截然不同？

仔細想想的話，這場戰爭還真輪不到李牧出任趙軍主將。要知道，在李牧之前和李牧剛剛崛起的時候，趙國軍中可謂是群星璀璨，除了趙奢、廉頗等趙國本身的名將外，田單、樂毅、樂乘等從其他國家到趙國的將領，哪一個都是一時之選。

李牧大破匈奴之戰，史料上沒有記載具體時間。按照李牧出動的兵力來看，應該是在長平之戰之前，因為長平之戰以後，趙國恐怕已經沒有那麼多的兵力放在邊境了。即使是在之前，而且李牧獲得了空前的大捷，其聲威在邊軍中一時無兩，但是估計在趙國內部的其他兵團中，聲威還是要差很多。而且，李牧畢竟還是屬於年輕一輩，其資歷還難以和廉頗、趙奢等名將相提並論，比起樂乘來恐怕都要差一些。

站在後人的角度，我們當然知道，李牧一生的戰績是多麼輝煌，但是當時的人們不知道啊。要知道，軍中講究能力，但是同樣講究資歷。真要是讓年輕的李牧擔任趙軍主將，未必能讓其他將領服帖。趙括雖然也是年輕一輩，但有個身為名將的父親，起點和李牧不一樣。當然，以李牧的絕豔之才，大放異彩的機會總會有的，只是時間上就不好說了。

　　李牧在趙國朝堂頻頻出現的時間，要到公元前 246 年左右。這時，已經是趙孝成王晚年了。不到兩年，趙孝成王病死，趙悼襄王即位。時隔不久，在佞臣郭開的陷害下，廉頗離開趙國，先到魏國，最後病死於楚國。趙國名將或死或走，朝中空虛，只剩下李牧支撐了。趙悼襄王也不得不越來越倚重李牧。李牧幾乎靠着一己之力，維持着趙國岌岌可危的江山。

　　公元前 236 年，趙悼襄王病死，其子趙王遷即位。這是趙國歷史上最後一位正式的君主了。從趙武靈王開始計算的話，趙國的幾任君主，可以說一位不如一位，一位比一位昏庸。即使在這樣的情況下，李牧還是殫精竭慮，運用手中越來越少、越來越弱的趙軍，兩度大敗秦軍。

最後的輝煌：李牧**兩敗秦軍** | 94

　　公元前 234 年（秦王政十四年、趙王遷二年），秦國以大將桓齮率軍攻趙，斬殺趙國將軍扈輒及 10 萬趙軍。本來就兵微將寡的趙國，雪上加霜。

　　第二年，桓齮率領秦軍再攻趙，直逼邯鄲。危難之中，趙王遷派李牧領軍抵擋。如果李牧戰敗，趙國基本上就算直接滅國了。因為國內兵力太少，李牧不得不將邊軍主力抽調出來，加上邯鄲城中僅有的一些兵力，組合在一起，在宜安這個地方和秦軍主力對峙。

　　面對着軍容整肅，號稱野戰無敵的秦軍，李牧仔細分析了戰場上的形勢。李牧認為，秦軍在數量上佔優勢，而且兵源充足，同時又是連續獲勝，士氣高昂。如果直接和秦軍決戰，趙軍勢必吃虧，難以取勝，不如暫且堅守，避敵鋒芒，先消耗一下敵軍的銳氣，等待時機成熟再行反擊。於是，李牧命令士兵修築堡壘，固守不出。

　　面對李牧的刺蝟戰術，秦軍主將桓齮進退維谷。直接進攻，死傷慘重，效果寥寥；圍而不攻，秦軍遠離本土，不利於久戰。於是，桓齮決定用計，圍點打援，就是派大軍裝作攻打肥地，目的是將趙軍主力從烏龜殼裏引誘出來，然後在趙軍馳援的過程中，在運動中消滅趙軍。

　　桓齮大張旗鼓地調動包圍着宜安城的秦軍，然後親自率領着大部的秦軍，直奔肥城而去。趙軍將領頗有些慌了手腳，建議主將李牧立刻率軍救援。沒想到，李牧胸有成竹，否定了救援的建議。李牧認為，我們不能被敵人牽着鼻子走，而應該將計就計，採用釜底抽薪之策，攻敵之所必救。李牧認為，現在秦軍主力離開宜安大營，前去進攻肥城，那麼他的大營一定空虛，我們可以乘虛而入，攻佔秦軍大營，然後再返回頭來，佈下埋伏，消滅秦軍回來救援的主力。

　　戰事的發展恰如李牧所料。秦軍主力離開後，大營留守人馬並不多。而且因為李牧前面時間一直堅守不出，所以秦軍上下戒備鬆懈。李牧趁機率領趙軍主力，一舉攻佔秦軍大營，將留守秦軍全部俘獲。因為桓齮率領秦軍主力離開大營時，絲毫沒想到自己的大本營會出危險，所以將全部的軍需輜重都留在營中，也被李牧悉數繳獲。

　　考慮到桓齮得到消息後，一定會第一時間趕回來救援。李牧安排部分精銳士卒在正面阻擊敵人，然後將主力部隊埋伏在戰場兩側，伺機包圍秦軍，意圖將之徹底消滅。

　　桓齮完全是按照李牧設計的劇本在行動。聽到大營被襲擊的消息後，立刻率領秦軍主力星夜馳援，不料一頭撞進了趙軍的天羅地網中。在秦軍主力和趙軍正面交戰後，李牧埋伏下的人馬從左右兩側包圍上來，將秦軍包了餃子。秦軍左衝右突，最終桓齮只率領極少的親兵殺出重圍，秦軍幾乎全軍覆沒。慘敗的桓齮害怕秦王嬴政治罪，不敢回國，逃到燕國去了。《戰國策》中則描寫為桓齮死於此戰之中。

　　此次大勝，李牧因功被封為武安君。而此次大敗，對秦國的打擊非常沉重。這種打擊，不僅僅是軍力的消耗，更是在士氣上和心理上打擊了秦軍天下無敵的心態。

　　轉過年來，也就是公元前 232 年，秦國大軍捲土重來，兵分兩路夾攻邯鄲。趙國方面，李牧命令將軍司馬尚在邯鄲以南依托工事據守，阻擋住南路秦軍；自己則率領趙軍北進，反攻另一路的秦軍。李牧的打算是將兩路秦軍分而殲之。就是先打敗自己前面的北路秦軍，然後再返回去夾攻司馬尚據守的南路秦軍。

　　李牧率領的趙軍和秦軍在番吾附近相遇。這一次，李牧一改先守後攻的作戰方針，改為猛衝猛打，拼死向前。秦軍猝不及防，一下被打亂了陣勢，加上現在的秦軍面對趙軍時已經沒有了心理優勢，很快就產生了潰敗的苗頭，並最終演變成一場大敗。

　　擊潰北路來犯之敵後，李牧馬不停蹄，立刻回軍邯鄲，與司馬尚兩面夾攻南路秦軍。南路秦軍已經得知北路秦軍大敗的消息，軍心浮動。又見趙軍兩面夾攻，知道打下去也討不了甚麼好，所以稍一接觸，趁着損失不大，就主動敗退了。

　　趙軍再次大勝，完敗秦軍。不過，這也是趙國最後一次大敗秦軍了。

李牧死，趙國亡 | 95

公元前 231 年（趙王遷五年），趙國代地發生大地震，大量房屋倒塌，人員死傷慘重。公元前 230 年，趙國又發生大饑荒。連續的天災加上常年的戰亂，趙國的國力已經衰弱至極。

公元前 229 年，秦國再次派遣大軍攻趙。這次，秦軍以大將軍王翦為主將，率主力殺奔井陘這個重要關隘，派另楊端和率一路秦軍直撲邯鄲。趙王遷雖然昏庸，但是也知道這是生死存亡的緊要關頭，急忙以李牧為主將，司馬尚為副將，發動起趙國的傾國之兵，抵禦秦國的進攻。

秦軍主將王翦作為和李牧相媲美的絕世名將，深知李牧的厲害。可以說李牧不除，秦國想滅趙的難度非常大。於是，王翦建議秦王施用反間計。在對敵的計策中，反間計可以說是施用成本最低的計策之一，但是效果有時候卻出奇的好，尤其是在昏聵的君主面前施用，幾乎是百試百靈，而秦國君臣最拿手的莫過於此。

這次反間計的施用，還是非常簡單。因為趙王遷身邊有一個非常寵信的臣子，就是那個逼走廉頗，並害得廉頗有國難回的佞臣郭開。別看這個郭開沒甚麼本領，卻偏偏深得趙悼襄王、趙王遷兩代君主的信寵。

秦國悄悄派人攜帶重金，前往賄賂郭開。見錢眼開、貪婪成性的郭開一下就被這些金珠美玉亮瞎了眼，立刻按照秦國人的吩咐，四處散佈謠言，誣陷李牧、司馬尚勾結秦軍，意圖背叛趙國。等謠言傳開後，郭開又裝模作樣地跑到趙王遷面前彙報這些消息。分不清是非好壞、不辨忠奸的趙王遷，相信了郭開的鬼話，而且既不與朝中群臣商量，也不加絲毫調查，馬上委派趙蔥（趙王宗室）和顏聚（從齊國投奔過來的將領）前去取代李牧和司馬尚。

李牧深深明白對面秦軍的厲害，知道只要自己交出兵權，那麼面對的幾乎就是趙國的滅亡。天真的李牧一直認為自己無愧於趙國，信守着“將在外君命有所不受”，拒絕接受趙王遷的亂命，繼續率軍作戰。然而李牧的做法，在趙王遷的心中卻坐實了郭開的誣陷：李牧已經背叛趙國。於是趙王遷和郭開等人計議好，趁李牧不防備，命人悄悄將李牧抓捕，並且迅速殺害了。

李牧估計到死都不會相信這是真的，不會相信在這種即將國破家亡的緊急關頭，國君居然自毀長城？昏庸的趙王遷哪怕用腳指頭想一下，也能想明白，李牧別說背叛，就是單獨抽身離去，趙國就將瞬間被滅亡。這個時候，不全心全意地支持李牧，去博取那一線生機，還自毀長城，只能說是自作孽不可活了。

《戰國策》上的說法略有不同，那個讒言陷害李牧的佞臣換成了韓倉，李牧死亡的地點換成了趙國都城。這裏的李牧接受了趙王遷換將的命令，回到都城，希望面見趙王，但是被韓倉擋住。韓倉指責李牧有一次面見趙王遷時手裏拿着兵器，意圖謀害趙王。李牧解釋，是自己的右臂有殘疾，所以做了一條木頭的手臂接在上面。然而一心要害死李牧的佞臣怎麼管李牧有沒有原因，直接傳達趙王的旨意，賜死李牧。李牧無奈，準備拔劍自刎，無奈右臂殘疾，夠不到自己的脖子，只得用嘴叼着寶劍，撞在柱子上自殺了。

司馬遷對李牧的無辜被害憤憤不平，“遷素無行，信讒，故誅其良將李牧，用郭開。豈不謬哉！”然而，再多的不解、遺憾、痛悔，也擋不住趙王遷義無反顧邁向滅亡深淵的腳步。

李牧被殺，司馬尚被貶，趙蔥和顏聚接掌趙國兵權。秦國君臣得知李牧死訊，鼓掌稱善，欣喜若狂。王翦率軍展開大規模進攻。這個時間，已經到了公元前 228 年。李牧無故慘遭殺害，趙軍上下軍心浮動，士氣渙散，很快一敗塗地。趙蔥戰死，顏聚逃亡。秦軍橫掃趙國，再無敵手。王翦率領秦軍殺到邯鄲城下，與楊端和一起，兵困邯鄲。趙王遷則是頭頂邯鄲地圖和和氏璧，跪在秦軍面前請降。李牧死後僅僅三個月，趙國基本上就算是滅亡了。

秦王嬴政雖然沒殺這位趙王，但是也沒客氣，將這位亡國之君流放到房陵的深山中。直到在深山中餓着肚子開始流浪，他才想起李牧的好來，仰天長歎："使李牧在此，秦人豈得食吾邯鄲之粟耶？"悔之晚矣的這位趙王，沒活幾天就一命嗚呼了。

在邯鄲城破，趙王遷請降的時候，趙王遷的哥哥公子嘉，率領着部分族人逃到了代地，在那裏自立為趙王。不過對於秦國來說，這位公子嘉幾乎沒有絲毫威脅，所以秦國暫時就沒有再理睬他，讓他苟延殘喘了六年。到了公元前 222 年，秦國消滅了趙國這最後一點殘餘勢力，俘獲了公子嘉。至此，趙國徹底滅亡。

秦王嬴政和**太子丹** | 96

戰國七雄中，燕國的實力絕大部分時間都處於墊底的狀態。燕王噲時期，因為"子之之亂"，更是差一點被齊國滅國。好在接下來的燕昭王是個非常有作為的君主，築黃金台招攬四方賢才，燕國國力大增，迅速達到巔峰。接下來，燕軍更是在樂毅的率領下，聯合其他諸侯國，幾乎將強大的齊國滅國。可惜，燕國的輝煌不過是曇花一現。燕昭王死後，其子燕惠王中了齊國的離間計，逼得樂毅投奔趙國。齊軍在田單的帶領下展開反攻，一舉奪回被佔領的領土。燕國瞬間被打回原形。

好在燕國處在各諸侯國的最北方，地理位置比較利於防守。與燕國接壤的，除了北邊的匈奴人之外，中原地區的，一個是齊國，一個是趙國。

齊國雖然在田單的帶領下復國，但是元氣大傷，說不上一蹶不振，卻再也沒能恢復到巔峰狀態，直到最後被秦國滅亡之前，一直處於不上不下，偏安一隅的狀態。所以齊國和燕國雖然仇深似海，在其後的幾十年裏，大部分時間相安無事。

燕國的另一個鄰居就是趙國。本來燕國和趙國的關係既談不上和睦，也談不上敵對，雖有爭端，大體上還是處於相安無事的狀態。但是在戰國末期的幾十年裏，在秦國的挑撥下，尤其是在秦趙長平之戰後，燕國的末代國君燕王喜覺得有機可乘，燕趙之間發生了幾場大戰。

公元前 251 年，燕王喜在剛剛和趙國締結同盟之後，就派栗腹領軍攻打趙國。結果被廉頗殺得大敗，栗腹被斬殺於陣前，趙軍一直打到燕國都城薊城之下。

公元前 244 年，燕國和秦國締結盟約不久，秦國就派 12 歲的天才少年甘羅出使趙國，挑動趙國攻打燕國，同時，秦國也和燕國解除盟約關係。轉過年來，也就是公元前 243 年，趙國派大軍攻打燕國。燕國再次大敗，損兵折將，喪城失土。

燕國雖然屢遭趙國打擊，但是因為趙國的主要精力都放在對抗秦國身上，另外邊境的匈奴人也牽扯了趙國相當一部分兵力，所以趙國沒有能力滅掉燕國。但是秦國越發強大，其吞併六國的腳步也越來越快。隨着秦國對趙國的不斷蠶食，其和燕國的距離也越來越近，直至開始接壤。

燕王喜抱着得過且過的心態，苟且偷安，似乎這樣就能讓秦國不來找燕國的麻煩。但是這個時候，燕國的太子丹站了出來，開始謀求自救了。

太子丹，是燕王喜的兒子，燕國太子。生年不詳，死於公元前 226 年。說起來，太子丹和秦王嬴政之間的關係，算得上是錯綜複雜，小時候，曾經還是好朋友。

公元前 259 年，嬴政出生在趙國邯鄲，並一直到公元前 251 年才回到秦國。而這個時間段內，太子丹也正好作為燕國的人質住在邯鄲。雖然不知道太子丹這時候的準確年齡，但是估計應該不會比嬴政大多少。同樣的身份、同樣的遭遇，使得兩個人之間頗有共同語言，成了好朋友。《史記・刺客列傳》載："秦王政生於趙，其少時與丹歡。"

此時的嬴政，只是一個還沒被秦國王室認可，連正式公子身份都沒有的人質。即使有呂不韋暗中幫忙，估計境況也好不到哪裏去。而太子丹畢竟是正牌的燕國太子，估計燕國再怎麼弱小，自己的太子還是要儘量扶持的。也就是說，雖然同樣是人質，但是太子丹的境遇應該比嬴政好得多。至於說這一段時間內，是太子丹曾經幫助過嬴政，還是得罪過、欺負過嬴政，史料不可考。按照後來事態發展的分析，在趙國邯鄲的這段時間，太子丹應該對待嬴政不錯。按說這種孩提時代就積累下的友情，應該是牢固而純真的。但是這種友情放到波詭云譎的兩國政治之間，就脆弱得如同狂風中的一片飛花柳絮般，瞬間飛散了。

隨着秦國的強大，各國不得不紛紛送質入秦，弱小的燕國當然也不例外。太子丹在趙國做過質子之後，又不得不來秦國做人質了。按照史料分析，燕太子丹至少曾經兩次到秦國做過人質。

第一次，應該是在公元前 244 年前後。當時，秦國派蔡澤出使燕國，和燕國結成同盟，燕國送太子丹到秦國做人質。兩國共同對付趙國。本來，秦國應該派將軍張唐去燕國做相國。可是張唐擔心路過趙國有危險，不去。接下來，甘羅出使趙國，成功說服趙國主動獻給秦國城池、土地。然後秦國解除了和燕國的同盟，和趙國結盟。於是，太子丹也被送回了燕國。

這次太子丹入秦為質的時間應該很短，幾乎是剛剛到達，就又被禮送出境了。至於在此期間，太子丹和剛即位沒幾年，還沒正式掌權的秦王嬴政有沒有接觸，無據可考。估計即使是有，應該也不多。而且當時秦國的軍政大權都掌握在呂不韋手裏，太子丹更注意的人物，也應該是呂不韋才對。

隨着韓、趙、魏臨近滅國的邊緣。秦國不斷擴張的領土與燕國的邊界也越來越接近。此時，太子丹再次作為人質被派往秦國。這一次為質，史稱"秦王之遇燕太子丹不善，故丹怨而亡歸。"也就是説，秦王不但沒有對自己的這位老朋友另眼相看，給與照顧，還對待他非常不好，以至於太子丹在秦國待不下去，悄悄跑回了燕國。逃回燕國還不算，回來之後，太子丹就開始謀劃着，怎麼能殺死秦王嬴政。

秦王嬴政到底是怎麼對待太子丹的，史書上沒寫，不過估計不是簡單的"不善"，應該是"非常的不善"。畢竟太子丹幾次當過人質，深知這個滋味不好受。也就是説，對於一些一般的羞辱和打擊之類的，應該有承受力，不會冒着徹底激怒秦國的危險逃跑。逃跑很可能引來秦國對燕國的軍事打擊，作為國君繼承人的太子丹不可能沒想到這些。而且，這時的太子丹應該三十歲左右了，思維應該很成熟了，不可能犯年輕人容易衝動的毛病。關鍵是太子丹跑回去還不算，還開始尋找殺死秦王嬴政的方法。只能説，太子丹被秦王嬴政徹底激怒了，至少是已經無論如何忍受不下去的程度了。

這個時間應該是公元前232年，秦王嬴政十五年。此時的嬴政已經親政多年，正是年富力強、雄心勃勃，準備統一六國的時候。所以，不管是因為時間的變遷也好，身份、地位的變化也好，還是因為兩國間錯綜複雜的關係也好，總之，兩個當年的小夥伴，轉變成了生死冤家。

荊軻刺秦王 | 97

逃回燕國之後，太子丹費盡心機，準備向秦王嬴政展開報復。但是燕國國小力微，根本不是秦國的對手，正面攻打，只能説是趕着兩隻羊去向一群老虎挑戰，就是人家一頓飯的事。

太子丹折騰很久，也沒想出甚麼好辦法，於是去請教太傅鞠武。鞠武建議太子丹，現在秦國非常強大，不能隨意招惹。如果真的要和秦國針鋒相對，應該西邊聯合韓、趙、魏三國，南邊聯合齊、楚兩國，組成聯軍，然後再和北面邊境的匈奴人講和，這樣才有希望對付秦國。

如果鞠武的計劃真的能實行的話，那麼對抗秦國，還真不是不可能。但是，這個計劃的可執行性幾乎為零。也就是說，這個計劃完全是空談，根本不可能實現。前面那麼多驚才絕豔的人物組織的合縱抗秦，都沒有一次能真正成功，到了這個時候，各國人才凋零，已經顯露出亡國之態，又怎麼可能有那個能力，有那個魄力，拋開六國之間的仇怨，聯合抗秦？

鞠武的建議被太子丹一口否定。當然，不是太子丹看出這個計劃不可行，而是覺得曠日持久，就是太慢，太子丹是連一時一刻都等不了了。在太子丹心理，最好是能一下子就殺死嬴政，才能消掉自己心中的這團怒火。

刺客的人選

太子丹能想到的辦法，就是派刺客入秦刺殺秦王嬴政。但是這個刺客可不好找。鞠武向太子丹推薦了燕國賢士田光。太子丹對田光禮敬有加，田光也很感動。但是田光覺得自己老邁不堪，已經沒有能力幫助太子丹了，就向太子丹推薦了荊軻。

公元前 230 年，秦國已經滅亡了韓國，韓王安做了俘虜，秦國以其地置潁川郡。韓國是六國中第一個被滅國的。韓國的滅亡，進一步刺激了太子丹，令其實施刺殺計劃的心情更加急切。在得到田光的推薦後，太子丹立刻邀請荊軻，請求見面。見到荊軻後，為了表示恭敬，太子丹是"再拜而跪，膝行流涕"。接下來，太子丹坦率地表示，秦國馬上就打到燕國家門口了，而燕國國小力微，不是秦國的對手。所以自己希望能找到一個天下無雙的勇士出使秦國，然後找機會劫持秦王，就像當年齊魯交戰時，魯國的曹沫劫持齊桓公那樣，然後逼迫秦王退還侵佔的各諸侯國的全部土地。如果秦王不答應，那麼就殺掉秦王。秦軍在外面征戰，秦國內部又大亂。這樣的話，即使換上新的國君，君臣之間也會互相猜忌。就能給各諸侯國贏得時間，到時候各諸侯國再聯合起來，就能一舉破秦。

太子丹表示，這是自己平生最大的願望，只要能實現，讓自己怎麼着都行。但是，自己不知道誰能幫助自己實現這個願望，希望荊軻幫自己想個辦法。其實，太子丹的意思就是讓荊軻去。但是，畢竟這是一個必死的任務，因為刺殺秦王不管成功與否，都不可能活得下來，所以太子丹也不好意思明言。

荊軻當然聽明白了太子丹話裏的意思。想了想，搖頭表示拒絕，認為自己才能低下，而且就是一個普通百姓，這些國家大事，自己不能勝任。太子丹好不容易找到一個勇士，怎麼可能這麼輕易放手。當然，他也知道，這種任務不可能強迫荊軻去。於是苦苦哀求，甚至叩頭不止。荊軻一則見無法脫身，二則被太子丹的態度感動，答應了下來。

欣喜若狂的太子丹當即拜荊軻為上卿，給他安排了最豪華的館舍，每天供給最豐盛的宴席。同時準備了各種奇珍異寶，供荊軻賞玩。另外不管是金銀財寶也好，名馬美女也好，只要是荊軻提出的，太子丹都一一照辦，盡最大可能滿足他的願望。為了表示誠意，太子丹自己還每天都去荊軻處問候。可以説，為了讓荊軻去刺殺秦王，太子丹是使盡渾身解數了。別的不説，估計太子丹對他爸爸燕王喜都沒這麼恭敬。

荊軻是武林高手嗎？

荊軻，生年不詳，死於公元前 227 年，衛國人。

説起這個衛國，也很有意思。衛國建國很早，周朝剛建立，就存在了。第一代國君是周文王的第九子康叔封，也就是周武王的弟弟。衛國從建立後，就一直處於非常弱小的位置。不過弱小歸弱小，卻一直存在着。期間雖然有幾次幾乎被滅國的危險，但是最後都又頑強生存了下來。一直到公元前 221 年，秦國都統一六國了，衛國才算正式滅亡。而且這還不算完，衛國滅國後，衛國宗室後裔中，有個叫衛滿的，率領着一些宗族後人和殘兵敗將，一直向東，渡過大海，來到了朝鮮半島，投靠了當時朝鮮半島上的箕子朝鮮。

這個箕子朝鮮是商紂王的叔叔箕子在商朝滅亡後建立的，到此時已經延續了近千年。不過此時的箕氏王朝，也已經非常衰落了。衛滿在朝鮮半島站穩腳跟之後，慢慢壯大，最後滅亡了箕子朝鮮，建立了衛氏朝鮮。衛氏朝鮮存在了將近 90 年，傳了三代，後來被漢武帝所滅。

別看衛國國小人少，但是還出了不少了不得的人物。像吳起、商鞅、呂不韋等等，都是衛國人。只是衛國太過弱小，這些人的才能不得施展，所以都先後離開了衛國。

現在的荊軻，也是如此。

荊軻為人慷慨豪俠，既好讀書又喜擊劍，堪稱文武全才。年輕時的荊軻，曾經憑藉自己不凡的劍術去遊說衛國國君，不過沒有得到國君的認可，沒有任用他。接下來，荊軻遊歷天下，結交英雄好漢，訪尋各地能人異士。

不過，按照史料記載分析，荊軻的劍術似乎達不到第一流的程度。當荊軻路過榆次的時候，恰好碰到了劍術名家蓋聶，荊軻上前與蓋聶談論劍術。結果荊軻不管是從理論上，還是實際的劍法上，學藝都沒怎麼到家，出現了明顯的差錯。而蓋聶也是眼睛裏不揉沙子，看到荊軻如此，就怒目橫眉地瞪着他。荊軻估計也覺察出自己露怯了，趕忙離開了。當荊軻遊歷到邯鄲的時候，又和趙國劍客魯句踐因為爭道而發生了矛盾。魯句踐拔劍在手，怒斥荊軻。荊軻並沒有與魯句踐爭執，更沒有動手，而是轉身默然離去了。

這兩件事似乎可以證明，荊軻的劍術應該不是非常高明。但如果換一個角度，也可以說明荊軻是個非常沉穩冷靜的人，不願意因為一些毫無價值的意氣之爭而白白浪費了自己的有用之軀。就如後世的韓信，寧可忍受胯下之辱，也不願意因為一時的氣憤而殺人，以免惹來大的麻煩。如果這樣看來，荊軻是個真正做大事的人。

後來，荊軻刺秦王失敗身死的消息傳到魯句踐耳朵裏的時候，魯句踐十分後悔自己當年對荊軻無理的舉動，意識到荊軻不是怕自己，而是收斂了本身的鋒芒，不願意同自己這個莽夫一般計較而已。同時魯句踐也惋惜，要是荊軻的劍術水平再高一些，說不定秦王嬴政就死於荊軻之手了。總之，看來荊軻的弱點之一，就是在武藝上似乎差點，算不上武林高手。

後來荊軻到了燕國，結交了當地的豪俠狗屠夫（殺狗賣肉的人）和善於擊築的高漸離。築，是當時的一種樂器。高漸離，是當時燕國一個著名的音樂家。三個人經常一起在鬧市之中痛飲高歌，旁若無人。再後來，連燕國著名的隱士田光都知道了荊軻，於是向太子丹推薦了他。

刺秦的三項準備

荊軻在接受太子丹的邀請後，並沒有立刻動身，而是慢慢做着刺殺秦王的準備工作。畢竟機會只有一次，稍有差池，就將前功盡棄。

時間到了公元前 228 年，太子丹已經等不及了。此時，秦國大軍橫掃趙國，邯鄲城破，趙王遷投降。只有趙王遷的哥哥公子嘉，帶着少量人馬逃到了代地。秦軍的兵鋒，已經抵達燕國邊界的易水。燕國上下亂成一團，連太子丹在內，人人驚恐不已。

太子丹來找荊軻，委婉地請求他儘快動身，去刺殺秦王。荊軻表示，自己也想立刻動身，但是還有三項準備工作沒做好，根本無法執行刺秦的計劃。

首先，這樣空着手去，即使是以燕國使者的身份，也很難見到秦王。或者縱使見到了，也是在距離很遠的地方拜見，根本靠不到秦王身邊，也就無法實施刺殺行動。

第二條就是刺殺用的兵器。

第三條，為了提高刺殺的成功率，荊軻需要一個助手。這個助手同樣不簡單，也要膽大心細，並且武藝高強。這樣才能配合荊軻一起，完成刺殺行動。

關於第一條，荊軻表示，自己已經想好了辦法。督亢地區土地肥沃、物產豐富，是燕國最富裕的地區和重要的產糧區，秦國早就對這裏垂涎三尺。另外，秦國將軍樊於期因為獲罪於秦王，不得不叛逃到了燕國。秦王殺了樊於期全家，他的父母妻子和同族之人都死於秦王之手。就這樣，秦王還不放手，還在懸賞，只要能抓住或者殺死樊於期，賞千金，封萬戶侯。荊軻認為，如果自己能帶着督亢地圖和樊於期的人頭去秦國，秦王一定會接見。然後我以獻人頭和解釋地圖的名義，就能靠近秦王，實施刺殺了。

對於督亢地圖，太子丹痛快答應了。但是對於樊於期的事，太子丹猶豫了。太子丹表示，當初樊於期走投無路投奔燕國，自己收留了他。現在不好意思因為自己的緣故傷害他。

荊軻見此，私下去見樊於期。荊軻問樊於期："秦王殺了你所有的親人，你們之間仇深似海，你打算怎麼做？"樊於期淚流滿面地説，自己恨秦王恨入骨髓，只是不知道如何報仇。只要能殺死秦王，讓自己做甚麼都可以。荊軻坦率地説，自己可以入秦刺殺秦王，但是缺乏接近秦王的理由。如果能得到將軍你的人頭，敬獻給秦王，秦王一定會接見我。到那時，我就可以用左手抓住秦王的衣袖，右手用匕首刺入秦王胸膛。這樣，你的大仇得報，燕國也安全了。樊於期也是條漢子，聞聽荊軻所言，慨然允諾，拔劍自刎。

　　太子丹聽到消息，趕來痛哭一番。但事已至此，不能讓樊於期白死啊。於是用匣子封存好樊於期的人頭，將屍體安葬了。

　　這時，太子丹已經花費百金，從趙國鑄劍大師徐夫人手裏，買到了一把非常鋒利的匕首（這裏的徐夫人，可不是一個姓徐的女士，而是一個男子漢，姓徐，名字是夫人。而且歷史上名字叫夫人的男子並不止一個）。太子丹還怕不保險，又讓工匠用劇毒的毒藥將匕首淬煉了一番，真正做到了見血封喉。用這把匕首，只要劃破皮膚，哪怕只流出一滴血，受傷之人也會立刻死去。

　　現在荊軻就差助手了。荊軻表示，自己已經找好了助手，並且已經派人前去聯繫，但是因為那人住的地方非常遠，還沒有趕到，而且不確定甚麼時間才能趕到。關於荊軻等的這個助手是誰，史料中沒有明確記載，眾說紛紜。有說是前面提到的那位劍術大家蓋聶，有說是史料中沒有記載的無名劍手，還有說是韓國相國家的張良等等。也有人認為根本沒有這個人，是荊軻虛構的，因為荊軻不想那麼快去秦國。但是太子丹已經一時一刻也等不了了，而且太子丹擔心荊軻反悔，於是向荊軻推薦了自己的門客秦舞陽，並且不停地請求荊軻儘快出發。

　　說起來，這個秦舞陽在燕國也算得上一個人物。他是燕國名將秦開的孫子，13歲就曾在大街之上斬殺羞辱了自己的人，而且殺人之後面色平靜、怡然不懼，旁邊的人嚇得都不敢正眼看他。太子丹聽說了秦舞陽的事跡，覺得這是個可用之人，於是赦免了秦舞陽的罪行，收在了自己的門下。

　　荊軻對太子丹的安排非常不滿，怒斥太子丹說：“今日往而不返者，豎子也！今提一匕首入不測之強秦，僕所以留者，待吾客與俱。今太子遲之，請辭決矣。”荊軻的意思是說，如果我去刺殺秦王不能成功，就表示我是個無用之人。我如果只是一個人，拿着一把匕首進入實力強大、深不可測的秦國去，這樣太冒險了。我之所以沒有急於出發，就是在等我那個朋友到來後，我們一起去。這樣，才能提高成功的可能性。但是現在既然你覺得我的行動遲緩，那麼我就馬上出發吧。

說完，荊軻就出發了。

這裏，荊軻暗含的意思就是對太子丹表示，你讓我倉促行動，我對刺殺能否成功毫無把握。

刺秦行動，開始

荊軻即將入秦刺殺秦王。

所有知道這個消息的人都明白，荊軻此去，有去無回，這次一別就是永別。所以大家都身穿白衣，頭戴白帽，就是穿着給死人送葬的衣服，到易水河邊給荊軻送行。

臨別前，高漸離擊築，荊軻慨然作歌曰："風蕭蕭兮易水寒，壯士一去兮不復還。"歌聲淒厲悲愴，令人淚下。接着，曲調陡轉，荊軻繼續唱曰："探虎穴兮入蛟宮，仰天噓氣兮成白虹。"歌聲慷慨激昂，聽者無不雙目圓睜，怒髮衝冠。

接下來，太子丹跪進送別酒，荊軻接過酒杯，一飲而盡。然後轉身拉着秦舞陽，躍身上車，揚鞭催馬，直奔秦國方向飛馳而去。

荊軻再不回頭一顧。

荊軻一行人等到達秦國後，先去拜見秦王的寵臣中庶子蒙嘉。當然，荊軻他們是帶着價值千金的重禮去的。這個蒙嘉，也是個類似趙國的郭開一般的人物，見錢眼開。看到這麼多禮物，立刻眉開眼笑地收下來，然後去秦王嬴政面前，替荊軻他們說好話去了。

當然，荊軻一行人等這次前來，理由也是很充足的。他們是打着投降歸順的名義來的。蒙嘉在秦王面前對荊軻等人是一通誇獎，說燕國國君懼怕秦國威勢，願意主動歸降，情願讓燕國百姓做秦國的子民，自己等人只要能奉守先王的宗廟就行。但是燕王害怕，所以沒敢親自前來。不過，為了表示誠心，特地斬殺了樊於期，同時奉上燕國督亢地區的地圖，派使者前來向大王您稟告。只求大王能饒恕他們沒有早來投降的罪過，接受他們的請求。

秦王嬴政聽到這個消息，也是大喜過望。畢竟是不費一刀一槍就收降了一個國家啊。興奮的秦王馬上同意接見燕國的使者。為了表示鄭重，特意設置了規格非常之高的九賓之禮，接見地點就設在咸陽宮。

接見當天，使者荊軻和副使秦舞陽也穿着非常正式的服裝，荊軻手捧裝着樊於期人頭的匣子，秦舞陽手捧裝着督亢地圖的匣子，一前一後走進咸陽宮。當然，在走進宮門的時候，經過了嚴格的搜查，包括兩個禮物匣子，都被打開來檢查了一下。不過，再嚴格，侍衛也不敢打開地圖看看啊。

進到王宮，就見裏面侍衛林立，都手持長戈大戟。秦國的文武百官列立兩側，氣度森嚴。秦王嬴政穿着國君的盛裝，高坐在寶座之上。並且，隨着二人距離秦王越來越近，一種無形的壓力撲面而來。

這時，就見秦舞陽不知是因為心虛，還是因為緊張，變得面色發白，渾身顫抖，腳下發軟，幾乎走不動路了。秦國群臣見此，頗有些疑慮，不明白這個燕國副使怎麼了？秦王也皺起了眉頭。

荊軻見狀，面不改色，還回頭衝秦舞陽笑了笑，似乎在安慰他。接着，繼續走上前幾步，對着秦王施禮後賠罪說：“大王，請您別見怪。他是個從北方荒僻之地來的粗鄙之人，沒見過甚麼世面，現在看到大王您這麼大的威勢，所以嚇壞了。希望大王您能原諒他的失態，好讓他能在大王面前完成使命。”

秦王雖然稍有一絲疑惑，但是也接受了荊軻的解釋。見秦舞陽癱在地上已經不能動了，就命荊軻一個人上前。

荊軻呢，從容地將雙手捧着的匣子用單手拿着，然後又從秦舞陽手裏拿過另一個匣子，分別捧着敬獻到秦王嬴政面前。荊軻將兩個匣子都擺在秦王面前的桌子上，然後先打開盛放着樊於期人頭的匣子。秦王仔細看過，見果然是樊於期，心情更加好了。接着荊軻又打開另一個匣子，捧着地圖放在秦王面前，緩緩打開地圖，並且作出邊打開地圖邊給秦王解釋的樣子。秦王呢，心情愉快地看着，邊看邊點着頭。

就在地圖完全展開的一瞬間，露出來一把鋒利的匕首，寒光閃閃。秦王大吃一驚，頓時呆住了，完全反應不過來。荊軻可是早有心理準備，說時遲那時快，左手抓住秦王的衣袖，右手閃電般抓起匕首，直衝秦王胸前刺去。這就是成語"圖窮匕見"的來歷。不過這一刺，荊軻並沒有用盡全力，而是保留了幾分力氣。因為荊軻的第一選擇是要挾持秦王，逼他退還各諸侯國的土地。所以，荊軻的第一擊是以抓住秦王，而不是殺死為目的。

刺秦失敗，荊軻身死

眼見荊軻的匕首當胸刺來，秦王終於反應過來，用盡平生氣力，一邊抽身而起，一邊猛地掙斷衣袖，向後面退開。荊軻見一刺未中，還被秦王逃開了，急忙繞過桌案，手持匕首，繼續猛撲向秦王。秦王一邊避讓，一邊想抽出寶劍。但是秦王的佩劍是一把長劍，急切慌亂間，寶劍卡在了劍鞘之內。

荊軻在後面猛追，秦王只得繞着柱子逃跑。下面站立的秦國文武百官都驚呆了。由於事發突然，大家一點心理準備都沒有，現在見到秦王命懸一線，一個個手足無措。瞬間，有人反應過來，趕快救駕啊。於是大家紛紛呼喝着上前。

因為秦王一直擔心有人圖謀刺殺自己，所以秦國法律明文規定，所有大臣上殿面見君王的時候，都不得攜帶兵器。以至於現在秦國的文武大臣都是赤手空拳，別說兵器，連個堅硬結實一點的物件都沒有。但是即使這樣大家也得上啊。於是大家紛紛衝上前去，一起用手去抓荊軻。

荊軻呢，哪有時間和他們耽誤，不等大家衝到近前，就是狂追秦王。

秦國王宮大殿之下的侍衛們倒是全副武裝，但是同樣的，為了秦王的安全，秦國法律同時規定，所有王宮侍衛，只能站在大殿之外，沒有秦王的命令，不得進入大殿。而現在秦王被荊軻逼迫，連停下來喊一聲“侍衛救駕”的時間都沒有。而且，估計現在秦王的大腦應該是亂成一團的，不見得能想的起來喊侍衛幫忙。

也不能說所有的大臣都是赤手空拳，也有身上有東西的，例如秦王的御醫夏無且，身上就帶着藥囊。估計是怕秦王突然間犯甚麼病吧，所以秦王上朝的時候，御醫就身上帶着藥囊，裏面裝着一些常用藥之類的。就在這紛亂之中，夏無且掄起藥囊，向荊軻砸了過去。荊軻用手一揮，將藥囊撥打到一邊。就是耽誤這一兩秒鐘的時間，秦王就又向前多跑了一兩步，離荊軻遠了一點。

這時，有侍從反應了過來，衝着秦王大喊：“王負劍，王負劍。”就是讓秦王將寶劍背到背上，這樣就能拔出來了。秦王的大腦估計一直處於麻木狀態，聽到有人大喊，就機械地背上寶劍，然後順利將寶劍拔了出來。

強弱狀態瞬間顛倒。

因為秦王的寶劍長，所以只要一拔出來，秦王能攻擊到荊軻，荊軻就攻擊不到秦王了。秦王長劍在手，頓時心不慌了，回手一劍，正中荊軻左腿，血流如注，荊軻站立不穩，坐倒在地。荊軻也知道不可能追上秦王了，連忙揮動手臂，將匕首向秦王投去。這是荊軻最後的機會了。秦王見匕首奔自己飛來，急忙閃身躲開。匕首撞擊在大殿的銅柱上，叮叮作響，火花直冒。

憤怒的秦王再次揮動寶劍，連續向荊軻身上砍去。荊軻被連砍八劍，血流滿地。荊軻知道，刺殺徹底失敗，自己也難逃一死。因為受傷太重，已經坐不穩了，荊軻就靠着柱子，邊笑邊喝罵秦王道："今天之所以沒有殺死你，只不過是開始的時候，想着要活捉你，逼迫你退還各諸侯國的土地，來回報太子，才讓你有機會活了下來。"這時，殿下侍衛終於得到命令衝了上來，兵刃齊下，將荊軻殺死。

那個嚇傻了的秦舞陽下場如何呢？史料上沒説。不過，他也不可能活下來。即使不是被侍衛第一時間殺死，也應該是被抓住後，一番嚴刑拷打，等問出需要的口供後，再被殺死。

殺死荊軻後，秦王才感到後怕，坐到自己的座位上，頭暈目眩了好久，才慢慢緩過神來。不過秦王嬴政到底是一代人傑，緩過神之後，先是賞功罰過。對於勇於救駕的臣子給予獎賞，尤其是御醫夏無且，更是給予重賞。那個收受了燕國賄賂，替荊軻引見的蒙嘉呢？史料上沒有明確記載，不過按照秦王嬴政睚眥必報的性格，不給他滅門，就算是輕罰了。

接下來，衝衝大怒的秦王嬴政，立刻命令將軍李信率領大軍攻打燕國。同時命令正在掃蕩趙國殘餘勢力的王翦，暫緩對趙國的掃蕩，先攻打燕國。

荊軻刺秦為甚麼會失敗？

荊軻入秦之後，太子丹一直在燕國焦急萬分地等待消息。沒想到，千盼萬盼，盼來的不是刺秦成功，而是荊軻失敗身死，秦國大軍大舉來攻的不幸消息。

説起來，太子丹也屬於志大才疏之輩。因為都到這時候了，他還一直在消極地等待消息，根本就沒有整軍備戰。他就不想想，即使荊軻刺殺秦王成功，秦軍也必將前來攻打燕國啊。秦國上下怎麼可能忍得下這口氣？即使再退一步，因為秦王身死，秦國內部發生矛盾，但是不管下一位秦王是誰，他上台的第一件事，必然還是發兵給嬴政報仇。所以，在確定荊軻準備刺秦的時候，太子丹就應該整頓燕國兵馬，隨時準備迎接秦國的大軍。當然，如果刺秦成功，那麼，燕國的壓力會小一些，如果能取得一兩場勝利，估計秦軍就可能退去。但是，如果荊軻失敗，那秦國和燕國，至少是和他太子丹，就是不死不休了。

換個角度來看，縱使荊軻真的刺秦成功，秦國也不見得會亂起來。因為此時的秦王嬴政已經是 33 歲了，那個時候的人結婚又很早，雖然不確定嬴政的長子扶蘇的具體出生年份，但是這時的扶蘇至少有十幾歲了，也就是比當年剛即位時的嬴政的年紀要大了。所以即使嬴政身死，那麼扶蘇順利即位的概率很高。如果這樣的話，秦國也就只是換一個君主而已，根本就亂不起來。當然，如果荊軻真的成功了，稍稍延緩一下秦國統一六國的腳步，還是沒問題的。這樣，各諸侯國也算是多了一點喘息的機會。所以太子丹正確的反應，應該是一方面準備荊軻刺秦之事，一方面整頓兵馬，同時聯絡其他幾個諸侯國，看有沒有希望結成同盟，共同對付秦國。可惜的是，太子丹除了心急火燎地催促荊軻入秦，在荊軻走後焦急等待之外，甚麼也沒準備。

那麼，荊軻刺秦為甚麼會失敗呢？荊軻有沒有成功的可能性呢？

應該說，荊軻還是有可能成功的。其失敗的原因，分析起來，主要有下面幾個因素：

首先，運氣的問題。本來刺殺成功與否，運氣的因素就很大。也許策劃的很好，但是如果秦王就是不讓荊軻上前，就是讓自己的內侍將東西呈遞上去，那麼荊軻毫無辦法。反過來，荊軻在刺殺的時候，如果運氣夠好的話，秦王反應再稍慢一點；或者一下沒有掙斷衣袖；或者荊軻抓住的不是衣袖，而是秦王的手腕；或者秦王在躲避荊軻時腿軟一下；或者被絆一下……，都有可能讓這次刺殺的結局改寫。

其次，太子丹不應該給荊軻的刺殺行動加上限制。本來刺殺這種事，成功與失敗就在轉瞬之間。可是太子丹在設計這場刺殺的時候，就加上了限制條件，先挾持，不行再刺殺。要知道，等感覺挾持不行的時候，刺殺也做不到了。雖然有曹沫挾持齊桓公的例子在前，但是此一時也彼一時也。這個限制條件，直接就讓本來就難於上青天的刺殺行動，難度又翻了幾番。而且，即使真的挾持成功了也沒甚麼用。因為秦國素以說話不算著稱，就算當時秦王答應了又怎麼樣？過後反悔就成了。你總不能挾持成功了，然後再殺掉秦王吧？那挾持還有甚麼用？

第三，隊友不得力。如果當時秦舞陽能和荊軻一起靠近秦王，兩個人抓住秦王，挾持或者殺掉的概率要大很多倍，秦王很難逃脫兩個人的捉拿，那樣不管挾持還是殺掉，甚至可以隨意選擇。所以荊軻才強調要等一個合適的助手。這位助手應該是能彌補荊軻自身不足，且荊軻能充分信任的人。可惜偏偏太子丹急不可待，荊軻只得帶着不合格的助手前來，最後功虧一簣。

最後，最關鍵的一點，荊軻的武藝不夠高強。即使前面的一切都無法改變，如果荊軻的武藝再高一些，動作再靈敏一些，還是有可能抓住或者殺死秦王的。其實，荊軻應該也明白自己的不足，所以才邀請朋友來協助，這個人應該是個武藝高強之人。如果是這個人和荊軻配合的話，兩人也許還有一線希望。

荊軻刺秦失敗了，只留下易水河上空飄盪着的慷慨悲涼的歌聲，以及給後人留下的千載遺憾。

唐代詩人駱賓王寫詩讚荊軻曰：

此地別燕丹，壯士髮衝冠。

昔時人已沒，今日水猶寒。

太子丹的悲哀

燕王喜本來就對太子丹主動招惹秦國的行為不贊成，現在看到事情失敗，激怒了秦國，更是大發雷霆。但是，不等燕王喜想明白自己應該怎麼做，秦國的大軍就已經出發，直奔燕國而來了。燕國亂成一團。

公元前 226 年，秦軍到達燕國邊界的易水河邊。去年，太子丹在這裏送別荊軻。現在，換回來的是秦國的虎狼之師。

太子丹也不能說是一點勇氣也沒有。聽到秦國大軍來犯，還是率領燕軍，嚴陣以待，準備和秦軍較量一番。結果，燕軍在秦軍面前不堪一擊，幾乎一觸即潰，被秦軍以風捲殘雲之勢打得落花流水。太子丹只得率領殘兵敗將狼狽逃回薊城。

秦軍乘勝追擊，直殺到薊城之下。此時的燕國，要兵沒兵，要將沒將。連燕王喜帶太子丹，也都沒有與敵決一死戰的勇氣和決心。在都城危急之時，二人帶領部分人馬，狼狽逃離薊城，直奔遼東方向逃跑。當年 10 月，秦軍攻下燕都薊城。隨後，秦軍兵分兩路，王翦率領大隊人馬橫掃燕國全境，李信則率領騎兵死死追趕燕王喜和太子丹。

秦軍這種不死不休的架勢，嚇得燕王喜徹底慌了手腳。走投無路之際，燕王喜向趙國殘存勢力代王嘉求救。由這一件事就可以看出，燕王喜智力堪憂。他也不想想，代王嘉要是有能力和秦軍對抗，還至於在代地苟延殘喘？

代王嘉雖然不能給燕王喜提供軍事上的幫助，不過能給他出餿主意。他建議燕王喜，秦軍之所以緊追燕軍不放，是因為太子丹徹底激怒了秦王。如果你主動將太子丹獻給秦王，那麼秦軍應該就會撤軍，你燕國也就保住了。

燕王喜猶豫不決。一方面是貪生怕死，另一方面畢竟是自己的親骨肉，對自己的兒子下手，還是有些不忍心。太子丹聽到這個消息的時候，表現的也是非常差勁，既沒有選擇拼死一戰，更沒有選擇慷慨赴死，而是選擇了繼續逃跑。太子丹領着手下少量的親信人馬和門客，跑到了衍水河（後世因太子丹曾逃亡至此，改其名為太子河）中間的一個小島上。按說這件事是太子丹引出來的，不管有多少理由和藉口，哪怕是出於敢做敢當的簡單邏輯，也應該勇敢面對吧？再説，太子丹如果還能冷靜下來想想的話就會明白，你再跑，還能跑到哪裏去？

其實，現在的秦軍也已經到了極限。本來燕國就處於中國的北方，遼東地區更是在燕國的北部，氣候寒冷。現在又已經到了隆冬季節，天氣苦寒。秦軍士兵多生長在西部地區的秦地，不習慣這樣嚴寒的氣候，非戰鬥減員嚴重。如果長時間不退兵的話，不用打，寒冷的天氣就能讓秦軍折損過半。李信不甘心這樣退走，於是退而求其次，向燕王喜索要太子丹，揚言不殺太子丹，絕不退兵。燕王喜被秦軍徹底嚇破了膽，為了活命，終於派人殺了太子丹，將太子丹的人頭獻給秦軍。李信見目的達到，見好就收，率軍退去。

按照當時的情況分析，燕國如果能再堅持一段時間，説不定還能利用當地惡劣的氣候和地理條件小勝秦軍一場，畢竟李信帶着追到遼東的秦軍並不多。當然，即使勝了這一小場，也是於事無補，改變不了秦國統一六國的最終結局。甚至，連遲滯秦軍腳步的作用都微乎其微。

秦王嬴政見到太子丹的人頭，知道罪魁禍首已死，也算出了胸中這口惡氣。再加上燕國已經只剩下彈丸之地，和趙國的殘餘勢力一樣，對秦國沒有了絲毫威脅，所以秦國暫時放鬆了對燕國的入侵。

燕王喜藉着兒子的性命，又苟延殘喘了幾年。到了公元前222年，也就是和趙國最終滅亡的時間腳前腳後，王賁（大將軍王翦的兒子）率領秦軍攻破遼東，俘虜了燕王喜，燕國徹底滅亡。

滅國功臣王翦 | 98

在滅六國，統一天下的最後階段，秦國群星璀璨，能人輩出，其中卓越的將領更是層出不窮。這倒不是說秦國是甚麼秉承天地正氣，國運昌盛，也不是秦國獨得天地垂青，其主要原因首先是秦國常年與各國交戰，給了將領們大量實戰機會；同時秦國最重軍功，賞罰嚴明，這就極大激發了將領們作戰的熱情；還有一點就是，這些年來，秦國的幾代君主，雖然不能說都是明主，但至少和其他國家比起來，沒那麼昏庸，算是比較有作為。

當然，對於秦國眾武將來說，勝利了固然能得到極高的賞賜，失敗了，懲罰也是非常之重。抄家滅門的也不在少數。像將軍桓齮，就因為慘敗於趙國名將李牧，害怕受到嚴厲的處罰，不敢回秦國，逃到燕國去了。

此時，秦國也出了一位與李牧齊名的名將，那就是同樣被人稱為"戰國四大名將"之一的王翦。

王翦的崛起

王翦，生卒年不詳，大約為公元前 287 年—公元前 211 年。秦國人。王翦自幼喜歡練武，同時更喜歡兵法謀略。青年時期，王翦加入秦國軍隊。因為武藝高強、作戰勇猛，很快就嶄露頭角，得到名將白起的青睞，招收到身邊。

王翦也沒有辜負白起的期望，很快就積累軍功，擔任了將領。白起對這位後起之秀大加讚賞，將他推薦給了秦昭襄王。可惜，因為白起和秦昭襄王的關係並不和睦，後來更是被賜死，所以年輕的王翦也沒有得到應有的重視。直到嬴政當上國君之後，王翦才被關注，並且憑藉實力，逐漸為嬴政所倚重。

秦王嬴政去雍城行加冠禮時，已經知道嫪毐要叛亂。對於秦王嬴政來說，有兩個地方是必須防備的，一個是自己要去的雍城，這個需要自己親身佈置，另外一個就是都城咸陽。當時接受秦王重托，留守咸陽的主要負責人之一，就是王翦。

王翦成功完成了這一任務，不但擊潰了嫪毐的叛軍，同時有效牽制住了呂不韋的勢力，使得猶豫不決的呂不韋沒有加入到叛亂之中，從而為接下來贏政順利剷除呂不韋集團贏得了時間。

此後，王翦成為秦王贏政在軍中的左膀右臂，開始率領秦軍征戰疆場，從而日漸展露出絕世名將的風采。可以說，王翦最為輝煌的十幾年，正是秦王贏政大展宏圖，笑傲天下的十幾年；也正是秦國戰車以無敵的姿態碾壓六國，完成統一的十幾年。毫不誇張地說，在秦國統一的過程中，王翦是當之無愧的主角之一。

在剷除了嫪毐和呂不韋，徹底掌握秦國的大權後，秦王贏政繼續堅定不移地推行“遠交近攻”的策略。一方面交好以齊國為主的、與秦國不接壤、距離遠的國家；一方面不斷派軍攻打以韓、趙、魏為代表的國家，不斷壓縮這些國家的生存空間，為最後徹底消滅它們做好準備。這些戰役，王翦多次作為領軍主將出征。

公元前 230 年，秦滅韓。這次戰役，秦軍的主將是內史騰，王翦沒有參與。因為此時的韓國，面對秦國的大軍，已經幾乎沒有還手之力了。但是，另外五國的滅亡，幾乎都是由王翦，或者王翦的兒子王賁率軍完成的。

滅亡韓國的同時，秦國就在對趙國用兵，領軍主將就是王翦。因為此時趙國的名將李牧還在，所以王翦率領的秦軍不得不與趙軍打起持久戰。王翦並不是一個拘泥於戰場一隅的武將，他思路開闊、足智多謀，見戰場之上短時間內難以戰敗李牧，於是向秦王建議使用反間計。趙王遷中計，殺死李牧。這一下，戰場之上的王翦再無對手，在另一員將領楊端和的配合下，王翦率軍橫掃趙國。公元前 228 年，趙國都城邯鄲被攻破，趙王遷也做了俘虜。公子嘉率殘部跑到代地苟延殘喘，趙國幾近亡國。

王翦的政治智慧

正當王翦率軍掃蕩趙國殘餘勢力的時候，燕太子丹派荊軻刺殺秦王。秦王嬴政大怒之下，命令青年將領李信率軍從秦國出發，王翦率軍從趙國出發，攻打燕國。

公元前 226 年，王翦率軍與燕軍在易水河邊發生戰鬥。無論是將領的領軍能力，還是軍隊士兵的戰鬥素質，燕國和秦國都不在一個水平線上。所以戰鬥開始沒多久，燕軍就被擊潰。王翦率軍迅速渡過易水，殺入燕國腹地，直撲燕國都城薊城。同年 10 月，攻陷薊城。燕王喜和太子丹逃往遼東。李信率領少量騎兵，追趕燕王喜和太子丹。王翦則是繼續在燕國腹地攻城略地。為了活命，燕王喜殺了自己的兒子太子丹。加上遼東冬季天氣寒冷，秦國士兵連年征戰等因素，秦軍暫時停止了滅亡燕國的腳步。但此時的燕國與趙國一樣，如風中之燭，比死亡多一口氣而已。

此時的王翦，帶着力戰滅兩國的光環，可以說是如日中天、功高蓋世。而且，雖然年紀漸長，但是豪勇不減當年，征戰疆場，領軍殺敵毫無問題，威望之高，在秦國將領中，無一人可以與之比肩。秦王嬴政對王翦也是青睞有加、賞賜不斷，並多次專門派出使者前去慰問。

就在所有人幾乎都對王翦豔羨不已時，王翦本人卻是越來越顯得憂心忡忡，甚至終日愁眉不展。王翦的兒子王賁不解，詢問他的父親，對於這樣的情況，為甚麼不但不高興，反而這樣憂慮？

王翦歎息着給自己的兒子解釋："任何一位強勢的君主，都不可能允許臣子們的威望淩駕於自己之上，我們現在的這位君主更是如此。現在我手握重兵，都是能征慣戰的精銳，我的威望又高，軍功又大，你說，能不引起君主的猜忌嗎？如果我不能妥善處置，當年的武安君白起就是前車之鑒啊！"

此時秦王嬴政的心態，恰如王翦所料。一方面，是對王翦的欣賞，同時，也越來越多了一絲擔憂。好在王翦接下來的舉措，讓秦王放下心來。

率軍返回秦國後，王翦以年紀漸大為由，主動交出兵權，辭去軍中職務，開始在家裏過起半退休的生活來。說起來，王翦和其他名將比起來，不但在戰場上百戰百勝，在官場上也是深通為官之道，能夠猜透君主的心思。這一點尤其難得。

秦王當然是長出了一口氣，放下擔心的同時，又覺得有點對不住這位為自己立下汗馬功勞的老將。而且，因為王翦明事理，知進退，非常符合秦王的心思，所以，秦王開始倚重王翦的兒子王賁。

王賁也算得上秦國的一代名將。從少年時期開始，就經常跟在父親身邊出征，可謂身經百戰，再加上父親的悉心教導，勇武過人的同時，也非常善於用兵，多年來縱橫疆場，為秦國立下了不少的功勳。現在父親漸漸退隱，王賁則慢慢取代了父親在軍中的位置。

就在幾乎掃滅燕國的當年，也就是公元前226年，王賁就率領秦軍攻打楚國。此戰，秦軍再次大勝，奪取楚國十幾座城池。

接下來，秦王將目光投向了魏國。當年曾經盛極一時，號稱天下軍事第一強國的魏國，如今風光早已不再。公元前225年，王賁率領秦國虎狼之師大舉伐魏。在秦軍面前，魏軍幾無還手之力。秦軍以橫掃之勢一直攻到魏國都城大梁城下，並將之團團包圍。在國破家亡的最後時刻，魏國組織起人馬，拼死反抗。

王賁見久攻不下，於是用水攻計，引黃河之水，水淹大梁城。在滔天大水面前，堅固的大梁城土崩瓦解，城牆坍塌，魏國軍民死傷無數。這一下，魏國上下徹底絕望，失去了抵抗的信心。末代君主魏王假率眾投降，魏國滅亡。

楚國的滅亡 | 99

　　隨着韓、趙、燕、魏等國的相繼滅亡，當年叱吒風雲的戰國七雄，只剩下楚、齊兩國橫亙在秦國面前。而秦王嬴政，毫不猶豫地將兵鋒指向楚國。

　　公元前 225 年 8 月（秦王嬴政二十二年），秦王大宴群臣。此時的秦國朝堂，文臣武將，濟濟一堂。酒酣耳熱之際，開始討論決定楚國命運的策略。應該不應該攻打楚國，這個早已確定，無需多言。但是該如何攻打？由誰領軍？需要出動多少兵馬？這些還是需要好好討論一下的。

　　秦王首先問起了將軍李信。李信也是秦國年輕一代將軍中的佼佼者，曾經多次領軍作戰，或者作為王翦之類老將的助手，或者單獨領軍，也是能征慣戰之輩。

　　年輕氣盛、血氣方剛的李信，見秦王首先問自己，頗感榮耀，熱血上涌，當即挺身站起，口出狂言：“現在的楚國，垂死而已。如果讓我領軍，那麼我只需要 20 萬兵馬，就能夠掃滅楚國，將楚王捉來見您。”

　　秦王鼓掌大笑，頗為興奮。轉過頭來，見老將王翦坐在一旁，沉吟不語，就又問王翦：“老將軍，你覺得呢？”

　　王翦沉吟半晌，仔細計算過後，開口說：“楚國雖然內部混亂，國君黯弱無能，軍隊中也沒有多少出色的將領，但畢竟幅員遼闊、兵多將廣，不是那麼好消滅的。如果讓我說，必須要 60 萬兵馬，才能確保掃滅楚國。”

　　秦王一聽，大吃一驚，20 萬和 60 萬，這差距也太大了。於是不高興地看着王翦說：“我秦國傾國之兵也不過 60 萬，一個垂死的楚國，怎麼值得發動如此多的人馬？看來，將軍你確實是老了，失去當年的銳氣了啊！”轉過頭，欣賞地看着將軍李信說：“還是年輕人有膽量，好！”於是，秦王以李信為主將，蒙恬為副將，率領 20 萬大軍伐楚。

王翦見此，面色平靜，一聲不吭，既沒有解釋，更沒有爭論。而是在退朝之後，以年老多病為由，告老還鄉，享受悠閒的退休生活去了。

李信滅楚失敗

秦軍兵分兩路，在李信和蒙恬的率領下，從兩個方向攻入楚國。開始階段，秦軍進攻頗為順利，捷報頻傳。李信的軍隊攻打平輿城，蒙恬的軍隊攻打寢城，都是大破楚軍。接下來，李信又率軍攻破鄢郢，並繼續西進，直到城父和蒙恬會師。這時的秦軍在楚國境內如入無人之境，意氣風發，大有隨時滅楚的豪邁氣概。可惜，他們不知道的是，楚國的精銳之師早就尾隨於秦軍之後，只待時機成熟便會發動致命一擊。

楚國的領軍主將是項燕。項燕，生年不詳，死於公元前 223 年，楚國人。項燕出生在楚國的軍將世家，其家族世代皆為楚國將領。

面對秦國大軍，楚國朝野惶惶不可終日。此時的楚國國君是楚王負芻，楚國的末代君主，此人是個無能之輩，昏庸黯弱。所以楚國上下，是戰是和，舉棋不定。唯有項燕，堅決主張：打。

項燕並不只是在嘴上說說，而是開始付諸行動。此時楚國雖弱，但是剩下的兵力還是頗為雄厚。不過楚王負芻並不認為項燕有能力大敗秦國的虎狼之師，所以並沒有將楚國的大軍都交給他指揮。兵微將寡的項燕明白，不能與秦軍硬碰硬，必須以計謀取勝。項燕將手下軍隊隱藏到自己家族的封地項城附近，待機而動。

此時的項燕，在諸侯國間名氣並不大，所以根本就沒引起秦軍的注意。李信也好，蒙恬也罷，都根本不知道楚國還有項燕這麼一位人物。就在李信的軍隊通過項城附近之後，項燕悄悄命令自己的軍隊尾隨秦軍而行。楚軍尾隨秦軍三天三夜，在李信和蒙恬剛剛會師，戒備鬆懈的時刻，項燕抓住機會，從秦軍背後發動猛攻。項燕率領楚軍攻入秦軍的兩座大營，連斬秦軍 7 員都尉級將領，秦軍猝不及防，被殺得是丟盔棄甲、四處奔逃。一番苦戰之後，李信總算是殺出重圍，率領殘兵敗將狼狽逃回秦國。

此一戰，項燕威震天下。這也是楚軍獲得的最後一場大規模戰役的勝利。當然，對於衰敗到極限的楚國來說，此戰的勝利只是略微延緩了滅亡的時間而已。感覺重新有了希望的楚王，立刻任命項燕為大將軍，將楚國兵馬都交給項燕調度。

李信兵敗的消息傳到咸陽，秦國上下大吃一驚。倒不是秦軍沒有失敗過，秦軍敗得更慘的時候比比皆是。關鍵是在秦國上下人等的心目中，掃滅楚國是板上釘釘之事，不說唾手可得，難度也應該不大，怎麼現在卻出現了如此波折？

此時的秦王，一方面痛恨李信志大才疏，損兵折將；一方面想起了老將王翦的分析，頗為後悔沒有聽從王翦的正確意見。於是，秦王決心讓王翦再次出山掛帥。

王翦滅楚

為了統一霸業，秦王嬴政放下面子，親自到頻陽去請王翦。

秦王先是在王翦面前承認了自己的失策，接着誠懇地邀請王翦再次領軍出征。王翦以年老多病為由拒絕了。

秦王再三請求。最後王翦終於鬆口了，表示可以率領秦軍出征，但是再次強調："如果大王真的要用我為帥，那麼我還是那個要求，必須給我 60 萬大軍，我才能完成滅楚大業。"秦王痛快答應了王翦的要求，"為聽將軍計耳。"

公元前 224 年，王翦率領 60 萬秦軍伐楚。大軍出征的時候，秦王嬴政親自到灞橋送行。王翦讓大軍開拔後，自己卻又返回。面對秦王納悶的目光，王翦坦然提出要求，希望秦王能賞賜給自己一些田地房產之類的不動產。

秦王奇怪地問："你是統領千軍萬馬的大將軍啊！出征在即，你怎麼會想到這些東西呢？難道你替秦國立了大功，我還能少了你的賞賜不成？"

王翦做出一副胸無大志的樣子回答："我作為大王您麾下的將軍，以前也曾經立下過不小的功勞，但是一直沒能封侯，也就沒有封地。現在呢，我也不貪圖爵位了，但是我不能不擔心，自己將來年紀大了，不能領軍征戰了，那時候很可能會陷入生活窮困的窘境中。再說，我還有一大家子人呢，與其等將來出問題，還不如趁着現在還能得到大王的重視時，請大王多賞賜些田地房屋。這樣也能給子孫後代多留些財產。"

秦王聞聽，不但沒生氣，反而縱聲大笑，爽快地答應了。王翦這才率軍出發。但是就在秦軍從咸陽到達秦楚邊界的這一段時間內，王翦還多次派使者回來，提醒秦王別忘了答應自己的賞賜，甚至還對秦王的賞賜挑挑揀揀，討價還價。

王翦的舉動，令他手下的親信將領感覺尷尬異常，連他的兒子都不理解。有人暗中勸王翦，認為老將軍這樣索要賞賜太過分了。王翦私下解釋說："我這樣做，並不是因為貪財，而是為了保命。你們想想，現在秦王將傾國的 60 萬大軍交給我，作為一代雄主，他能放心嗎？我這樣做，就是為了向大王表示，我只是貪財，只是為了子孫謀求田地房產，別無所求。這樣，大王才會對我放心啊！"

事實果如王翦所料。本來秦王嬴政就是個多疑之人，將秦國的傾國之兵都交到王翦手上，心中一直忐忑不安。現在看王翦不斷索要財物，求田問舍，反而放下心來。心情大好的秦王，自然答應了王翦的所有請求。

這就是王翦的政治智慧。當然，對於王翦來說，揣摩君王的心思，耍弄一些小手段自保，都只是細枝末節，真正的重點，還是兩軍陣上的勝利。這才是一代名將的真功夫。

　　王翦率領秦軍直抵秦楚邊界，然後長驅直入，殺入楚國境內。因為連年征戰，楚國的很多地區城池殘破、百姓凋零，防守能力很弱。所以秦軍一舉攻取楚國陳地以南至平輿之間的廣大地區。

　　此時的楚國，雖然剛剛打敗過李信率領的秦軍，但是國勢依舊衰微，已經沒有能力禦敵於國門之外了。當然，束手就擒是不可能的。尤其現在還有了項燕，底氣也就充足了一些。楚王負芻聞聽秦國再次派 60 萬大軍入侵，也明白楚國到了生死存亡的關頭了。於是也點起傾國人馬，統統交給項燕率領，以抵禦秦國大軍。項燕也不含糊，率領楚國人馬，並沒有擺出消極防禦的態勢，而是迎着秦國大軍而去，準備主動出擊，再次擊潰秦軍。

　　面對抱着拼死的決心前來的楚軍，王翦並沒有立刻與之交戰，而是下令堅守營寨，閉門不出。項燕率領大隊人馬擺開陣勢，見秦軍不敢交兵，士氣更盛，不斷命人前來挑戰。王翦呢？絲毫不加理睬，就是命令轅門緊閉，免戰高懸。

　　楚軍開始很興奮，認為秦軍被自己嚇住了。但是時間長了，卻發現自己拿秦軍毫無辦法。挑戰吧，秦軍不理睬；強行攻打吧，死傷慘重也打不下來。項燕無奈，也沉下心來，安置好大營，與秦軍對峙起來。

　　不管楚軍如何動作，王翦就是不加理會。秦軍這次出征倒是挺舒服，每天除了部分兵將需要站崗巡邏外，其餘人馬，就是吃飽喝足之後，休息、娛樂，基本處於度假狀態。對於秦軍士兵的放鬆，王翦不但不管束，反而很高興。王翦自己有時還與普通士卒一起吃飯，不時地安撫慰問大家。

　　兩軍對峙了幾乎一年時間。最終，項燕判斷，王翦根本不是來滅楚的，而是來這裏駐防的。就像前面百年間的戰爭一樣，在佔據楚國一塊地盤以後，需要一段時間消化，而王翦的目的，就是守住已經佔領的地方，不讓楚國再次奪回去而已。自認為想明白以後，項燕也徹底放鬆下來。不得不說，項燕的這個錯誤判斷，徹底葬送了楚國。

項燕判斷秦軍不會進攻，認為將如此多的軍隊佈防在前線，一方面是沒有必要了；另一方面，對於窮途末路的楚國來說，財政壓力也是非常大。於是項燕留下部分人馬監視秦軍，自己率領大軍揮師向東而去。

王翦如此長久的對峙，等的就是楚軍放鬆下來的這一刻。發現楚國大軍拔營起寨，向東而去之後，王翦立刻率領秦軍尾隨追擊，接近楚國大軍後，發動猛攻。楚軍猝不及防，倉促應戰，陣勢大亂，隨即大敗。項燕拼死力戰，奈何楚軍敗勢已成，回天乏力。秦軍乘勝追擊，橫掃楚國，沒用多長時間，就佔領了楚國淮南、淮北地區，輕鬆攻破楚國都城，楚王負芻投降。這一年，是公元前 223 年。

那麼項燕呢？關於項燕的死，史書上有兩種記載。其一，項燕就死於和王翦的此戰之中。其二，項燕率領少量人馬殺出重圍，逃到了徐城。並且在沿路上召集楚國的殘兵敗將，又聚集起幾萬兵馬。而且在徐城遇到了逃到這裏的楚國王族昌平君。項燕得知楚王負芻已經做了俘虜，於是和昌平君商議。二人認為，這裏也不安全，但是可以到長江以南去。楚國現在還有長江以南的大片土地和不少人口，完全可以立國，與秦國對抗。

這裏所說的長江以南，指的是原來吳國、越國的疆域。越滅吳，楚又滅越，這一帶遂成為楚國領土。

昌平君和項燕率領楚軍渡過長江，然後項燕擁立昌平君做了國君。王翦得知這個消息後，立刻打造戰船，訓練水軍。時隔不久，秦軍渡過長江，攻入江南地區。

項燕雖然也算得上一代名將，但是在指揮作戰上，畢竟差王翦一籌，再加上此時的楚國，要兵？幾萬慘敗逃命的士卒；要將？都是無名之輩，而且寥寥無幾；要糧草器械？處於流亡狀態的楚國君臣根本就談不上內政……窮途末路的項燕拼死掙扎，但是在秦國大軍面前，楚國的殘兵敗將，很快就土崩瓦解了。昌平君被亂箭射死在兩軍陣上。走投無路的項燕不願被俘受辱，舉劍自殺了。到此，楚國徹底滅亡。接下來，王翦指揮秦軍繼續南征百越之地。直到徹底平定江南地區後，奏凱還朝。

秦軍回師後，秦王是一番大規模的賞賜。作為主帥的王翦，當然是第一個。接受完賞賜之後，王翦再次提出告老還鄉。意識到老將重要性的秦王，當然是百般挽留。可是不論秦王怎麼挽留，王翦就是堅決要走。秦王最終只得應允。

滅亡楚國後，秦軍稍作休整就再次出征。掃滅六國、一統天下的那一天，秦王嬴政已經迫不及待。

公元前 222 年，秦王以王賁為主將，李信為副將，率軍徹底掃滅燕國、趙國。王賁和李信率領大軍，先奔燕國殘存的遼東而去。此時的燕王喜，在享受完用兒子的人頭換來的幾年時間之後，再次看見了秦國的大軍。毫無掙扎之力的燕王喜投降，做了俘虜。燕國徹底滅亡。

秦軍轉回身來，又直奔趙國代地而去。雖然給了趙國殘存勢力幾年的恢復時間，代王嘉也曾經妄圖恢復趙國的榮光，但是面對秦國虎狼之師，代地的那點人馬，頃刻間灰飛煙滅。代王嘉兵敗自殺（也有說被抓住做了俘虜）。趙國至此也徹底滅亡。

秦國的對手，只剩下齊國了。

齊國滅亡，**秦統一六國** | 100

　　說起來，這個齊國也很有意思。當年燕昭王命樂毅率領五國聯軍打得齊國幾乎滅國，連國君齊湣王都慘死於楚國將領淖齒之手。好在接下來田單崛起，打敗了燕國軍隊，齊國復國，齊湣王的兒子田法章即位，這就是齊襄王。

　　齊襄王將逃難時幫助過自己的太史敫的女兒立為王后，這就是君王后。公元前 280 年，君王后給齊襄王生下兒子田建，被立為太子。

　　公元前 265 年，齊襄王死，太子建即位，史稱齊王建。齊王建即位時只有 15 歲，所以由母親君王后輔政。別看君王后只是個女子，倒也有些見識。所以這個時期，齊國的政治、經濟還說得過去，和其他諸侯國的關係也算是融洽。最為關鍵的是齊國地處東部海邊，遠離秦國。而這個時間段，正是秦國四處擴張，不停地和韓、趙、魏、楚、燕等幾個國家發生戰爭的時候。這些國家也將注意力全部集中到秦國身上，所以，在其他國家戰火紛飛的時候，齊國反而過了幾十年的太平日子。

　　齊國的太平還有一個重要原因，那就是秦國奉行的“遠交近攻”的策略，齊國是這個策略的最大受惠國。當然，從長遠來看，這段時間的和平，不過是釣魚的魚餌，滅國前的狂歡而已。按照史料分析，這位齊王建雖然做了 44 年的國君，但毫無作為，是典型的無能之主。君王后也沒有那麼遠的政治眼光。所以在秦國的刻意討好面前，齊國心安理得接受了。在秦國入侵其他國家，那些國家派來使者請求救兵時，齊國基本上按兵不動。

　　公元前 249 年，君王后去世，齊王建又讓君王后的族弟，也就是自己的舅舅后勝擔任相國，執掌朝政。這個后勝，為人極其貪婪。他執掌朝政後，不想着強大國家，只是一面哄着自己這個外甥國君尋歡作樂，一面大肆索賄受賄。

秦國得知這個消息後，當然是非常高興。為了穩住齊國，秦國不斷派人賄賂后勝，連后勝手下的門客都收到大量錢財。后勝就不斷在齊王建面前說秦國的好話。於是在齊王建心中，秦國和齊國簡直就是好得不能再好的聯盟了。對於其他諸侯國的求援，齊國更是袖手旁觀，而且齊國自身的軍備也越來越鬆弛。反正沒有戰爭，花那麼多錢整軍備戰幹嗎？花在吃喝玩樂上面多舒服。為了表示親近，每次秦國對其他國家的征戰取得勝利後，齊國都會派使者前去祝賀。后勝還不時派出很多賓客去秦國做友好訪問。

秦國呢？每次對待齊國來客都是熱情接待，並饋贈大量金銀珠寶。這些收受了好處的使者回到齊國後，就更加替秦國說好話。有些人甚至被收買做了間諜。

公元前237年，齊王建親自去秦國訪問，拜見秦王嬴政。秦王在咸陽熱情接待了齊王建。雙方互致友好慰問，共同祝願雙方友誼萬古長青。

接下來，秦國滅韓、魏、楚、燕、趙。這些國家曾經無數次派使者向齊國求救，並陳明唇亡齒寒的道理，奈何堅守與秦國友誼的齊王建根本不聽。齊國唯一做的事情，就是不斷派使者向秦國道賀。秦國當然是曲意逢迎，不斷重申齊、秦兩國的友誼比天高，比海深。

當五國被滅，齊王建放眼四望，除了秦國，只剩下齊國，而且秦國的大軍已經隱隱從四面八方包圍了齊國的時候，終於發現大事不好，齊國危矣。猛醒過來的齊王建開始整軍備戰，並斷絕了與秦國的通使往來。這時，齊王建才想起來，需要聯合別的國家共同應對秦國的進攻。可惜的是，已經沒有別的國家存在了，已經不可能有盟友來共同抵禦秦國了。

對於最後的齊國，秦王嬴政當然不會心慈手軟。不過由於雙方是盟友關係，貿然攻打於理不合，總要師出有名才行，至少得找個理由，哪怕是說國君家養的小狗跑到齊國去了，需要派百萬大軍找回來，也算是個說法不是？這個時候，齊國單方面斷絕通使往來，這下可好，理由被主動送上門來了。

公元前 221 年，秦國以王賁為主將，李信為副將，率軍攻齊。齊王建也派出大軍，駐守到和秦國接壤的西部地界，準備抵禦秦國的入侵。然而偌大的邊境線，怎麼可能防得住？秦軍根本沒打算和齊軍硬碰硬，而是避開了齊軍在西部的主力部隊，從原來燕國的南部地區突入齊國，然後以迅雷不及掩耳之勢，直奔齊國都城臨淄而去。齊國君臣亂作一團。在后勝的建議下，齊王建出城投降，齊國滅亡。後來，秦王嬴政將齊王建流放到共地，並且不給他食物，齊王建被活活餓死。

秦統一六國。

六國就這樣一一滅亡了。六國到底為甚麼會滅亡呢？只是因為秦國的強大？自身原因呢？是昏君？是佞臣？是貪婪？是殘暴？是自私？是無知？……就如唐代大詩人杜牧在《阿房宮賦》中所說：“滅六國者，六國也，非秦也。族秦者，秦也，非天下也。……秦人不暇自哀，而後人哀之；後人哀之而不鑒之，亦使後人而復哀後人也。”

讀史以為鑒。